郑功成论社会保障与民生系列

郑功成

中国社会保障论

郑功成 著

The Social Security System in China

中国劳动社会保障出版社

图书在版编目（CIP）数据

中国社会保障论/郑功成著．—北京：中国劳动社会保障出版社，2009
ISBN 978-7-5045-7125-0

Ⅰ．中…　Ⅱ．郑…　Ⅲ．社会保障-研究-中国　Ⅳ．D632.1

中国版本图书馆 CIP 数据核字（2009）第 149330 号

中国劳动社会保障出版社出版发行
（北京市惠新东街 1 号　邮政编码：100029）
出版人：张梦欣
*
世界知识印刷厂印刷装订　新华书店经销
787 毫米×1092 毫米　16 开本　30.25 印张　2 插页　495 千字
2009 年 9 月第 1 版　2009 年 9 月第 1 次印刷
定价：48.00 元
读者服务部电话：010-64929211
发行部电话：010-64927085
出版社网址：http：//www.class.com.cn

总　序

郑功成

中国的社会保障制度建设、改革与发展之路，是一条充满着曲折起伏和艰辛探索之路，它凝结了新中国几代领导人、社会保障专业工作者以及所有参与建设的人的心血。尤其是改革开放以来，社会保障制度更是以其全面、渐进而深刻的变革，在经济社会急剧变革时期保障了亿万人民的最基本的民生，维系着整个经济社会的持续快速发展，制度自身也实现了质的飞跃，从传统的国家负责、单位包办、板块结构、封闭运行的制度安排，走向了政府主导、责任分担、社会化、多层次的新型社会保障体系。从健全社会保障体系到整个民生事业的发展及其制度化，无疑是亿万人民的共同期盼，也是党和政府的重要使命与追求目标。作为持续20多年来追踪研究中国社会保障制度变革并较早关注民生问题、研究民生问题的专业理论工作者，深感往事并不如烟，对这种巨变及其艰难经历的感受尤其深切。

此次将以前出版过的部分社会保障与民生著述重新出版，以满足一部分读者的需要，是中国劳动社会保障出版社建议并认真付诸行动的一项工作，也是对我以往思考的部分回顾。纳入再版的著述包括如下五种：一是《中国社会保障论》（1994年由湖北人民出版社出版），它是我在20世纪80年代末至90年代初期研究中国社会保障问题的较为集中的一次结晶。二是《论中国特色的社会保障道路》（1997年由武汉大学出版社出版），它是我早期研究中国社会保障改革及其未来发展的主要成果，对《中国社会保障论》有所继承、有所发展，是后续研究的一块基石。三是《从企业保障到社会保障》（1996年由辽宁人民出版社出版），它着重阐述与分析了中国社会保障制度从国家—单位保障制向国家—社会保障制的变迁过程，为弥补原著的缺失，这次又将2002年出版的《中国社会保障制度变迁与评估》一书的3篇并入再版本，以便能够比较完整地反映笔者对这一制度变迁的观察与思考。四是《中国灾情论》(1994年由湖南出版社)，它曾被称为中国灾害黑皮书，在试图全面展示中国灾情的同时，突出强调灾情是国情的重要组成部分，减灾应当成为国家发展的重大战略。五是《构建民生为本的和谐社会》，它是从我近10年间有关民生的论文、演讲、访谈稿中选择一部分并进行有限的体例调整后结集而成的，基本上反映了现阶段对民生问题的思考。需要指出的是，这次再版的著述不可避免地存在着不足。例如，有个别地方对福利国家的批评失之简单，其实是自己知浅识陋、人云亦云的表现，它成了我现在指导学生做学问时针对主流观点需要“逆向思维、辩证思考”的一个负面例证。对类似于这样的不足，这次未做任何调整，旨在保留原貌，供读者批评指正。

经过中华人民共和国成立60年来的建设，尤其是经过近30年来的改革与发展，国家已经进入了一个崭新的时代，这就是在持续发展的基础上走向共同富裕的民生新时代。在这个新时代，执政重视民生，施政增进福利，社会突出公平，公民强调权益，全民有保障不再是乌托邦式的梦想，我在以往著述中提出的有关社会保障及与民生相关的许多设想已经或者正在变成现实。尤其可喜的是，社会保障制度作为民生之安全网与增进国民福利、实现成果共享、维护公民生存与发展权益的基本制度保障，正在沿着公平、正义、共享的正确轨道快速地向前发展！能够实现老有所养、病有所医、贫有所救、残有所助、失业有保障、服务可满足的覆盖全民的社会保障体系，正在走向定型、稳定、持续发展的新阶段！

衷心感谢中国劳动社会保障出版社，感谢王玉君副社长和刁翠萍、赵铭皓两位编辑，他们为整理、出版本系列付出了许多心血。

2009.08.12

自　序

社会是由人组成的，是人们在共同的物质生产活动的基础上交互作用并相互联系的关系总体。然而，在小农经济社会里，人却不能依赖社会而生存，唯有家庭才是人生的庇护所；在计划经济条件下，人的一生又被分割在各个单位或集体组织内，总体的社会离人仍很遥远；只有市场经济的发展才将人推向了社会，使人完成了从“家庭人”“单位人”到“社会人”的发展进程。

纵观当代社会，工业文明取代了农业文明。在国际社会追求经济增长与社会发展的共同主题中，享受基本生活保障和不断改善生活质量已成为各国国民的一项天赋权益，而对人的生存与发展提供社会保障则是国家和社会的基本职责所在。对于社会成员而言，社会化的大生产和现代化的生活方式，已使家庭和单位的保障功能大为削弱，幼者需育、老者需养、弱者需帮、贫者需扶、孤者需助、病者需医、伤者需治、残者需抚、死者需葬、遭灾者需救助、失业者需解困，等等，所有这些，表明任何人都离不开国家和社会的援助，当代社会必须建立起健全、完备的社会保障制度，社会才能稳定，经济才能发展，文明才会进步。

中国是发展中国家，建立在计划经济基础上的传统社会保障制度在过去 40 年间对于维护国民的生存权利、改善国民的生活境况，起到了不可磨灭的功勋作用。然而，自 20 世纪 80 年代后期以来，随着中国经济体制改革的不断深化，市场经济在 90 年代初期被正式确定为中国未来经济发展的目标模式，其需要的已不再是过去的救灾济贫和单位保障型社会保障制度，而是能够适应人的社会化并作为国家社会发展稳定机制和市场经济发展维系机制的新型社会保障制度。因此，当代中国的社会保障事业，绝不仅仅是孤老残幼贫者等社会脆弱群体和国有单位职工的事业，而是全社会的事业，是全民的事业。

“没有社会的安定，就没有社会的发展；没有社会保障，就没有社会的安定。”这句国际劳工组织的名言，客观地描述了社会保障在当代社会发展进程中的重要作用。在中国社会保障制度的发展道路上，工业化国家为我们提供了丰富的、可资借鉴的经验与教训。然而，社会保障作为各国社会政策的主体内容，首先是民族的、国家的事业，其次才是人类社会共同的事业，它必须植根于各国的社会制度和现实国情乃至民族传统、历史文化基础之上，而不应千篇一律地打着俾斯麦传统思维方式的烙印和保留着贝弗里奇勋爵的遗产。

《中国社会保障论》正是基于上述观点撰写的，它的脱稿与付梓，可以说是我近10年来对中国（包括港澳台地区）社会保障问题的历史、现状与未来进行理论思考的一个总结性成果。中国的市场经济改革，决定了改革和重建具有当代中国特色的社会保障制度既是一项十分艰巨的任务，又是一项引起强烈关注且必须完成的任务，本书的出版，希望能对完成这项任务作点个人的微薄贡献。

郑功成

1994年5月4日于武昌珞珈山

目　录

第一篇　渊源篇

第二篇　当代篇

第三篇 发展篇

第四篇　港澳台篇

导　论

中国的改革事业正在步入攻坚时期，它必然以摒弃旧有的体制为前提和基础，各种传统的、新兴的社会问题亦会全面爆发，如人口老化、贫困、失业、残疾、工伤、灾害、疾病医疗、居民住宅、国民教育等社会问题的存在与发展，均需要国家建立起完备的社会保障制度才能得到解决；否则，改革就将难以深化下去，市场经济体制断无建立之可能。有鉴于此，笔者近年来一直主张，中国社会主义市场经济应该是市场的自由竞争＋政府的宏观调控＋完备的社会保障模式。社会保障在当代社会中如此重要的地位，既是改革与时代发展的内在要求，也是社会保障自身所具有的稳定社会与维系市场经济健康发展的功能所决定的。因此，研究社会保障问题，建立中国完备的社会保障制度，应该引起政府与社会各界的高度重视。

一、社会保障的理论界定

在人类社会发展史上，社会保障是与国家的产生、发展相关的命题。如中国早在商汤时期，王室就推行过巫术救荒、养恤赎子等措施，以图安抚民心，稳定社会；西方国家如英国，在 16 世纪初就颁布了《济贫法》，正式用法律的形式来规范国家的救灾济贫职责。不过，漫长的奴隶社会、封建社会里的社会保障基本上是水平极低的灾害、贫困救济，且大都处于实物救助形态，真正属于现代意义的社会保障，则是从农业文明向工业社会迈进开始，在继承历史上政府救灾济贫职责的基础上，加进现代社会保险内容后逐渐扩展形成的，它以工业革命的胜利和资本主义生产方式及市场经济制度得以确定为时代背景，以 19 世纪 80 年代德国颁布并强制推行《疾病保险法》（1883 年）、《工伤保险法》（1884 年）和《养老、残疾、死亡保险法》(1889 年）等社会保险法令为起始标志，以 1935 年美国在罗斯福总统领导下制定并实施《社会保障法》和 1942 年英国丘吉尔政府公布《社会保险及相关服务》（又称《贝弗里奇报告》）为发展标志[①]；随后，几乎所有的资本主义国家都适应其社会经济发展的需要，很快建立并完善了自己的社会保障制度，社会保障从此成为各国市场经济条件下的“精巧的社会稳定器”。近二十年来，许多发展中国家也意识到国家要发展，社会必须稳定，而稳定社会又需要依赖政府建立强有力的社会保障体系，从而十分注重社会保障制度的建立与发展，并取得了很大的成就；建立和完善社会保障制度已经成为当代社会健康发展的世界主题之一和文明进步的象征。由此可见，社会保障是一个历史的理论范畴，也是国家与生俱来的一项历史职责。

然而，由于各国之间的政治、经济、文化背景、民族传统的巨大差异和发展的极不平衡，各国都只能根据自己的社会生产力发展水平与各方面的需要及承受能力来制定社会保障政策，因此，各国社会保障制度的项目、内容及标准等亦有较大差异，其反映在理论上就是形成了各种不同的社会保障界说，迄今仍未见有公认的社会保障理论界定。例如，被誉为“福利国家之父”的英国学者贝弗里奇（1879—1963）在其著名的《贝弗里奇报告》[②] 中，就将社会保障视为一种公共福利计划，认为社会保障是指人民在失业、疾病、伤害、老年以及家主死亡、薪资中断时，予以生活经济的保障，并辅助其生育婚丧的意外费用的经济保障制度，这一理论对西欧各国建立“从摇篮到坟墓”的福利国家产生着重大影响。德国作为现代社会保障制度的发祥地，则按照市场经济的观点将社会保障视为社会公平和社会安全，其理论代表人物、经济学家艾哈德（1897—1977）就认为社会保障是为竞争中的不幸失败者或失去竞争能力的人提供基本生活保障的、具有互助性质的安全制度；在美国，权威的《美国社会福利辞典》上解释：社会保障是对国民可能遭遇的各种危险如疾病、老年、失业等加以防护的社会安全网；在日本，其 1950 年“社会保障制度审议会”确定的社会保障定义是“指对于疾病、负伤、分娩、残疾、死亡、失业、多子女及其他原

---

① 郑功成．国际社会保障问题研究．武汉：武汉大学出版社，1991．2～3

② Beveridge，“social Insurance And Allied Services”，HMSO，1942.

因造成的贫困，从保险方法和直接的国家负担上，寻求经济保障的途径”。我国台湾地区的学者则认为，社会保障是国家以社会救助、社会保险以及公共服务等各种不同方式，对遭遇危险事故而致失能、失依且生活受损害的国民提供健康、职业及收入保障的制度；香港的有关人士则指出，社会保障是国家为保障国民最低生活需求所采取的政策措施，它通过社会救助、社会保险和普及津贴等形式来实现，等等①。值得指出的是，国内理论界亦有人认为社会保障就是社会保险或社会福利，甚至有人认为保险公司的保险业务也是社会保障体系中的组成部分，社会保障理论界定亦未成熟。

前述各国或地区对社会保障的不同释义，并不表明对社会保障可以用实用主义的态度随意界定，而是根据其社会保障的不同实践而论述的。如果综合考察包括中国在内的各国社会保障的发展实践，就不难发现社会保障所具有的如下本质特征②：

1. 社会保障的责任主体是国家，从而需要由国家或政府统一管理；

2. 社会保障的目的是安定社会，促进社会协调发展，从而需要依法（或政策）强制实施；

3. 社会保障的目标是为社会成员的基本生活权利提供安全保障，以确保其不因特定事件的发生而陷入生存困境；

4. 社会保障的资金既有来源于个人的部分，又有来源于政府财政和单位（或企业）的部分，从而具有经济福利性；

5. 社会保障的项目以特定的社会问题存在并需要国家采用经济援助的方式解决为设立条件，从而具有变动性、发展性；

6. 社会保障的方式是自成体系的国民收入分配与再分配方式。

根据上述各国社会保障实践所具有的共性，社会保障应该是一个十分广泛的系统，即各种符合上述特征的社会措施均应纳入社会保障范畴。那么，对当代社会保障可以作如下理论概括：社会保障是国家依法强制建立的、具有经济福利性的国民生活保障和社会稳定系统；在中国，社会保障应该是各种社会保险、社会救助、社会福利、军人保障、医疗保健、福利服务以及各种政府或企业补助、社会互助保障等社会措施的总称。对社会

① 陈良瑾主编．社会保障教程．北京：知识出版社，1990．1～3

② 参见：郑功成．中国救灾保险通论．长沙：湖南出版社，1994．147

保障作出科学的理论界定，有利于明确政府的职责和实现国民的权利，亦为中国社会保障问题的研究提供了依据。

二、社会保障的物质基础——后备基金

众所周知，社会保障是通过经济援助的手段来实施的。一方面，国民收入经过初次分配，形成国家、企业或集体、个人的原始收入，政府通过财政预算拨款、企业或单位统筹和个人缴费等方式来建立社会保障基金；另一方面，根据一定的法定条件实现国民收入再分配，向不同项目的社会保障对象提供现金援助和福利服务。因此，社会保障基金作为国家或社会从已有的社会财富中事先提存、积累并用以援助或补偿社会保障对象的资金，是社会保障制度得以确立并能解决特定社会问题的物质基础。由于社会保障基金的建立在实践中是先积累、后开支，从而客观上表现为后备基金形态。

建立社会保障后备基金的必要性，马克思主义经典作家有过许多重要的论述。在《哥达纲领批判》一书中，马克思批判拉萨尔“劳动所得应当不折不扣和按照平等权利属于一切成员”的理论时说，“如果我们把‘劳动所得’这个用语首先理解为劳动的产品，那么，集体的劳动所得就是社会总产品。现在从它里面应该扣除：第一，用来补偿消耗掉的生产资料的部分；第二，用来扩大生产的追加部分；第三，用来应付不幸事故、自然灾害等的后备基金或保险基金。从‘不折不扣’的劳动所得里扣除这些部分，在经济上是必要的”①。同时指出，“剩下的总产品中的其他部分是用来作为消费资料的，在把这部分进行个人分配之前，还得从里面扣除：第一，和生产没有直接关系的一般管理费用，和现代社会比起来，这一部分将会立即极为显著地缩减，并将随新社会的发展而日益减少；第二，用来满足共同需要的部分，如学校、保健设施等，和现代社会比起来，这一部分将会立即显著增加，并将随新社会的发展而日益增加；第三，为丧失劳动能力的人等设立的基金，总之，就是现在属于所谓官办济贫事业的部分”②。在《资本论》第三卷中，马克思又强调，剩余价值的一部分，从而剩余产

①② 马克思．哥达纲领批判．北京：人民出版社，1966．11～12

品的一部分，必须充当后备基金或保险基金，“甚至在资本主义生产方式消灭之后，也是必须继续存在的唯一部分[①]”。恩格斯在《反杜林论》一书中也指出，“劳动产品超出维持劳动的费用而形成的剩余，以及社会生产基金和后备基金从这种剩余中的形成和积累，过去和现在都是一切社会的、政治的、智力的继续发展的基础[②]”。对马克思、恩格斯的上述论述，有人认为“后备基金或保险基金”是两个并列的不同概念，前者指由国家财政扣除的后备基金，后者指商业保险基金；商业保险学界则流行马克思讲的“后备基金或保险基金”是建立社会主义商业保险基金的理论依据。这些观点实质上都是对马克思后备基金理论的误解，因为就马克思、恩格斯的整个思想体系而言，他们是把商品经济看成与私有制相联系的经济范畴，并认为社会主义社会就是要消灭私有制的，从而也就不存在商品经济和包括商业保险在内的一切与商品经济相联系的经济范畴，既然如此，将其“后备基金或保险基金”理论分解并作为建立社会主义商业保险基金的理论依据就显得牵强附会了。从经典作家的本意出发，“后备基金或保险基金”应该是一切社会发展与再生产顺利进行的必要条件，在社会主义条件下，它只能通过政府或社会机构用强制手段来组织，从而应当成为研究社会主义社会保障问题、建立社会主义社会保障后备基金的理论依据[③]。当然，由于现实中的社会主义并非马克思设想的，是由政府或社会直接占有全部生产资料并直接组织生产与分配生产物的产品经济，商品价值规律仍在起决定性作用，市场经济体制正在逐渐确立，商业保险基金就不仅应该存在，而且应该得到发展，并成为社会主义再生产顺利进行的风险转嫁工具和社会保障体系的客观功能上的重要补充。

有人提出过“经济保障基金”[④] 的概念和“广义保险基金”[⑤] 的概念，但前者割裂了国家财政后备基金与社会保障基金的联系等，后者仅论及补偿经济损失而未考虑其他社会特殊事件，因而均不全面。笔者则主张在理论上将后备基金划分为狭义的后备基金和广义的后备基金[⑥]。前者仅指社

---

① 马克思．资本论（第三卷）．北京：人民出版社，1975．958

② 马克思恩格斯选集（第三卷）．北京：人民出版社，1975．233

③ 郑功成．论我国保险领域的几个基本理论问题．保险研究，1989，4

④ 刘茂山编著．保险经济学．天津：南开大学出版社，1991．78

⑤ 汤鹰编著．保险经济学．哈尔滨：哈尔滨船舶工程学院出版社，1991．61～62

⑥ 郑功成．论马克思的后备基金思想及其应用．经济评论．1993，增刊

会保障基金，亦即马克思学说中的“后备基金或保险基金”，它包括国家财政后备基金（如救灾基金、救济基金、抚恤基金等）、社会保险基金（如养老保险基金、失业保险基金、救灾保险基金等）、社会福利基金、医疗保障基金以及其他由国家或社会强制性储存并使用的资金，它们均以强制性、福利性为特色；后者则包括社会保障基金和一切商业形态、半商业形态的商业保险基金，以及企业用于恢复灾后生产的补偿基金，其中商业保险基金以自愿性、营利性为特色，企业灾后补偿资金以自我保障为特色。可见，社会保障基金作为狭义后备基金，可视同为与一般后备基金意思一致的概念。

传统的经济理论将国民收入和财政收入划分为积累基金和消费基金，前者用于发展，后者用于消费分配。在对待一般后备基金的性质方面，有人将其列为积累基金的一部分[①]，也有人将其分别项目列入积累基金和消费基金[②]，对此，笔者则认为，后备基金是独立于消费基金与积累基金之外而存在的一种社会公共基金形态，它既非用于积累发展，亦非用于消费分配，而是以解决特殊事件所可能引发的社会问题为特定目标，在初次分配的基础上按需（要）分配，用于保障国民生活和社会秩序的正常[③]；马克思在揭示后备基金的意义和用途时也明确指出，“这种基金是收入中既不作为收入来消费也不一定用作积累的唯一部分。它是否事实上用作积累基金，或者只是用来补偿再生产上的短缺，取决于偶然的情况。”[④] 这一段话表明，后备基金确实有别于积累基金和消费基金，它在收入分配中自成体系，并按特定方式运行，从而必须独立存在。

综上所述，后备基金作为社会保障制度的物质基础，是一切社会保障制度得以顺利实施的必要条件，其特殊的性质决定了在国民收入分配与再分配中应该保持其独立存在的地位，并让其按自身规律进行运转。如果不能客观地正视这一点，就不可能处理好积累、消费与后备基金三者之间的关系；如果不能统筹兼顾地逐步建立起雄厚的后备基金，将会为未来的发展埋下隐患，进而为此付出高昂代价。

---

① 宋国华主编．保险大辞典．沈阳：辽宁人民出版社，1989．9

② 辞海·经济分册．上海：上海辞书出版社，1980．74

③ 郑功成．中国救灾保险通论（第六章）．长沙：湖南出版社，1994

④ 马克思恩格斯全集（第25卷）．北京：人民出版社，1972．958

三、社会保障与商业保险

商业保险，是指由专门的保险企业按商业原则经营，并通过保险人与被保险人之间自愿订立保险合同来转嫁或承担特定风险责任，进而实现损失补偿或给付的一种经济机制，它以保险合同为直接依据，以向投保人收取保险费建立保险基金为手段。从理论上讲，商业保险是商品经济的产物，其本身属于市场经济范畴，是一种商业行为，它与商品经济的发展相始终，并会随着商品经济的消失而消失。

尽管商业保险所产生的客观效果有利于社会再生产的顺利进行和社会安定，保险学界也大都认为应将商业保险纳入中国的社会保障范畴，但就商业保险的本质而言，它不是社会保障而是普通的商业行为，从而不能纳入社会保障体系。作为中国执政党在新时期指导改革与发展思想大纲的十四届三中全会决议，在论及"建立合理的个人收入分配和社会保障制度"时，亦明确指出"社会保障体系包括社会保险、社会救济、社会福利、优抚安置和社会互助、个人储蓄积累保障……发展商业性保险业，作为社会保险的补充①"。在此，商业保险并未被列入社会保障体系，它只能作为社会保障子系统之一的社会保险的一种补充。当然，这并非否认商业保险存在的价值，而是明确区分两者，以确保政府承担起社会保障的历史职责，商业保险公司履行其企业的职责，商业保险在市场经济中同样应该得到发展，但其发展属于经济领域而不是政治、社会保障领域，因此，商业保险显然不应列入本书的研究范围。

需要阐述的是，社会保障与商业保险的本质区别，主要表现在以下几方面②：

1. 出发点不同。社会保障的出发点是贯彻国家的社会保障政策，解决特定的社会问题，以达到安定社会秩序、促进社会协调发展的目的；而商业保险的出发点却是为了开拓保险市场，以分享社会利润为直接驱动力，

① 中共中央关于建立社会主义市场经济体制若干问题的决定. 北京：人民出版社，1993. 20

② 参见：郑功成. 社会保险与商业保险. 湖北日报，1986－09－25；郑功成. 社会保险与人寿保险的区别. 中国社会报，1987－08－07；许涤新. 金融保险与社会保险的界定. 中国社会报，1987－07－10

它与国家的社会政策无任何直接的关系。

2. 业务性质不同。社会保障是一种社会福利事业，体现的是国家的职能和责任，具有社会福利性；而商业保险则是保险企业的业务来源，在经营中以经济效益好坏为评价标志，从而是市场经济条件下的纯粹的企业行为和商业性业务，具有赢利的本质特性。

3. 经营主体不同。社会保障的经营主体是政府或政府授权的社会保障机构，它直接接受政府财政拨款补贴，政府与受益者的关系是施惠于民的关系，由政府社会保障职能部门统一管理，由专门的社会保障机构经办，从而实质上是由社会保障机构代行国家或政府的职责；而商业保险的经营主体却是与工商企业性质一致的保险公司，它由国家保险管理机关审查批准设立并管理，其与政府的关系是利税关系，各保险企业之间自由竞争，优胜劣汰的市场竞争法则决定着各保险企业的成败。

4. 实施方式不同。社会保障自古以来就以强制手段实施，在当代社会更是由法律、法令规范而走上法制化、规范化的强制实施阶段，即只要符合社会保障各有关项目的法定条件，无论社会成员的意愿如何，均须履行其法定义务，并享有相应的法定权利，社会成员对参加的社会保障项目、待遇等没有自由选择权，社会保障机构也无权拒绝社会成员享受其权利的要求或随意变换项目、调整标准；而商业保险却必须坚持自愿原则，在商业保险行为中，保险双方均可以自由选择业务种类、范围、责任、金额、费率、赔偿方式，保险关系的建立完全取决于保险双方的意愿是否一致，以协商签订的保险合同（经济合同的一种类型）为建立并履行保险行为的直接依据，从而是纯粹的商业交易。

5. 资金来源不同。社会保障资金来源于各级政府财政、企业或单位、个人以及社会捐赠等多条渠道，其中个人仅承担一部分缴费义务，从而是集国家、企业或单位、个人乃至全社会的力量来保障社会成员的基本生活权利；而商业保险基金却全部来源于被保险人所交的保险费，保险费不仅是建立商业保险基金的唯一源泉，也是维持保险企业日常管理和业务费用的主要来源渠道，因此，保险人与被保险人之间是一种等价交换的关系。

6. 保障待遇不同。社会保障为符合法定条件的全体社会成员提供基本生活权利的保障，保障待遇以社会平均的基本生活费用或水准等为依据，并以法定形式固定下来；而商业保险则按“多投多保，少投少保，不投不保”的原则，根据投保人的财产或利益多寡及其意愿来确定保障水平，保障待遇因保险合同而异。

7. 分配作用不同。社会保障讲求权利平等和按需公平分配，能在一定程度上缩小社会成员之间的贫富差别，有利于低收入家庭、贫困户及弱者；而商业保险则只按投保者的投保金额和保险事故造成的损失金额决定赔偿额，有利于维护富裕家庭的利益。

8. 安全性不同。社会保障因系国家职责，有多方筹资和政府财政作后盾，其收费和待遇亦可根据社会经济的发展而不断调整，安全可靠性强；而商业保险的收付却取决于保险企业预测是否准确、资金运用是否成功等多种因素，国外保险公司屡有破产者表明其作为企业，安全性较弱，投保者要承担一定的风险。

社会保障与商业保险的联系，主要表现为职能作用上的互补和业务经办中的相互影响。[①] 一方面，社会保障既不保障企业及其他法人单位的物资财产，亦不能承担社会成员的全部风险保障责任，如社会成员的私有财产风险、责任风险、信用风险等均不可能从社会保障系统中得到保障，只能依靠商业保险来转嫁，况且社会保障的保障水准仅是基本保障，超过基本保障之上的安全保障需求亦需要通过商业保险来满足，可见，商业保险作为社会保障客观功能上的必要补充，有利于减轻国家或社会的责任和维护社会的稳定发展；另一方面，社会保障与商业保险虽不存在直接竞争关系，但又表现为此消彼长之势，社会保障愈发达，商业保险市场就愈有限，反之，商业保险愈发达，社会保障的作用亦会相应减弱，如养老金社会保险制度的全面建立，必然抑制人寿保险业的发展，等等。

在严格区分社会保障与商业保险的同时，充分注意其相互影响，既发挥商业保险的补充作用，又不允许其干扰社会保障的组织与实施，做到协调有序的发展，应该成为处理两者关系的基本原则。任何夸大社会保障的作用而忽略商业保险的发展，或夸大商业保险的作用而让其取代或部分取代政府的职能，都将导致社会保障制度的重大缺陷。

① 郑功成. 救灾保险与商业保险的关系. 中国民政. 1992，5

四、社会保障的功能

社会保障的功能，是指社会保障包括其各个子系统及其具体项目在实施过程中发挥出来的实际效能和作用。传统的社会保障理论，一般只承认社会保障只有事后救助的单一功能，然而，范围广泛、项目齐全、形式多样的当代社会保障体系，早已远非历史上单一的救灾济贫可以比拟，在国家社会经济发展过程中，社会保障必将发挥出保障、稳定、恢复、促进、风险分担、收入再分配及调节经济等多种功能作用①。

1. 保障功能。社会成员在日常生活中可能遇到天灾人祸或疾病等不幸事件，或在市场竞争中失利而失业，或循自然规律年老而需退休，或本来就是残疾等弱者，上述事件的发生，均会使其生活水平急剧下降，甚至会发生生存危机，而通过社会保障依法给予的经济援助，社会成员就会从生存困境中解脱出来，因此，社会保障的首要功能就是保障功能，即在法律上、经济上为社会成员的基本生活权利提供保障。如企业破产制度的实行，部分工人会因企业破产而失业，并迅即成为无产、无收者，其家庭就会陷入生存困境，失业保险制度和失业救济制度的建立，正是对这类失业者基本生活权利的保障。

2. 稳定功能。社会经济的发展和进步，任何时代都离不开稳定的社会秩序和社会环境，而各种特殊事件的客观存在，又往往给社会成员造成群体性的危机，如人口老龄化、自然灾害、工伤事故、疾病等均是不以人的主观意志为转移的，如果国家不能妥善解决这些问题，社会就会因此而失控，进而破坏整个社会经济的发展。如中国历史上，每当大灾发生，百姓无法生存，农民起义就会此起彼伏，有时导致改朝换代；新中国成立后，由于国家重视救灾工作，虽灾年不断，但并未酿成过大的社会动乱，从而表明了社会保障具有的稳定功能是维系社会稳定发展的重要因素。它通过各种经济援助，避免了社会成员因不幸事件的发生陷入绝境而铤而走险。因此，社会保障的稳定功能就是稳定社会秩序、保障社会成员安居乐业的功能，这种功能的充分发挥，使社会保障在许多国家被誉为“精巧的社会

① 郑功成. 社会保障在社会生活中的六大功能. 经济学周报，1989－01－15

稳定器”或“减震器”。

3. 恢复功能。当代社会保障的恢复功能，是指恢复受创的社区、家庭、个人正常生活秩序的功能。如对于像 1976 年唐山大地震、1991 年江淮大水灾等造成的众多受创家庭、个人，社会保障就通过救济、保险、互助、组织社会捐赠、善后安置等多种途径来发挥作用，以最大限度地控制其损害后果、恢复其正常生活秩序和精神状态；对于五保户、贫困户、失业者、残疾人等，社会保障通过经济上的援助以及提供特殊服务来恢复其正常生活水准，重整其工作与生活的信心，等等。当代社会保障的这种恢复功能，也是市场经济条件下创造公平竞争社会环境的有力保证。

4. 促进功能。理论界一般认为，保障、稳定和恢复功能是当代社会保障的基本功能，其实，社会保障的基本功能还应当包括促进功能以及风险分担功能等。社会保障的促进功能，主要表现在以下几方面：其一，能促进遭遇特殊事件的社会成员重新认识发展变化中的社会环境，适应社会生活的发展变化；其二，能促进社会成员的物质和精神生活水平的提高，使其更有效地为社会工作；其三，能促进社会成员同社会的协调发展，使社会生活实现良性循环；其四，社会化的社会保障实质上是劳动力自由流动的最强有力的保障，从而能促进人才的流动，有利于劳动力市场的形成和最大限度地发挥人的作用；其五，能促进政府有关社会政策的实施，如教育津贴有助于义务教育的普及，养老保险有利于计划生育政策的实施，失业保险有利于营造市场机制；其六，能促进社会文明的发展，如社会保障为社会成员提供了安全保障，有助于消除其对不幸事件或特殊事件的恐惧感，进而破除封建迷信观念，树立起互助互济、积极向上的新观念。可见，社会保障的促进作用是客观的、明显的。

5. 风险分担功能。社会保障由政府统一管理和实施，其资金来源于社会多渠道，而享受保障待遇者却只能是一部分特定的对象。如社会救济的资金来源于政府财政拨款和社会捐赠，受益者却限于生活极度贫困或遭遇天灾人祸的部分不幸者；失业保险基金来源于所有企业及其员工缴纳的保险费，但只有失业的员工才能享受保险待遇。可见，社会保障是一定范围内的全体社会成员分担一部分社会成员可能遭遇的各种风险，从而具有风险分担的内在功能。

6. 收入再分配功能。在社会保障基金中，既有企业与个人的缴费，又有政府的财政补贴，它通过社会保险、社会救济、社会福利等多项目补助给被保障者。一般地说，收入高的缴费多，收入少的缴费少，前者享受的保障项目少，后者享受的保障项目多。因此，社会保障从资金筹集到支付实质上是国民收入的再分配，它在一定程度上能缩小社会成员之间的贫富差距。

7. 调节经济功能。当代社会保障作为国家实施社会政策的一种经济手段，在实施中必然对经济发生调节作用。一方面，社会保障通过征收社会保险税（费）和发放各种社会保障待遇，可以调节社会成员的生活消费；另一方面，社会保障基金的多寡又直接影响到财政收支结构的变化，其在财政支出中所占比重愈大，表明国家的责任就愈重，财政收支就可能失衡，并对国民经济建设的发展起制约作用，反之，若社会保障支出过少，亦会影响社会成员基本生活权利的保障，因此，社会保障收支对国家财政收支的平衡有调节作用。此外，社会保障资金收支之间的时间差，使社会保障机构经常拥有一笔可供自主运用的雄厚基金，这笔资金的运用将直接对国民经济的发展产生巨大影响。

五、社会保障的学科性质与研究方法

尽管社会保障是一个十分古老的命题，但将其作为一门科学来加以系统研究，还是十分年轻的。尤其是社会主义国家的社会保障理论，更是极不成熟，因为社会主义的实践，如果从苏联十月革命成功算起，只有 70 多年的历史，而随着苏联的解体和东欧各国的日渐西化，过去的社会主义国家的社会保障亦在剧变和西化之中，从而标志着传统的社会主义社会保障理论在国外遭到了失败；如果从新中国成立算起，更是只有 40 多年的时间，随着经济体制改革的深化和市场经济体制的确立，必然使与计划经济体制及落后的社会经济相适应的传统社会保障理论受到很大冲击，中国的社会保障理论因而面临着全面革新和重新建设的艰巨任务。因此，在当代中国，学术界有责任将社会保障作为一门新兴科学加以研究，并从新的角度出发，首先弄清社会保障的学科性质，运用科学的研究方法，以取得具有实践指导意义的成果。

从理论上讲，社会保障从基金筹集到支付的过程实质上是国民收入的分配与再分配过程，它应该属于经济学范畴；社会保障的直接目的是为社会稳定发展服务，是国家通过法律强制实施的社会政策，它又应该属于政治学范畴；而社会保障的行为是社会融合，其内容是解决特定的各种社会问题，从而又应该属于社会学范畴，等等。可见，社会保障学科既不能简单地归之于经济学范畴或政治学范畴，亦不能简单地被认为是社会学范畴，它应该是在经济学、政治学、社会学等多学科的基础上逐渐发展起来的一门独立的、交叉的、处于应用层次的社会学科。掌握社会保障的这一学科性质，将是研究社会保障问题的金钥匙，它有利于社会保障理论从分散研究向系统研究、从微观研究向宏观研究并最终确立其在社会科学中的应有地位。在市场经济条件下，建立独立的社会保障学科尤其具有必要性和紧迫性。

在研究当代中国的社会保障问题时，我们必须坚持以马克思主义政治经济学为理论基础，将多学科综合的研究方法摆在首位。如研究社会保障必然涉及经济学问题、政治学问题、社会学问题乃至历史学、文化学、民俗学等问题，对此，只有充分运用多学科综合的研究方法，利用其他学科的优势，才能确保社会保障学科不受局限，促使当代中国的社会保障理论从初创走向成熟。

由于中国的社会保障理论必须植根于中国的具体国情之上，从而必须运用马克思主义的辩证唯物主义研究方法。中国的基本国情之一是有 12 亿人口且正在步入老龄化国家行列的过程中，这表明了中国政府承担的社会保障责任比世界上任何国家都要繁重得多，没有传统的家庭保障相配合，政府将难以承担这种责任；中国的基本国情之二是整个社会还处于变革和新旧体制、新旧观念的交替时期，许多新情况和新问题不断出现，它表明了重建中国社会保障制度的任务十分艰巨，非短时期内可以完成；中国的基本国情之三是经济还比较落后，地区发展又很不平衡（如东、中、西部或沿海、内地、边远地区的社会经济发展就差距甚大），它表明了在中国难以实施高度统一的社会保障制度，而需要采用地区有别、城乡有别的方式逐渐过渡；中国的基本国情之四是实行社会主义的发展中国家，而这与发达国家的社会制度是有根本区别的，从而决定了中国的社会保障亦不可能照搬外国的模式，等等。由此可见，研究当代中国的社会保障问题，不尊重国情、不坚持马克思主义的辩证唯物主义是不可能取得有价值的成果的。

既面向未来，又尊重国情；既借鉴国外，又有所创新，应该成为研究当代中国社会保障问题的一项重要原则。

今天的中国是历史的中国的延续，而未来的中国又是今天的中国的发展，研究当代中国的社会保障还必须坚持历史主义的科学方法。如当代社会保障制度中的救灾措施就是国家与生俱来的历史性职责，古可为今所用；传统的社会保障制度虽然面临着改革，但还不能完全抛弃，有些保障（如离退休制）仍须保留，等等。因此，在研究当代中国的社会保障问题时，我们既不能囿于历史与传统，亦不能割断历史，而是需要有选择地继承历史遗产，保持传统社会保障制度的一定的延续性，走出一条面向现实、着眼未来、兼顾历史与传统的社会保障新路来。

六、研究社会保障的意义

社会发展和市场经济对社会保障的依赖以及社会保障所具有的内在功能，决定了中国不仅需要尽快建立起新型的社会保障制度及其完整的体系，而且需要新型的、独成体系的社会保障理论的指导。在建立和完善社会保障体系的进程中，传统社会保障制度的重大缺陷和各种现实社会问题的客观存在，表明了研究社会保障问题已经成为现阶段中国理论界的一项紧迫任务。

建立独立的社会保障学科，探索中国社会保障制度的建立与发展规律，构思中国社会保障制度的完整体系，研究中国社会保障制度的改革措施，对于全面把握当代社会保障的丰富内涵、走出莫衷一是的理论误区和实践误区，以及促进符合国情的社会保障制度的建立，均有着理论和现实的重大意义。

第一编

渊源篇

中国是世界文明发达最早的国家之一，其社会保障作为国家制度的有机组成部分，有着十分悠久的历史。尽管历史上的社会保障理论与实践，从根本上讲是为剥削阶级服务的，其项目极少、水平极低，根本解决不了社会成员的基本生活权利保障问题，新中国的社会保障又因社会制度的彻底变革而与旧中国的社会保障无直接继承关系；然而，“单是由于后来的每一代人所得到的生产力都是前一代人已经取得而被他们当做原料来为新生产服务的这一事实，就形成了人们的历史中的联系，就形成了人类的历史”①，况且，中国历史上的仓储后备、以工代赈、优待抚恤等作为传统的社会保障措施，迄今仍在被社会主义社会保障制度所采用。这一事实亦表明了当代中国的社会保障制度与历史上的社会保障从思想到实践均有着历史的渊源关系。

历史是不能割断也是不应该割断的。正如毛泽东在论及现代中国与历史中国的联系时指出的那样：“今天的中国是历史的中国的一个发展。我们是马克思主义的历史主义者，我们不应当割断历史。从孔夫子到孙中山，我们应当加以总结，继承这份珍贵的遗产。”因此，研究当代中国的社会保障问题，不能不首先研究中国历史上的社会保障理论与实践，并从中挖掘、借鉴其有益的东西，做到古为今用。

---

① 马克思恩格斯选集（第四卷）．北京：人民出版社，1975．321

第一章 古代社会保障思想溯源

一、古代社会保障思想概述

自有人类以来，人就组成了社会，并成为社会的一员。每个人都要经过从出生⟶成长⟶成熟⟶衰老⟶死亡的生命过程，由于“凡人之性，爪牙不足以自守，肌肉不足以捍寒暑，筋骨不足以从利避害，勇敢不足以却猛禁悍”①，个人的力量就难以解决生、老、病、死过程中的各种危及生存的问题，尤其是在各种天灾人祸面前，人更是只能依靠社会的力量与协调，才能使生存的权利得以保障。因此，人的社会属性自古以来就超过了其生物属性，并伴随着人类社会的发展而不断发展。

在原始社会，人类面临的生存危机主要是各种自然灾害和野兽的袭击，而氏族社会的共产共用制为氏族成员提供了一定的生存保障，人类是从氏族社会共同保障中逐渐成长起来的。尽管氏族社会并未形成过社会保障思想，早期人类是自发地集合在一起的，但氏族保障的实践却表明，社会提供的保障是人类生存与发展的天然的、必须的依靠。

进入奴隶社会和封建社会以后，随着阶级的分化和国家机器的不断强化，社会成员对国家的依赖虽然在形式上不如氏族社会那样紧密，但社会保障的观念却在统治阶级中被迫形成。因为在社会生产力水平仍然低下的社会里，持续数千年的剥削制度和各种自然灾害、战争、瘟疫的客观存在，

---

① 《吕氏春秋·恃君篇》。

造成了中国社会的长期贫困，人民或因灾陷入绝境，或贫病交加死于非命，其生存危机的爆发往往导致百姓铤而走险、揭竿而起，中国历史上的历次农民起义无一不以灾荒为背景的史实表明，灾祸或战乱导致生存危机——►百姓起义——►动摇统治秩序——►造成朝代更迭是中国的历史公例。而统治阶级为了维护自己的统治地位，就不得不提出各种救荒和优抚的议论，当这些议论变成统治阶级的实际行动时，就产生了与之相应的社会保障政策。因此，历史上著名思想家或开明君主、官吏对救荒济贫、优待抚恤等的议论即是中国社会保障思想的萌芽，它源生于氏族保障的实践，又指导着奴隶社会、封建社会里的社会保障实践。

需指出的是，由于以农立国的社会的历史局限，社会保障意识作为人类产生以来就有的意识，在漫长的奴隶社会和封建社会里基本上局限于灾荒救济和优抚思想等方面，不仅根本不可能产生与工业文明相适应的社会保障思想以及与当代社会发展相适应的社会福利思想，而且有些思想还是错误的。因此，研究历史上的社会保障思想，既要把它作为中国的一份宝贵历史遗产加以发掘，又不能原样照搬继承，只能是客观地评价，有选择地吸取和借鉴。

纵观历史，社会保障思想最早是和安民、抚民的思想混合在一起的，它可以追溯到舜时期。当时，帝舜与大臣皋陶、禹讨论政务时就提出要“慎身”和注意“安民”的问题①，当然，由于舜时期是原始社会进入奴隶社会的过渡时期，阶级矛盾尚不复杂，治国安民亦不过是一种政治思想而已。真正产生社会保障原始思想的时期则是奴隶制度得以确立以后，此后经过漫长历史时期的发展，就逐渐形成了对后世颇有影响的天命主义禳弭论、大同社会论、社会互助论、仓储后备论、社会救济论、优待抚恤论等社会保障思想。

二、天命主义禳弭论

天命主义禳弭论，是中国最原始的一种救灾救荒思想，它产生于脱离氏族社会之后和社会经济生活及政治生活中单一阶级的支配权已经确立的

① 《尚书·皋陶谟》。

时期——商汤时期。

由于奴隶、平民与奴隶主贵族的斗争日益激烈，统治阶级内部矛盾亦渐激化，王室内部争夺继承权的斗争加剧；又由于生产力水平低下，加之天灾不断，从商代仲丁开始到盘庚迁殷历经五次迁都，才巩固了王室的统治并“行汤之政”，商代亦自徙殷后273年再未迁都，为中国奴隶制的发展奠定了基础，标志着中国社会脱离了氏族社会时期。

国家机器的建立和巩固，更加促进了阶级的分化，奴隶主阶级凭借国家机器支配了国家的政治、经济生活权；然而，当时的人们对于自然的认识仍然处于幼稚、蒙昧状态，对自然的控制能力极端薄弱，作为立国之本的农业生产完全听凭自然的支配。于是，人们依照人类社会由天子主宰的情形，亦认为有支配自然界万物吉凶祸福的最高主宰——“天帝”存在，人类的一切莫不由天命所定，原始社会中“万物有灵”的观念遂转变为天命主义的禳弭论思想[①]，如《卜辞·殷墟书契前编》中说“庚戌卜贞，帝其降堇”；《卜辞·殷商贞卜文字考》中说“帝令雨足年”和“帝令雨弗其足年”；《铁云藏龟》中说“今二月，帝不令雨”；《尚书·微子篇》则说“天毒降灾荒”；再如《诗大雅云汉》中说“天降丧乱，饥馑荐臻，靡神不举，靡爱斯牲。……昊天上帝，则不我遗，胡不相畏，先祖于摧……昊天上帝，则不我虞，敬恭明神，宜无悔怒……瞻仰昊天，曷惠其宁”[②]，等等，其意思都不外乎是各种灾祸皆由天帝决定，人类社会想要免除灾难的侵袭，保障生存权利，就非向天帝祷禳以求宽恕不可。这种思想表现在当时统治王朝的政策中，就是实施巫术救荒，迷信色彩很浓厚。巫术成为一种社会职业，并享有很高的地位。每当久旱不雨之时，即请巫以舞降神而向天帝祈雨救灾，如《殷礼徵文》中记载有“使巫祈雨”之句；基于相同的思想，还有祭山川以求消灾，甚至不惜以人为牺牲而祷于天，国王也常亲自祈祷。如《竹书纪年》中记载“商汤二十四年大旱，王祷于桑林雨”，《淮南子》云“汤之时，大旱七年，卜用人祀天”。尽管《管子·山权数篇》中亦有“汤七年旱，汤以庄山之金铸币，而赎民之无糧卖子者”（养恤赎子）的记载，但天命主义禳弭论思想指导下的巫术救荒确是当时统治者用

① 郑功成. 我国古代社会保障思想及其评价. 上海保险. 1991，4

② 邓云特. 中国救荒史. 上海：上海书店，1942. 201

来“保障”社会成员“避免”生存危机的主要措施。

由于天命主义的禳弭论能麻痹人民，掩盖统治者剥削统治的本质，从而在商汤以后又被历代统治阶级所利用，其在周代以前一直居于安民思想中的支配地位（《周金文字》与《诗经》均有记载）。到近代社会，虽然社会保障思想渐趋科学化、实用化，但天命主义的禳弭思想残余仍然存在。时至今日，中国城乡尤其是农村还盛行各种封建迷信活动，可见天命主义的禳弭思想对中国人民思想的影响之深远。

三、大同社会论

大同社会论，实质上是一种乌托邦思想，它产生于春秋末年到战国这一历史时期。当时，中国社会正由奴隶社会向封建社会转化，腐朽的奴隶主统治日趋崩溃，新兴地主阶级的统治还没有完全建立起来。在新旧交替的剧变时期，许多知识分子代表提出了不同的社会改革理想，如孔子的“大同社会”，墨子的“兼爱交利”，老子的“小国寡民”，庄子的“至德之世”，许行的“君臣并耕”，孟子的“井田制度”等，其中尤以孔子对“大同社会”的阐述更为全面。

公元前500年，孔子在《礼记·礼运篇》中提出“大同社会”思想，它用很精炼的语言，刻画了一个幸福社会相当明确的轮廓。孔子曰：“大道之行也，天下为公，选贤任能，讲信修睦。故人不独亲其亲，不独子其子；使老有所终，壮有所用，幼有所长，矜寡孤独废疾者皆有所养；男有分，女有归。货，恶其弃于地也，不必藏于己；力，恶其不出于身也，不必为己；是故谋闭而不兴，盗窃乱贼而不作，故外户而不闭。是谓大同。”① 在这段话中，“天下为公”是“大同社会”的最高理想；社会财富归全体人民共同享有；人人尽自己的力量去劳动；各社会成员均有生活保障等。可见，大同社会论的核心内容既涉及社会制度，更包含了丰富的社会保障思想。当然，这种理想在剥削阶级社会里，只是一种不能实现的空想、虚构和童话，但对后世仍有很大的影响。

在汉代以后的封建社会里，大同社会思想亦不断出现。例如，东晋时

---

① 《礼记·礼运篇·大同章》。

期的《抱朴子》一书中记述鲍敬言的话说“无君无臣。穿井而饮，耕田而食，日出而作，日入而息。汎然不击，恢尔自得，不竞不营，无荣无辱……”①，其描绘的就是无阶级、无君臣、没有压迫的社会；而同一时期的陶潜在《桃花源记》一书中，亦描绘了一个大家共同劳动、安居乐业的世外桃源；宋代康与之的《昨梦录》一书中，也描绘了一个人人平等、按需分配的理想社会，等等。

大同社会论作为一种理想社会的主张，社会保障是其中的重要内容，尽管其在剥削阶级社会里不可能实现，但依然是中国历史上社会保障思想渊源的有机组成部分，应该加以发掘和整理。

四、社会互助论

社会互助论也是中国儒家的重要思想。尽管有的著述中将社会互助思想列入大同思想一并阐述或相提并论②，但就其内容而言，仍是有根本区别的。大同社会论强调的是整个社会的“大同”，是一个无法实现的幻梦；而社会互助论则强调社会成员间的互助，是可以付诸实施的一种社会保障思想。

在春秋战国时期，著名思想家墨子就主张“兼爱交利”，提出“为贤之道将奈何？曰：有力者疾以助人，有财者勉以分人，有道者劝以教人。若此，则饥者得食，寒者得衣，乱者得治”③，以实现人民老有所养、孤幼有所依、无饥无寒和安居乐业的理想。而另一大思想家孟子亦主张“出入相友，守望相助，疾病相扶持，则百姓亲睦”④。

在汉代，于吉撰著的《太平经》一书中认为“或积财亿万，不肯救穷周急，使人饥寒而死，罪不除也；……然智者当包养愚者，反欺之，一逆也；力强者当养力弱者，反欺之，二逆也；后生者当养老者，反欺之，三逆也”⑤，其劝人互助的思想显而易见。

---

① 《抱朴子·诘鲍篇》。
② 参见：中国大同思想资料．北京：中华书局，1960
③ 《墨子·兼爱下篇》。
④ 《孟子·滕文公上篇》。
⑤ 《太平经》。

在宋代，学者张载主张“救灾恤患，敦本抑末”，同时提出敬老、慈幼、扶困、济贫的愿望①，等等。

综上所述，社会互助思想是中国人民的传统美德之一，它是社会成员之间的互助互济，是有余力余财的社会成员帮助无劳动能力或贫困或遭灾的社会成员避免生存危机的社会思想。在社会主义市场经济条件下，作为执政党的中国共产党在其十四届三中全会的决议中，将社会互助正式列入现代中国的社会保障体系，就是对这一思想的继承和发展。

五、仓储后备论

仓储后备论，就是建立谷物积蓄以备灾荒并济贫民的思想。由于它是带有积极意义的事先预防思想，不仅为许多朝代的统治者所重视，而且迄今仍有实践指导意义。

早在夏朝，国家就非常重视粮食的积蓄，以防水旱之灾。在当时生产力水平极端低下的条件下，人类无力抵御各种自然灾害的侵袭，同时亦意识到对待各种天灾人祸仅靠巫术救荒是不行的，从而只能采取事先储备粮食的办法来防范灾害的发生。如《礼记·王制》中就说“国无九年之蓄，曰不足；无六年之蓄，曰急；无三年之蓄，曰国非其国也。三年耕必有一年之食，九年耕必有三年之食，以三十年之通，虽有凶旱水溢，民无菜色”②。《逸周书·文传篇》中说“天有四殃，水旱饥荒，其至无时，非务积聚，何以备之?”③ 汉代大臣贾谊上汉文帝疏中说：“管子曰：仓廪实而知礼节，民不足而可治者，自古及今，未之尝闻……夫积贮者，天下之大命也。敬粟多而财有余，何为而不成?”④ 宋代大臣余靖上疏亦指出“天下无常丰之岁，倘有缓急，不可无备”⑤。明朝汪文义说“能积于不涸之仓，藏于不竭之府者，可御水旱之来，当患而为之备，即灾而为之捍者，可免流离之苦”⑥；等等。由此可见，仓储后备之说在中国历史上由来已久，并

---

① 中国大同思想资料. 北京：中华书局，1959. 34

② 《礼记·王制篇》。

③ 王德痒. 保险学概论. 重庆：重庆出版社，1984. 22

④ 《汉书·食货志》中“贾谊上汉文帝积贮疏”。

⑤ 《康济录·引》。

⑥ 《明史·汪文义传》。

在中国社会思想史中占有重要地位。

仓储后备思想的具体办法是由朝廷官吏把百姓手中的余粮收集起来就地建立仓库储存，荒年再行开仓赈济，即“惟以本乡所出，积于本乡，以百姓所余，散于百姓，则村村有储，缓急有赖，周济无穷矣”①；仓储后备的目的则是救灾，避免灾荒之年百姓无法生存而铤而走险。因此，仓储后备说是依靠国家力量来储粮备荒、保障社会成员基本生存权利的一种社会保障思想。正是基于仓储后备思想，中国历代创设了不少仓储，唐朝时的仓储还被视为李唐王朝得以安身立命、统御天下的基石之一（具体见本书第二章）。

要实施仓储后备，就必然要重视农业生产。与此相适应，中国自古以来就是以农立国，历代学者均提倡“农本主义”，历代统治者推行的也是重农政策，重农说又构成为仓储后备思想的基础。如战国时期的思想家管子就是重农主义者，他说“民事农则田垦，田垦则粟多，粟多则富国”②。汉代晁错认为“人性一日不再食则饥，岁终不制衣则寒。夫腹饥不得食，肤寒不得衣，虽慈母不能保其子，君安能以有其民哉？明主知其然也，故务民于农桑，薄赋敛，广蓄积，以富仓廪，备水旱，故民可得而有也”③。梁朝刘勰亦说：“衣食足知荣辱，仓廪足知礼义……有九年之储，可以备非常之灾厄也……谷之所以不积者，在于游食者多，而农人少，故软。”④ 后世学者阐述这方面主张的言论颇多，为节省篇幅，不再赘举，但上述言论足以表明，仓储后备的社会保障思想与重农思想是密不可分的。

此外，与仓储后备论有关联的还有自然条件改良论。如历代自然灾害中，水灾、旱灾和蝗虫被并称为中国历史上的三大自然灾害，因灾致乱的例子不胜枚举。因此，历代明达之士中除主张仓储备灾外，还不乏主张兴修水利以防水旱灾害和提倡除蝗以防蝗害泛滥者。一些比较贤名的君主也采用水利说和除害说，如历史上著名的都江堰、郑国渠、白渠、秦渠、汉渠以及黄河堤、长江堤等在当时均起到抑制水旱灾害发生的巨大作用；再如唐代姚崇提倡治蝗最为积极，并取得过除害安民的巨大成就。尽管水

① 《康济录·引》。
② 《管子·治国篇》。
③ 《汉书·食货志》。
④ 《新论·贵农篇》

利说、除害说乃至重农说似乎与社会保障不属同一理论范畴，但对社会成员而言，上述主张的实施均能在客观上起到保障和安民的作用，因此，一些后世学者将其与仓储说概称为积极预防论[①]或事先预防论[②]。

六、社会救济论

社会救济论包括贫困救济和灾后补救两部分内容。由于灾害自古以来就是危及人民生存的最主要的因素之一，历代均有对灾害救济问题的议论和政策思想。与现代的社会救济思想相比较，历史上的社会救济论主要是灾后救济，仅解决灾民的临时困难，目的是让灾民感激统治者的皇恩浩荡；而现代社会救济思想则包括贫困救济和灾害救济，强调实施救济是国家的责任，目的在于鼓励人民与贫困和灾害抗争，最终达到消灭贫困和控制、减少灾害的目的。因此，历史上的社会救济论可以称之为灾害救济论或消极救灾论。

综观历史上有关社会救济方面的议论和著述，社会救济论又可以概括为以下几种学说：

1. 赈济说。是指用实物（主要是粮食和衣服布帛）和货币救济遭受灾害的百姓和生活极端困难无以生存的人们，以保障其最低限度生活需要的一种思想。它作为古代中国儒家学说之一，产生很早，并主要适用于灾年和青黄不接季节。如宋代董煟的《救荒全法》中就提出“人主当行六条中有：四、遣使发廪，六、散积藏以厚恤黎元；宰执当行八条中有：六、建散财发粟之策；监司当行十条中有：二、视部内灾伤大小而行赈救之策；太守当行十六条中有：二、准备义仓以赈济，九、委诸县各条赈济之方，十、因民情各施赈济之术；牧令当行二十条中有：六、申上司请发义仓以赈济”。同时指出：“救荒有赈济、赈粜、赈贷三者，名既不同，用名有礼……赈济者，用义仓米施及老、幼、残疾、孤、贫等人，米不足，或散钱与之，即用库银籴豆、麦、菽、粟之类，亦可。”[③] 明嘉庆八年，王尚纲上救荒八议，其中第三条为“救贫民乞支散痍积……”，万历间江苏巡抚周

① 邓云特．中国救荒史．上海：上海书店，1992．247～269

② 郑功成．我国古代社会保障思想及其评价．上海保险．1991，4

③ 《康济录·引》。

文襄亦主张“救荒……有八宜，极贫之民宜赈济，次贫宜赈粜，远地宜赈银……”①。上述言论均是专论赈济的。到明代，林希元与王圻二人更是对赈济说作了系统概括。林希元疏云：“救荒……有三便。曰：极贫民便赈米，次贫民便赈银，稍贫民便赈贷……”，又云：“一、开仓赈贷；二、截留上供米赈贷；三、自出米及劝籴富民赈贷；四、借库银循环粜籴赈贷；五、兴修水利补葺桥道赈贷……大略赈济之法，旬给升斗，官不胜劳，民不胜病，仰而坐待，仓米卒无以继。莫若计其地理远近，口数多寡，人给两月粮，归治本业，可无妨生理也……”②。五圻亦曾专议赈济云：“积谷专为救荒计……凶年行赈给之钱费，而鲜实脯之粥，聚而难散，惟出公余之廪，藉富室之蓄，计口给粟，人不过升合，家不过斗釜，庶几拯溺救焚之一策也”。③赈济说发展到后来，以工代赈方法被统治者采用，是以赈物、赈款、工赈成为赈济说的三大具体措施，它在中国社会保障史上自古至今都占有重要的地位，发挥了很大的作用。

2. 调粟说。调粟思想的实质是移民就食、移食就民和平籴，即在全国范围内通过对丰收和遭灾的不同地域间进行粮食的调拨或移民，使灾民的生活得到保障。在春秋时期，孟子就主张“河内凶，则移其民于河东，移其粟于河内，河东凶亦然”④，可见调粟说亦渊源甚远。在另一部史籍中，还记载了李悝的调粟思想，他说“籴甚贵伤民，甚贱伤农。民伤则离散，农伤则国穷，故善平粜者，必谨视岁”，同时提出了将丰收的粮食积聚起来运往灾区的具体措施为“岁有上中下熟，大熟则上籴，三而舍一；中熟则籴二；下熟则籴一；使民适足，价平则止。小饥则发小熟之所敛；中饥则发中熟之所敛，大饥则发大熟之所敛，而粜之。故虽遇饥馑水旱，籴不贵，而民不散，取有余以补不足也”⑤。汉代以后，调粟之说日益系统化，但其基本思想仍只是孟子与李悝上述主张的发挥而已。调粟说直到今天仍可为我们解决灾民生计问题所利用。

3. 养恤说。养恤说是国家如何安置灾民或贫苦流民的思想学说，主要有施粥、居养、赎子、发放寒衣、医药帮助等内容。中国古代有“一民饥，

① 《康济录·引》。

②③ 邓云特. 中国救荒史. 上海：上海书局，1942. 207～209

④ 《孟子·梁惠王章》。

⑤ 《汉书·食货志》。

曰我饥之；一民寒，曰我寒之”为恤民的根本原则之说。《毛诗·豳》有“七月流火，九月援衣”之事，《周礼》中说“疾医，凡民有疾病者分治之；司救，凡有天患民病，则以王命施惠”。宋代程明道、司马光、司马康等大臣均论述过居养、施粥等养恤学说。明清以后，又被林希元、席书、陆会禹等人发挥，养恤说逐渐在古代社会保障思想中独成一体，并发挥了一定的安定社会的作用。

4. 安辑说。每经灾荒，大批灾民为了生存，常被迫离乡外流，非但不利生产，而且每致暴动起义，危及统治阶级的统治，因此，便产生了安辑之说。所谓安辑说，实质上是主张对因灾荒离村的农民进行诱导并给予一定的扶助，以达到安置灾民、稳定社会的目的。其主要内容为：（1）给复——通过减赋或复赋，诱导流民还乡复业；（2）给田——给流民以闲田，并免除租赋，使流民不再流徙；（3）归送——通过官府的力量，遣送外流农民回乡，并给以适当扶助。为了引起统治阶级的注意，有识之士还十分重视灾民外流的动向，将流民惨淡愁苦的生活绘为画图以作依据，如宋代郑侠绘制的流民图，明代杨东明的饥民图，清代蒋伊的流民图等，均为史书所载，并为统治者所重视。

5. 放贷说。放贷说实际上是有偿补救灾民和贫民的学说。管子说“民之无本者，贷之圃疆”“无食者予之陈，无种者贷之新”①，到宋代，放贷说有了发展，成为帮助灾民或贫民恢复生产的专门主张。宋代刘敞就曾上疏指出“今年颇旱，百姓艰食，已有流移……若不多方赈恤，恐成凋瘵。乞敕令诸州，仓廪量留三年军粮外，贷与贫下百姓，命逐县结保，等第支借，候岁熟日，准数还官。一则接济困乏，免乏逃散；二则以新换陈，不乏军储；三则流布恩惠，固结民心”②，即为放贷救灾之议。此后，宋元明清等历代亦常有关于放贷救灾的主张，并为统治者不断采用，放贷救灾亦成为古时补救灾民、贫民、恢复灾后简单再生产的政策之一。

此外，在灾荒面前，还有节约说影响甚大。节约说的基本内容就是在灾荒之后，减少食物，禁酿米酒，节省费用等，以克服灾荒所造成的困难。《孔子家语》一书中曾记述了孔子对齐景公所讲的话：“凶年则乘驽马，驰

① 《管子·揆度篇》。

② 《宋史·刘敞传》。

道不修，祈以币王，祭祀不悬，祀以下牲，此贤君自贬以救民之礼。夫人君遭灾，尚务抑损，况庶民乎！即民令稍甦，宜常念艰苦之时，爱惜物力。”到了后世，节约不仅成为灾荒之年的时议，而且发展成为平时崇俭固本的理论。

由此可见，中国历史上的社会救济思想虽然主要是论及救灾方面的，但内容是非常丰富的，有些学说对今天的社会保障改革与发展仍有借鉴作用。

七、优待抚恤论

优待抚恤论就是主张对军人实行政治、物质上的优待和抚恤的思想，它作为在中国历史上占有重要地位的社会保障思想之一，虽然局限于以军人及其家属为保障对象，但关系的却是国家长治久安的大局。中国是文明古国，奴隶制和封建制统治中国长达几千年，在这漫长的岁月里，“战争——从有私有财产和有阶级以来就开始了的，用以解决阶级与阶级、民族和民族、国家和国家、政治集团和政治集团之间、在一定发展阶段上的矛盾的一种最高的斗争形式”①。兵家蜂起，战事绵延，必然导致社会剧变、朝代更迭。因此，中华民族的历史客观上是一部战争写就的历史。

由于战争的需要，就产生了古代的军队和军事制度，而有战争就势必有伤亡，统治阶级为了巩固军队、稳定社会，无一不把做好军人及其家属的优待抚恤工作视为一项重要政策，以此换取士兵效命疆场。因此，从历史主义的观点出发，中国的优待抚恤思想几乎与人类早期军事冲突的起源同时出现，并随着社会的进步而逐渐成为古代社会保障思想体系中的一个重要方面。

据史书记载，周文王死后，姜子牙继续辅佐武王从政治军，他针对前朝优抚军人的做法作了进一步的发挥。他指出“凡行军吏士有伤亡者，给其丧具，使归而葬，此坚军全国之道也；军人被创即给医药，使谨视之，医不即治，鞭之”②。战国时期，吴起主张“申明法令，捐不急之官，废公

① 毛泽东选集．北京：人民出版社，1991．171

② 刘国林编著．中国历代优抚．哈尔滨：黑龙江科技出版社，1988．2

族疏远者，以抚养战斗之士”“其有工用五兵，材力健疾，志在吞敌者，必加其爵列，可以决胜。厚其父母妻子，劝赏畏罚，此坚陈之士，可与持久。能审料此，可以击倍”①。同一时期的墨子、韩非、商鞅、荀子等均对优待抚恤问题有过专门议论，有的甚至变成为当时的法律（如1975年12月在湖北云梦县发掘出土的睡虎地竹简就记载了商鞅变法中的《军爵律》《司空律》等），其中有封爵、免除奴隶身份等优抚和奖励军功的规定。因此，经过春秋战国时期，中国古代的优待抚恤思想已基本成形，军人的生活保障已由原来的个人或几户共同负担发展到赏赐田地、免除徭役与赋税、抚慰家属等方面。此后，经过历代政治家、军事家的发展，优待抚恤军人及其家属成为统治者治国治兵的一条常规，深入人心。

当然，优待抚恤制度是一种政治制度，也是一种军事制度，它必然要与当时的兵制密切相关；况且，历史上的优待抚恤思想均是为奴隶主、地主的统治服务的，这是在研究中国古代社会保障思想渊源时应当加以区别和注意的。

八、综合评价

综观中国古代的社会保障思想，可以作如下评价②：

1. 思想内容丰富是中国古代社会保障思想的总体特色。从前述各种议论中，我们可以看到古代的社会保障思想在形成之初就基本上较全面地阐述了古代社会保障的必要性、目的、作用和内容。它既看到了各种自然灾害的客观存在，又认识到人类可以利用自己的力量在一定程度和范围内抗拒灾害；既论及了大同社会的理想，又提出了社会互助、社会救济、优待抚恤的主张；既有救灾、济贫、抚恤等事后保障之计，又有仓储后备、重农、除害、节约等事先防范之策；既有对朝廷（中央政府）组织实施社会保障事务的主张，又有对地方官吏（地方政府）组织实施及民间互助的社会保障形式的倡导；既有实物赈济思想，又有货币救济、以工代赈、赏田赏爵等保障方法；既涉及一般灾民、贫民的救助，又涉及军人的优待抚恤，

① 《史记·吴起列传》。

② 郑功成．我国古代社会保障思想及其评价．上海保险．1991，4

等等。其体系虽不完整，不能与现代社会保障理论相提并论，但内容之丰富，实为世所罕见，确实是祖先遗留下来的治国安邦的宝贵遗产。时至今天，有许多思想仍在为我们所利用、所借鉴，如救灾、济贫就是中国政府的一贯主张，实物救济与现金救济相结合仍是现代社会实施社会保障所经常采用的方法和手段，今天的优抚制度实际上借鉴了古代的军人优待、抚恤制度，等等。

2. 充当维护封建帝王及地主阶级统治秩序的工具是古代社会保障思想的政治特色。在数千年的奴隶、封建社会里，国家实是帝王的国家，奴隶主阶级和地主阶级先后统治着受压迫、受剥削的人民。古代的救灾、济贫等社会保障思想作为封建帝王的所谓“仁政”的核心内容，往往不是害怕人民的反抗而不得不采取，就是居高临下的充满着恩赐和怜悯的色彩，其目的并不是真正救世济贫和维护人民的生存权利，而是为了稳定其统治秩序，保障其政权的延续，让人民继续当牛作马。因此，古代的社会保障思想从根本上讲是为剥削阶级服务的，它实质上不过是维护反动统治阶级统治的理论工具而已，这是其与当代中国社会保障理论或思想的根本区别所在。

3. 局限于治标之术是古代社会保障思想的理论特色。时代的局限性和阶级的局限性，使中国古代的社会保障思想多是“头痛医头、脚痛医脚”的治标之术，大同社会论给人民构造的是一个永远无法实现的梦幻，天命主义的禳弭论更是欺骗人民的学说，各种救灾、济贫、仓储、优抚之议都是就事论事和临事而行的救急之策，丝毫没有触及人剥削人的封建社会制度本身，也不可能形成一个完整的社会保障思想体系，从而不是真正解决灾荒、扶助贫困、稳定社会、促进发展的治本之计。因为人民的困苦不堪正是统治阶级的土地私有制和残酷剥削造成的，灾害虽属自然现象，但也与统治者不顾人民利益的自私统治有关，战争亦往往只与统治阶级内部集团利益相关，在这种历史条件下，即使有完整的、先进的社会保障思想，也不可能得到实现。历史已经证明，只有在现代社会的条件下，人民才能遇灾不荒，才能享受社会物质帮助的均等机会和权利，其基本生活权利为法律制度所保障。

4. 实践效果取决于统治者的个人意志是古代社会保障思想的社会特色。任何思想或理论都只有变成行动时才会产生真正的实践效果。在中国历史上，有许多好的社会保障主张和学说，但有的朝代利用得好，有的朝代却不顾百姓的死活，究其原因，就在于“家天下”的统治，封建帝王的旨意至高无上，朝令夕改和“一代天子一代政”者不乏罕见。在这种社会制度下，好的社会保障主张往往难以变成统治者的制度予以实施；即使形成为朝廷的政策，也会依统治者的个人意志而转移。因此，各种社会保障主张、学术的采用，只能寄希望于“圣君”对灾民、贫民、士兵的“体恤”以及“贤臣”的力荐，实践的效果取决于统治者个人的意志和品德的好坏。

从以上分析可见，中国古代社会保障思想虽有着历史局限性，但内容十分丰富，对后世直至当代中国均有很大影响，在中国当代的社会保障理论研究中，应该重视发掘其精华，去其糟粕，为改革和完善新时期的社会保障制度服务。

第二章

古代社会保障制度及实践

一、古代社会保障制度及实践概述

马克思主义认为，理论来源于实践，又反过来指导实践。中国古代社会保障思想的产生与发展和社会保障实践的产生与发展正是这样一种关系。一方面，在氏族社会时期，人类处于蒙昧、幼稚阶段，不可能有社会保障思想，但因氏族社会的共产共用制度，却有了氏族社会的原始社会保障实践；另一方面，在氏族保障促进人类成长的基础上，尤其是进入阶级社会以来，随着国家的产生和国家机器的完善化，人们要求社会保障的思想开始觉醒，并形成各种不同的学说，当这些学说变成统治阶级的政策时，又规范和指导着社会保障实践的发展，因此理论与实践的关系自古至今相辅相成。

纵观历史，中国的社会保障制度与实践几乎起源于氏族社会保障。除社会保险、社会福利、社会津贴等是本世纪以来的产物外，作为中国现代社会保障制度重要内容的社会救济、灾害救济、优待抚恤等社会保障措施则早已有之，它由封建朝廷直接组织，中央和地方政府具体实施，主要依靠国库拨补作为经费来源，具有现代社会保障制度的某些特征。如社会救济早在西周时代就已有之，古时称为“赈穷”“恤贫”或“赐贫穷，赈乏绝”[①]，顾名思义，即是恩赐、怜悯、救济的意思，历来被称为封建政府的

① 《礼记·月令》。

慈善事业。

历代统治者之所以实施一定的社会保障措施，主要是因为以下原因所致：

1. 国家机器自西周开始日益强化，生产力有了较大的发展，使国家组织实施一定的救济、救灾及抚恤事务从可能变为现实，这是古代社会保障制度从唯心主义的禳弭论走向实际并最终确立以实物救助或保障为主要手段的政治原因。在商汤以前，国家机器尚不完善，生产力水平极端低下，虽有灾民、贫民、士兵等需要社会给予救济或保障，国家政权亦无力帮助，从而在阶级社会产生初期，盛行并非物质帮助的巫术救荒措施，只有到了周代取代商代后，国家才逐步走向强盛，中央集权制也不断完善，天子及其朝廷成了主宰天下一切事务的最高统治机构，国家财政也因生产的发展有了调剂的能力和低水平的后备力量，从而为社会救济、灾害救济、优待抚恤等社会保障措施的实施提供了组织条件和财政条件。因此，具有真正社会保障意义的古代社会保障制度是社会发展到一定阶段的产物。

2. 中国自然灾害自古十分频繁，赤地千里、哀鸿遍野、人相食的惨剧，史不绝笔，这是促使古代救济、救灾等社会保障措施及实践得以产生和发展的自然原因。因为频繁而严重的自然灾害不仅对社会生产力造成极大的破坏，而且在阶级社会里逢灾必荒，民不聊生，往往成为奴隶和农民起义的导火线。例如，西周厉王 21—26 年间的大旱，促成了历史上首次大规模农奴起义的爆发；秦末陈胜、吴广起义除暴政外，是大泽乡暴雨成灾所催化；西汉绿林、赤眉起义，以王莽天凤 4—5 年（公元 17—18 年）的南方大饥荒和山东、江苏大饥荒为背景；东汉黄巾起义也因连年灾荒使百姓无法生存所激化；隋末翟让、窦建德、杜伏威领导的农民起义，是因为山东大水、河南春荒等促成；唐末王仙之和黄巢领导的农民起义是因公元 869—874 年西起虢川、东达海滨的大范围干旱酿成；宋朝王小波、李顺领导的起义，是波及全国各地的水、旱、虫、雪灾及疫病流行所激化；元末刘福通等领导的农民起义，亦是连年水、旱灾情激化阶级矛盾所致；明末李自成起义是在崇祯元年（公元 1628 年）一年不见雨的陕西大饥荒情况下发动起来的；清朝洪秀全起义选定在 1848—1850 年间的全国大灾荒时发难并迅速蔓延至江南各省[①]，等等。暴政加灾荒，百姓无法生存，只有铤而走险，因此孟子说“凶岁，子弟多暴，非天之降才尔殊也。其所以陷溺其心者，然也”。这段话在一定程度上反映了灾荒、暴政和农民起义及政权更迭的客观规律。历史作为一面镜子，迫使历代统治者为了维护自己的统治而采取一些救灾措施。

3. 社会经济的落后和封建社会的残酷剥削制度使百姓极端贫困，成为中国社会长期存在的问题。历史上因灾荒或贫穷所逼而致迁移他乡、典妻卖子、冻饿而亡者无以数计，这是历代统治者不得不采取一些救济措施以图收买民心、缓和人民的反抗情绪的社会原因。

4. 历代统治者为达到其政治目的，毫无例外地要组织军队，为使士兵为其卖命，一些朝代曾对士兵及其家属实行过优待抚恤政策。

5. 部分开明君主和头脑清醒的学者、官吏，面对灾害、贫困等客观事实，倡导“施仁政”和仓储后备，对历史上一些社会保障措施的设立和实施亦起了一定的作用（见本书第一章）。

从历代实施救济、救灾、抚恤等社会保障措施的实践来看，虽然有的朝代效果较好，在一定程度上和一定范围内缓解了一些百姓的生存危机，但就总体而言，古代社会保障的实践因统治阶级剥削本质的局限性和政治腐败，并不可能真正保障人民避免生存危机，无以数计的人民死于战乱、灾害、瘟疫、贫病交加之中，以及无以数计的被压迫的人民起义，均表明古代社会保障措施并未取得抚民安国的实践效果。正如邓云特在《中国救荒史》一书中分析的那样，“我国历史上每一次灾荒之爆发，若细究其根源，几无一非由于前资本主义剥削，尤其是封建剥削之加强所致。苛无剥削制度之存在，或剥削之程度较轻，而农民生产，能相当保持其小康状态，使有余力以从事防止天然灾害之设备，则‘天’必难‘降灾’，而凶荒可免”[②]；现代学者郭沫若亦指出“饥荒诚然是严重，但也不是没有办法救济。饥荒之极，流而为盗。可知在一方面有不甘饿死，铤而走险的；而另一方面也有不能饿死，是有海盗的物资积蓄者。假使政治是修明的，那么挹彼注此，损有余以补不足，尽可以用人力来和天灾抗衡。然而却是有司

① 郑功成．关于我国历史上的灾情与救灾工作．经济评论．1992，5

② 邓云特．中国救荒史．上海：上海书店，1984．83

束于功令之严，不得不严为摧科”①。上述言论实是对古代社会保障实践效果不佳的最好注脚。

二、古代社会保障事务的管理

由于救灾、救济、抚恤等事务自古以来就是国家的一项重要职责，历代统治者均将这些社会保障事务纳入国家管理的范围，帝王亦常亲自过问救灾、救济事务，而军人优待抚恤，则在帝王的亲自过问下由军事方面的职官负责；从而与封建时代的专制、集权政治相适应，明显地体现出集权管理的特色。

根据有文字记载的历史典籍，除大灾或战乱之后由帝王临时委任大臣巡察并赈济灾民等外，中国古代的日常社会保障事务一般作为民政事务的重要组成部分由民政职官或机构进行统一管理和实施。例如，《尚书·舜典·虞书》中记载了舜帝任命契为管理民政事务的司徒，安民、抚民当在其职责之列，这表明上古时代就有了对包括社会保障事务在内的民政事务进行管理的专门职官；《周礼·地官司徒》记载，西周朝廷在天子之下设天、地、春、夏、秋、冬六大官员，其中地官司徒就职掌救济、救灾以及大荒、流行疫病之年移民等社会保障事务；秦汉时期，统由丞相管理民事，社会保障事务亦在其中；唐代，设户部尚书，下辖户部司掌蠲免（灾年减免租税、徭役等）、优复之责，仓部掌仓储后备之责，以义仓、常平仓备灾荒之年；宋代，设尚书省，辖下户部设左、右二曹，左曹管理查灾、救灾等事务，右曹管理常平（以平丰凶）、免役、救济等事务；元代，设中书省总理朝政，下辖户部，由大司农职掌饥荒救济等事务；明代，由户部职掌蠲减、赈贷、均籴、捕蝗之令悯灾荒，以输转、屯种、籴买、召纳之法实边储，以禄廪之制取贵贱等；清代，由六部分掌国政，其中户部掌灾害救济等事务，后于光绪三十二年改革官制，改六部为十一部，设民政部专管救济、救灾等事务。

中国历代职掌救灾、救济等社会保障事务的职官或机构可见表2—1。

① 郭沫若. 甲申三百年祭. 北京：中国人民大学出版社，2005

表 2—1　　　　　　　与社会保障有关的职官或机构

朝　代	职官或机构及其隶属	备　　注
上古时期	天子→司徒	处理各种民事
西周、春秋	天子→地官司徒	“佐王安忧邦国”是其职责
战国	国君→相→司徒	职责同前朝
秦朝	皇帝→丞相→尚书	
汉朝	皇帝→丞相→民曹尚书	两汉时期职官设置不一，但大体如此
三国、魏	皇帝→中书令→左民曹、度支曹	蜀国仅设尚书而不分曹，吴国则由户曹负责
两晋	皇帝→中书省→屯田尚书	
南北朝	皇帝→尚书省→左民曹、度支曹	
隋朝	皇帝→尚书省→民部	
唐朝	皇帝→尚书省→户部	其间武则天及玄宗期间有变动
宋朝	皇帝→中书省→户部	官制为三省六部、分掌军、政、财权
元朝	皇帝→中书省→户部（六部之一）	官制为一省六部，另设枢密院等管兵、监察等
明朝	皇帝→户部→（六部之一）	设六部，直属皇帝；在地方机构中，由布政史掌民事
清朝	皇帝→户部（六部之一，1905年前）；民政部（十一部之一，1905年后）	沿袭明代，后改制

资料来源：参见：孟昭华，王明寰. 中国民政史稿. 哈尔滨：黑龙江人民出版社，1986. 13～36

各朝代上述机构或职官，都是中央政府的综合性职能部门，即救济、救灾、抚恤等社会保障事务的管理与实施仅是其职责之一，这与当时中央政府集权于皇帝一人及职能部门数量较少有关。一般而言，中央级的职官或机构主要是制定救济、救灾、抚恤等政策，下察民情，上告天子或皇帝，直接组织全国性的救济及人灾之年的救灾活动等；地方机构则具体组织本地区的救济、救灾等事务。

由于整个奴隶社会、封建社会都是中央集权统治（分裂时期虽然中央不能集权，但在诸侯国或各国内部仍是集权制），对救灾、救济等事务的管理也必然打上中央集权的烙印。如一地遭灾，地方官吏无权决断救济事务而需上达朝廷并经批准才能开仓赈济等，以致因时间耽搁，灾民、饥民冻饿而死者不计其数。虽然开明的地方官吏有时也组织实施地方性的救灾、救济措施，以作为中央政府救灾、救济制度的补充，但从整个奴隶社会、封建社会来看，百姓遭遇特殊事件后往往无法生存下去，这不能不说既与统治阶级的剥削本性和政治腐败有关，亦与过分的中央集权管制社会保障事务有关。

三、原始社会的氏族保障

原始社会的共产共用制度决定了其具有天然的氏族保障功能，这种氏族保障尽管与阶级社会的救灾、救济、抚恤及现代社会保障制度不能相提并论，但它对社会成员的生存所起的保障作用却是客观的，因此，笔者将其视为古代社会保障实践的源头。

氏族保障以生产资料公有制和对消费资料的共同占有为基础，在氏族社会里，每一个社会成员都是氏族保障的对象，都享有从氏族公共收入那里获得平等的生活物质保障待遇；当然，这种全体保障制不是依照阶级社会里的法律制度来实施的，而是依照当时生产力水平极端低下且社会成员无法独立生存、必须结成氏族集体生活的习俗实施的。恩格斯在《家庭、私有制和国家的起源》中就赞美过这种氏族保障制，他指出："一切问题都由当事人自己解决，在大多数情况下，历来的习俗就把一切调整好了。不会有贫穷困苦的人，因为共产制、家庭经济和氏族都知道它们对于老年人、病人和战争残废者所负的义务。"①"同氏族人必须相互援助、保护，……个人依靠氏族来保护自己的安全，而且也能做到这一点。"② 由此可见，原始社会的氏族保障是一种自然的、习俗约定的社会保障，撇开人类自身的蒙昧和生产力的极端落后，可以视为幼稚的"大同社会"。

在氏族保障中，因为氏族内部特殊的群婚关系，氏族成员既无所谓父、母、儿、女之亲，亦无所谓亲疏、远近之分，从而在生活权利方面，

---

①② 马克思恩格斯选集（第四卷）北京：人民出版社，1975. 83，92～93

能够实现公平与平等。不过，从当时的情形而言，氏族保障的重点对象应该是氏族内部的老、弱、病、残、幼者，即那些丧失或部分丧失或无力劳动者能与劳动者、壮者分享到应有的、平等的物质。正如孟子和孔子所说的那样，“老吾老，以及人之老；幼吾幼，以及人之幼”①，“使老有所终，壮有所用、幼有所长、鳏寡孤独废疾者皆有所养”②，这种理想在原始社会的氏族保障下是可以实现的。

需要指出的是，由于原始社会是人类社会的蒙昧时代，生产力水平是极端低下的，人们只能依靠索取自然资源，如野果、野兽等为生，氏族保障的水平也就极低。一般情况下，氏族成员温饱尚且艰难，一旦遇上灾荒、疫病的侵袭，整个氏族就会面临着饥饿、崩溃、灭亡的危险，这时候甚至不得不以人为食，充饥度日，以保证氏族的生存与延续。因此，氏族社会并非后人想象的那样美好，而是充满残酷与生存危机的社会；氏族保障作为社会保障的历史源头，亦是人类蒙昧时期严酷的自然条件逼迫所致，这应该是不言而喻的。

四、仓储后备政策及其实践

由于中国历史上是自给自足的自然经济占主导地位，商品货币经济发展缓慢，国家财政来源就主要靠给予实物税赋（包括谷物与织物）。因此，仓储制度就一直是中国历史上财政体制的重要组成部分；而有关社会保障措施的实施，也就离不开仓储制度下国家提供的财政后备——实物后备了。一方面，虽然历史上的仓储（仓廪）③ 系统主要是为了维持统治阶级的统治，但又必须向农民提供某些经济保障，以缓和阶级矛盾，如设置常平仓以平籴平粜，设置义仓以实行赈贷，等等；另一方面，虽然历史上的社会保障措施中也有赈款等方式，但更多的则是以提供实物的形式（如粮食、布帛等）进行救灾、救济等。由此可见，仓储制度既是古代中国的财政基础之一，亦是古代中国实施社会保障有关政策的物质基础。庞大的国家仓

① 《孟子·梁惠王》。

② 《礼记·礼运篇》。

③ 中国古代有“谷藏曰仓，米藏曰廪”之说，有的著述亦称为仓廪，但因其未包括织物等在内，故本书采用“仓储”概念。

储系统的存在，并持久不衰，可以称之为中国历史上颇具特色的现象。

从仓储政策及其实践的发展过程来看，建立仓储即粮食等实物储备以供救灾、救济等之用，早在西周时期就已开始。如《周礼》记载有“遗人掌邦之委积，以待施惠；乡里之委积，以恤民之艰厄……县都之委积，以待凶荒”①。在这段话中“委积”即是仓储，这段记载即是中国仓储政策之起源和仓储实践初始形式的写照。此后，《礼记》中有“天子布德行惠，命有司发仓廪，赐贫穷，振（作者注：振同赈）乏绝”的记述②；战国时期，有“齐宣王亦尝发棠邑之仓，以赈贫民”③ 和“楚大饥……振廪同食”④ 的记载，等等，可见仓储政策历史之悠久。

从历代仓储政策的组织方式看，既有中央政府直接建立并掌握的粮食储备等，又有地方政府建立的粮食储备等，前者如汉宣帝时设立的常平仓、唐太宗时设置的义仓等，后者如隋文帝时设立的西京太仓、东都含嘉仓和洛仓、华州永丰仓及陕西太原仓等。

从历代仓储的种类来看，主要有以下几种：（1）常平仓。其作用在于平抑谷价，政府在丰年谷贱之时，用略高其价收储谷物，在灾荒之年谷贵之时，再抑其价以卖民间。（2）义仓。其创于北齐，用于赈济，由政府管理，并采用义租形式由百姓缴纳。（3）社仓。始创于隋朝，为民间自营，谷物等由地方富豪或一般民家输供。（4）惠民仓。作用类似于常平仓，以杂配钱折粟储之，但宋孝宗天禧四年以后名存实亡。（5）其他仓储如独行宋代用于经常性的慈善放谷或备赈的广惠仓、丰储仓以及平抑谷物价格的平籴仓等。

尽管历代均实施过仓储政策，但对唐代的仓储制度更为典型与系统⑤。其种类有正仓、转运仓、太仓、军仓、常平仓、义仓、神仓，以及诸卫、东宫、诸司之仓等，可谓范围广大。在唐代仓储中，正仓是以县仓和州仓（天宝间为郡仓）受纳农民、屯田兵的正租而形成的仓储的统称，普遍设置于全国各州（郡）、县，其职能是供给官禄和供给驿递运输丁夫的口粮，以

---

① 《周礼·大司徒》。

② 《礼记·月令》。

③ 《孟子·尽心篇》。

④ 《春秋左传·文公十六年》。

⑤ 参见于佑虞著：《中国仓储制度考》，正中书局，1948 年版；张弓著：《唐朝仓廪制度初探》，中华书局，1986 年版。

及赈济、出贷、出粜；正仓是朝廷之仓，故设仓司以专管并对朝廷负责；正仓设于地方，仓司亦要对地方官府负责。转运仓沿漕路而置建，随漕运而运营，主要职能便是转运或储运。太仓设在京师，其粟米主要来自全国各地由州仓和县仓征纳、经转运仓上供的谷物和少量京官职田地租，它既供皇室、京官、诸寺官厨、军饷等，又供出粜赈贷之用，由朝廷委任专门的司农寺管理（而正仓则归户部管理）。军仓设置在戍边兵驻防处或屯田处，它分为军镇仓、镇戍仓、烽铺粮储三级，谷物来自屯田提供的军粮和靠和籴补足，以及朝廷批给的织物等，以供军用。常平仓以平籴平粜为手段，目的在于通过稳定自耕农民来调节和维持封建经济中的农业、手工业和商业三个部门之间的平衡，但实践中亦暴露出重籴轻粜甚至只籴不粜的倾向。义仓的作用是“备岁不足”即赈济和贷借，它是封建统治者重视的荒政措施中的重要组成部分，其谷物等由百姓及军人捐纳，仓窖设于捐物者所在的村社，仓谷用于饥荒赈贷。由此可见，唐代的仓储系统十分发达，其仓储虽然是综合性的国家财政基础，但正仓、太仓、常平仓、义仓等均负有赈贷之责，说明仓储亦是当时实施有关社会保障措施的重要经济基础。由于唐代的仓储政策继承了唐之前历代仓储政策，并对后世影响甚大，我们可以将其看成是中国古代仓储政策及其实践的一个缩影。

五、救灾政策及其实践①

由于灾害造成的后果十分严重，尤其易使社会失去控制，动摇统治阶级的统治秩序，因此，救灾作为古代社会保障的主要项目，是国家与生俱来的职责，它主要依靠国家财政即国库拨补与仓储后备作为经费或实物来源，从而具有现代社会保障制度的某些特征。

在商汤以前，由于国家和国家机器尚不完善，生产力水平极端低下，国家政权无力在物质上帮助灾民，但仍出面组织救灾事务，不过主要是组织巫术救灾而已，它虽然不产生直接的救灾经济效果，但仍能在一定程度上安抚民心，表明了中国古代救灾政策及其实践渊源甚远，且具唯心主义色彩。

---

① 郑功成. 中国救灾保险通论（第二章）. 长沙：湖南出版社，1994

到西周时期，国家机器趋向完善，国家财力亦有了一定的后备力量，故政府的救灾措施较前期更趋具体。当时设有地官司徒专管包括救灾事务在内的各项民政，确定了“以荒政十有二聚万民：一曰散利（贷种），二曰薄征（轻租税），三曰缓刑，四曰驰力（息徭役），五曰舍禁（庶民可随意劳动谋生），六曰去几（减免租税），七曰眚礼（灾礼），八曰杀哀（省凶礼），九曰蕃乐（收藏乐器而不作），十曰多昏（鼓励结婚生育，繁殖人口），十有一曰索鬼神（求神问鬼消灾），十有二曰除盗贼”① 的救灾政策，这些政策中就包括了放贷、节约、巫术等项灾后补救措施；尤其值得指出的是，西周还开始建立仓储后备制度，有了平籴法，以调粟、赒民之急。由此可见，政府救灾源于商汤，始于西周，确实是政府的一项历史性职责和社会保障中历史最为悠久的项目之一。

自西周以来，历代封建王朝采用的救灾政策及其具体措施可以归纳为以下几类：

1. 赈谷救灾。它以仓储后备为经济基础。例如，公元前422年，李悝被委为魏国相国，颁布了“平籴法”，将丰年与灾年各分成大、中、小三等，丰年由官府买入粮食，灾年则由官府卖出粮食，买卖价格平稳，既不“籴贵伤民”，又不“甚贱伤农”；同期的齐国，曾对灾民进行赈谷即无偿发放粮食、织物等救助灾民。到汉代以后，赈谷救灾更是成了历代封建王朝救灾的主要措施。如汉元帝初元元年（公元前48年），关东遭灾，皇帝诏曰“岁比灾害，民有菜色，惨淡于心。已诏吏虚仓廪，开府库振（意义同赈）救，赈寒者衣”②；此后，历代史籍、著述中类似记载尤多③。从赈谷救灾政策的组织方式来看，一是由地方组织粮食、织物储备；二是由朝廷建立并直接掌握仓储。从赈谷救灾政策的实施方式来看，则分为平价有偿赈谷和无偿救济两种，一旦遭灾，经一定程序批准，即开仓赈济灾民。

2. 赈款救灾。以谷赈灾虽为古时救灾之常策，但难以适应灾民灾后的不同需要，如赈谷主要为谷物，对于房倒缺衣者就难以解困，加之谷物、织物等运转困难等，于是就出现了赈款救灾政策，即对灾民无偿发放一定

① 《周礼·地官司徒》。

② 《西汉会要》。

③ 邓云特．中国救荒史．上海：上海书店，1942．287～290

的钱款，由其自谋生存。如东汉永建三年，京师地震造成当地居民房屋大多数倒塌，百姓死伤惨重，汉顺帝即诏令地方官吏查灾上报，然后由国库拨付救灾钱款，按年满 7 岁以上者给钱二千的标准无偿分配；在宋代，“天圣七年，诏曰：河北大水……其被灾之民，见存三口者，给钱二千，不及者半之”①，其后在哲宗、高宗、孝宗、宁宗时期亦多次赈款救灾。到元、明、清代，赈款救灾亦成为国家救灾的一项常规政策，史书记载甚多。从赈款救灾政策的实施方式来看，不同朝代是有区别的，但主要有两种：一是按家庭人口给付，二是按年龄给付；此外，还有以户为给付单位的方式。赈款救灾因其适应了商品货币经济的发展，虽然在古代救灾政策中不如赈谷救灾那么重要，但它的出现，确实是一种历史的进步，极大地方便了灾民，从而自汉以后逐渐引起了统治阶级的重视。

3. 工赈救灾。工赈是指国家选择灾情严重的地区，兴修水利、堤坊、道路等工程，利用灾民劳动，以结算民工工钱的形式帮助灾民度过饥荒之年。据史籍记载，“齐景公之时，饥。晏子请为民发粟，公不许，当为路寝之台，晏子令吏重其赁，远其兆，徐其日，而不趣。三年台成，而民赈，故上悦乎游，民足乎食”②。可见，工赈作为一种救灾政策，早在战国之时就已开始，后来各朝代均采用过这一办法赈济灾民。如唐朝卢坦任宣州刺史时，遇江淮大旱，卢坦组织灾民开荒，使数千灾民度过了荒年，而荒地也变成了良田；宋代神宗年间，亦曾“诏募饥民修农田水利”和诏令灾民灭蝗除害，得蝗虫五升或蝻虫一斗者给细包谷一斗，蝗种一升给细包谷二升，给银钱以中等值与之③；明代“弘治时，孙需为河南副都巡抚，河溢（黄河决口），且啮汴城。民流离载道，乃役以筑堤，而予以傭钱。趋者万计，堤成，而饥民饱，公私便之”④；清“乾隆二十五年，直属有司有应修河道沟渠等工，将上年截留北仓漕米所存十万石，作为修浚河渠，以工代赈之用”⑤。由上述资料可见，工赈救灾是以工代赈，赈的方式既有赈款，亦有赈谷，即以钱或谷物、织物等支付工钱，

① 邓云特. 中国救荒史. 上海：上海书局，1942. 291

② 《晏子春秋》。

③ 《宋史·神宗本纪》。

④ 《开封府志》（明孝宗时事）。

⑤ 邓云特. 中国救荒史. 上海：上海书局，1942. 295

由于工价较高，能维持灾民生计，稳定灾区秩序，不仅如此，工赈救灾的好处还在于进行了建设，增强了抗灾能力，从而是一条积极的救灾措施。

4. 贷赈救灾。在灾荒时期，由政府贷给灾民耕牛和种子等，以帮助灾民恢复生产，待灾年过后再收回本金，或附带低息，或不收息，它适用于条件较好、灾情不太严重的农民。早在西周，放贷就是荒政中的一项政策；汉和帝时曾对河北、河南等地水灾灾民实行过贷牛办法；唐太宗贞观二十二年曾因各地水旱灾情严重而对灾民贷种粮救灾；宋太宗至道二年亦贷麦种以救灾；元世祖时采取过贷富人粟以赈灾的办法，等等①。可见，贷赈救灾政策制定甚古，它实质上是为维护灾民简单再生产的持续进行而采取的措施，从而较单纯的生存救济有区别。

5. 急行赈灾。即在灾害发生之时，灵活采用的紧急救灾之策。历代均采用过施粥、居养、抚辑、减免租税等急行赈灾措施。如战国时期，“齐大饥，黔敖为食于路，以待饥者而食之”②；宋“熙宁二年，京师大雪。诏，老、幼、贫、疾、无依者，听于四福田院额外给钱收养，春稍煖为止”③；此外，还有赎子之政策，即在灾荒时期对于卖儿卖女者由政府出资为灾民赎子；等等。

6. 其他。除前述五大类主要救灾措施外，历代政府还有组织灾民迁移就耕、抚辑流民、士商捐赈、巫术救灾等措施。

综上可见，中国古代救灾措施甚多，它作为中国人民与各种灾害长期斗争中积累的历史经验，实是祖先留下的宝贵财富，许多措施至今还在沿用，说明其还能为社会主义新中国的稳定与发展服务。值得指出的是，上述政策并非在历代均成体系，且很难得到有效实施，从而不可能从根本上解决灾民的生存保障问题，剥削制度、集权管理和贪官污吏的结合，使灾民受益甚少，是以有灾必有荒，灾荒成为广大劳动人民接受统治阶级残酷剥削和压迫之外的又一危及生存条件的枷锁。

① 郑功成. 中国救灾保险通论（第二章）. 长沙：湖南出版社，1994

② 《礼记·檀弓》。

③ 《宋史·食货志》。

六、社会救济政策及其实践

在中国历史上，历代封建王朝都进行了一些社会救济工作，且未曾由于政权的更替而有中断，因此，社会救济自古以来就是政府所采取的一项社会保障性措施，只不过这项政策在古代中国是以统治者居高临下的“恩赐”面孔出现的而已。

早在西周时期，天子之下六大官员之一的地官司徒就提出并实施过“以保息六养万民：一曰慈幼，二曰养老，三曰赈穷，四曰恤贫，五曰宽疾，六曰安富”[①] 的社会救济政策，其内容已包括了对幼、年、穷、贫、疾等的救济，办法则有施粥、赈贷、养老、给医、抚孤幼等。

两汉时期，社会救济办法有：（1）恤鳏寡孤独。具体做法是无偿地发放粮食帛絮，它作为一种临时救济办法，没有固定的制度和发放标准，如《中国民政史稿》中记载汉代皇帝诏令用谷物、织物等救济鳏寡孤独贫病者就达24次之多[②]，可见其是当时社会救济之常策。（2）假民公田或田苑。即免费为农民提供土地等，供贫民生产，使贫民自存。（3）赈贷。功能类似赈贷救灾，但受惠者却不唯是灾民而是包括了一般贫民，等等。

到了宋代，社会救济措施较前代又有了进步，从临时性的救济发展到设立经常性的社会救济设施，使社会救济制度经常化。如宋代建有的居养院、安济坊、漏泽园等均收养老、疾、孤、穷、丐者；国家设立的常平仓、惠民仓、福田院、广惠仓等亦有养老、恤孤、济贫的作用。由范文正创办的义仓更设有养老室、恤嫠（寡妇）室、育婴室、养疴室、严教室、读书室，成为地方政府实施社会救济事务的综合性机构[③]。可见，社会救济的重点在于社会弱者即无力自存者，这与现代社会救济的范围几乎一致。

金代的社会救济设施，主要有普济院和施粥等，前者是济贫之机构，后者则是社会救济的主要方式[④]。

元代的社会救济设施，则包括养济院、安乐堂、惠民药局等，其中养

① 《周礼·地官司徒·大司徒之职》。

② 孟昭华，王明寰. 中国民政史稿. 哈尔滨：黑龙江人民出版社，1986. 276～278

③ 《宋史·食货志》。

④ 《金史·章宗本纪》。

济院收养“诸鳏寡孤独，老弱残疾，穷而无告者”，并对“应收养而未收养，不应收养而收养者，罪其守宰，按治官常纠察之”①。安乐堂则设于戍军行途，凡“疾者医之，饥者廪之，死者藁葬之，官给其需”②。惠民药局则为贫病、孤残者等送医给药；此外，还有赈贷之法、给孤老衣粮房舍以及收容遣送等。

明代继承了元代的社会救济政策，在全国各地遍置养济院和惠民药局，前者收养鳏寡孤独老弱残疾及穷而无告者，后者拯疗贫病军民的疾患。此外，还设有栖流所，临时收养灾民及贫民等。③

清代时期，由国家举办的社会救济事务有：在京师设立栖流所，收养孤老，安置贫病流民，其费用由国库支付；地方则举办有社仓、义学、施医局、埋葬局、施粥厂等，对无力自存或贫病而亡者进行救助④，等等。

由上可见，中国历史上的社会救济措施名目甚多，各朝代有所区别，尽管其能缓解一部分社会成员的生存危机，但因为阶级社会的剥削制度注定了人民大众的贫困境况，加之社会救济政策实施过程中的流弊甚多（如水平极低、范围极窄、贪官污吏横行等），故真正需要社会救济的社会成员或普通百姓并无生存保障。

七、优抚政策及其实践

优抚政策是与战争及军事制度分不开的，其对象即是军人及其家属（现代社会也扩展至一些因公死亡的政法干警及非军人烈士等），因此，从历史主义出发，对军人的优抚应与人类早期军事冲突的起源同时出现，并随着国家的建立及军事制度的不断完善而发展，其虽然是治军的重要保证，但更是社会保障中的重要组成部分。

据史籍记载，西周立国之君文王死后，太公吕尚（姜子牙）继续辅佐武王，曾颁行过“凡行军吏士有伤亡者，给其丧具，使归而葬，此坚军全

① 《元史·志·刑法·婚户》。

② 《元史·世祖本纪》。

③ 《明史·食货志》。

④ 孟昭华，王明寰．中国民政史稿．哈尔滨：黑龙江人民出版社，1986．288

国之道也。军人被创即给医药，使谨视之，医不即治，鞭之”[①] 的政策。可见，周初即有了对军人善葬、重医的优抚政策及实践。

战国时期，优抚制度开始成形[②]。如魏国魏惠王（公元前 369—319 年在位）时实行武卒兵制，魏国就是靠这种兵制起家称霸的。[③] 它一方面规定严格挑选和训练武卒，以提高其战斗力，另一方面由国家对武卒家属实行优待，不仅可免除本户一切徭役，而且其田宅永不交税，即使武卒残疾、退役时亦保持其待遇，因为当时徭役很重，武卒及其家属得以终身全免，已是很优待的了。

三国时期，曹操曾于汉献帝建安七年和十四年分别发布命令，实行廪食抚恤制度，即对“将士绝后者，求其亲戚以后之，授田给耕牛，置学师以教之，为存者立庙，使祀其先人”，对“死者家无基业不能自存者，县官勿绝廪，长吏存恤抚循”[④]；同期的诸葛亮则提出“夫用兵之道，尊之以爵，赡之以财”的原则。

隋朝实行府兵制，其突出特点就是将军户编入民户，即军人具有军籍的同时享有民籍，可以得到受田和保存有自己的一定产业，其“身租、庸、调一切蠲（减免）之”的优待不变[⑤]。唐朝是府兵制的极盛时期，军人按其地位授予永业田，免除租庸调等（赋、税），对阵亡或失踪的军人家属及残疾军人不减其待遇，对伤病残军人给予医护救治，对死者则重葬优属等。

宋代时，实行蠲除缓贷，同时延用廪食恤抚措施等，但在军队内部，兵类繁多杂乱，且“兵无专主”“将无重权”，禁兵较厢兵、乡兵、藩兵、士兵等的优待要高。在伤亡抚恤方面，军人伤残者，或保证终身吃穿用，或给予一次性抚恤；军人死亡者，对死者直系亲属中无依靠者保证供应终生口粮，另有一些临时补助和抚慰费用。

明代时，实行军民分户的军户军屯制度，军户世代为军，可免除丁役和丁徭，对阵亡官兵家属给予抚幼养老等抚恤；对伤残军人则直接收养在养济院中，由国家供养终身；对获军功者封赠职爵；对老年官兵给予赐田、薪俸

① 《六典》第 146 页。
② 章俗．武卒制——中国抚恤制度之始．中国社会报，1990－10－19
③ 《荀子·议兵》。
④ 《三国会要·兵政》。
⑤ 《北史·隋本纪》。

等退休养老待遇等。①

清代的江山是八旗兵丁打出来的，在八旗制度下，朝廷更是给兵丁以各种优待，如分给兵丁份地，设立官兵士卒粮饷制度，停纳各族壮丁差徭、粮草、布帛，将官房分给八旗人丁居住；同时，对兵丁婚丧嫁娶等发给赏赐，对获军功者分别授职和赏银，对阵亡、病故官兵及家属按死者职务恤赏银两25～800两，对伤残官兵则按伤残等级给予恤赏银两等②。在清代中期以后，还制定了《恤荫恩赏章程》和《退伍兵暂行办法章程》等法规，对军人死亡、伤残抚恤及通过恩赏世职等办法进行优待等做了详细规定，由国家抚恤的范围分为阵亡、伤亡、因公殒命、积劳病故、临战受伤等五类，分别情况可享有世职、荫监、恩恤金、恩抚金等待遇和荣誉。③。

综上所述，历代王朝从维护其统治秩序出发，对军人的优抚是较重视的，它作为古代中国社会保障的重要组成部分独成体系，并在社会、政治、军事发展史上占有重要地位。值得指出的是，历代的优抚政策因各种原因又并未能得到有效实施，如在宋代，死亡将士的军俸即时停发、免租者不予减免等现象就不乏罕见；加之等级森严，一般军人及其家属有许多难以享受到优抚待遇，以致各代均出现过军人死后"其妻其子遂为穷民"的悲惨局面。

八、对古代社会保障制度及实践的评价

纵观历史，历代统治者所实施的各项社会保障措施可作如下概括④：

1. 历代统治者实施的社会保障措施均是为维护其反动统治秩序并延续其政权服务的，其政治性和阶级性十分明显。在阶级社会里，"天子"主宰一切，通常也将国家视为君王的私有，天子是全国土地和人民的最高所有者，其大都希望通过所谓"仁政"来达到富国强兵、开拓国土、稳定统治秩序的目的，而"仁政"的核心内容就是救灾、济贫、优抚等事务。因此，历代统治者均将救灾、济贫等作为恩赐于民的政策予以实施，并列入政府

① 《会要》。
② 刘国林编. 中国历代优抚. 哈尔滨：黑龙江科技出版社，1988. 53～61
③ 刘国林编. 中国历代优抚. 哈尔滨：黑龙江科技出版社，1988. 62
④ 参见：郑功成. 关于我国历史上的灾情与救灾工作. 经济评论. 1992，5

的基本职责范围，强调中央集权管理。

2. 历代统治者实施的社会保障措施从根本上讲均带有被迫性特征。旧中国是私有制社会，百姓无所依靠，无法生存，加上频繁的自然灾害，更加剧了人民的痛苦。于是，受压迫的人民日益不满其统治，历史上的农民起义此起彼伏就充分表明了人民对剥削制度的反抗。对此，历代统治者鉴于历史教训，不得不采取一些安抚政策或措施来缓和与人民的矛盾。如商纣的暴政导致政权的灭亡促进了西周初期社会救济、救灾活动的产生与发展；秦末的暴政使西汉统治者采取了“休养生息”的政策；隋炀帝的暴政带来了唐初的“贞观之治”，等等。因此，中国古代的社会保障措施并非统治者自愿的行动，而是在人民的强烈不满和不断抗争中被迫采取的。

3. 历代统治者实施的社会保障措施大都是虎头蛇尾式。每当改朝换代，开国之君及最初几代国君大都能重视荒政救灾和恤养鳏寡孤独、优待军人，以此换取民心，恢复国力，但一旦统治地位稳固，国君日益荒淫昏暗，臣下贪欲横流，社会救济、救灾及抚恤工作往往日益松弛，直到贫民、灾民忍无可忍、揭竿而起，推翻其统治为止。因此，中国历史上的朝代更迭或衰败，往往与虎头蛇尾式的社会保障措施密切相关。

4. 历代统治者实施的社会保障措施实行的是中央集权制的封建管理。一方面，帝王即国家，帝王的“金口玉言”即是至高无上的法律，地方官吏和管理有关社会保障事务的职官或机构不过是帝王主宰天下的私人工具而已；另一方面，实行的是中央集权管理，地方官吏没有自决权。这种管理体制虽然符合社会保障的统一管理原则，但在阶级社会里因其过分集中，往往容易耽搁时间，贻害百姓。

5. 历代统治者实施的社会保障措施均是治标不治本。灾荒及贫困等社会问题的解决，取决于先进的社会制度和社会经济发展水平，而这在中国古代客观上都不具备，因此，无论采取什么样的社会保障措施，都没有改变旧中国贫穷落后尤其是广大劳动人民的悲惨境况。各种救灾、济贫、抚恤措施不仅无法保持人民的生存条件，而且在实施中往往大打折扣，所以，旧中国的社会保障制度根本解决不了社会保障的各种问题。

6. 历代统治者实施的社会保障措施有值得借鉴的内容。从总体上讲，中国古代社会保障措施并不少，有些至今仍有实用价值，如仓储后备、互助互济、节约渡荒、生产自救等均有借鉴价值；同时，剔除其封建意义，中央统一管理社会保障事务亦有借鉴价值，只不过在当代中国应增加地方的责任感和自决权，等等。因此，研究古代社会保障制度及其实践，不仅要否定其弊端，而且要善于吸取其优点，力求做到古为今用。

溯古追源，中国社会保障的实践历史悠久，总结其产生、发展和变化，以及历史经验与教训，对于我们了解历史、借鉴历史和发展、完善当代中国的社会保障制度有着重要的意义。

第二编

当代篇

中国现行的社会保障制度，是在1949年新中国成立以后逐步建立起来的。它虽然与中国历史上的社会保障实践有着渊源关系，但因社会制度的根本变革，又与旧中国的社会保障制度无直接继承关系；民国时期的社会保障制度被国民党政府搬到了台湾地区。因此，本篇所研讨的当代中国社会保障，实际上是指1949年以来在中国大陆逐渐建立起来的一套社会保障政策与措施。民国时期的社会保障将在本书第四篇第十六章研讨台湾地区的社会保障制度时予以介绍。

新中国成立40多年来，中国实行的是社会主义制度。这种制度本身的优越性即具有很强的社会保障功能，如城市中的高就业制、农村中的社队集体核算制等，均发挥了保障社会成员一般生活条件的作用；同时，中国还自20世纪50年代以来，建立了与传统的生产资料公有制及高度集中的计划经济体制相适应的劳动保险、社会救济、社会福利等制度。正是社会主义制度本身所具有的优越性和这些社会保障措施的实施，才保障了中国亿万人民在各种灾祸及贫困等面前避免了生存危机，除三年自然灾害时期，中国在1949年以来并未出现过因为灾祸、贫困等而导致的大动乱，这在幅员辽阔、人口众多、贫穷落后的中国，确实是一个奇迹。在这个奇迹中，社会保障起到了不可替代的维系与稳定作用。

然而，在社会经济迅速发展和时代变革的今天，我们也不必隐讳这样一个事实：中国现行的社会保障制度在总体上还相当落后；尤其是当农村社队核算为承包制所取代、城市经济体制改革走向市场化的时代背景下，整个社会保障制度亦逐渐失去了原有的政治、社会和经济条件，从而面临着各种前所未有的问题。本篇的研究，主要是对现行社会保障制度的形成、项目及内容等的研究，从而既是对传统（相对于改革后而言）社会保障制度的概括和总结，亦是整个社会保障制度改革与发展的客观基础。

第二章 新中国社会保障制度概述

新中国的社会保障制度，是随着中华人民共和国的建立而逐步建立和发展起来的，它作为中国40多年来社会经济发展中动态的、发展的维系与稳定系统，虽然历经了曲折的发展过程，并且在总体上迄今仍处于落后的状况，但亦有着丰富的内容和自己独有的特色，为国家的稳定与国民基本生活的保障作出了巨大的贡献。

研究中国当代的社会保障制度，不能不首先研究其建立与发展过程，总结其特色及经验教训。1949年10月1日，中华人民共和国成立，不仅标志着中国共产党领导的新民主主义革命在全国范围内取得了胜利，同时也标志着中国彻底摆脱了帝国主义和封建主义的奴役，开始了从农业国逐步走向社会主义工业国的新纪元。由于社会制度的根本变革，中国不可能再沿袭旧政权的社会保障法规与政策，因此，中国当代社会保障制度作为国家社会政策的重要组成部分，与新中国的建设同步发展。40多年来，中国的社会保障与其社会经济的发展一样，走的是一条波折之路，经历了1949—1956年的创建时期、1957—1968年的调整时期、1969—1977年的挫折时期、1978—1990年的恢复发展时期，20世纪90年代进入改革重建时期①。

① 本书的阶段划分是作者的一家之言，与其他有关著作对社会保障或社会保险发展阶段的划分以政治事件为标志有区别，本书以直接涉及社会保障问题的关键事件的发生为依据，特此说明。

一、新中国社会保障制度的创建

(一) 创建时期界定

1949 年，新中国成立，即面临着旧社会遗留的一大堆社会问题。为了医治战争创伤，巩固新民主主义革命的胜利成果与新政权，党和政府十分重视社会保障工作，在 1949—1956 年间初步创立了与旧中国性质迥异的社会保障制度，有力地促进了国民经济的恢复和发展，以及社会秩序的稳定。

一般认为，新中国社会保障制度的创立，是以中央人民政府政务院(国务院前身) 于 1951 年颁布《中华人民共和国劳动保险条例》为标志的。然而，从当时的客观情况来分析，新中国社会保障制度的创立应从 1949 年 9 月中国人民政治协商会议通过《中华人民共和国政治协商会议共同纲领》(以下简称《共同纲领》) 算起。众所周知，于中华人民共和国成立前夕召开的中国人民政治协商会议，客观上履行着后来的全国人民代表大会的职能，在 1954 年 9 月 20 日第一次全国人民代表大会第一次会议通过第一部《中华人民共和国宪法》前，《共同纲领》一直起着建国大纲和临时宪法的作用。而在这部规范着建国大事的临时宪法中，就明确规定对“革命烈士家属和革命军人家属，其生活困难者应受国家和社会的优待。参加革命战争的残废军人和退休军人，应由人民政府给以适当安置，使其能谋生自立”，并要在中国“逐步实行劳动保险制度”，等等，这些规定为建国后逐步建立新型的劳动保险制度、优抚制度等确立了最基本的法律依据。因此，新中国社会保障制度的创立应以《共同纲领》的颁布作为起始标志，即从 1949 年 9 月算起，到 1956 年止。

(二) 社会救济

在社会救济方面，面对 1949 年自然灾害造成 4 550 多万灾民的严重局面，中国政府首先对救灾问题给予了极高的重视。1949 年 12 月，政务院发布《关于生产救灾的指示》，指出“生产救灾是关系到几百万人的生死问题，是新民主主义政权在灾区巩固与存在的问题，是开展大生产运动、建设新中国的关键问题之一”，要求“各地人民政府应给予灾民或合作社一部分贷款，并拨出一部分救济粮扶助灾民生产自救”①，并成立各级生产救灾委员会等。1950 年 2 月 27 日，中央人民政府成立中央救灾委员会，4 月 24 日在中国人民救济代表会议上又成立了中国人民救济总会，通过了《中国人民救济总会章程》，救灾运动在全国城乡蓬勃开展；在 1950 年中央人民政府内务部（主管救灾、救济、社会福利、优待等的中央主管部门）召开第一次全国民政工作会议，正确确立了有特色的“生产自救，节约渡荒，群众互助，以工代赈，并辅之以必要的救济”的灾害救济方针，当年拨付的救灾款为 6 671.5 亿元（旧币）②。

在城市，面对着大批国民党军队的散兵游勇、因战因灾背井离乡的流浪农民、城市失业工人、失业知识分子和饥寒交迫的贫民，以及旧官僚和帝国主义教会等所办的所谓慈善单位仍在虐害收养的孤老残幼等，人民政府采取了一系列的果断措施，如资遣国民党的散兵游勇，疏散城市流浪人口，动员和遣送农民回乡并帮助他们重建家园，救济城市贫民、失业工人、失业知识分子，接收和改造旧的慈善机构，安置孤老残幼等，保障了市民的基本生存条件。如 1950 年 6 月，政务院就专门发布《关于救济失业工人的指示》，劳动部同时发布《救济失业工人暂行办法》，确立了对城市失业工人的救济原则及具体措施，等等。

在农村，除坚持对因灾造成生活困难的群众实行救济外，于 1956 年开始的农业合作化时期对老、弱、孤、寡、残疾的农村社会成员实行“五保”，即由集体保障其吃、穿、住、医、葬等基本生存条件的政策。短短数年间，中国城乡的许多灾民、贫民、失业者及孤老残幼者得到了政府诸如生活费补助、衣物及粮食救济、医疗帮助等，迅速渡过了战后的生存难关。据 1952 年的不完全统计，仅上海、武汉、广州等八个城市动员帮助灾民回乡生产者达 120 万人，发放工贷、农贷等达 26 亿斤粮食，城市贫民及失业者得到定期或不定期救济的达 120 多万人，收容安置孤老、残疾人及儿童等 44.8 万人③；1953 年年底，城市中得到救济者达 150 多万人；从 1951—1956 年间发放的救济款少则 1 亿多元（按新币计），多则 3 亿多元。可见当时的社会救济规模甚大。

---

① 郑功成．中国救灾保险通论（第三章）．长沙：湖南出版社，1994

② 中华人民共和国民政部大事记编委会编．中华人民共和国民政部大事记（1949—1986）．北京：中国社会出版社，1987

③ 卢谋华主编．民政概论．民政管理干部学院教材，1984．153

（三）优抚保障

在优抚保障方面，根据中国人民政治协商会议《共同纲领》确定的原则，中央人民政府于1950年12月11日正式公布了《革命烈士家属、革命军人家属优待暂行条例》《革命残废军人优待抚恤暂行条例》《革命军人牺牲病故褒恤暂行条例》《革命工作人员伤亡褒恤暂行条例》《民兵、民工伤亡抚恤暂行条例》等一批法规，在全国范围内统一了革命烈士的条件，统一了牺牲、病故、残废抚恤的制度和抚恤标准，统一了评残的条件、标准和残废等级的划分，统一了各种优待抚恤证件。1952年，人民政府又对上述法规在优待及抚恤粮、款标准等方面进行了调整；此后又对上述法规进行过修订或补充。

1950年年底，全国有烈、军、工属3 500万人，革命残废军人70万人，国家每年给他们发放一批耕牛、农具，扶助生产，并实行代耕，代耕土地达1 000万亩左右。在城市则主要是让优抚对象优先就业，各省、区还举办革命残废军人学校20所，接收残废军人1.5万人，同时还为重残军人建立了休养院和荣复军人疗养院等。到1953年年底，全国为优抚对象代耕的土地达5 000余万亩，发放优抚补助费5 670亿元（旧币），对67所残废军人学校、34所残废军人休养院进行了整顿；1955年经国务院批准，将革命军人牺牲、病故的一次抚恤标准提高了10%～27.7%；此外，在1953—1956年四年间，还分别接收安置了40万、53.2万、83万、78万复员军人①。

中国的优抚制度包括对军人、工作人员、民兵等在内，在短短数年间不仅得以确立，而且走向了规范化，一些法规一直沿用到20世纪80年代以后。

（四）社会福利

在社会福利方面，旧社会遗留下来的社会福利设施主要有三类：一是国民党官办的救济院、劳动习艺所等，据1951年原西南地区统计，该地区

① 资料来源：中华人民共和国民政部大事记编委会编．中华人民共和国民政部大事记（1949—1986）．北京：中国社会出版社，1987

即有163处国民党官办救济院；二是地域性的慈善堂，据21个大中城市不完全统计即有600多处，当时的汉口就有53处；三是外国教会举办的慈善机构，据1952年的资料，全国有451处。[①] 上述福利设施大都挂福利、救济之名，行剥削之实，如武汉市花园山育婴堂就有个万人坑，1946年7月至1950年6月四年中该育婴堂的婴儿死亡率高达94.8%[②]，摧残残疾儿童到了目不忍睹的程度。因此，人民政府成立后即开始接收、改造旧的慈善机构，收养无依无靠无生活来源的"三无"孤寡老人和孤残儿童，使之真正变成人民的福利设施。到1953年年底，共改造了旧的慈善机构419处，调整旧救济福利团体达1 600多处。

随后，人民政府还设立新的残老教养院和儿童教养院；各种福利单位不断涌现，部分烈属、军属、贫民、残疾人得到了工作安置；大部分省还开始建立专门的精神病人疗养院。此外，企业职工和国家机关工作人员则享受着单位的福利待遇。社会福利在20世纪50年代呈现出蓬勃发展的好势头。

（五）社会保险

在社会保险方面，1951年3月26日《中华人民共和国劳动保险条例》（以下简称《劳动保险条例》）的公布，是中国社会保障事业创建中的一件大事。该条例经过1953年、1956年的两次修订[③]，实施范围几乎覆盖了城市各种企业、金融单位及国营农、牧场等，新中国企业职工的劳动保险制度得以确立。该条例规定劳动保险基金由工会统筹使用，其中70%由企业基层工会使用，30%上缴全国总工会，在各企业单位或各地区之间调剂使用，并统一规定了不同行业职工在生育、疾病、伤残、老年退休及死亡时的劳动保险待遇。《劳动保险条例》可以说是中国迄今为止颁布的有关社会保险的一部最完整的法规。

据1952年统计，全国实行劳动保险的企业有3 861个，职工302万人，连同他们的供养直系亲属在内约有1 000万人左右，支付劳动保险费用1.7

① 孟昭华，王明寰．中国民政史稿．哈尔滨：黑龙江人民出版社，1986．299～300

② 武汉民政志编纂办公室编印．武汉民政．1987．264

③ 参见：《人民日报》，1953年1月10日；《新华月报》（合订本），1956年。

亿元[①]；1953 年修订《劳动保险条例》后，全国实行劳动保险的企业达到 4 400 多个，比上年增长 11.6%，职工达 420 万人，比上年增长 39%，另外还有签订集体劳动保险合同的单位 4 300 多个，职工 70 多万人；经 1956 年修订后，全国实行劳动保险的职工达 1 600 多万人，签订集体劳动保险合同的职工达 700 万人，分别比 1953 年增加了 4 倍和 10 倍[②]。至此，享受劳动保险待遇的职工人数占当年全国国营、公私合营、私营企业等单位职工总数的 94%以上。

在建立职工社会保险制度的同时，中国政府又以颁布单项法规的形式，逐步建立了国家机关、事业单位工作人员的社会保险制度，并最终完全取代了供给制。最早颁发的法规是 1950 年年底经政务院批准、内务部颁布的《革命工作人员伤亡褒恤暂行条例》。接着，1952 年 6 月政务院颁发了《关于全国各级人民政府、党派、团体及所属事业单位的国家机关工作人员实行公费医疗预防措施的指示》，并自 1952 年 7 月分期推广公费医疗制度；同年还颁发了《关于各级人民政府工作人员在患病期间待遇暂行办法》(1954 年、1955 年作过两次修订)，进一步确立了机关工作人员的疾病保障措施。1955 年，政务院先后颁行《关于女工作人员生育假期的通知》和《国家机关工作人员退休处理暂行办法》《国家机关工作人员退职处理暂行办法》。至此，国家机关工作人员（含党派、团体及各种事业单位）的社会保险制度已相继建立，他们的生、老、病、死、伤、残社会保险待遇，均有了明确的规定。

综上可见，在 1949—1956 年间，中国的社会保障制度已基本确立，并得到了全方位的迅速发展。在这一阶段，企业职工与国家机关工作人员的社会保险制度，以及军人的优待抚恤制度已走上规范化、制度化的道路，社会救济尤其是灾害救济作为各级政府的中心工作之一的原则及具体操作规程已经确立，社会福利事业欣欣向荣，整个社会保障体系在健康地发展，为新中国社会秩序的稳定和国民经济的恢复与发展作出了巨大的贡献。当然，由于历史的原因，中国社会保障制度又不可能在这一阶段一蹴而就地走向完善，法规不全，尤其是灾害救济等政策未具体化、制度化，亦不可

①② 《当代中国》丛书编委会编. 当代中国的职工工资福利和社会保险. 北京：中国社会科学出版社，1987. 305、307

避免地出现救济不力的现象，如从1950—1956年间，每年春荒还有一些地方发生饿死人、因灾自杀和卖儿卖女的现象①。因此，我们在肯定这一阶段中国社会保障建设取得巨大成就的同时，亦不必隐瞒某些缺陷，上述现象在新中国建立初期亦是正常现象，因为要从一个旧中国走向一个新中国，包括社会保障制度在内均须在探索中发展，何况相对于5亿多人口的中国而言，因灾致非正常死亡者仍只是极个别地方而已。

二、新中国社会保障制度的调整

（一）调整时期的界定

随着建国初期三大改造任务的完成，国家转入有计划地全面进行社会主义经济建设时期，从而必然要求对有关社会保险等进行调整，以适应新形势的发展；而1958年开始的"大跃进"等运动亦对社会福利、社会救济事业产生了多方面的影响，致使其发展中暴露出许多问题。因此，从1957—1968年间，中国的社会保障制度处于不断调整的时期，这一阶段以1957年3月国务院颁发《关于工人职员退休处理的暂行规定》等法规为标志，至1968年内务部撤销时终止。

（二）社会保险

在社会保险方面，政府在1956年就发现了一些问题即要调整。1957年6月周恩来总理在第一届人大四次会议上作的《政府工作报告》和同年9月在中共八届三中全会上所作的《关于劳动工资和劳保福利问题的报告》中，均明确指出"在劳动保险、公费医疗、福利费等职工福利待遇的规定方面，都还有不切实际和不够合理的地方，需要我们继续加以改进"，"主要的缺点是走得快了一些，办得多了一些，与我国人口多、底子薄、广大农民生活水平还比较低的现状不相适应"，"在劳保福利工作上的另一个严重缺点是，项目混乱，有些制度不合理，管理不善，掌握偏宽偏松，因而造成苦

① 参见：1951年4月16日内务部《关于防止克服春荒的指示》；1955年1月13日内务部《关于加强轻灾区、非灾区和城市的救济工作的通知》；1955年8月13日国务院《广西灾荒情况的通报》；1956年6月21日内务部、监察部《关于加强对新灾和夏荒救济工作监督检查的联合通知》。

乐不均和严重浪费现象。公费医疗中的严重浪费现象，可以充分证明这种情况”等问题①，他还提出了若干修改建议。本着兼顾工农生活，适当安排城乡关系，进一步完善社会保险制度等原则，国家从1957年开始对社会保险作了一系列的调整。

1. 统一企业职工和国家机关工作人员的退休规定。1957年3月，国务院经全国人大常委会批准颁布了《关于工人、职员退休处理的暂行规定》，劳动部同时颁布了实施细则，在《劳动保险条例》的基础上，对企业职工和国家机关工作人员的退休条件、待遇、退休养老适用范围及因工致残等作了统一规定。

2. 统一了退职制度。1958年3月，国务院经全国人大常委会批准颁布了《关于工人、职员退职处理的暂行规定》，统一了企业和国家机关的退职办法，适当放宽了退职条件，提高了待遇标准，解决了企业和国家机关退职办法中的矛盾，推动了退职工作的开展。

3. 调整了学徒工的社会保险待遇。1958年2月，国务院发布《关于国营、公私合营、合作社营、个体经营的企业和事业单位的学徒的学习期限和生活补贴的暂行规定》，把学徒工的工资制改为生活补贴制，调整了学徒工在工伤、疾病、医疗等方面的保险待遇。

4. 规定被精简职工的社会保险待遇。三年困难时期，中央决定调整国民经济，大批城市职工被精简，为妥善安置这些职工，国务院于1962年6月发布《关于精简职工安置办法的若干规定》，规定凡精简下来的老弱残职工，符合退休条件的按退休处理，不符合退休条件的按退职处理，其中家庭生活有依靠的，发给退休补助费，家庭生活无依靠的由当地民政部门按月发给相当于本人原标准工资40％的救济费。这些规定对当时顺利完成精简任务起到了良好的作用。

5. 改进了医疗制度。一方面，对于职业病患者，根据1957年2月卫生部制定的《职业病范围和职业病患者处理办法的规定》享受劳动保险待遇。另一方面，着重改进了公费医疗制度，如1965年卫生部、财政部联合发出《关于改进公费医疗管理问题的通知》，对国家机关工作人员的公费医疗做了适当调整，规定挂号费、营养滋补药品等需自理费用；1966年4月，劳

① 朱棱主编. 社会保险概论. 长春：吉林人民出版社，1988. 91

动部和中华全国总工会又联合发出《关于改进企业职工劳保医疗制度几个问题的通知》，对企业职工的医疗保险进行了整顿，规定企业职工在疾病医疗时必须自负一定的费用，企业职工供养直系亲属的医疗补助则仍保持药费、手术费收半费的规定。与此同时，国家将卫生工作重点放到了农村，在20世纪60年代初期建立了农村合作医疗制度（或称集体保健医疗、统筹医疗等）。

6. 调整了城镇集体经济组织的社会保险。针对集体经济组织实行劳动保险合同制中存在的规格各异、标准不一等问题，第二轻工业部和全国手工业合作总社于1966年4月颁布了《关于轻、手工业集体所有制企业职工、社员退休统筹暂行办法》和《关于轻、手工业集体所有制企业职工、社员退职处理暂行办法》，规定由市、县统一筹集经费，对退休职工按月发给本人工资40%～65%的退休费，退职者一次发给1～20个月本人工资的退职补助费。集体经济组织的劳动保险开始走向规范化。

7. 建立了移地支付社会保险金的办法。针对享受长期保险待遇的职工迁移到外地生活人数逐渐增多的情况，中华全国总工会于1960年7月制定了《关于享受长期劳动保险待遇的异地支付试行办法》，并于1963年1月重新修订发布，较好地解决了异地安居的受保对象的保险金给付问题。

此外，国务院还制定了职工病伤生育假期办法；批转了财政部、劳动部及全国总工会《关于整顿现行附加工资提取办法的报告》，对企业劳保福利费的提取及开支办法作了修订和补充。可见，在1957年至20世纪60年代中期，国家对社会保险的调整面是较宽的，工作也是有成效的。

（三）社会救济

在社会救济方面，农村社会救济对象主要是因灾造成的困难户、部分穷社穷队的孤老残幼和人多劳力少的困难户，这种救济一般采用实物援助方式，由国家下拨粮、款，由社、队组织发放。由于“左”的影响及严重的自然灾害，这一阶段的灾害救济任务尤其繁重，并且因财力所限等而未能完全为灾民提供基本的生存保障。针对人民公社化后部分地区五保户、困难户的生活困境，内务部在1963年发出了《关于做好当前五保户、困难户供给、补助工作的通知》，对五保户、困难户的生活照顾作了进一步的规定。

在城市，随着生产建设的发展和就业门路的扩大，救济人数在20世纪50年代末期显著下降，孤老残病人员的比重相对扩大。三年困难时期，城市亦陷入了困境，国家不得不精简近2 000万职工退职回乡，使农村救济对象增加，城市亦面临着新的社会救济任务。因此，在1957—1968年间，社会救济工作仍由内务部管理，基本政策仍如以前，救济的对象由解决旧中国的问题走向新中国在建设发展中尤其是“大跃进”以后出现的问题，并出现了许多救济本身无法解决的问题，社会救济的实施亦为政治、经济因素所左右和限制。

（四）社会福利

在社会福利方面，国家相继成立了各种社会福利事业单位和福利企业，为城乡孤、老、残、精神病人创造了较为妥善的安置条件，并使一批有劳动能力的盲、聋、哑、残人走上了自食其力的道路。据1959年年底统计，全国共有残老教养机构373处，收容残老人员6.5万人；儿童教养机构91处，收容婴幼儿和少年儿童2.25万人；精神病人收养机构128处，收容病人1.24万人①。但“大跃进”也波及福利生产和农村敬老院。一方面，到1959年，社会福利生产已大大突破了固有的福利性质范围，参加了全民办工业，当年全国社会福利企业已发展到28万多个，参加生产的烈军属、贫困户、救济户、残疾人达数百万人；其中民政系统为10 417个，参加生产人员达40万人；由于基础不稳，1959年以后又不得不压缩。1961年，国家对社会福利事业采取了“调整、巩固、充实、提高”的方针，全国各城市民政部门直接管理的社会福利工厂减少并稳定在1 000多家的规模上，假肢厂却发展到近30个，还举办了一批盲人按摩诊所等。另一方面，一部分城乡社会福利设施亦走了一段弯路，在1958年呈畸形发展，如北京郊区的农村在1958年一下办起了402所敬老院，第二年因困难重重而不得不停办132所，以后又陆续停办了一批；全国的疗养院由1957年的835所猛增到1958年的1 266所，一年增加431所，而到1965年又回落到887所②，等等。由此可见，社会福利

① 中华人民共和国民政部大事记编委会编. 中华人民共和国民政部大事记（1949—1986）. 北京：中国社会出版社，1987

② 郭崇德主编. 社会保障学概论. 北京：北京大学出版社，1992. 135

在 1957—1968 年间是在调整中发展，在发展中调整，走了一段波折之路。

（五）优待抚恤

在优待抚恤方面，这一时期坚持了 1950 年颁行的法规制度，同时对出现的有关新情况、新问题作了一些新的补充规定。如从 1958—1968 年间，内务部等就残废军人入大学、专科学校后的抚恤待遇问题，武警官兵家属优待问题、抚恤救济费使用问题，民兵训练中的伤亡抚恤问题，带病回乡退伍义务兵慢性病防治问题，残废军人中的历史反革命的待遇问题，整顿烈军属疗养院与养老院问题，修改军队退休干部生活费标准问题等颁布、实施过一系列的政策文件与通知。

尤其值得指出的，这一时期重建了比较健全的军官退休制度。1958 年 7 月 5 日，国务院颁布、实施《关于现役军官退休处理的暂行规定》，不仅表明了军官退休制度步入正规化，而且标志着军人保障体系的形成，即军官退休制度与对军人的抚恤制度、对烈军属的优待制度等共同构成军人社会保障系统。根据这一规定，现役军官退休条件是年满 55 周岁或因积劳成疾、身体衰弱、因公伤残不能工作，两者具其一即可，退休待遇依照入伍时间及职位按本人原薪金的 40%～90%发给，退休后由民政部门管理，其生活费、医疗费、丧葬补助费、亲属抚恤费等均由退休军官居住所在地民政部门支付。

总之，从 1957—1968 年，中国的社会保障事业在不断调整中有了一定的发展，尤其是社会保险方面及军官退休等取得了一定成就。但因执政党在指导思想上犯了“左”的错误，“大跃进”、人民公社化及“浮夸风”等越刮越烈，使刚刚走上发展之路的中国社会保障事业亦受到了很大的影响。正如邓小平后来指出的那样，从“1957 年开始，我们犯了‘左’的错误，政治上的‘左’导致了 1958 年经济上搞‘大跃进’，使生产遭到很大破坏，人民生活很困难。1959 年、1960 年、1961 年三年非常困难，人民饭都吃不饱，更不要说别的了。”① 其表现在社会保障方面就是：社会保险的有些待遇规定改进不大（如公费医疗），有些待遇规定未能修改，尽管有关部门为此进

---

① 邓小平文选（第三卷）. 北京：人民出版社，1993. 227

行过大量调查研究并多次起草过对《劳动保险条例》的改革方案，但因时代特殊而长期定不下来，留下了许多后遗症；社会福利搞“大跃进”，一度呈畸形发展，劳民伤财；在社会救济方面，精简回乡的退职职工中的一部分老弱病残人员等仅依靠相当于其工资收入 30%～40%的救济款生活①，生活极为困难。尤其是在严重的自然灾害面前，浮夸风、官僚主义及惨遭破坏的国民经济，均使不少农村群众陷入生存困境，甚至出现大批非正常死亡现象。如 1957 年广西因严重春荒和官僚主义，致使非正常死亡人口（因灾荒饿死、病死、自杀等）达 2 200 多人，外流乞讨等灾民 1.5 万余人②；浮夸风最烈的河南，在三年自然灾害时期有 200 多万人非正常死亡，其中仅信阳就死亡 100 万人，信阳地区息县饿死 10 余万人，自然村落减少 639 个③。类似事件在其他省、区均有发生，全国因饥饿而逃荒人数高达数千万人，其中仅 1960 年有关部门收容安置的就达 600 多万人次。由此可见，在 1957—1968 年间，中国社会保障制度的调整、发展任务因受当时政治、经济等的影响而并未完成。

三、新中国社会保障制度的挫折

（一）挫折时期的界定

随着 1966 年 8 月“文化大革命”运动的开始，中国进入了“十年浩劫”时期，建国后形成的社会保障制度亦受到了空前的破坏，中国社会保障事业从 1969 年进入挫折阶段。笔者将这一阶段的起始年限定在 1969 年，主要是因为“文化大革命”初期的两年对社会保障政策的实施尚未造成根本性影响，而从 1969 年开始则起了根本性的变化。其一，1968 年 12 月，主管社会保障的内务部被撤销，从 1969 年起，社会保障作为国家主要的社会政策在实施中失去了有力的组织管理；其二，1969 年 2 月财政部颁发《关于国营企业财务工作中几项制度的改革意见》，这份文件名为改革，实际上却使劳动保险从此失去了统筹机能，它规定“国营企业

① 参见：1962 年 6 月 1 日国务院《关于精减职工安置办法的若干规定》和 1965 年 6 月 9 日国务院《关于精减退职的老职工生活困难救济问题的通知》。

② 孟昭华，彭传荣编．中国灾荒辞典．哈尔滨：黑龙江科技出版社，1989．2

③ 张湘霖编．荒诞岁月奇闻录，太原：北岳文艺出版社，1993．9

一律停止提取劳动保险金"，"企业的退休职工、长期病号工资和其他劳保开支，改在营业外列支"等；其三，1969 年后，社会保险专职管理机构被撤销，工会组织被停止活动，异地支付社会保险待遇的办法亦被停止；其四，社会保险、社会福利等被当做修正主义批判。可见，中国的社会保障事业在 1969 年才真正进入挫折时期。

（二）挫折时期的后果

这一阶段持续了近十年，其后果就是中国的社会保障制度遭到严重破坏，社会问题日益突出。具体而言，它表现在以下几方面：

1. 在社会保险方面，"文化大革命"前，国家机关工作人员的社会保险主要由人事部门和内务部负责管理，企业职工的劳动保险主要由工会统一管理。1969 年以后，随着机构的撤销和工会组织停止活动及有关政策的改变，社会保险费用统筹制度即被迫废弃，劳动保险变成了企业保险，职工正常的退休退职制度被迫中断；企业之间的负担畸轻畸重，一些经营不好或政策性亏损的企业的各项劳动保险开支成了其沉重的负担，一些企业退休职工连养老金也得不到保障；异地支付办法的废止又不仅造成了异地职工的不便，而且助长了虚报冒领、错支错领的现象。由于行之有效的社会保险制度遭到严重破坏，这一阶段有 260 多万已到退休年龄的工人和干部不能退休，影响了劳动力队伍的"新陈代谢"；"小而全"的封闭式企业保险制度迄今仍在束缚着中国国有企业等的改革和发展。

2. 在社会救济方面，因内务部门的撤销，灾民救济和社会救济工作缺乏统一的组织和领导，贫困对象和流浪人口不断增加。城市原有的施救对象及对穷社穷队等的救济仅能维持，其他社会救济基本处于停滞状态。

3. 在社会福利方面，许多福利生产单位被撤销或被并入有关工业部门，许多福利设施被迫合并、搬迁、撤销，中国盲人聋哑人协会被迫停止工作。到"文化大革命"结束时，全国福利生产单位减少了 30%，社会福利设施仅剩下 700 多个，收养人数仅 5 万多人①；一部分社会福利对象重又陷入生活困境。

4. 在优抚保障方面，民政机构被撤销或合并，使优抚工作无法正常进

① 孟昭华，王明寰. 中国民政史稿. 哈尔滨：黑龙江人民出版社，1986. 300

行；为数众多的优抚对象被诬蔑为坏人，致使优抚对象中出现了许多冤假错案；部队伤、病、残战士无法离队安置，批准授予烈士称号及义务兵退休安置等亦出现许多问题。

上述局面从1969年一直延续到1977年。由此可见，从1969—1977年的9年间，中国的社会保障制度遭到了严重的破坏，这一阶段不仅使社会保障事业日益陷入困境，而且造成了许多至今仍未得到解决的缺陷和弊端。政治上的混乱，使中国社会保障事业付出了沉重的代价。

四、新中国社会保障制度的恢复与发展

（一）恢复与发展时期的界定

经历了“文化大革命”十年浩劫以后，中国的社会保障事业从1978年开始步入恢复与发展时期。其标志在于：一是自1976年粉碎“四人帮”、结束“文化大革命”以后，到1978年党的十一届三中全会的召开，整个中国才真正进入拨乱反正的时期，这是恢复与发展中国社会保障制度的时代背景和政治、社会基础；二是1978年2月第五届人大第一次会议决定重新设置民政部，使全国的社会救济、社会福利、优抚保障等又有了统一管理的中央职能部门，为社会保障事业的发展提供了组织保证；三是国务院根据1958年以来的情况变化，经全国人大常委会批准，于1978年6月颁布了《关于安置老弱病残干部的暂行办法》和《关于工人退休、退职的暂行办法》，等等。可见，自1978年开始，中国的社会保障事业进入了既有恢复又有发展的阶段。在这一阶段，中国的社会经济得到了前所未有的发展，农村实行了承包责任制，城市改革也取得了较大成绩，财政体制等被重新构造，地方政府与企业的自主权不断扩大，这一系列的发展必然要求社会保障事业同步发展，因此，各项社会保障事业亦在这一时期得到了空前的发展。不过，笔者不主张这一阶段社会保障进入了改革发展时期，因为发展不等于改革，而改革意味着重建。在1978—1990年间，中国政府主要是恢复、修订和补充20世纪50年代的社会保障制度，虽然有些新的改革措施或法规出现（如1986年颁行的《国营企业职工待业保险暂行条例》等，该条例于1993年废止），但因为经济改革尚未进入实质性改革（从计划经济到市场经济）阶段，只能试点或不能贯彻实施。因此，从1978—1990

年，中国的社会保障制度处在恢复发展中，一方面是恢复“文化大革命”以前的社会保障管理制度及有关法规、政策；另一方面则适应变化了的形势对原有社会保障制度进行了一些修订、补充，从而有了较大发展。

（二）社会保障总体情况

从社会保障总体角度考察，这一时期成效卓著。首先是民政部的重建，解决了社会保障的管理体制问题。其次，1978 年召开的中共十一届三中全会对社会保障事业的拨乱反正起到了直接的、有力的指导作用，同年国务院经五届人大常委会批准还颁行了两个有关社会保险的法规，其他社会保障工作亦从此步入发展之中。第三，1982 年 12 月 4 日全国人大五届五次会议通过的《中华人民共和国宪法》（新中国第四部宪法）就社会保障问题做了比以往宪法更全面的规定，如《宪法》第 44 条规定：“国家依照法律实行企业事业组织的职工和国家机关工作人员的退休制度。退休人员的生活受到国家和社会的保障。”第 45 条规定：“中华人民共和国公民在年老、疾病或者丧失劳动能力的情况下，有从国家和社会获得物质帮助的权利。国家发展为公民享受这些权利所需要的社会保险、社会救济和医疗卫生事业。国家和社会保障残废军人的生活，抚恤烈士家属，优待军人家属。国家和社会帮助安排盲、聋、哑和其他有残疾的公民的劳动、生活和教育。”此外，还在第 43 条中规定了国家发展劳动者休息和休养的设施及休假等福利问题，在第 46 条中规定了公民教育权利，在第 48 条中规定了妇女权益，在第 49 条中规定了老人、妇女、儿童保护，等等。可见，宪法规定的社会保障是相当广泛的①。第四，社会保障作为中国整个经济体制和政治体制改革的配套工程，正式纳入了国家社会经济发展第七个五年计划，该计划根据中共中央的建议，提出了要在“七五”期间建立起具有中国特色的社会主义的社会保障制度雏形，并为社会保障事业的进一步发展设计了大致的框架，这在中国历史上还属首次，它标志着国家对社会保障问题的高度重视。第五，这一时期全国社会保障事业异常活跃，不仅迅速恢复、巩固了原有的社会保障事业，而且进行了多种改革试点，为中国社会保障制度进入改革重建阶段打下了良好的基础。这一时期社会保障的发展情况可见

① 引自：法律选编. 长沙：湖南人民出版社，1985. 13～14

表 3—1。

表 3—1　　　　中国社会保障制度恢复发展时期情况表

指　　标	单位	1978	1985	1986	1987	1988	1989	1990	1990 年比 1978 年增长
1. 全国社会保障总支出	亿元	106	398	523	624	775	916	1 103	9.4 倍
占国民生产总值的比重	%	3.1	5.1	5.5	5.6	5.6	5.8	6.3	1.0 倍
其中：城镇社会保障支出	亿元	78.1	327.4	429	519	664	802	977	11.5 倍
农村社会保障支出	亿元	27.9	70.6	94	105	111	114	126	3.5 倍
2. 全国享受社会保障人数*	万人	9 525	13 511	13 095	13 820	15 845	15 885	16 749	0.76 倍
占全国总人口的比重	%	9.9	12.9	12.2	12.6	14.3	14.1	14.6	0.47 倍
其中：城镇受保人数	万人	9 199	12 969	12 394	13 103	15 115	15 101	15 938	0.73 倍
农村受保人数	万人	326	542	701	674	671	784	811	1.49 倍

资料来源：根据《中国统计年鉴》《中国劳动统计年鉴》《民政统计年鉴》等整理。

* 本处受保人数包括离退休者、领取养老金者、五保者、敬老院与社会福利院收养者、定期补助者、定期救济者及福利企业安置的残疾人，但不包括临时救济及灾后救济者。

（三）社会保险

在社会保险方面，除继续执行“文化大革命”前的政策、法规外，1978 年以后着重对有关制度进行了修订和局部改革试点。

1. 全民所有制单位的社会保险制度局部修改调整。其一，针对 20 世纪 50 年代制定的社会保险制度与 20 多年来发展变化了的社会经济形势的不相适应，以及“文化大革命”中因社会保险制度被破坏导致的 260 多万应退而未退休的职工和国家机关工作人员（其中企业职工为 200 多万、国家机关工作人员有 60 多万），国务院于 1978 年颁发、1979 年实施了《关于工人退休、退职的暂行办法》《关于安置老弱病残干部的暂行办法》，在原有制度的基础上放宽了离职休养条件，适当提高了退休待遇标准和退职生活费标准，规定了退休退职人员的最低保证数及易地安家补助费，对当时退休退职工作的开展起了积极的作用。其二，修订了离职休养制度，在原有制度和 1978 年《关于安置老弱病残干部的暂行办法》基础上，国务院于 1980 年 10 月经五届人大常委会通过公布了《关于老干部离职休养的暂行规定》、1982 年 4 月颁布《关于老干部离职休养制度的几项规定》，再次放宽了离职休养的条件，并对离职休养的待遇标准重新作了规定，老干部离休制度的放宽对废除干部终身制、保障好老干部生活等均有很大意义；按照上述法规，劳动人事部经国务院同意，亦于1983年1月下发了《关于建国前参加工作的老工人退休待遇的通知》，对符合条件的老工人退休待遇做了相应调整。其三，提高了国家机关工作人员的病假、死亡抚恤、遗属生活困难补助标准等。

2. 城镇集体所有制单位的社会保险有所发展。其一，1978年前后，轻工业部、交通部、商业部、供销合作总社、卫生部等分别与财政部、国家劳动总局联合发文、规定集体手工业合作工厂、区及县级以上集体组织、集体交通企业、合作商店、集体卫生单位等的职工均参照国营企业实行劳动保险，到1984年，参加劳动保险的集体所有制单位职工达1 700万人，占城镇集体职工数的62.9%。其二，对尚未实行社会保险的1 000多万集体职工，1980年财政部与国家劳动总局亦制定了劳动保险费用提取政策，倡导各地试办社会保险；1983年4月，国务院颁发《关于城镇集体所有制经济若干政策问题的暂行规定》，规定要量力而行提取社会保险金，逐步建立社会保险制度。其三，1984年，中央财经领导小组决定举办城镇集体所有制职工养老保险，并授权中国人民保险公司经办，人保公司自此开始承办这项社会保险业务，并在20世纪80年代后期得到了较快的发展。

3. 农村合作医疗在恢复，农村劳动者（包括乡镇企业职工）养老保险开始兴起。1979年12月，卫生部、农业部、财政部等五部门针对“文化大革命”对农村合作医疗的破坏及存在的问题，联合发布了《农村合作医疗章程（试行草案）》，使合作医疗重新走上恢复发展道路。以上海市郊县为例，到1984年，3 037个村就全部实行了合作医疗，其中由村自行筹建合作医疗的有2 537个村，村乡联办的有395个村，参加乡办的有105个村[①]。同一时期，根据中共十一届三中全会通过的新的《农村人民公社工作条例（试行草案）》中有关“有条件的基本核算单位可以实行养老金制度”的规定，一部分发达地区开始试行退休养老金制度，据1984年的不完全统计，全国有23个省、自治区、直辖市的1 330个乡、9 410个村实行了退休养老金制度，享受人数超过60万人[②]。到1990年，农村领取养老金

①② 《当代中国》丛书编委会编. 当代中国的职工工资福利和社会保险. 北京：中国社会科学出版社，1987. 332

人数上升到 100 万人①。

4. 开展了社会保险改革试点。从 20 世纪 80 年代中期开始，部分省、自治区、直辖市进行了医疗保险、退休基金社会统筹、劳动合同制职工社会保险制度的改革试点；1988 年还颁发过《国营企业职工待业保险暂行规定》等。民政部门还在农村进行了农村社会养老保险的试点。所有这些，都为中国适应市场经济的改革发展重建社会保险制度作了可贵的探索，积累了宝贵的经验。

（四）社会救济

自 1978 年开始，中国的社会救济工作获得了恢复和新的发展。当时，社会救济工作随着民政部的重建得以恢复正常运转，除了继续救济无依无靠的孤老残幼和收入不固定、生活有困难的一般社会困难户外，又新增加了原国民党起义、投诚人员，宽大释放的原国民党县、团以上和以下的党政军特人员，摘掉右派分子（未改正）帽子的人员，错划地、富成份造成生活困难人员，平反释放后无家可归人员，计划生育医疗事故造成生活困难的人员，生活困难的刑事犯罪人员的家属，生活困难的散居归国华侨、老归侨人员，生活无着的刑满释放归国华侨、外侨，生活困难的外逃回归人员等 25 种城市社会救济对象②。到 1982 年，城市有 20 余万人享受定期救济，100 余万人获得临时救济③。

在农村，一是对 20 世纪 60 年代初精减退职回乡的老职工进行救济，据 1979 年统计，全国尚有 310 万人，其中享受原标准工资 40%救济的对象约 10 万人，不符合享受 40%工资救济的由民政部门给予社会救济；二是至 1983 年年底，由集体供养的农村五保户近 300 万人；三是开始了扶贫工作试点并得到了逐步发展，以 1983 年的统计为例，全国已有 3.88 万个公社（乡）开展了扶贫工作，占全国公社总数的 73%，扶持的 451 万贫困户中有 173 万户摆脱了贫困境地，占总扶持户数的 38.3%④。中央政府在 1986 年还专门设立了贫困地区经济开发领导小组，成立了中国扶贫基金会，扶贫

---

① 朱庆芳主编. 社会保障指标体系. 北京：中国社会科学出版社，1993. 49

② 引自民政部城福司编印：《城市社会救济对象有关政策规定》中的资料。

③ 卢谋华主编. 民政概论. 民政管理干部学院内部教材. 157

④ 卢谋华主编. 民政概论. 民政管理干部学院内部教材. 163

将农村过去的“输血”济贫变成了“造血”助贫，是农村社会救济工作的一大发展（具体见本书第五章社会救助）。

在灾害救济方面，自 1978—1990 年间，国家拨出的救灾款达 126.09 亿元，年均近 10 亿元，其中 1985—1990 年年均 11.3 亿元①，较好地帮助了灾民渡过生存危机；1980 年 10 月 4 日，民政部、外经部、外交部联合向国务院报送了《关于接受联合国救灾署援助的请示》（国务院批准），自此开始建立遭受特大灾害袭击时接受外国援助和向联合国救灾署申请援助的制度。在这一时期，民政部门还对部分省、区实行救灾经费包干，以调动地方政府的救灾积极性；改进了自然灾害救济款的使用方法，实行有灾救灾、无灾扶贫；改变了救灾款的发放形式，根据灾情分别采用无偿救济或无息有偿的救济方式。尤其值得指出的是，还在部分省、自治区、直辖市的 100 余县进行了灾害社会保险即救灾保险的改革试点。

此外，还接待安置和救济了印支难民。据 1983 年年底统计，中国先后接待安置印支难民达 27.6 万人，国家拨出专款 10 亿多元②，并争取了国际上的一些援助，妥善地解决了难民的生活与工作问题。

（五）社会福利

面对着经“文化大革命”严重破坏了的福利生产和社会福利设施，国家及其职能部门自 1978 年后采取了一系列果断措施，使中国的社会福利事业进入了恢复和发展的新阶段。

在社会福利设施方面，理顺了管理体制，明确了社会福利院、儿童福利院、精神病院、康复中心等的社会福利性质，恢复了中国盲人聋哑人协会及其工作，后来又分别组建了盲人协会、聋人协会、肢残人协会、智残人精神病残疾人亲友会等组织及其联合会，社会福利事业欣欣向荣。据 1984 年统计，仅民政部门直接管理的社会福利设施就从 1978 年的 700 多个增长到 880 多个，收养孤老残幼及精神病人从 1978 年的 5 万人上升到 6.3

① 根据财政部综合计划司编. 中国财政统计（1950—1991）. 北京：科学出版社，1992. 第 134 页换算

② 孟昭华，王明寰. 中国民政史稿. 哈尔滨：黑龙江人民出版社，1986. 297

万多人[1]，到 1990 年，上述指标又分别上升到1 083 个和 78 475 人[2]；全国的社会福利设施由 1979 年的 8 988 个增长到 1990 年的 40 583 个，收养人数由 18.57 万人上升到 59.88 万人[3]。

在社会福利生产方面，1978 年的全国第七次民政工作会议对从工业部门收回福利工厂作出了政策规定，国家重申了对社会福利生产的保护扶持政策和减免所得税政策，社会福利生产亦获得了迅速的发展，城市中 50%以上有劳动能力的残疾人得到了就业机会。据民政部门统计，1979 年，在社会福利企业中得到安置的残疾人为 4.82 万人，1985 年上升到 23.21 万人，1990 年又上升到 63.76 万人[4]；全国民政部门管理的福利工厂和城市街道、大型厂矿举办的社会福利生产单位逾万个，农村乡镇企业中亦开始出现福利工厂，整个社会福利生产呈现出良好的发展势头。

在单位福利方面，1979 年国务院发布《关于国营企业实行利润留成的规定》，实行职工福利基金从企业利润留成中提留的办法，1983 年改为先按工资总额在成本中提取，不足部分再在税后留利中列支；实行利改税后，亦坚持了上述政策，职工福利不仅有了经费保障，而且可以随经济的增长而不断改善。以全民所有制单位支付的职工劳保福利费用为例，其增幅是相当大的，具体情况可见表 3—2。

表 3—2　　1978—1990 年全民单位劳保福利费用支出　　单位：亿元

年份	1978	1979	1980	1981	1982	1983	1984	1985	1989	1990	1990 比 1978 增长
金额	66.9	92.1	116.0	132.4	153.8	179.6	210.4	266.8	325.8	394.9	4.9 倍

资料来源：根据中国统计摘要（1986 年）、中国劳动统计年鉴（1992）资料整理

（六）优抚安置

在 1978—1990 年间，优抚事业根据国家制定的“政治褒扬和物质保障相结合，群众优待和国家抚恤相结合”的方针，以及国务院和中央军委于 1981 年颁发的《关于军队干部退休的暂行规定》、1982 年颁发的《关于军队干部离职休养的暂行规定》、1988 年 7 月颁布的《军人抚恤优待条例》

① 孟昭华，王明寰．中国民政史稿．哈尔滨：黑龙江人民出版社，1986．301～302

②③④ 《中国民政统计年鉴（1990—1992）》《中国社会统计资料（1990）》。

等，走上了健康发展的道路，以军人退休、离休、抚恤、优待、安置为主要内容的军人社会保障体系基本形成，并由民政部门统一管理、负责实施。

在这一时期，民政部门除做好一般的优抚工作外，还着重做好在对越自卫还击战争中伤残、死亡战士的抚恤工作；1981 年 3 月，经国务院批准，民政部设立了专门的退伍军人和军队退休干部安置局①，为安置退伍军人及离退休军队干部做了卓有成效的工作；1982 年，民政部发出了有关残废军人休养院、复员军人慢性病疗养院、复员退伍军人精神病院、光荣院管理问题的四个暂行办法，为复、退、残、老军人的福利设施发展作出了政策规定。

据 1985 年年底统计，当年全国优抚对象总人数（不含军队离退休者）为 4 123.4 万人，其中革命残废人员 85.8 万人，烈军属 2 271.2 万人，在乡复员军人 332.6 万人，在乡退伍军人 1 433.7 万人；优抚对象得到的优待抚恤金总额为 10.7 亿元，其中国家财政补助 3.53 亿元，占 33%，群众优待 7.17 亿元，占 67%②。到 1990 年，全国支出的优抚费用上升到 24.3 亿元，其中国家拨款 14.1 亿元，集体支出的优抚费用为 10.2 亿元；优抚对象中享受定期补助和抚恤金待遇的达 426 万人③。

从以上社会保障各子系统的情况来看，中国社会保障事业不仅在 20 世纪 80 年代得到了恢复，而且有了巨大的发展，社会保障成为执政党、国家和各级政府以及全社会普遍关注的伟大事业，它对于中国经济的改革与起飞、中国社会的稳定与发展起到了不可缺少、不可替代的突出作用。

五、新中国社会保障制度的特点

中国现行的社会保障制度，走过了 40 余年的曲折历程，自 20 世纪 90 年代进入改革与重建阶段。但改革、重建中国的社会保障制度是一个长久的过程，短期内仍只能是实施过去已经形成的制度并逐步进行改革。因此，

① 中华人民共和国民政部大事记编委会编．中华人民共和国民政部大事记（1949—1986）．北京：中国社会出版社，1987．353；以下有关事件同上。

② 《当代中国》丛书编委会编．当代中国财政（下）．北京：中国社会科学出版社，1988．231

③ 《中国民政统计年鉴（1991 年）》；《中国统计年鉴（1993）》。

有必要对40多年来形成的社会保障制度加以总结。概括地讲，新中国社会保障制度的内容是丰富的，道路是曲折的，在成就巨大的同时又暴露出许多缺陷，具有着自己显著的特色。

（一）成就巨大，道路曲折

从中国社会保障制度发展的40余年历程中，应该肯定其成就是巨大的。其一，长期战乱及困苦不堪的旧中国遗留下来的许多社会问题，如失业者、贫民、孤老残幼等，在新中国成立后短短几年内得到了较为妥善的解决；其二，在多灾的中国，政府每年要救济数以千万计的灾民，几十年来在总体上未因灾致乱，最后实现了有灾无荒，确实是新中国救灾政策及灾害保障创造的奇迹；其三，社会福利从无到有，从有到发展壮大，从根本上改善了社会弱者的生活处境；其四，军人社会保障制度自20世纪50年代建立，经过80年代的修订已较为完善；其五，社会保险保障了城镇劳动者，成为中国社会保障制度的主体与核心，等等。所有这些，都表明中国社会主义的社会保障制度不是修补中国社会问题的治标之策，而是维护国家稳定和社会经济发展的长久之计，是执政党和政府用以促进社会文明发展并达到建设一个更公平、更合理的社会的崇高目标的手段，在中华人民共和国成立40多年的历史中，社会保障的功绩不应低估。

在肯定中国社会保障制度的巨大成就的同时，亦应该肯定中国社会保障事业的发展与新中国整个社会、经济发展一样，走的是一条从创建──→调整──→挫折──→恢复发展的曲折的道路。如“大跃进”时期导致社会福利事业的畸形发展，“文化大革命”对劳动保险制度的破坏，管理机构的撤销，救灾中的官僚主义，以及政治动乱对灾民生存问题的影响，等等，都留下了深刻而沉痛的教训，使中国付出了沉重的代价。中国社会保障事业的曲折之路表明：社会保障事业的发展必须与社会经济发展相适应，不能超前发展；而政治上的动乱又必然阻滞社会保障事业的发展，甚至使社会保障事业走向倒退。因此，社会发展离不开社会保障，而社会保障的发展又依赖于清明的政治和健康的经济基础。

（二）以公有制为基础，明保与暗保并行

如果仅以中国的社会保障与西方工业化国家相比较，可以得出中国社

会保障事业极端落后的结论。然而，如果在分析中加入社会主义公有制和计划经济的因素，这一结论就可能得到修正，因为在众多的未享受社会保障人口中，几乎都享受了集体或单位的生活保障。

在城市，数十年来一直实行高就业制，在计划经济时代，企业不存在倒闭问题，劳动者一旦就业就不会失业，而只要就业就能享有住房待遇、工资福利待遇。因此，除了离退休制度和其他劳动保险项目外，房租几乎是象征性的，在市民家庭消费中不占位置，这与西方国家是有巨大差别的；同时，单位提供的各种福利不仅弥补了低工资，而且也弥补了社会保障的不足。以全民所有制单位为例，福利费用支出就是主要的开支项目，同时也是劳动者的重要经济来源。其基本情况可见表 3—3。

表 3—3　　全民所有制单位福利费用支出情况　　单位：亿元

年份	1952	1957	1962	1978	1981	1985	1990	1991
福利费用支出	9.5	27.9	28.3	66.9	132.4	266.8	777.3	912.5
相当于工资总额%	14.0	17.9	13.2	14.3	20.0	26.1	31.8	32.9

资料来源：当代中国财政（下）. 北京：中国社会科学出版社，1988. 236；中国劳动统计年鉴（1990—1992）

由表 3—3 可见，单位福利包括医疗卫生费、职工生活困难补助、集体福利事业补贴、集体福利设施及其他各种补贴，是劳动者享有的重要收入来源渠道。

在农村，长期以来实行的是以生产队为核算单位的集体所有制，社会成员参与集体劳动，参与集体分配，而在集体分配中又体现了按劳分配和照顾人多劳少及孤老相结合的政策。这样，孤寡老人可享受“五保”待遇，困难户可得到一定的照顾；即使遇上灾年，也往往是局部受灾，结果只是降低分配水平，共渡难关。这样，农村社会成员虽然没有建立起社会保险制度，但集体核算和分配上的“大锅饭”事实上起了保障农村社会成员的作用。当大灾到来之时，国家再扮演最后出场的角色，给予无偿救助等，集体保障为主，国家保障为辅，就是中国农村社会保障的根本特色。

此外，中国人民家庭观念强，家庭保障功能亦十分强，老弱病残人员由家庭供养、照顾更是中国人的传统，这一传统相应的减轻了社会保障的压力。

综上可见，中国人民从灾难深重的旧中国走进新中国，走向日益繁荣富强的当代社会，既依赖于社会保障制度的维系，更依赖于公有制单位和集体核算单位以及家庭的保障，而后者又通常是不被纳入社会保障范畴的，相对于社会保障而言，它们只是客观上在暗中起着保障作用。因此，以公有制为基础，明保与暗保并行，是中国社会保障的重要特色。

值得指出的是，随着农村责任制的推行，农村社、队所具有的那种集体分担风险的功能大大削弱，城市改革亦出现了多种经济成分并存发展的局面，而市场经济改革的深化，更是标志着旧有企业体制的破产，公有制正以新的形式出现。这一客观事实表明，未来中国的社会保障制度需要在现行制度的基础上进行改革和重建；否则，在市场经济改革中，中国的社会保障制度就难以发挥其应有的作用，最终将无法维系、稳定社会经济的正常发展。

（三）社会保障总体水平低

一方面，中国能够较为全面地享受各种社会保障待遇的，只是城镇就业人口（甚至还不包括“三资”企业、乡镇企业），约占全国总人口的15%左右，而农村人口及城镇个体经营者、小集体单位职工及其家属几乎无社会保险、社会福利，仅在遇大灾等特殊情况下可获得微量的救济。以退休养老为例，能够享受这一待遇的1991年年末为2 433万人，而全国60岁以上的老年人却已达1.011亿人左右（根据1990年年底人口普查资料），受保者仅占应受保者的24%①。另一方面，中国社会保障支出占国民生产总值的比重自1978年以来虽有上升，但到1990年仍只占国民生产总值的6.2%，这一比率不仅无法与欧美发达国家相比，而且也大大低于独联体国家与东欧国家。

以灾害救济为例，中国每年因自然灾害造成的物质财富损失在800亿元以上，1991年达到1 200多亿元，受灾人口每年达2亿多人，而国家每年投入的救灾费年均10亿元左右，只有30%的受灾人口能享受十分有限的灾害救济②。因此，中国社会保障水平在总体上仍处于较低层次。造成社会保障水平低的原因，主要是生产力落后和社会经济发展水平低所致，其

① 民主与法制，1993－11－15

② 参见：郑功成．中国灾情论．长沙：湖南人民出版社，1991

中有历史留给的贫困，也有建国以后尤其是“大跃进”“文化大革命”时期的工作失误、政治动乱等原因。

（四）在公民社会保障方面呈现出阶梯性

在中国，城镇人口比农村人口所享受的社会保障待遇要多得多，保障水平也高。城镇中，全民所有制单位职工的社会保障又比集体单位职工的社会保障水平高得多，就业者享受的社会保障不仅包括了医疗保障、工伤抚恤、退休养老等待遇，而且有住房、津贴及其他各种单位福利等待遇；而城镇的个体经营者，除灾后无法生存时可获得部分救济外，几无保障；城镇中“三资”企业更未建立相应的社会保险制度。在农村，无依无靠又无力自己生存的人可享受“五保”或部分社会救济待遇，部分灾民可获得十分有限的救济实物或现金，此外，再无其他社会保障待遇。这种社会成员在社会保障权益上的不平衡性，是中国传统的经济体制造成的，片面追求“一大二公”的国营经济，不顾生产力水平盲目排斥其他经济形式，必然使作为国家社会政策主体内容的社会保障打上所有制特色，并呈现出按城镇全民所有制职工、城镇集体所有制职工、农村及城镇个体或合作经营者的阶梯式保障格局。虽然近10年来，中国的经济结构发生了巨大变化，非国营、集体经济已占有相当比重，但在社会保障方面，依然保持着传统格局。这一特征从另一个侧面表明，改革和重建中国社会保障制度还任重而道远。

（五）国家与企业负担，无偿保障

新中国成立几十年来，“生老病死有保障”被片面理解为社会主义制度的优越性。这种观念表现在社会福利、社会救济等社会保障事业方面，就是与中央财政统收统支相适应，由国家预算拨款开展上述事业，受惠公民无需尽任何义务，即可以无偿享受；表现在社会保险方面，就是保险资金只有国家拨款（机关事业单位）和企业筹资的单一渠道，职工个人不必承担缴费义务，等等。尽管近几年来部分企业试点，让职工缴纳一部分费用，但总体上仍是传统格局，社会保障筹资渠道单一，受保者是无偿享受待遇。这种体制造成了社会保障只能采用现收现付或逐年预算制，根本无法形成雄厚的后备基金，从而具有明显的、非短期内可以弥补的缺陷。

综上所述，中国社会保障制度具有自己独特的历史背景、政治背景和社会经济背景，从体系、项目、范围、内容等方面均有着明显的、不同于西方工业化国家、其他发展中国家，甚至于中国台湾、香港、澳门地区社会保障制度的特色。

六、中国社会保障制度的改革与重建

中国的社会经济是在20世纪80年代进入改革开放时代的，中国的社会保障事业亦自80年代中期以来做了一些局部改革试点，但到80年代末期仍未取得根本性的进展，从而又像以往各个阶段一样，社会保障的建设明显滞后于经济改革与社会发展的需要，而且在这一阶段的滞后期要比以往几个阶段长得多。

笔者主张，以1991年作为改革、重建中国社会保障制度的起始标志。依据在于：

1.1991年6月26日，国务院颁布《关于企业职工养老保险制度改革的决定》。这一决定以养老保险制度改革作为社会保障改革与重建的突破口，吸取了此前局部改革试点的合理政策，并真正面向市场经济，对养老保险制度改革的原则、步骤、目标、资金筹集等作了规定，为养老保险制度的改革指明了方向；同时，该决定还明确指出由劳动部负责城镇企业（包括不在城镇的全民所有制企业即国有企业）职工的养老保险工作，国家机关、事业单位和农村（含乡镇企业）的养老保险制度改革分别由人事部、民政部负责，从而首次正式确立了城镇企业、国家机关及事业单位、农村社会保险的管理部门，为社会保险的改革提供了组织保证。此外，该决定还确定了社会保险管理者与具体经办机构必须分开的原则等。因此，上述文件是中国社会保障制度走上改革与重建之路的重要标志。

2.《中华人民共和国残疾人保障法》作为新中国成立以来的第一部单行社会保障法律，经七届人大常委会十七次会议通过于1991年5月15日施行。

3.中国的社会经济改革经过近10年的改革探索，由计划经济时代经历以计划调节为主、市场调节为辅时代，到有计划的商品经济时代，客观上已进入了市场经济时代，改革与重建中国社会保障制度的目的，正是为使社会保障适应市场经济的发展。

4. 随着国务院《关于企业职工养老保险制度改革的决定》的实施，劳动部加快了社会保险改革的步伐，养老保险基金、失业保险基金在全国范围内推行地方统筹制，工伤保险改革取得了成效；民政部依据上述决定，亦于1991年经国务院批准成立了农村养老保险办公室，同年经国务院授权制定了《县级农村社会养老保险基本方案》，在全国范围内组织推动着农村社会保险事业的发展。由此可见，1991年是中国社会保障制度发展过程中关键的一年，是从恢复与发展阶段跨入改革与重建阶段的一年。

1993年4月，根据市场经济的发展，国务院废止了1986年7月发布的《国营企业职工待业保险暂行规定》，重建制定并颁行了《国有企业职工待业保险规定》①，失业保险制度的建立有了基本的法律依据。

1993年8月，国务院颁布了《国家公务员暂行条例》，并从同年10月1日起实施。该条例在对中国人事制度进行根本性改革的同时，也重新规定了公务员的社会保险与福利保障待遇，从而表明公务员社会保障制度即将建立②。

1994年1月23日，国务院颁行《农村五保供养工作条例》，使农村五保供养工作有了建国以来第一部全国性法规，农村孤老残幼人员的基本生活保障制度步入规范化。同年，经国务院批准，劳动部设置了社会保险事业管理局，民政部亦设立了农村社会保险司。

此外，《社会保险法》《社会救助法》等一批社会保障单行法律、法规正在起草之中。

总之，中国作为一个发展中国家，是在财力有限、人口众多、经济落后的条件下发展自己的社会保障事业。我们既要看到社会保障在中国社会主义建设发展中所起的历史作用，又要看到其改革的必要性、迫切性和艰巨性。中国的社会保障制度正处在改革与重建阶段的初期，中国的社会保障制度应该为中国社会主义市场经济的发展和公平、文明社会的建设作出更大的贡献。

① 根据国家有关部门规定，自1994年起将“待业保险”改为失业保险，以求符合国际惯例。

② 程连昌等主编. 国家公务员制度操作指南. 北京：中国人事出版社，1993. 148

附录 3—1

中华人民共和国劳动保险条例

（政务院 1951 年 2 月 26 日公布，1953 年 1 月 2 日修订公布）

第一章 总 则

第一条 为了保护工人职员的健康、减轻其生活中的困难，特依据目前经济条件，制定本条例。

第二条 本条例的实施，采取逐步推广办法，目前的实施范围暂定如下：

甲、有工人职员 100 人以上的国营、公私合营、私营及合作社经营的工厂、矿场及其附属单位；

乙、铁路、航运、邮电的各企业单位与附属单位；

丙、工、矿、交通事业的基本建设单位；

丁、国营建筑公司。

关于本条例的实施范围继续推广办法由中央人民政府劳动部根据实际情况随时提出意见报请中央人民政府政务院决定之。

第三条 不实行本条例的企业及季节性的企业其有关劳动保险事项，得由各该企业或其所属产业或行业的行政方面或资方与工会组织，根据本条例的原则及本企业、本产业或本行业的实际情况协商，订立集体合同规定之。

第四条 凡在实行劳动保险的企业内工作的工人与职员（包括学徒），不分民族、年龄、性别和国籍，均适用本条例，但被剥夺政治权利者除外。

第五条 凡在实行劳动保险的企业内工作的临时工、季节工与试用人员，其劳动保险待遇在本条例实施细则中另行规定之。

第六条 本条例适用范围内的企业，因经济特殊困难不易维持，或尚未正式开工营业者，经企业行政方面或资方与工会基层委员会双方协商同意并报请当地人民政府劳动行政机关批准后，可暂缓实行本条例。

第二章　劳动保险金的征集与保管

第七条　在条例所规定之劳动保险的各项费用，全部由实行劳动保险的企业行政方面或资方负担，其中一部分由企业行政方面或资方直接支付，另一部分由企业行政方面或资方缴纳劳动保险金，交工会组织办理。

第八条　凡根据本条例实行劳动保险的企业，其行政方面或资方须按月缴纳相当于各该企业全部工人与职员工资总额的3%，作为劳动保险金。此项劳动保险金，不得在工人与职员工资内扣除，并不得向工人与职员另行征收。

第九条　劳动保险金的征集与保管方法如下：

甲、企业行政方面或资方，须按照上月份工资总额计算，于每月1日至10日期限内，一次向中华全国总工会指定代收劳动保险金的国家银行，缴纳每月应缴的劳动保险金。

乙、在开始实行劳动保险金的头两个月内，由企业行政方面或资方按月缴纳的劳动保险金，全数存于全国总工会户内，作为劳动保险总基金，为举办集体劳动保险事业之用。自开始实行的第三个月起，每月缴纳的劳动保险金，其中30%存于中华全国总工会户内，作为劳动保险总基金，70%存于各该企业工会基层委员会户内，作为劳动保险基金，为支付工人与职员按照本条例应得的抚恤费、补助费与救济费之用。

第十条　企业行政方面或资方逾期未缴或欠缴劳动保险金时，须每日增交滞缴金，其数额为未缴部分1%，如逾期20日尚未缴纳，对于国营、地方国营、公私合营或合作社经营的企业，由工会基层委员会通知当地国家银行从其经费中扣缴；对于私营企业，由工会基层委员会报告当地人民政府劳动行政机关对该企业资方追究责任。

第十一条　劳动保险金的管理，由中华全国总工会委托中国人民银行代理之。

第三章　各项劳动保险待遇的规定

第十二条　因工负伤、残废待遇的规定：

甲、工人与职员因工负伤，应在该企业医疗所、医院或特约医院医治，如该企业医疗所、医院或特约医院无法治疗时，应由该企业行政方面或资方转送其他医院医治。其全部诊疗费、药费、住院费、住院时的膳费与就医路费，均由企业行政方面或资方负担。在医疗期间，工资照发。

乙、工人与职员因工伤确定为残废时，按下列情况，由劳动保险基金项下按月给付因工残废抚恤费或因工残废补助费：

一、完全丧失劳动力不能工作退职后，饮食起居需人扶助者，其因工残废抚恤费的数额为本人工资的75％，付至死亡时止。

二、完全丧失劳动力不能工作退职后，饮食起居不需人扶助者，其因工残废抚恤费的数额为本人工资的60％，付至恢复劳动力或死亡时止。劳动力恢复后应由企业行政方面或资方给予适当工作。

三、部分丧失劳动力尚能工作者，应由企业行政方面或资方分配工作，并由劳动保险基金项下，按其残废后丧失劳动力的程度，付给因工残废补助费，其数额为残废前本人工资的10％～30％，但与残废后复工时的工资合计不得超过残废前本人工资。详细办法在实施细则中规定之。

丙、工人与职员因工负伤而致残废者，其残废状况的确定与变更，由残废审查委员会审定。详细办法在实施细则中规定之。

第十三条 疾病、非因工负伤、残废待遇的规定：

甲、工人与职员疾病或非因工负伤，在该企业医疗所、医院、特约医院或特约中西医师处医治时，其所需诊疗费、手术费、住院费及普通药费均由企业行政方面或资方负担；贵重药费、住院的膳费及就医路费由本人负担，如本人经济状况确有困难，得由劳动保险基金项下酌予补助。患病及非因工负伤的工人职员，应否住院或转院医治及出院时间，应完全由医院决定之。

乙、工人与职员因病或非因工负伤停止工作医疗时，其停止工作医疗期间连续在6个月以内者，按其本企业工龄的长短，由该企业行政方面或资方发给病伤假期工资，其数额为本人工资的60％～100％；停止工作连续医疗期间在6个月以上者，改由劳动保险基金项下按月付给疾病或非因工负伤救济费，其数额为本人工资的40％～60％，至能工作或确定为残废或死亡时止。详细办法在实施细则中规定之。

丙、工人与职员因病或非因工负伤医疗终结确定为残废、完全丧失劳动力退职后，病伤假期工资或疾病非因工负伤救济费停发，改由劳动保险基金项下发给非因工残废救济费，其数额按下列情况规定之：饮食起居需人扶助者为本人工资的50％，饮食起居不需人扶助者为本人工资的40％，至恢复劳动力或死亡时止；部分丧失劳动力尚能工作者不予发给。关于残废状况的确定与变更，适用第十二条丙款的规定。

丁、工人与职员疾病或非因工负伤痊愈或非因工残废恢复劳动力后，经负责医疗机关提出证明，该企业行政方面或资方应给予适当工作。

戊、工人与职员供养的直系亲属患病时，得在该企业医疗所、医院、特约医院或特约中西医师处免费诊治，手术费及普通药费，由企业行政方面或资方负担1/2，贵重药费、就医路费、住院费、住院时的膳费及其他一切费用均由本人自理。

第十四条 工人与职员及其供养的直系亲属死亡时待遇的规定：

甲、工人与职员因工死亡时，由该企业行政方面或资方发给丧葬费，其数额为该企业全部工人与职员平均工资3个月；另由劳动保险基金项下，按其供养的直系亲属人数，每月付给供养直系亲属抚恤费，其数额为死者本人工资的25％～50％，至受供养者失去受供养的条件时为止。详细办法在实施细则中规定之。

乙、工人与职员因病或非因工负伤死亡时，由劳动保险基金项下付给丧葬补助费，其数额为该企业全部工人与职员平均工资两个月；另由劳动保险基金项下，按其供养直系亲属人数，付给供养直系亲属救济费，其数额为死者本人工资6个月到12个月。详细办法在实施细则中规定之。

丙、工人与职员因工负伤致成残废完全丧失劳动力退职后死亡时，应按本条甲款的规定，付给丧葬费及供养直系亲属抚恤费。退职养老后死亡时或非因工残废完全丧失劳动力退职后死亡时，应按本条乙款的规定，付给丧葬补助费及供养直系亲属救济费。

丁、工人与职员供养的直系亲属死亡时，由劳动保险基金项下付给供养直系亲属丧葬补助费：死者年龄在10周岁以上者，其数额为该企业全部工人与职员平均工资一个月的1/2；1周岁至10周岁者，为平均工资一个月的1/3，不满1周岁者不给。

第十五条 养老待遇的规定：

甲、男工人与男职员年满60岁，一般工龄满25年，本企业工龄满5年者，可退职养老。退职后，由劳动保险基金项下，按其本企业工龄的长短，按月付给退职养老补助费，其数额为本人工资的50%～70%，付至死亡时止。合于养老条件，但因该企业工作的需要，留其继续工作者，除发给原有工资外，应由劳动保险基金项下，按其本企业工龄的长短，每月付给在职养老补助费，其数额为本人工资的10%～20%。详细办法在实施细则中规定之。

乙、女工人与女职员年满50岁，一般工龄满20年，本企业工龄满5年者，得享受本条甲款规定的养老补助费待遇。

丙、井下矿工或固定在华氏32℉以下的低温工作场所或华氏100℉以上的高温工作场所工作者，男工人与男职员年满55岁，女工人与女职员年满45岁，均得享受本条甲款规定的养老补助费待遇。计算其一般工龄及本企业工龄时，每在此种场所工作1年，均作1年零3个月计算。

丁、在提炼或制造铅、汞、砒、磷、酸的工业中及其他化学、兵工工业中、直接从事有害身体健康工作者，男工人与男职员年满55岁，女工人与女职员年满45岁，均得享受本条甲款规定的养老补助费待遇。计算其一般工龄及本企业工龄时，每从事此种工作1年，均作1年零6个月计算。

第十六条 生育待遇的规定：

甲、女工人与女职员生育、产前产后共给假56日，产假期间，工资照发。

乙、女工人与女职员怀孕不满7个月小产时，得根据医师的意见给予30日以内的产假，产假期间，工资照发。

丙、女工人与女职员难产或双生时，增加假期14日，工资照发。

丁、女工人与女职员怀孕，在该企业医疗所、医院或特约医院检查或分娩时，其检查费与接生费由企业行政方面或资方负担，其他费用均按第十三条甲款的规定处理。

戊、产假期满（不论正产或小产）仍不能工作者，经医院证明后，按第十三条关于疾病待遇的规定处理之。

己、女工人与女职员或男工人与男职员之妻生育时，由劳动保险基金项下发给生育补助费4万元（此为旧币制——作者注）。

第十七条 集体劳动保险事业的规定：

甲、凡在实行劳动保险的企业内工作的工人与职员，均有享受集体劳动保险事业的权利，详细办法由中华全国总工会制定之。

乙、各企业工会基层委员会得根据各该企业的经济情况及工人与职员的需要，与企业行政方面或资方共同办理疗养所、业余疗养所、托儿所等集体劳动保险事业。详细办法在实施细则中规定之。

丙、中华全国总工会可举办或委托各地方或各产业工会组织举办下列各项集体劳动保险事业：

一、疗养所；

二、休养所；

三、养老院；

四、孤儿保育院；

五、残废院；

六、其他。

第十八条 凡在实行劳动保险的企业内工作的工人与职员未加入工会者，除因工负伤残废、死亡待遇，生育待遇，因病或非因工负伤治疗待遇，供养直系亲属疾病治疗待遇，均得按本条例的规定享受外，其他各项，如疾病或非因工负伤医疗期间的工资与救济费，非因工残废救济费，供养直系亲属救济费，养老补助费，丧葬补助费，只能领取规定额的半数。

第四章　享受优异劳动保险待遇的规定

第十九条 凡对本企业有特殊贡献的劳动模范及转入本企业工作的战斗英雄，经工会基层委员会提出，并经各省、市工会组织或产业工会全国委员会的批准，得享受下列较优异的劳动保险待遇：

甲、疾病或非因工负伤的贵重药费、就医路费、住院膳费，概由企业行政方面或资方负担。

乙、疾病或非因工负伤医疗期间前 6 个月工资照发，疾病或非因工负伤救济费及非因工残废救济费，一律付给本人工资的 60%。因工残废抚恤费为本人工资的 100%。因工残废补助费为残废前本人工资与残废后复工时本人工资的差额。因工死亡供养直系亲属抚恤费为本人工资的 30%～60%，退职养老补助费为本人工资的 60%～80%，在职养老补助费为本人工资的 20%～30%。详细办法在实施细则中规定之。

丙、有享受集体劳动保险事业的优先权。

第二十条 残废军人转入本企业工作者，疾病或非因工负伤停止工作医疗期间，不计本企业工龄长短，前6个月工资照发，6个月以后，仍按第十三条乙款规定办理。

第五章 劳动保险金的支配

第二十一条 劳动保险金的支配办法如下：

甲、劳动保险总基金由中华全国总工会用以举办集体劳动保险事业。

乙、劳动保险基金由工会基层委员会用以支付各项抚恤费、补助费与救济费及本企业集体劳动保险事业的补助费。每月结算一次，其余额全部转入省、市工会组织或产业工会全国委员会户内，作为劳动保险调剂金（以下简称调剂金）。

丙、调剂金由省、市工会组织或产业工会全国委员会用于对所属各工会基层委员会劳动保险基金不足开支时的补助或举办集体劳动保险事业之用。各产业工会全国委员会得授权其地方机构，掌管调剂金的调用。中华全国总工会对所属各省、市工会组织、各产业工会全国委员会的调剂金，有统筹调用之权，并得用以举办集体劳动保险事业。如省、市工会组织或产业工会全国委员会调剂金不足开支，得申请中华全国总工会调拨调剂金补助之。

第二十二条 劳动保险金，除用于劳动保险事业外，不得移作其他用途。

第二十三条 各企业的会计部门，均须设立劳动保险基金的独立会计，负责办理劳动保险基金的收支事宜。劳动保险基金会计制度，由中央人民政府劳动部会同中华全国总工会制定之。

第二十四条 劳动保险调剂金的收支事宜，由各级工会组织的财务部门根据中华全国总工会的规定办理之。

第六章 劳动保险事业的执行与监督

第二十五条 各工会基层委员会，为执行劳动保险业务的基层单位，其主要工作为：督促劳动保险金的缴纳，决定劳动保险基金的支付；监督本条例所规定由企业行政方面或资方直接支付的各项费用的开支；推动该企业改进集体劳动保险事业及医疗卫生工作；执行一切有关劳动保险的实际业务；每月编造劳动保险基金月报表，每年编造预算、决算、业务计划书及业务报告书，报告省、市工会组织和产业工会全国委员会及当地人民政府劳动行政机关，并向工会全体会员大会或代表大会报告工作。

第二十六条 各工会基层委员会的经费审查委员会，应按月审核劳动保险基金收支账目及本条例所规定的由企业行政方面或资方直接支付的各项费用，并公布之。

第二十七条 各省、市工会组织，各产业工会全国委员会或地区委员会对所属各工会基层委员会的劳动保险业务，负指导督促之责，审核劳动保险基金的收支月报表、预算、决算及劳动保险基金的收支有无错误。接受工人与职员有关劳动保险事件的申诉，每月编造劳动保险基金及调剂金的收支月报表，每月编造预算、决算、业务计划书及业务报告书，并依下列程序报告：

甲、各省、市工会组织向当地人民政府劳动行政机关及大行政区工会组织报告。

乙、各产业工会全国委员会向中华全国总工会及中央人员政府劳动部报告。

第二十八条 各大行政区工会组织对所属各省、市工会组织及其区域内产业工会组织的劳动保险工作，负指导督促之责，审核省、市工会组织劳动保险基金及调剂金的收支月报表、预算、决算、业务计划书及业务报告书，并每3个月编造劳动保险基金收支报告，每年编造预算、决算、业务计划书及业务报告书，报告所在地大行政区人民政府劳动部、中央人民政府劳动部及中华全国总工会。

第二十九条 中华全国总工会为全国劳动保险事业的最高领导机关，统筹全国劳动保险事业的进行，督导所属各地方工会组织、各产业工会组织有关劳动保险事业的执行；审核并汇编劳动保险基金及总基金的收支报告表，每年编造劳动保险金的预算、决算、业务计划书及业务报告书，并送中央人民政府劳动部、财政部备查。

第三十条 各级人民政府劳动行政机关应监督劳动保险金的缴纳，检查劳动保险金的执行，并处理有关劳动保险事件的申诉。

第三十一条 中央人民政府劳动部为全国劳动保险业务的最高监督机关，负责贯彻劳动保险条例的实施，检查全国劳动保险业务的执行，其检查制度另订之。

第七章　附　　则

第三十二条　本条例由中央人民政府政务院通过后公布施行，修改时同。

第四章 社会保险

一、社会保险与社会保障

社会保险，是指通过国家立法的形式和政府强制实施的手段，以劳动者为保障对象，以劳动者的年老、疾病、伤残、失业、死亡等特殊事件为保障内容的一种收入与生活保障制度。社会保险作为现代工业文明的产物，与社会福利、社会救助、军人优抚安置等一起构成了当代社会保障体系，因此，社会保险是当代社会保障制度的主体组成部分，亦是有别于其他社会保障项目并自成体系的社会保障子系统。

（一）社会保险与社会保障的关系

前已述及，社会保险是社会保障的重要组成部分，但又不是可以等同的理论范畴。一方面，无论是社会保险还是社会保障，都是国家和社会承担的对社会成员的保障责任，是国家通过强制性的国民收入再分配手段来解决各种社会问题的社会政策，目的均是保障社会成员的基本生活，维护社会经济的稳定发展；另一方面，它们又是有着明显区别的两个概念。社会保险与社会保障的联系及区别在于：

1. 社会保险是社会保障制度的一个子系统。社会保险作为现代社会保障制度的重要组成部分，不论其如何发展壮大，客观上均被社会保障所包容。在社会生活中，社会保障是一个整体概念，而社会保险只能是个别概念，它们之间的关系是整体与部分的关系。因此，社会保障的基本原理与基本原则不仅适用于社会保险，而且规范和制约着社会保险；而社会保险的发展和壮大，又必然促进整个社会保障制度的发展与完善，两者之间相互影响，相互促进。

2. 社会保障先于社会保险产生。社会保障的历史十分悠久，几乎与国家同时产生，虽然历史上的社会保障由于生产力水平低下，只能以农业文明为基础，具有很大的局限性，但社会保障中的救灾济贫、优待抚恤等确是政府与生俱来的历史性职责，并一直延续至今；而社会保险则是适应工业化的发展在 19 世纪 80 年代才出现的，它的出现事实上并非创立社会保障制度，而只是给社会保障制度注入了新的内容，强化了国家承担的社会保障职责，以求社会保障的发展与工业文明的发展同步。可见，社会保障先于社会保险产生，社会保险的产生又在客观上使社会保障发生了根本性变化。因此，那种认为社会保险先于社会保障产生，并将美国 1935 年颁布的《社会保障法》作为社会保障产生标志的观点① 显然是不符合历史事实的。

3. 保障范围不同。社会保障的实施范围是全体社会成员，无论男女老幼，只要符合有关条件，均可享受有关待遇；而社会保险则只以劳动者为保障对象，其保障水平较高，保的亦是社会主体成员，但依然只是全体社会成员中的一部分。

由此可见，社会保险与社会保障的关系是隶属、包容关系。在中国现阶段，优先发展社会保险事业，并保证其与其他社会保障项目协调一致，才能真正推动中国社会保障制度走向完善。

（二）社会保险与其他社会保障子系统的联系和区别

从理论上讲，社会保险和社会福利、社会救助、优抚安置等社会保障子系统，都具有社会保障的性质，共同构成了中国的社会保障体系，其在立法强制、政府实施、财政供款、按需（社会成员的特殊需要）分配等方面具有共性；个别具体项目还有关联性，如失业者在领取失业保险金后仍未重新就业，就只能享受社会救济待遇。国家在建立和完善社会保障制度

① 民政管理干部学院情报资料中心翻印. 社会保障. 171. 转摘自：严方才. 社会保险三讲. 北京：经济管理出版社，1988

的过程中，必须保证各个子系统的协调发展。所有这些，都表明了社会保险与其他社会保障子系统之间存在着密切联系、辩证统一的关系。

然而，社会保险与其他社会保障子系统又彼此独立，自成体系，并分工负责着不同社会成员的社会保障事务。具体而言，其区别在于：

1. 分工不同。社会保险面向劳动者，而社会救助主要面向贫民、灾民及社会弱者；社会福利面向老人、妇女、儿童及残疾人，并且多以提供服务的方式实施；优抚安置则面向军人及其家属。可见，社会保险与其他社会保障子系统的分工是明确的，各有自己特定的保障对象群体。

2. 权利与义务关系不同。社会保险强调受保的劳动者个人缴纳一部分保险费用，并以此作为其享受社会保险待遇的前提条件，即受保者履行缴费义务与享受保障权利是相辅相成的；而社会救济、优待抚恤安置等不需受惠者尽缴费义务，是政府或社会的一种净投入，实现的是受惠者单方面的权利；在社会福利中，各种福利设施中以免费为主，部分的低收费，福利生产则要求受患者付出劳动，国家给予政策上的扶持和减免税待遇。

3. 保障水平不同。社会保险的保障水平是较高的，不仅对劳动者本人的收入和基本生活起到保障作用，而且若干具体项目还惠及其家庭成员，无形之中使保险面得到了扩展，军人的优抚保障亦具有较高水平；而社会救济、社会福利却往往水平较低，且大都只能惠及受惠者本人，目的在于减轻社会及家庭的负担。从发展的趋势看，部分福利服务项目的发展将会达到高水平，但这种高水平将需要受惠者付出一定的经济代价等。

4. 地位不同。在社会保障制度中，社会保险不仅在工业化国家的社会保障制度中占主体地位，而且也在中国等发展中国家占核心内容，而社会救济、社会福利的地位则相对要低得多。例如：在中国享受社会保障的总人数中（不含临时救济），享受社会保险待遇者所占比重在1986年占79.3%，在1991年占79.6%[①]；在社会保障费用支出中，社会保险支出占总支出的比重在1983年为59.5%，1991年为45.1%[②]。可见，社会保险的核心地位不容动摇。

从上述分析可见，社会保险与社会救助、社会福利、优抚安置是本质

---

① 根据《中国劳动统计年鉴》有关数字换算。

② 根据《当代中国财政》（下）第207页及《中国劳动统计年鉴》《中国民政统计年鉴》有关数字换算。

一致的概念，但它们之间又有着明显区别，从而在中国当代社会保障制度中是并行的、协调发展的关系。对于整个社会而言，各子系统虽主次有别，但缺一不可，在发展中应统筹考虑。

二、社会保险的发展及体系

（一）社会保险在世界上的发展

从国际范围内考察，社会保险起源于 19 世纪 80 年代德国《疾病保险法》《工伤保险法》《养老、残废、死亡保险法》等的颁布与实施①。20 世纪初期，德国的社会保险制度被西欧国家所仿效，并在 40 年代进一步扩展，80 年代则扩展到世界上 140 多个国家和地区，社会保险成了各国政府和劳动者共同追求和奋斗的一项宏伟事业。国际社会保险的发展脉络可见表 4—1。

表 4—1　　世界社会保险制度的发展情况　　单位：个

项目		1940	1949	1958	1967	1977	1985
建立全面或单项社会保险制度国家或地区		57	58	80	120	129	142
其中	1. 有老年、伤残、遗属保险	33	44	58	92	114	132
	2. 有疾病、生育保险	24	36	59	65	72	83
	3. 有工伤保险	57	57	77	117	129	136
	4. 有失业保险	21	22	26	34	38	40

资料来源：美国社会保障总署编．全球社会保障制度．北京：华夏出版社，1989

从表 4—1 的资料中，可以看出社会保险制度尤其是工伤保险和老年、伤残、遗属保险制度在世界范围内发展迅速。如果再加上 1988 年成立的巴勒斯坦国、从前苏联中分离出来的 14 个国家、捷克斯洛伐克的一分为二、南斯拉夫的一分为五，以及个别自 1986 年以来建立一项或多项社会保险制度的国家，则现在全世界建立社会保险制度的国家或地区达 160 多个，可见社会保险在国际社会已具普遍性和广泛性。

（二）社会保险在中国的发展

在中国，社会保险制度是从 1951 年开始建立起来的，它以 1951 年 2

① 郑功成．国际社会保障问题研究．武汉：武汉大学出版社，1991．2

月 23 日《中华人民共和国劳动保险条例》的颁行为标志，40 多年来得到了较快的发展。一方面，经过 1953 年、1956 年、1978 年对《劳动保险条例》的修订或补充，社会保险的实施范围已扩展到全部全民所有制职工，以及部分城镇集体单位的劳动者，从而覆盖了绝大多数城镇劳动者，其他所有制形式的单位职工及广大农村劳动者，亦正在建立养老保险制度；另一方面，随着 1986 年《国营企业职工待业保险暂行规定》的颁布（1993 年又重新颁布了新的《国营企业职工待业保险规定》），失业保险制度开始在部分地区建立，正在弥补数十年来中国社会保险制度中无失业保险的重大缺陷，等等。因此，中国现行的社会保险制度正在走向体系化。从 20 世纪 80 年代后期以来中国社会保险的发展，可以窥测其发展规模是较大的（见表 4—2）。

表 4—2　　　　　1986—1991 年中国社会保险情况表

项　目		1986	1987	1988	1989	1990	1991	1990 年比 1986 年增长（%）
1. 全国总人口（亿人）		10.56	10.70	10.96	11.27	11.43	11.58	11.0
2. 社会劳动者（亿人）		5.2	缺	5.43	5.53	5.67	5.84	12.3
3. 享受社会保险人数（万人）		10 383	10 931	12 773	12 677	13 381	13 694	31.9
其中	城镇离退休者（万人）	1 805	1 968	2 120	2 201	2 301	2 434	34.9
	农村领取养老金者（万人）	缺	52	60	80	100	100	
4. 国民生产总值（亿元）		9 380	缺	13 984	15 916	17 686	19 855	111.7
5. 社会保险支出（亿元）		194.7	238.4	320.6	382.6	472.4	562.0	188.7

资料来源：《时事资料手册》（1987—1992）；《中国劳动统计年鉴》（1988—1992）

由表 4—2 中的资料可见，从 1986—1991 年间，享受社会保险人数的增长明显地快于人口增长与社会劳动者增长速度，其中受保劳动者占社会劳动者的比重也由 1986 年的 19.97％上升到 23.45％，表明社会保险的覆盖面在不断扩展。同时，社会保险费用的支出又大大高于国民生产总值增长的速度，如 1991 年与 1986 年比较，国民生产总值增长 1.12 倍，社会保险费用支出却增长了 1.89 倍，社会保险费用占国民生产总值的比重亦由 2％上升到 2.8％，表明社会保险的规模因受保人数的增加和待遇的提高在加快扩大，这一趋势近两年增势更快。因此，中国社会保险事业的发展在速度与规模上均要快于中国社会经济的发展。

（三）中国社会保险体系

从中国现行的社会保险制度来看，城乡之间、不同所有制单位及其社会成员之间是有明显区别的；不同的社会保险项目有着不同的覆盖面和不同的资金来源渠道，有的项目尚处于试点阶段，新旧制度并行，尤其是农村社会成员的社会保险在广大地区还是空白。因此，中国的社会保险体系存在着项目壁垒、保障不全等缺陷，改革与重建中国统一的社会保险体系非短期内可以完成。具体而言，中国现行的社会保险体系及各项目资金来源渠道可见图 4—1。

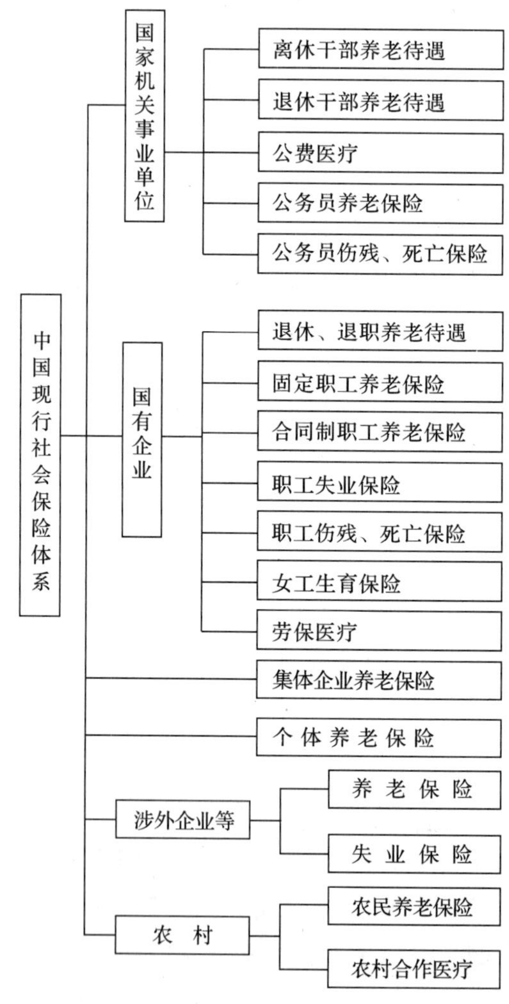

图 4—1 中国现行社会保险体系图

由图 4—1 可见，中国社会保险体系受所有制及地域的束缚，分成了国家机关事业单位、国有企业、集体单位、个体户、涉外或私营企业、农村等六大块，每块举办了一项或多项社会保险，且资金来源渠道不一，从而充分表明中国的社会保险体系结构层次较低，正处于由旧的社会保险体系向新的社会保险体系过渡的时期。为避免重复，本章将在下述各节中将性质相同的社会保险项目综合阐述，并将公费医疗、劳保医疗及合作医疗等一并纳入第八章医疗保障研讨。

三、离退休制度与养老保险

随着社会经济的发展、生活水平的提高和医疗保健的改善，人类寿命在延长，人口老龄化已成为包括中国在内的世界性趋势。因此，如何解决劳动者年老之时退出劳动岗位后的养老问题，就成了各国政府和社会各界共同关注的焦点问题，养老社会保险作为社会保险的主体，亦正占据着社会保障体系核心的核心地位。与工业化国家相比，中国的养老社会保险尚不完备，传统的离休制度、退休制度与社会统筹养老保险制度并存，共同构成为中国的养老社会保险体系。不过，离休制度与退休制度终将被统一的养老保险制度所全面取代，这是毋庸置疑的。

（一）养老社会保险的国际比较

迄今为止，全世界已有 160 个左右的国家或地区建立了养老社会保险制度，其目的均在于解决老年人的生活保障问题，但由于政治制度、经济发展水平及历史传统上的差异，各国在实施养老社会保险制度时存在着较大的区别，形成了不同的模式，内容亦不尽一致。

为便于了解国外养老保险情况，我们可以概括 20 个国家的有关资料（见表 4—3），以供参考。

表 4—3　　二十国养老社会保险比较表

国名	基本立法年代	退休年龄（周岁）	筹资模式	管理机构
德国	首次立法：1889 年 现行立法：1911 年、1957 年和 1973 年	60	企业、个人、政府共同负担型	联邦劳动和社会部

续表

国名	基本立法年代	退休年龄（周岁）	筹资模式	管理机构
英国	首次立法：1908 年 现行立法：1946 年	65	企业、个人、政府共同负担型	社会保障部
法国	首次立法：1910 年 现行立法：1945 年、1971 年、1975 年	60	企业、个人分担型	社会和全国团结部一般监督，全国养老金保险基金会具体负责
荷兰	首次立法：1913 年 现行立法：1956 年	65	政府、个人分担型	社会保险委员会
希腊	首次立法：1934 年 现行立法：1951 年、1981 年	男：65 女：60	企业、个人、政府共同负担型	社会服务部
俄国	首次立法：1922 年 现行立法：1956 年	男：60 女：55	企业、政府分担型	社会保障部
美国	首次立法与现行立法：1935 年	65	企业、个人分担型	社会保障总署
加拿大	首次立法：1927 年 现行立法：1951 年、1965 年	65	政府、企业、个人共同负担型	联邦卫生和福利部
巴西	首次立法：1923 年 现行立法：1960 年、1971 年、1975 年	男：65 女：60	企业、个人、政府共同负担型	社会保险和援助部负一般监督责任，全国社会保险协会具体负责
墨西哥	首次立法：1943 年 现行立法：1973 年	65	企业、个人、政府共同负担型	劳工和社会福利部
古巴	首次立法：1921—1956 年 现行立法：1979 年	男：60 女：55	企业、政府分担型	国家劳动与社会保障委员会
澳大利亚	首次立法：1908 年 现行立法：1947 年	男：65 女：60	政府统包型	社会保障部
新西兰	首次立法：1898 年 现行立法：1976 年	60	政府统包型	社会福利部

续表

国名	基本立法年代	退休年龄（周岁）	筹资模式	管理机构
南非	首次立法：1928年 现行立法：1967年、1968年	男：65 女：60	政府统包型	社会福利和年金部负责白人年金，有色人种事务部负责有色人年金，印度人事务部负责亚洲人年金，多种关系与发展部负责黑人年金
埃及	首次立法：1950年、1955年 现行立法：1975年	60	企业、个人、政府共同负担型	社会保险部
日本	首次立法：1941年 现行立法：1954年、1959年	男：60 女：55	企业、个人、政府共同负担型	厚生省年金局、社会保险厅
印度	首次立法：1951年 现行立法：1971年、1972年	55	企业、个人分担型	劳工部，储蓄保险基金和家庭年金会
伊拉克	首次立法：1956年 现行立法：1971年	男：60 女：55	企业、个人分担型	劳工与社会部
印度尼西亚	首次立法：1951年 现行立法：1977年	55	企业、个人分担型	人力部一般监督，公营雇员社会保险公司具体负责
中国	首次立法：1951年 现行立法：1951年、1953年、1978年	男：60 女：55	国家、企业分担型	人事部负责公务人员，劳动部负责城镇劳工，民政部负责农村劳工

资料来源：郑功成．国外养老保险制度比较．中国社会报，1990－03－16；郑功成．国家社会保障问题研究．武汉：武汉大学出版社，1991；美国社会保障总署编．全球社会保障．北京：华夏出版社，1989；国际社会福利协会日本委员会编．各国的社会福利．北京：华夏出版社，1988；杨祖功选编．西欧的社会保障制度．北京：劳动人事出版社，1986。

由表4—3可见，在养老社会保险立法方面，西方工业化国家的养老社会保险立法较早，立法已趋完备，而亚洲、非洲国家的养老社会保险起步较晚，立法尚需完备；在退休年龄方面，部分欧美国家的男、女退休年龄已经统一，但各国的具体退休年龄却有较大差异，以妇女为例，部分国家规定55周岁退休，而英、荷、美、加等国却已上升到65周岁；在筹资方式上，有政府统包型，企业与个人分担型，政府与企业分担型，企业、个人与政府共同负担型等模式，但多数发达国家采取了三方筹资方式；在管理方面，绝大多数国家实行统一管理，但南非与中国等仍是多头管理。

（二）离退休制度

城镇劳动者的离退休制度，是以20世纪50年代的《劳动保险条例》及七八十年代间的有关法规为依据建立起来的，它在社会保险制度尚未全面建立的当代中国，是中国社会保险的主要项目。从现行离退休制度的内容来看，它主要包括干部离休制度、干部退休制度及职工退休、退职制度，其实施范围限于国家机关和全民企、事业单位的离退休人员，以及部分集体单位的退休人员。

1. 离休制度。离休制度是根据国务院1980年10月颁布的《关于老干部离职休养的暂行规定》和1982年4月颁布的《关于老干部离职休养制度的几项规定》两个法规建立起来的老干部养老制度，它由干部、人事部门管理（军队离休干部由民政部门管理），其经费完全来自国家财政拨款。根据现行法规，离休制度的实施范围是中华人民共和国成立（即1949年10月1日）前参加革命工作、并达到离职休养年龄条件的老干部（其中：正省职以上的干部为65周岁，副厅职至副省职的干部为60周岁，正处职及以下职位的干部则为男60周岁、女55周岁）。符合上述条件的老干部，由所在单位按干部管理权限办理离职休养。离休待遇有：（1）离休金。按原工资标准的100%计发。（2）其他各项生活待遇如医疗、住房、用车等不变。（3）增发生活补贴。凡1937年7月6日以前参加革命工作的离休干部每年增发两个月工资作为生活补贴，凡1937年7月7日至1942年12月31日参加革命工作的离休干部增发一个半月工资作为生活补贴，1945年9月3日以后参加革命工作或行政八级及以上的离休干部不增发生活补贴。（4）易地安置补贴。凡易地安置或迁往农村定居的离休干部，可享受易地安置补贴。（5）死亡待遇。离休干部死亡后，其家属可享有丧葬补助费、遗属抚恤费和生活困难补助等待遇。（6）其他待遇。如因公致残或瘫痪的离休干部可享有护理费补助，必要时可进休养所、疗养院等。在支付方式上，离休金按月发给，医疗待遇等据实报销，生活补贴按年计发，其他为一次性计发。此外，根据国务院 1983 年 9 月颁布的《关于高级专家离休退休若干问题的暂行规定》及其 1986 年 2 月颁布的《关于高级专家退休问题的补充规定》，对副教授（含相当该职称）以上的高级专家可以根据条件延长离退休年龄，如果其在建国前已参加工作（主要指技术、专业工作），可享受原工资照发的待遇。干部离休制度的建立，对于保障老干部的健康，废除终身制，使国家机关工作人员走上正常的公务员制度轨道起到了良好的促进作用。据统计，到 1991 年年末，全国有离休人员 193.4 万人，占当年离退休人员总数的 7.95％；1992 年年末，全国离休人员数为 200.4 万人，占全国离退休人员总数的 7.71％。可见离休干部的人数虽有上升，但比重却在下降①。

2. 退休制度。退休制度是根据《劳动保险条例》和国务院于 1978 年 5 月颁布的《关于工人退休、退职的暂行办法》及 1978 年 6 月颁布的《关于安置老弱病残干部的暂行办法》等法规建立起来的一般干部与职工养老制度，它是中国现阶段养老社会保险的主要项目，由民政、劳动、人事部门分工负责管理，经费主要来源于国家财政拨款和企业供款。退休制度的实施范围是国家机关和全民企、事业单位的干部职工（符合离休条件的除外），以及部分集体单位的干部、职工。享受退休的条件主要有二：一是男年满 60 周岁，女年满 55 周岁；二是工龄在 10 年以上，但从事有害身体工作者可提前 5 年退休，因工致残完全丧失工作能力的不受年龄、工龄条件的限制，工龄满 10 年且经医院证明因病完全丧失工作能力的，最多可提前 10 年办理退休。退休待遇包括：(1) 按月领取退休金，其标准根据工龄长短按退休者原工资标准的 60％～90％发给，并对原工资标准过低的采取最低退休金保证制；(2) 奖励制，即对获得有关称号及有特殊贡献者可提高其退休金标准 5％～15％，但该项奖励与其退休金标准之和不能高于退休者原标准工资；(3) 公费医疗，退休者仍可享受公费医疗保障；(4) 死亡丧葬费、直系亲属抚恤费待遇等。此外，对于不具备退休条件又完全丧失工作能力的工人，实行退职制，退职后，按月发给相当于本人原标准工资 40％的生

① 资料来源：《中国统计年鉴（1992）》和《中国统计年鉴（1993）》

活费，并有最低退职费标准规定，还可照旧享受公费医疗待遇。据统计，1991 年年末，全国有退休人员 2 156.8 万人，退职人员 83.3 万人，分别占当年离退休人数的 88.62%和 3.43%；到 1992 年年末，退休人员达 2 312 万人，退职人员达 85.6 万人，分别占当年离退休人数的 89%和 3.3%①。1992 年与 1991 年相比，仅退休人数就净增 155.2 万人，可见规模甚大。

3. 离退休人员与费用支付情况，可通过表 4—4 和表 4—5 来反映。

表 4—4　　1978—1992 年中国离退休人员情况表　　单位：万人

年份	合计	国有单位	单位负责	民政部门负责	城镇集体单位	其他单位
1978	314	284	238	46	30	
1979	596	473	427	46	123	
1980	816	638	591	47	178	
1981	950	740	692	48	210	
1982	1 113	865	820	44	248	
1983	1 292	1 015	975	40	277	
1984	1 478	1 062	1 021	41	412	4
1985	1 637	1 165	1 127	38	467	5
1986	1 805	1 303	1 266	37	496	6
1987	1 968	1 424	1 392	32	538	6
1988	2 115	1 539	1 511	28	568	8
1989	2 201	1 629	1 598	31	562	10
1990	2 301	1 742	1 693	31	566	11
1991	2 433	1 833	1 804	30	588	13
1992	2 598	1 973	1 944	29	609	17
1992 年比 1978 年增长倍数	7.27 倍	5.95 倍	7.17 倍	−0.37 倍	19.3 倍	—

注：本表未包括农村养老金领取者

资料来源：根据《中国统计年鉴（1993）》统计并换算

① 资料来源：《中国统计年鉴（1992）》和《中国统计年鉴（1993）》

表 4—5　　　　1978—1992 年中国离退休费用支付情况表

年份	费用总额（亿元）	国有单位（亿元）	单位支付	民政部门支付	城镇集体单位（亿元）	其他单位（亿元）	平均每人（元）	国有单位	城镇集体单位	其他单位
1978	17.3	16.3	14.1	2.2	1.0		551	574	333	
1979	32.5	28.9	26.1	2.8	3.6		714	764	471	
1980	50.4	43.4	40.1	3.3	7.0		714	781	465	
1981	62.3	53.3	50.0	3.3	9.0		706	774	464	
1982	73.1	62.1	58.9	3.2	11.0		709	774	480	
1983	87.3	74.0	70.8	3.2	13.3		726	787	507	
1984	106.1	84.6	81.6	3.0	21.2	0.3	766	815	615	750
1985	149.8	119.2	115.5	3.7	30.2	0.4	961	1 070	687	880
1986	194.7	161.6	157.7	3.9	32.5	0.6	1 131	1 310	675	1 090
1987	238.4	200.5	196.4	4.1	37.1	0.8	1 263	1 470	718	1 333
1988	320.6	256.4	252.2	4.2	62.5	1.7	1 571	1 731	1 173	2 429
1989	382.6	309.7	302.2	7.5	71.1	1.8	1 773	1 955	1 258	2 000
1990	472.4	382.4	375.2	7.2	87.8	2.2	2 099	2 281	1 557	2 095
1991	554.4	459.7	452.1	7.6	99.4	2.9	2 342	2 529	1 723	2 417
1992	695.2	572.8	563.2	9.6	118.1	4.3	2 764	3 010	1 974	2 857
1992 年比 1978 年增长倍数	39.19 倍	34.14 倍	38.94 倍	3.36 倍	117.1 倍		4.02 倍	4.24 倍	4.93 倍	

资料来源：根据《中国统计年鉴（1993）》统计并换算

由表 4—4、表 4—5 中可见，从 1978—1992 年的 14 年间，中国的离退休（职）人数由 314 万人上升到 2 598 万人，增长了 7.27 倍；离退休费用由 17.3 亿元上升到 695.2 亿元，增长了 39.19 倍；人均离退休费用由 551 元上升到 2 764 元，增长了 4.02 倍。所有这些均表明，中国的离退休队伍在急剧扩大，离退休费用支出规模在急剧膨胀，这一趋势因人类寿命的延长，临近退休的劳动者逐年增加，以及物价不断上涨等因素，在相当长的时期内将表现为不可逆转的刚性增长。如果不加快养老保险制度改革，国家和企业都将难以承受日益加重的财政负担。

（三）城镇养老保险

城镇养老保险，是相对于传统的企业或国家型离退休制度而言，且有别于农村养老保险的一项老年社会保险制度。本来，中国于20世纪五六十年代曾建立过全国性的城镇劳动者养老保险制度，但因遭到“文化大革命”的破坏而退化为企业养老保险，实行实报实销。随着80年代经济体制改革的深化，这种企业自我保险的体制日益难以为继。企业之间因历史原因造成的养老负担畸轻畸重，严重地影响了企业经济的发展；而离退休人数与离退休费用的急剧增加，又造成了一些退休人员多、经济效益差的企业不堪重负，严重地挫伤了在职职工的积极性，也诱发了社会不安定的因素。如北京地毯四厂现有职工323人，退休职工却达440人，平均每个在职职工负担1.4个退休职工，企业无法生存，不得不停产整顿①。

中国离退休人员与在职职工之比，可以从表4—6中的资料中得到反映。

表4—6　1978—1992年中国离退休人员与在职职工有关情况比较表

年份	在职职工总数（万人）	离退休人数（万人）	离退休人数与在职职工人数之比（以前者为1）	离退休费用（亿元）	职工工资总额（亿元）	离退休费用相当于工资总额的％
1978	9 499	314	30.3	17.3	568.9	3.04
1980	10 444	816	12.8	50.4	772.4	6.53
1985	12 358	1 637	7.5	149.8	1 383.0	10.83
1990	14 059	2 301	6.1	472.4	2 951.1	16.01
1992	14 792	2 598	5.7	695.2	3 939.2	17.65

注：本表在职职工总数中未包括农村劳动者及城镇个体劳动者；职工工资总额亦同。

资料来源：根据《中国统计年鉴（1993）》统计并换算

由表4—6可见，在1978年，在职职工与离退休人数之比是30.3∶1，1985年下降为7.5∶1，1992年继续下降到5.7∶1，有的企业甚至出现1名在

① 张树槐等：“待业保险工作的调查与思考”，《社会学研究》，1993年第6期。

职工人要养1名退休工人的现象；同时，离退休费用在1978年仅相当于工资总额的3.04%，到1992年却上升到17.65%。这两个指标表明，从1978—1992年间，在职职工的负担加重了4.3倍，而企业对离退休费用的负担亦加重了4.8倍，如果继续实行企业自我保险，一部分企业将被拖垮，其后果必然是恶性循环。因此，改革传统的离退休制度，实行社会化的养老保险势在必行。1984年，广东省东莞市、四川省自贡市、江苏省泰州市、辽宁省黑山县率先开展了地区养老保险改革试点；同一时期，中国人民保险公司亦根据当时的中央财经领导小组的决定，开办了部分城镇集体单位职工的养老保险。1985年，福建省率先实行了国有企业职工养老保险费用省级统筹；1986年，又根据国务院发布的《国营企业实行劳动合同制暂行规定》中的政策，对劳动合同制工人实行养老保险；1991年，国务院发布《关于企业职工养老保险制度改革的决定》，为建立新型的城镇劳动者养老保险制度指明了方向。

新的城镇劳动者养老保险与传统的离退休制度相比，除退休条件与保障目的一致外，有着如下区别：（1）新的养老保险实行社会统筹，而传统的离退休制度则是企业自保；（2）新的养老保险强调了保险基金由企业、个人与政府三方分担，而传统的离退休制度却不需个人缴费；（3）新的养老保险制度分为基本养老保险与补充养老保险，前者依法强制，后者为企业自办，此外，还倡导职工个人自愿参加个人储蓄养老保险，而离退休制则只有单一的养老待遇。因此，新的城镇劳动者养老保险制度具有社会分担风险、多方筹集资金、保障多层次性的特点，是对传统的离退休制度的改革和重建。

随着全员劳动合同制的实行，1993年，国有单位的合同制职工已达2 330万人，占城镇国有单位全部职工的21%①，许多地方开始打破固定工同合同制工人的界限而实行统一的养老保险制度，从而使离退休与养老保险的双轨基金制转入单轨制，加入新的养老保险的人数迅速增加。以中国人民保险公司举办的养老保险为例，1991年参加者为1 689万人，1992年即上升到2 400多万人，其中国营企业职工300多万人，集体企业

① 1993年的国民经济与社会发展的统计公报．长江日报，1994－03－03

职工 350 多万人，统筹养老保险人数 1 000 万人，个体劳动者 370 多万人①。到 1993 年年底，全国已基本上实行了国有企业职工养老保险费用市县统筹，其中福建、江西、河北、北京、天津、上海、四川、吉林、山西、陕西、宁夏等 13 个省、市、自治区已将市县统筹过渡到了省级统筹②；铁路、水利、电力、邮电、地矿及中国建筑工程总公司等系统则按行业实行了养老保险费用统筹；集体企业职工养老保险费用统筹已扩展到了 1 700 多个市县，以武汉市为例，已有 2 897 家集体企业的 33 万多名职工参加了养老统筹保险，领取养老金的退休职工有 8.3 万人，1993 年支付养老金达 6 820 万元③。此外，各地还普遍开展了涉外企业中方职工、私营企业职工的养老保险社会统筹。目前，全国参加养老保险统筹的企业达 50 多万户，参加人数在 1 亿人以上（包括劳动部门、人事部门及中国人民保险公司承办的养老保险在内）④，养老保险基金的统筹亦呈现出良好的势头（见表 4—7）。

表 4—7　　1987—1992 年中国养老保险基金统筹情况表　　单位：亿元

年份	本年收入			本年支出			当年结余			滚存结余		
	合计	中央行业统筹	地方统筹	合计	中央行业统筹	地方统筹	合计	中央行业统筹	地方统筹	合计	中央行业统筹	地方统筹
1987	74.26	10.28	63.98	59.62	10.69	48.93	14.64	−0.41	15.05	19.94	0.19	19.75
1988	132.22	18.39	113.83	110.06	16.18	93.88	22.16	2.21	19.95	43.24	3.51	39.74
1989	172.45	21.45	151.00	142.86	19.47	123.39	29.59	1.98	27.61	73.37	5.49	67.88
1990	203.10	24.85	178.25	172.62	23.11	149.50	30.18	1.71	28.75	103.59	7.24	96.35
1991	294.93	29.37	265.56	247.38	26.25	221.13	47.55	3.12	14.13	164.35	10.38	153.97
1992	350.00	—	—	330.00	—	—	20.00	—	—	184.35	—	—

注：本表 1991 年、1992 年数字包括了集体企业养老保险基金，其余各年仅包括中央直属企业行业统筹的部门数和参加地方统筹的国营企业数。

资料来源：1987—1991 年数据根据《中国财政统计》第 309—311 页资料整理，中国财政经济出版社，1992 年版；1992 年资料根据劳动部领导讲话材料。

由表 4—7 可见，中国的养老社会保险基金正在形成，而且增长速度甚快，在 1987—1992 年间，统筹收入年平均增长速度达 36.35%，滚存结余

---

① 中国第三产业年鉴（1993）. 北京：中国统计出版社，1993. 353

② 《中国劳动科学》，1994 年第 2 期。

③ 长江日报，1994－03－18。

④ 中国第三产业年鉴（1993）. 北京：中国统计出版社，1993. 574

年均增长 56.02%。值得指出的是，在现有的离退休者中，绝大多数因所在单位参加了养老保险的行业或地方统筹，领取的是养老金而非过去的退休金。以广东省为例，到 1993 年全省参加社会统筹养老保险的各类职工为 589 万人，其中离退休职工就达 105 万人，近 10 年支付养老金累计达 69 亿元①。因此，养老金是一边统筹一边支付，收付之间的差额即形成滚存结余，最终形成养老社会保险基金。

（四）农村养老保险

随着承包责任制的推行，原有以集体经济为基础的生活保障制度客观上早已动摇，农民的养老问题完全依赖于个人的积累和子女的赡养（孤老则享受“五保”待遇），而人口的老龄化和农村家庭的日益小型化，又使老有所养的问题日益突出。一方面，据 1990 年人口普查，中国农村 60 周岁以上的老年人达 7 285 万人，占农村总人数的 8.2%，并且每年还在以 3% 的速度递增②，白发浪潮正在席卷农村；另一方面，从 1978—1990 年间，中国农村户均人口由 5.74 人下降到 3.96 人，核心家庭的发展使老年人在家庭中的经济地位下降。据湖北省麻城市农工部对某村的调查，在全村 352 位老人中有 141 人在家庭中受到虐待和被遗弃，占该村老人总数的 40.1%③。农村养老问题正在成为必须引起高度重视的社会问题。因此，从 1986 年开始，民政部在部分农村富裕地区进行农村基层社会保障试点时即将农民养老保险作为一个项目，到 1989 年参加试点的已有 19 个省、市、自治区的 190 余县（市、区、旗），有 800 多个乡、8 000 多个村建立了农民养老保险制度，参加养老保险的人数达 90 余万人，筹集资金 4 095 万元，并有 21.6 万农民开始领取养老金。1991 年 1 月，国务院授权民政部开展农村养老保险工作，民政部即首先在山东烟台、威海两市的五县市试点，并制定了《县级农村社会养老保险基本方案》，农村养老保险迅速向全国扩展，受到了许多地区农村的欢迎。以山东省试点的五市县为例，在不到 2 个月的时间内就有 30 多个乡镇、281 个行政村、38 个乡镇企业开展了养老

---

① 胡木生等 广东职工养老保险制度改革. 社会学研究. 1993，6

② 中国劳动年鉴（1992）. 北京：中国劳动出版社，1992. 277

③ 经济工作者学习资料. 1993，18：68

保险，参加人数近 8 万人，收集养老保险费 486 万元①。1992 年年初，农村养老保险的试点县扩展到 500 多个县（市），其中武汉市仅用 3 个多月的时间就在全市农村基本建立了农民养老保险制度，被称为“百日工程”；1992 年年底，全国已有 700 多个县市开展了农民养老保险试点，其中 170 多个县（市）基本建立了面向全体农村人口的社会养老保险制度，参加养老保险的农民达 3 500 多万人，积累养老保险基金 10 亿多元②；到 1993 年，全面开展养老保险试点的县（市）已逾 1 000 个，参加养老保险的农民有 4 000 多万人③。据武汉市民政局公布，截至 1993 年年底，该市 16～60 岁的农村人口中参加农村社会养老保险的达到 50%，已有 40 多名农民在参加保险一年后即开始领取养老保险金④。

从现行农村社会养老保险的原则和做法来看，它主要是在中等以上经济水平的地区开展，养老保险的对象为全体适龄农民（包括乡镇企业职工），16～59岁为参加养老保险年龄段，受保者满 60 周岁即开始领取养老保险金；养老保险资金以个人缴纳为主，集体补助为辅，国家适当扶持，以县为单位统一实施，目前主要由地方政府立法规定。值得指出的是在中国农村，还有中国人民保险公司开办的独生子女父母养老保险及部分村干部、民办教师、乡镇企业职工的养老保险，这部分业务与政府部门经办的社会养老保险尚未协调过渡，仍处于分离状况，显然不利于建立统一的农村养老保险制度。不过，在现阶段，中国人民保险公司经办的养老保险业务仍是政府解决农村养老问题的一支力量。

总之，养老社会保险不论是现在还是将来，都将是中国社会保险乃至整个社会保障制度中的主体项目之一，随着养老基金社会统筹的执行，传统的企业型的离退休待遇享受者将会日渐相对减少，中国最终建立的将是统一的、社会化的养老保险制度。

四、工伤社会保险

工伤社会保险，是以劳动者工作中遭受的各种意外伤害或职业伤害为

---

① 中国第三产业年鉴（1993）. 北京：中国统计出版社，1993. 577

② 中国第三产业年鉴（1993）. 北京：中国统计出版社，1993. 578

③ 我国社会保障现状如何？《瞭望》. 1993，42

④ 长江日报，1994－03－01

保障风险，由国家或社会给因工负伤、致残、死亡或因接触职业性有毒有害因素引起疾病致残、死亡者本人及其家庭提供物质帮助的一种社会保险制度。由于劳动者的工伤风险普遍存在于各个生产领域，工伤社会保险就成为各国社会保险体系中与养老社会保险并驾齐驱的普遍性保障制度。

（一）工伤事故

工伤事故是随着工业生产的发展而日益突出的职业灾害，它主要包括工作中的突发性意外伤害事故和持续性的职业疾病。在工业社会，一切生产领域和公务活动均普遍存在着工伤事故或职业病的风险，其中又以采矿业、建筑业、制造业、交通运输业等最为严重。早在 1844 年，恩格斯在描述当时工业革命导致的机器生产的劳动条件时，就曾揭示了曼彻斯特地区有如此多的残废人，以至那里的人们好像刚从战场上撤下来的军队一样，工业生产是在付出生命与健康代价的条件下迅速发展起来的。

工伤事故的严重性可以通过回顾过去来加以说明①。在第二次世界大战的六年期间，全世界工伤事故伤亡人数远比在战争中伤亡的人数多，如英国在第二次世界大战期间月均死亡军人 3 462 人、失踪 752 人、受伤 3 912 人，合计为 8 126 人；而工业领域仅在制造业就月均死亡职工 107 人、受伤 22 002 人，合计 22 109 人。同一时期在美国，军队月均死亡 6 084 人、失踪 763 人、受伤 15 161 人，合计为 22 008 人；而 1942—1944 年间，其工业部门却月均死亡 1 219 人，永久完全残废 121 人，永久部分完全残废 7 051 人，暂时丧失工作能力的 152 356 人，合计 160 747 人。尽管近几十年来劳动安全取得了一定进步，但工伤事故却依然十分严重，据国际劳工组织统计，全世界每年发生各种突发性的工伤事故（不含职业病）约 5 000 万起，使 10 多万人丧生，150 万人受伤致残而丧失劳动能力，每年因此而造成的经济损失相当于各国国民生产总值的 5%。相当一部分事故不仅使受害者丧生或致残，而且给受害者家庭带来了极度困难或给家庭生活带来灾难性的影响。

在中国，由表 4—8 的资料可以看出工伤事故的严重性。

---

① 本节中所有资料凡未注明出处者，均来自郑功成著：《中国灾情论》的“工伤事故”“采矿事故”“建筑业事故”“职业病”等章节，长沙：湖南出版社，1994 年版。

表 4—8　　　　1991—1992 年中国工伤事故统计资料　　　　单位：人

年份	死亡	国有企业与县以上集体企业	乡镇企业	重伤	国有企业及县以上集体企业	乡镇企业
1991	14 686	7 855	6 831	10 809	9 117	1 692
1992	15 146	7 994	7 152	9 752	8 327	1 425

由表 4—8 可见，中国的工伤事故是十分严重的，在 1991—1992 年间，平均每天有 41 人因工伤死亡、28 人因工伤重伤致残，两者合计每天工伤伤残、死亡者达 69 人，而这还不包括轻伤者及职业病患者。以采矿业为例，中国生产百万吨煤死亡率是美国的 50 多倍、印度的 5 倍，1990 年中国煤矿行业因采矿事故伤亡人数占整个工业建筑业的 60％，该年度全国煤矿发生一次死亡 10 人以上的特大事故就达 85 起①。

在职业病方面，它作为一种持续性的、慢性的职业伤害，比显现的突发性的一般工伤事故更加触目惊心。根据国家 1988 年实施的《职业病范围和职业病患者处理办法的规定》，职业病包括职业中毒、尘肺、物理因素职业病、职业性传染病、职业性皮肤病、职业性眼病、职业性耳鼻喉疾病、职业性肿瘤及其他职业病共九大类近百种②。职业病对职工的危害，与一般工伤事故一样，均可导致受害者发病、残废或死亡，并具有群发性等特点。以尘肺病患者为例，在 20 世纪 50 年代初期，中国每年新发病例为百位数，1956 年上升到千位数，1974 年达到万位数，1986 年全国尘肺病死亡病例数、现患病例数和累计病例数分别为 1955 年的 161 倍、413 倍和 456 倍，目前全国有尘肺病患者 40 余万人，病死率达 20％；再以职业性肿瘤为例，全国每年死于职业性肿瘤的职工约 4 万多人；如果再加上其他各类职业病患者，中国的职业病患者将以百万计。

综上可见，中国的工伤事故（包括一般工伤事故与职业病）是极为严重的，它对劳动者的健康与生命构成了极大的威胁。因此，无论从维护社会再生产的顺利进行出发，还是从保障劳动者的生存与健康权益出发，均应对劳动者实行工伤社会保险。

① 郑功成. 中国灾情论. 长沙：湖南出版社，1994

② 郑功成. 责任保险理论与经营实务. 北京：中国金融出版社，1991. 155～158

（二）工伤社会保险的基本原则

从工伤社会保险的发展过程来看，它是基于各国劳工法（或法规）建立起来的一种社会保险制度，迄今已经历了过失责任赔偿阶段与无过失或绝对责任赔偿阶段。目前，虽然各国在具体内容上有所差异，但举办工伤社会保险的基本原则却具有趋同性。具体而言，工伤社会保险应遵循下列原则：

1. 采取无过失或绝对责任制①。所谓无过失或绝对责任制，是指在各种损害事故中只要不是受害人自己故意行为所致，其受害就应得到伤害赔偿，它与一般的民事损害赔偿原则即过错或疏忽责任原则有区别，但为了使职工在工作中得到更充分的安全保障，许多国家的劳工法中均规定对工伤事故按无过失或绝对责任原则处理。因此，对工伤事故实行无过失或绝对责任制原则，并不以企业或雇主有过错为要件，而是以社会政策和劳动政策为基础，从而有利于更加充分地维护劳动者的权益。

2. 立法强制。由于工伤事故的数量惊人，受害者众多，带来的后果又是职工的伤残或死亡，从而会导致其收入的丧失或减少，造成其本人及受其供养的家庭成员陷入生存困境，这一社会问题仅依靠企业或雇主的力量是无法解决的，因为雇主或企业要受其经济承受能力及破产、停业的影响。只有依靠国家制定完备的工伤社会保险法规、政策，并强制建立社会化的工伤社会保险基金才可能真正保障职工的权益。因此，国家应当专门就工伤保险立法，政府应该充分运用行政手段来确保立法的贯彻执行。

3. 损害赔偿。工伤社会保险不同于养老保险，它本质上属于职业伤害赔偿保险，受害者付出的不仅仅是劳动的代价，而且是身体与生命的代价。因此，工伤社会保险应坚持损害赔偿的原则来制定给付标准，即工伤保险金除要考虑受害者的工资报酬、家庭负担外，还要考虑伤害程度、伤害性质及职业康复与激励等多项因素，因而在各种社会保险中，工伤社会保险的待遇应该是总体水平最高的。如一般疾病住院的工资待遇等就要低于因工负伤治疗期间的待遇；因工致残而退休比正常条件下的退休待遇应高，等等。值得指出的是，作者虽然主张对工伤事故的损害赔偿要充分，并认

① 郑功成．责任保险理论与经营实务．北京：中国金融出版社，1991．12

为工伤事故不同于一般民事责任事故，但基于损害赔偿的一般原则，对于一次伤害既是工伤、又有民事责任的工伤事故，却不主张受害者可享受双重待遇，如果出现受害人既可享受工伤社会保险待遇，又享有民事索赔权益的案例，应适用权益转让原则，即受害人只能选择按其中较高的一种待遇享受索赔权益。

4. 严格区别工伤与非工伤。一般而言，职工的伤亡可以划分为因工和非因工两类，前者是由于执行公务、为社会或所在单位奉献而受到的职业伤害所致，后者则与职业无关。因此，对工伤事故应实行社会保险制度，对非工伤事故则只能采用社会救济，这样，才有利于生产的发展和社会财富的积累。根据中国现行的法规规定，工伤社会保险主要承担下列条件下发生的伤害事故赔偿责任：（1）由于执行日常工作以及执行所在单位行政方面或雇主临时指定或同意的工作；（2）在紧急情况下（如抢险、救灾、救人等）未经所在单位行政方面或雇主指定而从事对企业或社会有益的工作；（3）从事有关研究、发明、创造及技术改进工作；（4）在生产或工作中造成的职业病。凡在上述情况下发生的事故或职业病，受害人均有权享受工伤社会保险待遇。

5. 保险基金单方筹资。如果说在养老保险等中强调多方筹资能体现社会保险的权利与义务相结合的原则，那么，工伤社会保险则应该强调由国家或企业（或雇主）单方筹资的原则，因为工伤事故本身使劳动者为工作付出了健康与生命的代价，这种代价换来的应该是国家（或社会）或企业（或雇主）的赔偿，劳动者不应再在付出健康与生命代价的条件下再事先承担缴付保险费的代价，因此，那种认为职工在工伤社会保险中也应该缴费的观点及做法是违背工伤社会保险的性质，并有失公平的。企业工伤社会保险基金应由企业或雇主单独承担供款之责，机关事业单位的工伤社会保险应由国家或单位单独承担供款之责。

（三）工伤社会保险的基本内容

从工伤社会保险的内容来看，它主要应包括性质区分、伤害程度鉴定、待遇规定等。

1. 性质区分。社会保险机构首先应区分事故的性质，即区别工伤与非工伤，对工伤事故按工伤社会保险的规定处理（含各种职业病），对非工伤事故则只能按非工伤事故处理办法处理。根据现行规定，对于疾病、非因工负伤、非因工残废者，可以根据受害者的工龄条件享受下列待遇：（1）医疗期间在6个月以内者享受60%～100%的工资，超过6个月以上者，只能享受相当于其工资40%～60%的救济费；（2）因病或非工伤医疗终结确定残废者，按其工资的40%～50%发给非因工残废救济费，部分丧失劳动能力尚能工作者则不予发给；（3）因病或非工伤死亡时，发给丧葬补助费及供养直系亲属救济费。因此，工伤享受的是赔偿保险待遇，非工伤享受的是社会救济待遇，两者不能混同。

2. 伤害程度鉴定。工伤事故发生后，应该由专门的劳动鉴定机构进行伤害程度鉴定。一般而言，工伤事故在过去是依据伤害程度分为四个等级：一是因工伤致死；二是因工伤致永久完全残废；三是因工伤致永久部分残废，又可分为若干具体等级；四是因工伤暂时丧失劳动能力。但国家机关、事业单位工作人员因公致残，则根据1989年民政部颁发的《革命伤残军人评定伤残等级的条件》划分为四等六级，即特等、一等、二等（甲、乙级）、三等（甲、乙级）。等级不同，待遇标准亦相应不同。1992年，劳动部、卫生部颁行新的工伤与职业病致残程度鉴定标准，供各地试行，伤残鉴定遂从此走向规范（见表4—9）。

表4—9　　　　工伤与职业病致残程度分级参考

等级	分级参考标准
一级	器官缺乏或功能完全丧失，其他器官不能代偿，需特殊医疗依赖及完全护理依赖方可维持生命及基本生活者
二级	器官严重缺损或畸形，严重功能障碍或并发症需特殊医疗依赖和大部分护理依赖者
三级	器官严重缺损或畸形，严重功能障碍或并发症需特殊医疗依赖和部分护理者
四级	器官严重缺损或畸形，严重功能障碍或并发症需特殊医疗依赖，生活可以自理者
五级	器官大部缺损或明显畸形，有较重功能障碍或并发症，需一般医疗依赖，生活自理者
六级	器官大部缺损或明显畸形，有中等度功能障碍或并发症，需一般医疗依赖，生活能自理者
七级	器官大部缺损或畸形，有轻度功能障碍或并发症，需一般医疗依赖，生活能自理者

续表

等级	分级参考标准
八级	器官部分缺损，形态异常，轻度功能障碍，有医疗依赖，生活能自理者
九级	器官部分缺损，形态异常，轻度功能障碍，无医疗依赖，生活能自理者
十级	器官部分缺损，形态异常，无功能障碍，无医疗依赖，生活能自理者

注：一至四级为完全丧失劳动能力，五至六级和七至十级分别为大部和部分丧失劳动能力。

资料来源：参见《中国劳动报》，1991 年 10 月 5 日。后经劳动部、卫生部正式颁文。

3. 工伤保险待遇。根据《劳动保险条例》的现行规定，中国的工伤待遇包括以下几种：（1）医疗期间待遇。除受保人因工负伤所需的一切医疗费用以及膳食费用（职工只要交 1/3）外，还支付 100％的工资，直至痊愈或证明为永久残废。（2）残废待遇。凡因工伤或职业病而永久完全残废者，按受保人标准工资的 80％按月发放伤残抚恤金，并给予经常护理补贴；凡永久部分残废者，受保人可享受相当于其工资标准 10％～30％的伤残抚恤金，具体标准视其劳动能力的损失程度而定。（3）死亡待遇。因工伤或职业病导致死亡者，根据具体情况可按受保人生前标准工资的 25％～50％按月支付其供养直系亲属作遗属抚恤金，至受供养者失去受供养的条件时为止；另外，按该企业全部工人与职工平均工资的标准，一次性支付 3 个月工资作为丧葬费补助。

（四）工伤社会保险的发展

中国的工伤保险制度是自 1951 年《劳动保险条例》的颁布建立起来的。工伤保险实行 40 多年来，对维护职工的生命与健康权益起到了良好的保障作用。然而，由于“文化大革命”的破坏，中国的工伤保险与养老保险一样，不仅是企业自保型，而且企业职工与国家机关、事业单位的工伤条件、待遇及标准均有差异，从而是一种双轨制。

20 世纪 80 年代以来，针对现行工伤保险制度存在的问题，中国政府的劳动部门及有关地方政府也开展了工伤社会保险的改革试点。例如，1987 年，卫生部、劳动人事部、财政部、中华全国总工会就共同颁发了《职业病范围和职业病患者处理办法的规定》，将职业病的鉴定与处理纳入了规范化轨道；1988 年，在各地试点经验的基础上，劳动部提出了调整工伤保险待遇，逐步建立工伤社会保险基金，并逐步实行社会化管理的改革思路，工伤社会保险改革试点在全国范围内开展；1990 年，许多地区开始恢复或建立劳动鉴定委员会，为开展工伤事故评残工作提供了组织保证；1992 年 3 月，劳动部、卫生部又联合发布《职工工伤与职业病致残程度鉴定标准》，将伤残情形划分为十个等级，一至四级为完全丧失劳动能力，五至六级和七至十级分别为大部分和部分丧失劳动能力，使工伤事故的处理有了可供操作的依据。此外，部分地方政府亦颁行过一些地方性法规，如深圳市人民政府于 1990 年 4 月 24 日发布了《深圳经济特区工伤保险暂行规定》，到 1991 年，该市参加工伤保险的单位已有4 224户，职工 36.42 万人①；1991 年 10 月，海南省人民政府发布了《海南省职工工伤保险暂行规定》，等等。到了 1993 年，全国已经有广东、海南等 15 个省、市、自治区的 390 多个县开展了工伤社会保险制度的改革试点，2 000 多个县（市）建立、健全了劳动鉴定机构，中国的工伤社会保险正从企业保险和国家保险走向社会保险。

五、失业社会保险

失业社会保险，是以劳动者由于非本人的原因暂时失去劳动机会、丧失工资收入的风险为保障责任的一种社会保险制度，其目的在于保障失业者的基本生活，维护社会的安定，进而帮助失业劳动者重新就业。从 1986 年开始到 1993 年，由于政治上的原因，中国一直使用待业保险的概念，而实际上，中国的待业与西方工业化国家的失业并无区别，因此，从 1994 年起，国家有关部门正式公布将待业保险正名为失业保险②。

（一）失业现象具有普遍性

从市场经济的观点出发，失业是现代经济运行中不可避免的一种社会现象，因为现代经济就是竞争经济，企业在竞争中有成有败，劳动者在就业过程中也要受多种因素的影响。真正的“铁饭碗”即使在中国过去高度的计划经济体制下也并非人人都能享有。20 世纪 60 年代精减上千万职工回

① 中国劳动年鉴（1992）. 北京：中国劳动出版社，1992. 275

② 中国改革报，1994－01－12

乡，“文化大革命”掀起的“上山下乡”运动以及许多机关和全民企事业单位冗员充斥、人浮于事的现象等，就充分表明了失业现象并非资本主义制度的专利。

从国际范围考察，失业问题正在成为长期困扰世界经济发展的一个主要因素。据国际劳工组织发表的报告，1993 年，欧洲经济共同体的几个国家平均失业率为 10.9%，西欧各国总失业人数达 3 500 万人，中欧和东欧国家的失业率已超过 10%，拉丁美洲和加勒比地区的城市失业率为 7.4%；中东和北非的就业形势亦在恶化，一些国家的失业率已超过 10%；全世界的失业劳动者至少在 1.2 亿以上，就业不充分者达 7 亿人①。具体而言，各国在 1993 年的失业率可见表 4—10。

表 4—10　　1993 年各国失业率情况表

国名	西班牙	芬兰	爱尔兰	比利时	丹麦	法国	加拿大	澳大利亚	英国	意大利	希腊	荷兰
失业率%	18.2	18.2	17.6	12.1	12.1	11.7	11.3	10.9	10.3	10.2	10.0	7.9
国名	德国	葡萄牙	卢森堡	埃及	苏丹	摩洛哥	科威特	菲律宾	泰国	韩国	新加坡	中国香港
失业率%	5.9	5.0	2.8	10.6	13.1	10.8	2.7	8.6	2.7	2.4	1.9	2.0

资料来源：《光明日报》，1994 年 3 月 20 日；《经济日报》，1994 年 3 月 22 日。

由表 4—10 可见，失业问题已经成为全球性的危机。造成全球范围内失业率如此之高的原因在于：一是技术更新加快，新技术废除了一些工作岗位；二是经济竞争加剧并扩大，迫使企业不断采用新技术提高劳动生产率；三是周期性的经济危机影响了全球宏观经济政策与利率水平。因此，技术进步与经济危机正威胁着劳动者的就业机会。

在中国，城乡劳动者的差别，使得官方无法统计农村劳动力的失业或就业不充分现象，计划经济的限制又决定了对劳动者只能采取以固定工为主的统包统配的劳动制度，就业只能进不能出，造成了人浮于事和劳动生产率低下。即使如此，中国的失业现象依然客观存在，并且将会随着市场经济改革的推进而逐步上升。从表 4—11 中，可以了解自 20 世纪 50 年代初期以来中国城镇劳动者的失业状况。

① 《经济日报》，1994－03－22；《人民日报》，1994－03－14。

表 4—11　　　　1952—1993 年中国城镇失业情况表

年份	1952	1957	1978	1980	1985	1988	1989	1990	1991	1992	1993
城镇失业人数（万人）	376.0	200.4	530.0	541.5	238.5	296.2	377.9	383.2	352.2	360.3	400.0
失业青年			249.1	382.5	196.9	245.3	309.0	312.7	288.4	299.8	
城镇失业率（%）	13.2	5.9	5.3	4.9	1.8	2.0	2.6	2.5	2.3	2.3	2.6

资料来源：1952—1992 年数据来自《中国统计年鉴（1993）》；1993 年数据来自国家统计局《1993 年统计公报》《长江日报》，1994 年 3 月 3 日。

需要指出的是，在表 4—11 中，20 世纪 50 年代的失业率高是旧中国遗留下来的历史包袱，1978—1980 年则是“文化大革命”留下的“后遗症”，从而这两个时期不具有真正经济意义和社会意义上的失业率可比性。从 1985 年开始，中国的城镇劳动者失业率在上升，绝对数在增加，如 1993 年比 1985 年失业率增长 0.6 个百分点，失业人数增加 100 多万。而在这一较低的失业率背后，掩盖的却是乡镇企业职工面临的失业风险和一大批严重亏损、资不抵债的企业，从社会稳定、政治因素出发而不能破产。因此，中国的就业形势并不乐观，失业风险并不能因失业率低而掉以轻心。

（二）失业社会保险制度及其发展

劳动者一旦失业，就意味着失去了生活保障。在西方国家，最初实行的是失业救济，即是统治者为了缓和劳动者反抗情绪和害怕失业者铤而走险而采取的一种救济手段，后来才逐渐发展成为一种社会保险制度。不过，失业保险与养老保险、工伤保险等社会保险项目相比较，容易引起不良的社会后果。如一些失业者躺在失业保险身上而不愿接受工资偏低的工作或被认为不体面的工作，即使在西方工业化国家也未能发展到与养老保险、工伤保险相当的水平上。其表现之一就是迄今为止，全世界只有 50 个左右的国家建立了失业社会保险制度，明显地不如养老保险、工伤保险那样普遍；表现之二就是失业保险的费率要大大低于养老社会保险的费率，失业保险金亦大大低于养老保险金和工伤保险金。例如，根据 1985 年的统计资料，美国筹集养老保险基金占工资总额的比例为 11.40%，由雇主与受保人各缴5.7%，而失业保险金不需受保人缴纳，雇主亦仅负担相当于工资总额的0.8%；在日本，筹集养老保险资金占工资总额男为12.4%，女为11.3%，受保人与雇主各缴50%，而失业保险金的征集比例仅为1.45%，其中雇主缴0.9%，受保人缴0.55%①。由此可见，在工业化国家，一方面是不得不建立起失业社会保险制度，另一方面又担心失业社会保险会引起不良后果，故在筹资及给付标准上采用低标准，这是一条值得重视的经验。

在中国，建国初期针对大批的城市失业工人和失业知识分子，政府曾于1950年颁行过《救济失业工人暂行办法》，但并非是失业社会保险，而是一种社会救济。中国失业保险制度建立的开始，应该以1986年7月国务院颁布《国营企业职工待业保险暂行规定》为标志，该规定的发布推动了失业保险制度的建立，填补了中国社会保险体系的一大缺漏；1990年7月，劳动部又选定上海、杭州、大连、广州四市进行失业保险改革试点，取得一定的成效。以1987—1991年的失业保险费征集为例，就可以看出中国的失业保险在发展（见表4—12）。

表4—12　　1987—1991年中国失业保险基金收支情况表　（单位：亿元）

年份	本年收入	本年支出	当年结余	滚存结余
1987	5.67	0.88	4.79	4.67
1988	5.78	1.58	4.20	8.79
1989	6.53	1.71	4.82	13.66
1990	7.44	1.87	5.57	19.22
1991	8.37	2.50	5.87	25.18
1987—1991年年均增长%	10.23	29.83	5.21	52.38

资料来源：中国财政统计（1950—1991）. 北京：中国财政经济出版社，1992. 308

1993年4月，为了更好地适应市场经济的发展，建立合理的失业社会保险制度，国务院发布了新的《国有企业职工待业保险规定》，对1986年颁布的规定作了修订和补充。到1993年，全国参加失业保险的单位达50万户（包括国有企业、机关事业单位、集体企业、“三资”企业等），参加失业保险的职工达8 000万人；累计征收失业保险金近46亿元，支出15亿

① 美国社会保障总署编. 全球社会保障制度. 北京：华夏出版社，1989

元，为77.8万失业职工发放了失业保险金、医疗费等，发挥了较好的作用①。目前，全国各地已设立了失业保险机构2 000多个，配备专职人员1.2万余人，建立转业训练基地750多个，生产自救基地500多个②，失业社会保险正在由局部地区向全国范围扩展，由国有企业向各种所有制单位扩展。

（三）失业社会保险的基本内容

从中国的失业社会保险现状来看，失业社会保险尚未成为全国统一的社会保险制度，各地仍在试点发展之中，不过，其基本内容主要包括以下方面：

1. 失业社会保险的实施范围。主要为国有企业的劳动者和实行企业化管理的事业单位职工，集体及其他所有制企业可参照执行，但不包括企业招用的农民合同制工人。

2. 失业保险基金的筹集。由企业按照全部职工工资总额的0.6%缴纳失业保险费（待业保险基金不足或结余较高的，经省级政府决定，可适当提高或降低这一比例，但最高不得超过1%），在税前列支，由企业的开户银行按月代为扣缴，并专户储存，专款专用；当入不敷出时，由政府财政给予财政补贴，故政府扮演的是最后出场的角色。此外，失业保险基金的利息收入等亦用于扩充基金。

3. 享受条件。享受失业社会保险的条件主要是下列受保单位的职工：(1) 依法宣告破产的企业的职工；(2) 濒临破产的企业在法定整顿期间被精减的职工；(3) 按国家有关政策规定被撤销、解散企业的职工；(4) 按国家有关规定停产整顿企业被精减的职工；(5) 终止或者解除劳动合同的职工；(6) 企业辞退、除名或者开除的职工；(7) 依照法律、法规规定或者按照省级人民政府规定享受失业社会保险的其他职工。

4. 失业社会保险的项目。主要有：一是失业救济金。符合前述条件的失业职工向企业所在地的失业保险机构办理失业登记后即可享受该项待遇，但有时间限制，最长不得超过24个月，失业救济金的标准相当于当地民政

① 张树槐等．待业保险工作的调查与思考．社会学研究．1993，6；国家统计局．关于1993年国民经济与社会发展的统计公报。

② 中国第三产业统计年鉴（1993）．北京：中国统计出版社，1993．579

部门规定的社会救济金额的120%～150%，即高于社会救济金。二是失业期间的医疗费用。具体标准由各省、市、自治区政府规定。三是丧葬补助费。即失业职工在失业期间死亡，由失业社会保险机构支付丧葬补助费。四是抚恤、救济费。失业职工在失业期间死亡，其供养的直系亲属仍可享受抚恤费、救济费等待遇，发放标准参照当地职工社会保险有关规定办理。五是失业职工转业训练费和生产自救费。当失业者领取失业救济金期限届满，或参军或出国定居，或重新就业，或无正当理由两次不接受劳动就业服务机构介绍就业，或在领取失业救济金期限内被劳动教养或被判刑者，保险机构即停止其失业社会保险待遇。

六、生育社会保险

(一) 妇女就业与生育社会保险

在当代社会，妇女走入社会从事生产或服务活动已是许多国家的普遍做法，然而，妇女在工作中必然遇到生儿育女与就业工作的矛盾。在市场经济条件下，由于企业以追求经济效益为核心，往往不愿分担生育妇女的生育风险，生育妇女要么放弃工作或牺牲工作与收入，重回家庭；要么放弃生育，选择工作。要解决好这一矛盾，唯一的途径就是对生育——妇女在工作中会遇到的特殊事件实行生育社会保险，即将妇女的生育行为纳入社会保险体系，通过社会化的管理与调控，来保障妇女的工作、生活、育儿权益，同时减轻企业雇佣女工的负担。因此，生育社会保险是一种妇女权益保障制度。

从生育社会保险的性质来看，它应该属于类似于工伤、医疗补助的收入保障制度，其目的是通过生育保险金的发放，使生育妇女在生育和哺乳期间能享受收入保障，不至于因生育造成停止工作而陷入生活困境。

从生育社会保险的发展来看，它的出现比其他社会保险均要迟，并且一开始往往作为一种妇女福利加以实施。由于生育社会保险的功绩在于保护妇女与婴儿及教育新的一代，因而被一些工业化国家和发展中国家视为保障优生优育的有力手段。

在中国，实行男女平等，妇女在工作中不仅与男子同工同酬，而且依据1951年颁布的《中华人民共和国劳动保险条例》和1988年颁布的《女职工劳动保护规定》，有权享受在怀孕、生育、哺乳期间的相应待遇，任何单位或企业不得降低其基本工资或解除劳动合同。因此，中国的妇女生育保障已经实行了40余年。不过，这种生育保障依然是一种单位保障，更多的具有职工福利的性质。

（二）妇女生育保障的内容及缺陷

从中国政府的现行规定来看，妇女的生育保障权益主要有以下几方面：（1）怀孕7个月以上的女职工，不得安排从事夜班劳动，并在劳动中安排一定的休息时间，在劳动期间进行产前检查，应当算作劳动时间；（2）产前检查和生育费用由企业或雇主负担；（3）女职工产假为90天，其中产前休假15天，难产增加15天，多胞胎生育的每多生育一个增加产假15天；（4）女职工怀孕流产的，其所在单位应当根据医务部门的证明，给予一定时间的产假；（5）有不满1周岁婴儿的女职工，单位应当安排哺乳时间，每班时间为2次，每次30分钟，并算作劳动时间。在产假期间及上述规定可以休息或哺乳的时间内，其工资照发。由此可见，这是一种由单位自负其责的福利，是一种收入保障。

现行生育保障制度的缺陷主要表现在：

1. 未建立社会化的生育保险基金，女职工所有的生育费用均由单位负担。这一缺陷会使生育妇女多的单位处于竞争的不利地位，各个单位亦会因其女职工的多寡而造成负担不公平的现象，哪个单位雇用的女工多，就意味着哪个单位得负担越多的生育费用，这一现象已经使妇女在择业时处于不利地位，甚至女大学生、女研究生亦出现就业难的问题；同时，一些效益好的单位可以依法给生育妇女以生育权益保障，而一些亏损单位等往往难以保障女工生育期间的收入权益，有的单位甚至让生育女工成为隐性的失业对象，等等。可见，现行的生育保障并不能真正保障女工的权益。

2. 现行生育保障的筹资渠道单一，社会化程度低。一方面，在现行制度下，生育妇女的工资、医疗费用等均由其所在单位负担，个人不缴费，政府无补贴，从而客观上加重了企业的负担；另一方面，生育保障的单位化或企业化，无法形成统一的生育保障基金和统一的切实可行的生育保障制度，女工亦只会盲目地依赖单位。

3. 实施范围小。现行生育保障制度实际上仅局限于国有单位和部分大集体企业，80%以上的生育妇女并未享受到这一权益保障。

（三）生育社会保险的改革

现行生育保障制度的缺陷，市场经济发展的需要，以及第三次人口生育高峰的到来（1962—1973 年第二次人口高峰出生的 2.2 亿人，陆续进入生育旺盛阶段，中国每年进入育龄的妇女达 1 100 万～1 300 万人），都要求改革原有的生育保障制度，代之以生育社会保险，即由社会保险部门出面，通过向企业或雇主征收一定的保险费，建立起社会化的生育保险基金，将女职工个人生育行为导致的收入损失风险在全体职工中分散，将企业或单位承担的生育费用风险在单位与单位之间进行分散，给生育妇女以充分的保障。

1991 年，劳动部门即按照社会统筹及“以支定征、略有结余、留有积累”的原则，开始了女职工生育社会保险的改革试点，其费用完全由单位负担，按全体职工工资的一定比例提取，女职工生育社会保险改革试点以来，即受到了企业的欢迎。据统计，1992 年，全国有 80 个市、县初步建立了女职工生育社会保险基金；到 1993 年，全国已有 16 个省的 150 多个市、县初步建立了女职工生育社会保险基金，其中仅江西省就有 20 多个县、市、区初步建立了女职工生育社会保险基金。可以预见，在各级劳动部门、工会部门等的推动下，生育社会保险将成为社会保险体系中的基本项目之一；生育社会保险制度的建立与发展，对改革、重建中国的社会保障制度将起到促进与完善的作用。

七、现行社会保险制度的缺陷

尽管自 1978 年以来，随着养老保险社会统筹的推行、工伤社会保险的改进，以及失业社会保险的创建，中国的社会保险事业获得了很大的发展；然而，发展不等于完善。客观地说，中国的社会保险制度无论从其体系、项目还是水平、体制而言都还十分落后。

（一）覆盖面小，实施范围窄，离社会保险的全面性相距甚远

根据中国现行的各种社会保险法规、政策，社会保险主要是在全民单

位中实施，城镇县以上集体企业和涉外单位的中方职工参照执行，而大多数区县以下集体单位、私营企业职工、城镇个体劳动者以及占中国人口总数和劳动力总数70％以上的农村劳动者还基本上没有建立社会保险制度。以农村为例，虽然民政部门正在倡导养老保险，但因属自愿性质且受其他多种因素的影响，参加者虽有4 000万人，收费却只有10亿多元，人均仅20多元钱，根本不能说是建立了农村养老保险制度，即使一些地区已出现领取养老金者，人数既少，水平又低，从而可以忽略不计。表4—13的资料即能够说明中国社会保险的现状。

表4—13　　1986—1992年劳动者享受社会保险情况表　　单位：万人

年份	1986	1987	1988	1989	1990	1991	1992
社会劳动者	51 282	52 783	54 334	55 329	56 740	58 360	59 432
城镇劳动者	13 292	13 783	14 267	14 390	14 730	15 268	15 630
国有单位	9 333	9 654	9 984	10 108	10 346	10 004	10 889
城镇集体单位	3 421	3 488	3 527	3 502	3 549	3 628	3 621
其他单位	55	72	97	132	164	216	282
个体劳动者	483	569	659	648	671	760	838
乡村劳动者	37 990	39 000	40 067	40 939	42 010	43 093	43 802
乡镇企业职工数	7 937	8 805	9 545	9 367	9 265	9 609	10 581
享受社会保险人数	10 383	10 931	12 773	12 677	13 381	13 694	14 087
占社会劳动者％	20.25	20.71	23.51	22.91	23.58	23.46	23.70
占城镇劳动者％	78.11	79.31	89.53	88.10	90.84	89.69	90.13

注：享受社会保险人数未包括农村养老保险参加人数，因为农村养老保险绝大多数由个人缴费，水平极低，至少在现阶段可以忽略不计。

资料来源：中国统计年鉴（1993）．北京：中国统计出版社，1993；朱庆芳编著．社会保障指标体系．北京：中国社会科学出版社，1993．49

由表4—13可见，从1986—1992年，中国的社会保险虽有发展，但只覆盖了23.7％的社会劳动者，即使在城镇，亦还有10％约1 500多万劳动者根本没有享受社会保险；相对于全国而言，则还有76.3％约4.53亿劳动者没有享受社会保险。这一事实表明，中国的社会保险制度尚未打破所有制壁垒，与市场经济条件下多种经济成分并存发展的现实不相适应；绝大多数劳动者在失去“铁饭碗”和集体经济保障的同时，面临着各种风险的增加，却连基本的社会保险都没有；作为中国社会劳动力主体的农村劳动者，在社会保险方面自建国迄今仍处于被轻视的地位，又与农村经济的改革、农村商品经济的发展及农村劳动者的非农化不相适应；社会保障面的窄小还极不利于劳动者的流动和劳动力市场的建立，更无法发挥出促进社会文明发展等功能。

（二）社会化程度低，保障水平亟待提高

一方面，虽然近几年对养老保险、工伤保险及失业保险进行社会统筹改革，但依然还有30%左右的离退休人员和40%以上的城镇劳动者没有参加统筹，相当多的企业、单位仍维持着传统的单位保险；即使是实行了社会统筹，调剂范围也有限，只有部分地方实行了省级统筹，大部分地区还停留在县市统筹或行业统筹，一些产业部门还在纷纷提出行业统筹的要求。可见，中国的社会保险社会化程度极低，近期内要实现全国性的省级统筹还有很多困难，而离实现全国统筹的社会化目标更是有相当距离。

另一方面，社会保险的保障水平很低。例如，失业社会保险制度还在试点；工伤保险在大部分地区还沿用原有做法，对工伤致残或死亡者没有一次性补偿，对工伤致残者的生活补助仍按20世纪50年代的办法和标准计发，缺乏随物价上涨与工资上涨调节的机制，造成了保障的严重不足；离退休金（或养老金）按标准工资的一定比例计发，而标准工资现在仅占全部工资的60%，从而客观上造成了社会保险待遇实际水平的下降。近几年，一部分退休者因退休金的增幅远远赶不上在职职工的实际工资增长速度和物价上涨的幅度而陷入生活困境。社会保险的实质是社会分担风险，社会化程度越高，风险就越分散，社会保险的财务亦越稳定；反之，社会化程度低，风险就无法在大范围内分散，社会保险资金难以形成规模，无法在运作中实现良性循环，从而成为社会保险进一步发展的阻碍因素；社会保障水平低，则决定了保险不足，不利于维护劳动者的权益，进而可能使社会矛盾尖锐化，引发新的社会问题。

（三）立法滞后

社会保险作为国家最重要的社会政策之一，旨在解决劳动者可能遇到

的一系列社会问题，其基本的特征就是具有高度的强制性，从而需要有完备的社会保险法律，并借助正常的法定程序才能实施。然而，在中国，自从20世纪50年代初期颁布了《劳动保险条例》后，迄今仍未颁行过一个完整的社会保险法规，而50年代的法规时隔30多年根本不能适应现阶段社会经济的发展对社会保险提出的要求，70年代以来颁布的有关政策法规又多以决定、暂行规定等形式出现，不仅不能作为具体操作的依据，而且权威性不高。这样，中国现行的社会保险制度实际上是建立在法律的真空之中，仅靠一些临时性的政令来推动和维持。

立法的滞后，必然造成政令不一，各行其是。而各地自发性的改革试点又难以形成合力，因此，社会保险统筹试点至今已历10年，仍然未能达到提高社会化程度的预期目标。立法的滞后，社会保险就无强制性可言，行政手段毕竟不能也不会取代法律手段；立法的滞后，社会保险发展中必然遇到的诸如部门关系、条块关系等各种复杂的关系，就无法得到妥善处理，等等；立法的滞后，地方政府的政策就会五花八门，一旦形成某种不适的潮流，或出现较大的失误，再行纠正就将付出加倍的代价。因此，立法越迟，社会保险制度的改革与重建难度就越大。

(四) 管理体制存在着严重缺陷

目前，在社会保险事务管理方面，已经形成多头管理、多头实施的局面。中央政府将国家机关、事业单位工作人员的社会保险管理权授给人事部，将城镇企业职工的社会保险管理权授给劳动部，将农村社会保险的管理权授给民政部，将部分城镇集体单位的养老保险经办权授给中国人民保险公司，将医疗保险管理权授给卫生部，一些行业如铁道部等还被授权实行行业自办。这样，在中央是多套并行的权力机构各自发号施令，政出多门，令行不一，带来了严重的不良后果。

1. 部门之间相互掣肘，影响了社会保险制度改革与重建的进程。由于多个并行的中央部门均对社会保险的某一部分有管理权和经办权，部门之间因利益上存在矛盾极易造成相互掣肘；同时，在没有社会保险法的情况下，各部门在制定社会保险政策时又各行其是，形不成合力，使得社会保险政策的制定、变更和实施的社会化受到严重影响；此外，地方政府在发展社会保险事业时因无统一的权威的领导，往往莫衷一是，等等。所有这些，都直接影响到社会保险制度改革与重建的进程。

2. 多头管理带来多头实施，造成巨大浪费。一方面，由于多头管理，而各管理部门又都不愿交出社会保险业务的经办权，多头管理的直接后果就是多头实施，如劳动部、民政部均从中央到地方增设了社会保险或养老保险的经办机构，卫生部亦在部分试点地区如深圳增设了医疗保险局，铁道部、邮电部等行业因自办社会保险也不得不自上而下设立专门的社会保险机构，中国人民保险公司作为一家国有企业亦有一支专门的经办养老保险业务的队伍。这样，全国自上至下，社会保险不仅管理机构多个并行，而且实施机构多套重叠，造成了人力、财力、物力上的巨大浪费，而这种资财的浪费又直接损害了国家的利益和侵蚀着巨额的社会保险基金，并给劳动者享有的合法权益造成不良的影响。另一方面，多头管理与多头实施，因业务的交叉性，必然容易造成相互攀比或纠纷，而一旦出现不良的现象，各级政府就得花费很大的精力进行处理，从而会增加各级政府的工作量，影响政府工作效率的提高。因此，多头管理与多头实施的直接后果就是将社会化的社会保险变成了部门利益，明显地具有无法弥补的缺陷，如果不加以调整或改进，中国就将无法建立统一、健全的社会保险制度。

3. 恶性竞争，劳民伤财。以国有单位合同制职工和城镇集体单位职工为例，劳动部作为政府的劳动主管部门，理所当然地要行使其职权，履行其管理、实施养老社会保险与工伤社会保险、失业社会保险的职责，而中国人民保险公司也有权经办该项业务，于是便出现了作为政府职能部门的劳动部门下属的社会保险机构与作为企业的中国人民保险公司各分支机构的业务竞争。一些地方甚至出现不择手段地争业务的现象；在农村，中国人民保险公司于1984年开办有部分养老保险业务（如具有集体福利性的村干部、民办教师、独生子女父母养老保险等），而作为农村养老保险主管部门的民政部门亦自然不会放弃职责，这样，农村亦出现了保险公司与民政部门竞争养老保险业务的局面。社会保险业务经办者之间的恶性竞争，其显性弊端就是劳民伤财，阻滞了社会保险的社会化，其隐性弊端就是严重地损害了政府的威信和社会保险这项有益事业的信誉。

4. 基金使用不尽合理，管理不力。实行社会保险基金社会统筹，必然会逐年积累起一笔基金，社会保险走基金积累式道路是一个必然的趋势。从社会保险基金的性质来看，它是劳动者的生活保证钱，应该合理使用，严格管理。然而，从现行情况来看，这方面亦存在着较多缺陷。其一，社会保险基金的使用存在着不尽合理之处，以失业保险基金为例，根据国家计委辛仁周计算，1991 年总支出中用于直接救济失业人员的支出为 2 400 万元，占总支出的 9.6%，而失业保险机构的管理费支出却高达 7 200 万元，占总支出的 29%，为失业救济金支出的 3 倍。其二，任意挪用社会保险基金的现象普遍，如一些地方违反规定，将养老保险基金用于风险投资或借给资金困难的企业作流动资金；有的用于部门经费开支和给机关人员发工资，弥补财政赤字。据不完全统计，到 1992 年年底，各地动用的城镇养老保险基金尚未归还的已达 21 亿元①，社会保险基金存在着无法收回的风险。其三，其金筹集方面欠缴严重，几乎全国各地均普遍存在着拖欠社会保险费的现象，如某省在 1993 年就欠缴养老保险费 1.4 亿元，占当年实际收缴数的 71.8%②。其四，部分企业存在短期行为，不愿与老企业均衡负担，拒绝向社会保险机构提供职工人数、工资总额、银行账号等基本情况，或以瞒报、虚报等手法逃避缴纳社会保险费，等等。对社会保险基金的不合理使用，将会导致企业及受保者的不满，挫伤其积极性；而对社会保险基金的管理不力，则蕴藏着社会保险基金流失和贬值的风险。

此外，工伤社会保险、生育社会保险、失业社会保险亦亟待全面开展并与养老保险配套发展，以形成完整的社会保险体系。在社会保险待遇方面，其计算方法亦存在着缺陷，并导致了部分地区擅自提高标准，进而引起不平衡的现象等。

综上所述，中国社会保险制度近 10 余年来虽然取得了巨大的成绩，但也存在着许多缺陷，这些缺陷正日益成为中国社会保险事业健康发展的阻滞因素。因此，有必要加快中国社会保险制度的改革、重建与完善工作。

①② 闫中兴. 社会保险呼唤立法. 光明日报，1994－03－23

附录 4—1

关于企业职工养老保险制度改革的决定

（国务院 1991 年 6 月 26 日发布）

我国企业职工的养老保险制度是 50 年代初期建立的，以后在 1958 年和 1978 年两次作了修改。近年来，各地区适应经济体制改革的需要，又进行了以退休费用社会统筹为主要内容的改革，取得一定成效。按照国民经济和社会发展十年规划和第八个五年计划纲要的要求，在总结各地经验的基础上，国务院对企业职工养老保险制度改革作如下决定：

一、根据我国生产力发展水平和人口众多且老龄化发展迅速的情况，企业职工养老保险制度改革要处理好国家利益、集体利益和个人利益，目前利益和长远利益，整体利益和局部利益的关系，主要是对现行的制度办法进行调整、完善。考虑到各地区和企业的情况不同，各省、自治区、直辖市人民政府可以根据国家的统一政策，对职工养老保险作出具体规定，允许不同地区、企业之间存在一定的差别。

二、随着经济的发展，逐步建立起基本养老保险与企业补充养老保险和职工个人储蓄性养老保险相结合的制度。改变养老保险完全由国家、企业包下来的办法，实行国家、企业、个人三方共同负担，职工个人也要缴纳一定的费用。

三、基本养老保险基金由政府根据支付费用的实际需要和企业、职工的承受能力，按照以支定收、略有结余、留有部分积累的原则统一筹集。具体的提取比例和积累率，由省、自治区、直辖市人民政府经实际测算后确定，并报国务院备案。

四、企业和职工个人缴纳的基本养老保险费分别记入《职工养老保险手册》。

企业缴纳的基本养老保险费，按本企业职工工资总额和当地政府规定的比例在税前提取，由企业开户银行按月代为扣缴。企业逾期不缴，要按规定加收滞纳金。滞纳金并入基本养老保险基金。

职工个人缴纳基本养老保险费，在调整工资的基础上逐步实行，缴费标准开始时可不超过本人标准工资的3%，以后随着经济的发展和职工工资的调整再逐步提高。职工个人缴纳的基本养老保险费，由企业在发放工资时代为收缴。

五、企业和职工个人缴纳的基本养老保险费转入社会保险管理机构在银行开设的“养老保险基金专户”，实行专项储存，专款专用，任何单位和个人均不得擅自动用。银行应按规定提取“应付未付利息”；对存入银行的基金，按其存期照人民银行规定的同期城乡居民储蓄存款利率计息，所得利息并入基金。积累基金的一部分可以购买国家债券。

地方各级政府要设立养老保险基金委员会，实施对养老保险基金管理的指导和监督。委员会由政府主管领导任主任，劳动、财政、计划、审计、银行、工会等部门的负责同志参加，办公室设在劳动部门。

六、职工退休后的基本养老金计发办法目前不作变动，今后可结合工资制度改革，通过增加标准工资在工资总额中的比重，逐步提高养老基金的数额。

国家根据城镇居民生活费用价格指数增长情况，参照在职职工工资增长情况对基本养老金进行适当调整，所需费用从基本养老保险基金中开支。

七、尚未实行基本养老保险基金省级统筹的地区，要积极创造条件，由目前的市、县统筹逐步过渡到省级统筹。实行省级统筹后，原有固定职工和劳动合同制职工的养老保险基金要逐步按统一比例提取，合并调剂使用。具体办法由各省、自治区、直辖市人民政府制定。

中央部属企业，除国家另有规定者外，都要参加所在地区的统筹。

八、企业补充养老保险由企业根据自身经济能力，为本企业职工建立，所需费用从企业自有资金中的奖励、福利基金内提取。个人储蓄养老保险由职工根据个人收入情况自愿参加。国家提倡、鼓励企业实行补充养老保险和职工参加个人储蓄性养老保险，并在政策上给予指导。同时，允许试行将个人储蓄性养老保险与企业补充养老保险挂钩的办法。补充养老保险基金，由社会保险管理机构按国家技术监督局发布的社会保障号码（国家标准GB—11643—89）记入职工个人账户。

九、劳动部和地方各级劳动部门负责管理城镇企业（包括不在城镇的全民所有制企业）职工的养老保险工作。

劳动部门所属的社会保险管理机构，是非营利性的事业单位，经办基本养老保险和企业补充养老保险的具体业务，并受养老保险基金委员会委托，管理养老保险基金。现已由人民保险公司经办的养老保险业务，可以维持现状不作变动。个人储蓄性养老保险由职工个人自愿选择经办机构。

十、社会保险管理机构可从养老保险基金中提取一定的管理服务费，具体的提取比例根据实际工作需要和节约的原则，由当地劳动部门提出，经同级财政部门审核，报养老保险基金委员会批准。管理服务费主要用于支付必要的行政和业务等费用。养老保险基金及管理服务费，不计征税、费。

社会保险管理机构应根据国家的政策规定，建立健全基金管理的各项制度，编制养老保险基金和管理服务费收支的预算、决算，报当地人民政府在预算中列收列支，并接受财政、审计、银行和工会的监督。

十一、本决定适用于全民所有制企业，城镇集体所有制企业可以参照执行。对外商投资企业中方职工、城镇私营企业职工和个体劳动者，也要逐步建立养老保险制度。具体办法由各省、自治区、直辖市人民政府制定。

十二、国家机关、事业单位和农村（含乡镇企业）的养老保险制度改革，分别由人事部、民政部负责，具体办法另行制定。

企业职工养老保险制度改革，是保障退休职工生活，维护社会安定的一项重要措施，对减轻国家和企业负担，促进经济体制改革以及合理引导消费有重要作用。这项工作政策性强，涉及面广，各级政府要切实加强领导，根据本决定的精神，结合实际抓紧制定具体的实施方案，积极稳妥地推进企业职工养老保险制度的改革。

附录 4—2

国有企业职工待业保险规定

（中华人民共和国国务院 110 号令，1993 年 4 月 12 日发布，
1993 年 5 月 1 日起施行）

第一章　总　　则

第一条　为了完善国有企业的劳动制度，保障待业职工的基本生活，维护社会安定，制定本规定。

第二条　本规定所称待业职工，是指因下列情形之一，失去工作的国有企业（以下简称企业）职工：

（一）依法宣告破产的企业职工；

（二）濒临破产的企业在法定整顿期间被精减的职工；

（三）按照国家有关规定被撤销、解散企业的职工；

（四）按照国家有关规定停产整顿企业被精减的职工；

（五）终止或者解除劳动合同的职工；

（六）企业辞退、除名或者开除的职工；

（七）依照法律、法规规定或者按照省、自治区、直辖市人民政府规定，享受待业保险的其他职工。

第三条　待业保险工作应当与职业介绍、就业训练和生产自救等就业服务工作紧密结合，统筹安排。

第二章　待业保险基金的筹集和管理

第四条　待业保险基金的来源：

（一）企业缴纳的待业保险费；

（二）待业保险费的利息收入；

（三）财政补贴。

第五条　企业按照全部职工工资总额的百分之零点六缴纳待业保险费。待业保险基金不足或者结余较多的，经省、自治区、直辖市人民政府决定，可以适当增加或者减少企业缴纳的待业保险费，但是企业缴纳的待业保险

费总额最多不得超过企业职工工资总额的1%。

企业缴纳的待业保险费在缴纳所得税前列支，由企业的开户银行按月代为扣缴。

第六条 企业缴纳的待业保险费转入企业所在地的待业保险机构在银行开设的“待业保险基金专户”，专项储存、专款专用，任何部门、单位和个人不得挪用。

待业保险基金存入银行后，按照城乡居民储蓄存款利率计算，所得利息纳入待业保险基金。

第七条 待业保险基金实行市、县统筹，省、自治区可以集中部分待业保险基金调剂使用。直辖市根据需要，可以统筹使用全部或者部分待业保险基金。

第八条 待业保险基金及其管理费收支的预算、决算，按照统筹范围，由劳动行政主管部门负责编制，经同级财政行政主管部门审核汇总后，纳入本级预算、决算，报本级人民政府审定，并且不得用于平衡财政收支。

财政行政主管部门、审计部门应当加强对待业保险基金及其管理费收支的监督。

第九条 待业保险基金及其管理费不计征税、费。

第三章　待业保险基金的使用

第十条 待业保险基金的开支项目：

（一）待业职工的待业救济金；

（二）待业职工在领取待业救济金期间的医疗费、丧葬补助费，其供养的直系亲属的抚恤费、救济费；

（三）待业职工的转业训练费；

（四）扶持待业职工的生产自救费；

（五）待业保险管理费；

（六）经省、自治区、直辖市人民政府批准，为解决待业职工生活困难和帮助其再就业确需支付的其他费用。

第十一条 符合本规定第二条规定的待业职工，向企业所在地的待业保险机构办理待业登记后，方可领取待业救济金。

第十二条 待业职工领取待业救济金的期限，根据待业职工待业前在企业连续工作时间确定：

（一）待业职工待业前在企业连续工作一年以上不足五年的，领取待业救济金的期限最长为 12 个月；

（二）待业职工待业前在企业连续工作五年以上的，领取待业救济金的期限最长为 24 个月。

第十三条 待业救济金由待业保险机构按月发给待业职工。

待业救济金的发放标准为相当于当地民政部门规定的社会救济金额的 120％～150％。具体金额由省、自治区、直辖市人民政府规定。

第十四条 待业职工医疗费的发放标准，由省、自治区、直辖市人民政府规定。

待业职工丧葬补助费和其供养的直系亲属的抚恤费、救济费的发放标准，参照当地职工社会保险有关规定办理。

第十五条 待业职工转业训练费和生产自救费，按照上年度筹集待业保险基金的一定比例提取。具体提取比例和使用办法，由省、自治区、直辖市人民政府规定。

第十六条 待业职工有下列情况之一的，待业保险机构停止发给待业救济金及其他费用：

（一）领取待业救济金期限届满的；

（二）参军或者出国定居的；

（三）重新就业的；

（四）无正当理由，两次不接受劳动就业服务机构介绍就业的；

（五）在领取待业救济金期限内被劳动教养或者被判刑的。

第四章　组织管理机构的职责

第十七条 国务院劳动行政主管部门负责全国企业职工待业保险的管理工作。

县级以上地方各级人民政府劳动行政主管部门负责本行政区域内企业职工待业保险的管理工作，负责待业职工的待业保险、职业介绍、就业训练和生产自救等项工作的统筹规划和组织实施，并指导待业保险机构做好待业保险基金的筹集、管理和发放以及待业职工的组织、管理等工作。

县级以上地方各级人民政府设立的待业保险基金委员会，实施对待业保险基金管理的指导和监督。委员会主任由本级人民政府负责人担任，劳动、财政、计（经）委、审计、银行等部门和本级总工会的负责人参加，办公室设在劳动行政主管部门。

第十八条 地方待业保险机构为非营利性的事业单位，具体经办待业保险业务。待业保险机构的人员编制，由省、自治区、直辖市人民政府根据实际需要确定。

待业保险机构的经费在待业保险管理费中列支。待业保险管理费的开支标准，由省、自治区、直辖市人民政府劳动行政主管部门提出，经同级财政行政主管部门审核，报本级人民政府批准。

第五章 罚　　则

第十九条 以非法手段领取待业救济金和其他待业保险费用的，由待业保险机构追回其全部非法所得；构成犯罪的，依法追究刑事责任。

第二十条 任何单位和个人挪用待业保险基金的，对主管人员和直接责任人员，根据情节轻重，给予行政处分；构成犯罪的，依法追究刑事责任。

第二十一条 待业保险机构违反规定拖欠支付待业救济金和其他待业保险费用的，由劳动行政主管部门责令改正；情节严重的，对主管人员和直接责任人员给予行政处分。

第六章 附　　则

第二十二条 实行企业化管理的事业单位职工待业保险，依照本规定执行，待业保险费在事业单位自有资金中列支。

第二十三条 本规定不适用企业招用的农民合同制工人。

第二十四条 省、自治区、直辖市人民政府可以根据本规定制定实施办法。

第二十五条 本规定由国务院劳动行政主管部门负责解释。

第二十六条 本规定自 1993 年 5 月 1 日起施行。1986 年 7 月 12 日国务院发布的《国营企业职工待业保险暂行规定》同时废止。

第五章

社会救助

社会救助，是指国家或社会对因各种原因导致陷入生存困境的社会成员，给予款物接济和扶助，以使其基本生活得到保证的一种社会保障措施。它作为国家或社会的一项天赋职责，迄今仍在各国尤其是发展中国家的社会保障制度中占有重要地位；在当代中国，社会救助甚至仍然是一种最常用的、真正面向全体国民的社会保障措施。

一、社会救助的发展、特征及体系

（一）社会救助的发展

从历史唯物主义出发，无论国内国外的任何时代，都必然会有一些缺乏或丧失劳动能力的鳏寡孤独老残幼疾者，或遭受各种不幸事故或因其他原因导致陷入生存困境的社会成员，这些贫困社会成员的存在，生存困境足以使之成为社会不安定的因素。因此，自古以来，出于维护政权安定的目的，各国历代统治者均毫无例外地要进行一些救灾济贫工作，社会救助就成为历史最为久远的一种社会保障措施，可以上溯到远古和中古时期国家或社会实施过的各种救灾备荒措施及各种慈善事业（见本书第二章）。

在工业化以前的社会里，社会救助的目的仅仅是临时性的济贫，即只有当社会成员遇到上述事件时才给以紧急赈济，从而只是一种临灾治标之策，并未形成一种经常性的救助制度，也根本不可能解决贫困问题。在西方国家，古代的社会救助包括国家救济、教会救济和私人救济；在中国，则主要是国家救济，这种传统甚至保存至今仍未改变。进入工业化以后，尽管社会救助仍沿用着历史上的救助原则——救灾济贫，采用着历史上的救助手段——实物与现金帮助和救助方式——无偿提供，但社会救助已不再单纯是临时性的救灾济贫措施，而是各国经常性、制度化的社会政策，其救助的也已不再是旧时代的那种挨饿受冻无法生存下去的绝对贫困者，而是相对贫困者，并且增进了扶贫等新的内容，正在发挥着安定社会生活、促进社会文明发展的功能，成为现代社会保障制度的重要子系统。在中国，社会救助的这种质的飞跃主要发生在新中国成立以后，尤其是 20 世纪 80 年代以来的现阶段。

研究中国现代社会救助与历史上的社会救济，两者之间有着如下区别：

1. 提供与接受救助者的地位不同。历史上的社会救济，是统治者居高临下的“恩赐”，接受救济的社会成员则处于被动的、感恩戴德的地位，从而是一种封建式的施舍与怜悯；现代社会救助则是宪法赋予国家和社会的职责，享受社会救助亦是公民享有生存权利的一个方面，如果公民符合社会救助的条件，而政府不受理其申请或拒绝救助或不合理地降低救助标准或中途中断救助，公民有权提出申诉，法律保护公民的这种权利。可见，在当代社会，国家和社会提供社会救助是法定义务，公民依法享受社会救助是法定权利，提供救助者与接受救助者之间是平等的关系。

2. 动机差异。历史上的社会救济，因为国家是“天子”的，政权亦是私人的，提供社会救济作为统治者的“仁政”与武装镇压的“威德”一样，都只是出于维护和巩固统治秩序、绵延政权的需要；在现代社会，政权是人民大众的，民主与法制取代了专制，国家实施社会救助虽也有安定社会秩序的作用，但更重要的是消灭贫困，促进社会的发展和文明的进步。

3. 实施有别。历史上的社会救助依据的是统治者的个人意志，在实施中仅限于部分无法生存的社会成员，只讲事后款物救济，救济标准极端低下，故而实施效果并不好，中国历史上历次农民起义及朝代更迭，均与统治者实施救济的不力有密切关系；在现代社会，社会救助往往由国家的社会政策来规范，由全民监督，任何组织或个人都不能加入主观意志，实施范围不仅包括各种特困或不幸成员，而且形成了采用“贫困线”（即相对贫困）为标准的惯例，从而客观上已是一种重新分配国民收入、缩小贫富差别的手段，它的实施能够取得良好的社会效果。

此外，现代社会救助还与历史上的社会救助在救助项目、管理手段、资金来源等方面存在着较大的区别。因此，现代社会救助与历史上的社会救助虽同出一源，却不可同日而语。

（二）社会救助的特征

社会救助同社会保险一样，均是现代社会保障制度中的重要组成部分，因此，社会救助与社会保障的关系亦是个体与整体的关系，从而与其他社会保障子系统有着共同的目标和手段。不过，作为现代社会保障体系中的独立的子系统，社会救助又有着其他社会保障子系统不同的特征，这些特征决定社会救助不论社会发展到哪一阶段都具有不可替代性和不可或缺性。

1. 社会救助的历史最为悠久。社会救助自古至今源远流长，早已溶入历史文化与传统观念之中，并打上深厚的历史烙印，有些项目及实施方式已沿用数千年，这一特征是现代社会保障体系中社会保险、社会福利等子系统所不具备的。

2. 社会救助是整个社会保障制度的基础。从现代社会保障制度来看，社会保险与社会福利、优抚安置均属于水平较高的保障制度，尤其是离退休制度、养老保险、医疗保险、社区服务等更是能够维持社会成员享有较高生活水平的保障措施；而社会救助的对象则是那些最需要国家和社会给予物质帮助的贫困社会成员，他们若离开了社会救助便有失去生存权利的危险，历史上各国可以没有社会保险、社会福利等制度，但不可能没有社会救助。社会救助的这一特征决定了它是最基本的社会保障或称为最起码的社会保障，从而是整个社会保障制度的基础。虽然在当代社会，社会保险在许多国家或地区已经取代社会救助而在社会保障体系中占居了核心地位，但这种变化并不意味着社会愈发展，社会救助就愈不重要，社会保险客观上无法取代或动摇社会救助在社会保障体系中的基础地位。任何国家在发展自己的社会保障事业时若不注重社会救助制度的发展与完善，就有可能误入歧途，付出代价。

3. 社会救助强调单方面的权利与义务。在当代社会保障体系中，社会保险强调权利与义务相结合，即受保人必须缴纳一定的保险费而后才能享受社会保险的待遇，社会福利在许多国家亦已开始收取廉价费用；而社会救助却在各国及历代社会均是无偿的，它由国家或社会单方面供款，享受者并不需要先尽缴费义务，只要符合救助条件，即有权利享受救助待遇。因此，社会救助对接受者而言，是单方面的权利，对提供者而言却又是单方面的义务，这种单方面的权利与义务关系通常由法律规范，是区别社会救助与其他社会保障子系统的一个重要标志。

4. 社会救助具有全民性。各国在制定社会救助政策时，一般只以社会成员的生活条件及状况为出发点，而不会以社会成员的职业性质、阶层划分作为依据。换言之，社会救助的实施范围不具有社会保险、社会福利及优抚安置等社会保障子系统的群体性，而是面向全民。只要符合社会救助的条件，不论其属何种阶层、从事何种职业，均有权享受有关社会救助待遇。因此，虽然社会救助因多数社会成员能够正常生活不需救助，而在事实上并非全民都能享受，但就其本身而言，它是社会保障制度中唯一面向全体公民的，从而具有全民性。

可见，社会救助是整个社会保障制度的基础，是独具特色、不可替代的解决特定社会问题的稳定机制，在当代社会，国家和社会应重视并促进社会救助事业的发展。

（三）中国社会救助体系与发展

从中国现行社会救助制度来看，它的体系结构可用图 5—1 表示。

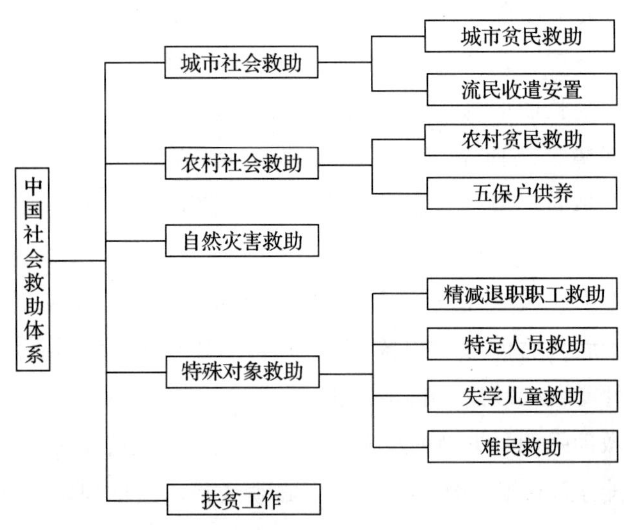

图 5—1　中国现行社会救助体系图

由图 5—1 可见，中国的社会救助制度既包括了城乡各种社会救助，又包括了灾害救助，既包括了一般社会救助，又包括了城乡扶贫，从而已经形成了比较完整的社会救助体系。需要说明的是，社会救助工作由民政部门统一管理实施，民政部门亦兴办了许多“扶贫经济实体”，但国家又专门成立了贫困地区经济开发领导小组及其办公室，并主持有关扶贫工作的实施，传统的社会救济加上 20 世纪 80 年代中期以来开展的扶贫计划，共同构成了中国现行的社会救助系统。

二、中国的贫困问题与社会救助

（一）贫困与贫困线

各国社会救助的主要目的是保障社会成员享有最低生活水平，并最终消灭贫困。但对贫困的界定因各国乃至各地区的具体情况不同，又无统一的标准。一般而言，如果社会成员的收入达不到维持人的基本生存需要的价值水平，就会陷入生存困境，从而可以称之为绝对贫困；当社会成员处于当时当地，相对于大多数社会成员而言只享有最低的生活标准则可以称之为相对贫困。从社会发展史来看，社会越发达，生产力水平就越高，社会财富及人均占有的份额就越多，绝对贫困的现象也就越少，并最终被消灭。而相对贫困却总是存在的，因为各种不幸事件的发生、竞争的失利、职业的差异等，均会使一部分社会成员生活在较低的生活水平上。从国际范围来考察，当代社会的贫困主要是相对贫困，当代社会的社会救助亦主要是针对相对贫困的社会成员，这些社会成员虽然处于只能享受最低限度生活水平的境地，但已非昔日挨饿受冻或在死亡线上挣扎的社会成员。不过，中国是一个发展中国家，虽然绝对贫困的现象自建国以来急剧减少，但不可否认，部分地区的部分社会成员仍处于绝对贫困状况。因此，中国社会救助的任务既要面向相对贫困阶层，更要首先保证那些处于绝对贫困状况的社会成员得到社会救助，这是国家和社会的职责所系，也是社会主义人道主义的体现。

那么，到底如何确定当代社会成员的最低生活标准呢？19 世纪的德国统计学家恩格尔提出的“恩格尔定律”，为制定一定的生产力水平下的最低生活水平标准提供了可以量化的依据。所谓“恩格尔定律”，就是根据一个家庭用于食物支出的比例来测定其生活水平状况，该比例在家庭总支出中越大，意味着家庭生活水平越低，反之亦然。到第二次世界大战以后，国际上较为普遍的观点是，凡食物支出占到家庭支出60％以上比例的，属于生活贫困型家庭；该项比例在50％～59％之间的，属于温饱型家庭；在40％～49％之间的，属于小康家庭；在30％～39％之间的，属于富裕家庭；该比例降至30％以下的，属于极富家庭。此后，西方国家又推出了贫困线标准，并把它作为划分贫穷家庭和贫民的根据，不过，许多国家也都考虑了家庭人口的多寡和地区生活水平不平衡等因素，从而均有着不同的具体标准；不仅如此，贫困线还要随着生活水平的提高和物价的上涨而逐年调整。

在中国，国家统计局从20世纪70年代末期起，开始测算中国的贫困线。其方法是：以城乡住户调查资料为基础，根据营养部门专家的意见选择最低热量摄入量和合理的食物消费项目及数量，结合调查得来的相应的价格水平，计算最低食品费用支出，最后用最低食品费用支出除以合理的食品支出占生活消费支出的比例，所得的商即为贫困线①。贫困线即是维持社会成员最低生活水平的收入界线，凡生活在贫困线以下的即为贫困家庭和贫困人口。贫困线的标准是逐年变动的，其变动情况可见表5—1。

表5—1　　1978—1990年中国贫困线与贫困发生率

指标＼年份		1978	1980	1981	1982	1983	1984	1985	1986	1987	1988	1989	1990
贫困线	城市（元）			171	169	178	190	215	226	247	289	304	321
	农村（元）	98	134	158	167	175	170	190	199	210	231	262	275
贫困户(居民户的％)	城市			1.5	0.6	0.5	0.2	0.2	0.1	0.2	0.2	0.2	0.3
	农村	32.8	26.8	23.4	16.3	14.0	10.0	10.7	11.2	10.0	9.5	11.4	10.7
贫困人口（万人）	城市			400	200	100	100	100	100	100	100	300	100
	农村	26 000	21 800	19 400	14 000	12 300	8 900	9 600	9 700	9 100	8 600	10 300	9 700

注：原表中对农村贫困率按计划价和采购价分别确定二组指标，略有差异，本表采用计划价数据；另外，城市贫困与民政部门提供的资料有很大差距，如《中国第三产业年鉴（1993）》第592页中民政部发布1992年全国城镇贫困人口达1 995万人，而此表中1990年仅为100万人，一年之内不可能上升如此之快，特此说明，以供参考。

资料来源：世界银行考察报告．中国90年代的扶贫战略．北京：中国财政经济出版社，1993．117

---

① 马俊贤．湖北农村贫困线测算．统计与决策．1993，5

根据表 5—1 的资料，一方面可看出中国绝对贫困人口在下降，但因人口基数大，到 1990 年仍有近亿人口生活在贫困线以下，可见规模甚大。同时，还应注意到中国地区经济发展不平衡，其贫困状况在地区之间也是不平衡的。因此，社会救助任务相当艰巨。

（二）中国的社会救助

需要指出的是，中国社会救助的实施并非是严格依照前述贫困线的，而是基于某些特殊困难对象和部分贫民，政府的扶贫计划则以贫困地区为开发对象。相对而言，中国的贫困人口绝对数甚大，但接受国家定期救助的固定对象数量却很小，接受临时救助者则占多数，其中尤以灾民为数众多，而灾民并非一定是贫民，如 1991 年的江淮大水灾，国家的救灾款就主要投向江苏、安徽两省，接受救助的受灾地区并非是中国的贫困地区。因此，在研究中国的社会救助问题时，贫困线以下的人口与社会救助的对象是不能等同的。

中国的社会救助发展情况到底如何，可以从表 5—2 和表 5—3 得到一个概貌。

表 5—2　　1985—1992 年中国社会救助对象情况表

项　目	单位	1985 年	1988 年	1989 年	1990 年	1991 年	1992 年
救助农村贫困户	万人	3 800.4	3 450.8	3 447.3	2 631.7	2 956.0	861.6
救助农村散居五保户	万人	274.7	250.1	287.2	250.6	248.4	231.8
救助城镇困难户	万人	376.9	720.0	492.0	632.7	690.5	908.0
救助精减退职职工	万人	53.4	54.4	54.9	56.4	17.6	20.3
救助灾民	万人次	6 061	6 030	6 717	8 215	12 496	
扶贫户数	万户	857.0	1 106.8	938.6	755.8	692.6	720.9

注：本表中的农村五保户未包括集中供养的五保户，如 1991 年集中供养的五保户就达 52 万人。

资料来源：《中国统计年鉴（1993）》，《中国民政统计年鉴（1992）》。

表 5—3　　1978—1991 年中国社会救助经费情况表　　单位：亿元

年份	总额	占国民收入比重（%）	其中	
			国家拨款	社区支持
1978	15.0	0.5		
1980	15.7	0.5	12.5	3.2
1985	22.5	0.3	14.9	7.6
1986	23.2	0.3	14.9	8.3
1987	22.7	0.2	12.5	10.2
1988	26.8	0.2	25.1	11.7
1989	28.0	0.2	17.2	10.8
1990	30.6	0.2	18.3	12.3
1991	36.7	0.2	27.0	9.7

注：本表未包括地方财政的救灾拨款、社会募捐、集体补助以及扶贫专项贴息贷款等，故社会救助支出的实际规模应大于本表中的统计资料。

资料来源：《中国民政统计年鉴（1992）》，《中国社会统计资料（1990）》。

由表 5—2、表 5—3 中的资料可见，中国社会救助的规模是大的，但从人数上看主要是临时应急的灾民救济占多数；而在经费开支中，从 1978—1991 年的 14 年间，共计投入资金 300 多亿元，而这还未包括中央财政与社区之外的其他资金来源。例如，自 1989—1993 年，全国开展救助因家庭贫困而失学的希望工程就接受海内外捐款 20 124 万元①；1991 年的救灾募捐高达 20 亿元，等等。

三、城市社会救助

（一）城市的贫困问题

与农村相比，中国的城市（含镇，下同）居民生活水平是较高的，计划经济时代的高就业制又保障了 95%以上的市民过上安定的生活，只有极少数市民才是社会救济的对象。不过，自 20 世纪 80 年代以来，随着经济改革的不断深化和经济结构的变化，城市中贫富差距日趋扩大，富裕户逐年增多，但贫困面也在扩大，贫民在构成上亦发生了变化。据湖南株洲市

① 中国保险. 1994，3：14

的抽样调查显示，1993 年该市有 10%的收入户年人均生活消费收入为 1 752.4 元，仅相当于该市平均水平 3 001 元的 58.4%；有 5%的低收入户年人均收入为 1 631.4 元，仅及平均水平的 54.4%；而 10%的高收入户年人均收入 5 187.9 元，为低收入户的 3.18 倍，可见城市中相对贫困面在扩大①。再据四川广元市 1993 年对 5 个贫困现象较突出的居民小组的普查，全体被调查者所获收入月均仅为 94 元，只相当于当年全国城镇居民月均收入水平 194.25 元的 48.3%②，从而沦为城市贫民。

具体而言，在城镇中陷入贫困的社会成员主要有以下几类：

1. 无依无靠、无生活来源的孤老残幼等社会弱者。这一部分社会成员，自己没有能力谋生，又无所依靠，其生活问题只能由国家和社会帮助解决，因此，这一部分社会成员是建国迄今城镇社会救助对象中的长期救助对象。

2. 无固定职业、无固定收入及有特别困难的城镇居民。这一部分城镇居民有家有室，亦有劳动能力，但由于无固定职业和固定收入，往往极易陷入生活困境，从而成为城市社会救助关注的对象。

3. 失业者。这一部分社会成员因失去了职业而丧失收入来源，在其没有参加失业保险，或虽有失业保险，但在过了领取失业保险金的规定时期仍未重新就业的情况下，亦会陷入生活困境，沦为城市贫民，需要国家和社会的救助。

4. 其他生活困难者。如生活困难的企业退休职工及职工因病和非因工死亡的遗属等，亦是城市社会救助的对象。

5. 部分在业职工。据中华全国总工会 1993 年公布，中国城镇有 700 万职工在业贫困。造成其贫困的原因主要是部分企业亏损严重、处于停产或半停产状态，因此，在困难企业较普遍地存在着拖欠、停减发职工工资的现象。据对 9 个省市的不完全统计，因企业停产半停产、亏损而停减发工资的职工达 225.15 万人，其中个别省被拖欠工资的职工已占职工总数的 15%；同时，职工生活困难补助标准低于国家规定的情况在部分地区日渐增多，据对部分省市的调查，低于当地生活困难补助标准的职工达 30 多万人③，等等。在多种因素综合作用下，一部分在职职工陷入贫困，有的职

①② 中国社会报，1994－02－01

③ 我国 700 万职工生活困难．中国保险．1994，2

工处于“无钱买粮，无钱看病，无钱交房租，无钱让子女上学”的境况。

由此可见，中国城市中的贫困问题已经成为比较突出的社会问题，随着市场经济的推行，不仅企业竞争趋向激烈，劳动者之间的竞争也会趋向激烈，失业者绝对数亦会不断扩大，加之部分在职职工因多种原因造成贫困化，需要国家和社会救助的城镇社会成员将以千万计。如民政部门估计，1989 年全国即有 1 750 万城镇居民有资格获得救助，但政府因经费有限，只救助了 490 多万人①。这不仅表明了中国城市社会救助的任务繁重，而且表明了中国城市社会救助的形势严峻。

（二）城市社会救助的基本内容

剔除对特殊救助对象的救助（见本章第五节），中国城市社会救助主要面向生活困难的一般城镇居民（限于有城镇户口者），其实施方式包括定期救助和暂时救助两种。凡是因天灾、人祸、疾病等原因造成生活暂时困难的城镇居民，经过申请和批准，可以享受暂时性的社会救助；凡是无依无靠、无收入来源的孤老残幼，以及长期无法解决生活困难的城镇居民，可以享受定期社会救助，由民政部门按月付给能维持其基本生活所需的救济款（指连续 6 个月以上的定期救助户）。

按照现行有关政策，凡是无法维持最低生活水平的城市在职职工家庭可以首先向其所在的工作单位提出补助要求，城镇工作单位往往建立了相应的社会福利基金用于补助贫困的职工家庭，但实际的补助还需取决于单位的经济实力。据国家统计局 1988 年的一项城市收入调查，这种补助的分配呈不正常的“U”字形，按绝对数计算，支付给收入最高的 1/5 家庭的每人平均数额大于支付给收入最低的 1/5 家庭的每人平均数额，因此，单位困难补助的作用受到限制。如果一个城镇在职职工家庭在得到单位救助以后仍然有严重的生活困难，就可以与那些无固定职业的生活困难者一样，通过当地的居民委员会申请政府民政系统救助机构的帮助，如果居委会批准申请，就把申请转送区、市的社会救助机构考虑，但民政部门的社会救助计划因经费短缺而主要面向老人、病弱者、丧偶者、残疾人和孤儿，因而有许多需要社会救助的城市贫困户实际上无法得到政

---

① 世界银行考察报告. 中国 90 年代的扶贫战略. 北京：中国财政经济出版社，1993. 93

府或社会的援助。

从现行社会救助方式来看，除临时性救助以帮助困难户渡过难关和定期救助以帮助困难户维持生存条件外，一些城市还发动群众对孤老等救助对象实行综合包户，即动员民间力量来帮助救助对象。如北京市崇文区，就实行过下列综合包户形式：一是邻居或亲友同孤寡老人组成新家庭，共同生活，帮助老人愉快地度过晚年；二是邻居对老人实行义务供养，每天关照和料理独居老人的衣食住行；三是由单位定期到孤老家中帮助料理生活；四是义务抚养者与孤寡老人签订抚养协议；五是集中供养等。上述方式实质上具有社会福利志愿服务的性质。

城市社会救助的资金来源于国家或政府财政拨款，既有现金支付，又有部分实物支付；此外，还在天灾人祸发生时，发动群众捐钱捐物，以帮助困难者摆脱困境。

（三）城市社会救助规模与水平

一方面，就中国城市社会救助对象的绝对数而言，社会救助的规模是很大的（见表5—4），但相对于众多的生活困难者而言，有资格享受救助而又未能享受救助的人数更属多数。

表5—4　　1985—1992年中国城镇贫困户救助情况　　单位：万人

年　份	1985	1988	1989	1990	1991	1992
城镇困难户得到救助人数	376.9	720.0	492.0	632.7	690.5	908.0
得到定期救助人数	18.2	17.6	16.2	16.4	16.1	19.2

资料来源：中国统计年鉴（1993）．北京：中国统计出版社，1993．808

由表5—4可见，中国城市社会救助的享受者，1992年达到900多万人，规模是巨大的，但能得到定期救助的却只有19.2万人，况且当年的城镇贫困人口高达1 995万人，救助面仅为47.6%①，这表明城市社会救助的实际规模又偏小，并未满足城镇中需要救助的贫困居民的需要。

另一方面，中国城市社会救助的水平又是相当低的。1978年，全国城市定期救助的对象年人均领取的救助费仅为42元；到20世纪80年代中

① 中国第三产业年鉴（1993）．北京：中国统计出版社，1993．592

期，城市社会救助费有所提高，但救助对象的定期救助标准仍然低下：大城市单身户每月 25 元，两人户每月共 45 元；中小城镇分别为 22 元和 35 元；另外，逢节日再给予少量的临时补助①。1988 年，全国城市定期社会救助的费用为 5 118 万元，1990 年该项经费上升到 6 100 万元，1991 年又上升到 7 100 万元，但救助对象平均每人每年享有的救助款仍只有 230 元左右，月均不到 20 元②。

（四）工会扶贫与单位补助

针对部分职工在职困难且无法脱离贫困，而城市社会救助又十分有限的现象，中华全国总工会系统从 20 世纪 80 年代初期将扶助生活困难职工脱贫作为工会工作的一个主要方面，经过几年的实践，取得了一定的效果。据统计，1989 年全国开展扶贫工作的单位达 5.7 万个，得到扶助的职工达 47 万多人；1990 年，全国开展扶贫工作的单位上升到 6.7 万个，得到扶助的职工上升到 67 万人，已脱贫职工达 28 万多人。随着职工扶贫工作的发展，全国范围内职工扶贫互助会、基金会等互助组织迅速增多，到 1991 年，全国各级工会兴办扶贫基金组织 10 多万个，筹集扶贫资金约 1 亿元，兴办的扶贫企业、事业 1.5 万个③。1991 年，中华全国总工会在总结职工扶贫工作经验的基础上，专门制定下发了《职工扶贫互助章程》，进一步推动了各地职工扶贫工作的发展，使职工扶贫互助组织逐步走上了规范化、制度化的轨道。近年来，基层单位对生活困难的职工的补助工作也有了新的发展。据统计，全国实行职工生活困难补助的基层单位数 1989 年为 30 万个，1990 年上升到 32 万个，近年来又有了进一步的发展。

此外，各级工会还发动职工捐款捐物，对灾区职工进行帮助。如在 1991 年，全国总工会和 22 个省级总工会及民航、铁路等产业工会，就拨出救灾款 7 600 多万元，组织捐款 3.2 亿多元④，帮助灾区职工重建家园。

工会扶贫、单位补助及职工互助正成为城市社会救助的一支重要力量，

---

① 资料来源：侯文若．社会保障理论与实践．北京：中国劳动出版社，1993．240

② 朱庆芳主编．社会保障指标体系．北京：中国社会科学出版社，1993．134～135；中国第三产业年鉴（1993）．北京：中国统计出版社，1993．590

③④ 中国劳动年鉴（1992）．北京：中国劳动出版社，1993．469～470

在解决占城镇人口主体的职工生活困难问题中发挥了良好的作用。

四、农村社会救助

广义的农村社会救助，包括贫困户救助、五保户供养、灾民救助、特殊对象救助及农村扶贫工作，其性质均是实施社会保障政策。由于农村人口占全国总人口的70％以上，加之农村的生活水平又大大低于城市，需要国家或社会救助的农村人口就成了中国社会救助对象的主体，农村社会救助亦成为中国社会救助政策的主体。需要指出的是，在广义农村社会救助制度中，灾民救助、特殊对象的救助与农村扶贫工作又具有其自身的特点，从而在本章中另行单独研究。为免重复，本节仅论及贫困户救助和五保户供养。

（一）农村的贫困问题

中国自古以来就是以农立国，进入现代社会以来，随着第二产业、第三产业的迅速发展，农业生产的地位亦不断下降，如1993年全国国民生产总值达31 380亿元，其中第一产业（农业）占21.2％，第二产业占51.8％，第三产业占27％①。然而，中国农村的人口却占全国总人口的75％以上；农民的人均纯收入在1993年为921元，城镇居民人均生活费收入为2 377元，农村居民收入仅占城镇居民收入的39％②。这一资料表明，农村人口的比重大，农民收入水平不高，从而决定了农村中需要国家和社会救助的社会成员众多。

在20世纪50年代初期，中国实施全国土地改革计划并向全体农村家庭提供生产资料，农民由依附于地主变成为土地的主人，这使农民有了生活的保障；“大跃进”以后，中国全面进入公社化时期，推行的是集体核算制，所有有劳动能力的农村居民均参加集体劳动，并实行相对平均的工分制，因此，劳动者通常获得能够维持基本生活的口粮和收入；对于那些不能劳动的人，许多生产队采取以平均每人最低口粮为基础的收益分配制度，而工分不够的社会成员亦可以向生产队赊账领取口粮，如果发生严重歉收

①② 关于1993年国民经济和社会发展的统计公报．长江日报，1994－03－03

等导致生产不足，其后果就是出现普遍性的贫困，这时便会向国家申请救济。因此，集体劳动、集体核算及平均主义的分配虽然存在着束缚农村生产力发展以及分配水平低下等许多缺陷，但在分散风险和保障农村社会成员的基本生存条件方面却是比较可靠的，中国长期以来用为数极为有限的社会救助经费和粮食、棉布等实物救助，维护了生产力落后的农村社会的稳定，就是建立在集体核算分担风险的内在功能基础之上的。

20 世纪 80 年代初期实行农村承包责任制，集体核算的平均主义分配体制亦告结束。土地按人口平均分配，集体虽然仍承担着对无依无靠的孤老残幼等农村社会成员的生活保障责任，但绝大多数农村社会成员却失去了集体分担风险的保障，而需独自承担生产与生活中的风险；即使在乡镇企业工作的农村劳动者，同样也会遇到比城镇劳动者更大的生活收益减少或中断的风险。因此，中国农村的绝对贫困人口虽因责任制的推行与乡镇企业的发展而迅速减少，部分地区农民已经进入了富裕阶层，但中国农村仍存在着为数不少的绝对贫困对象和众多低收入社会成员，如在 1985 年，全国农村人均纯收入低于 200 元的绝对贫困对象达 1.02 亿人；到 1989 年即使丝毫不考虑急剧上升的物价水平，仍然以 200 元为标准，仍有 3 858 万农村居民处于这一线下①。

以属于中国农村社会发展水平较高的湖北省为例，从 20 世纪 80 年代以来，该省农村减少贫困工作取得了巨大成就，但据该省统计部门提供的资料（见表 5—5)，依然存在着严重的贫困问题。

表 5—5　　1978—1992 年中国湖北省农村居民贫困状况

年份	全省农村贫困状况			山区农村贫困状况		
	全省农村总人口（万人）	贫困人口比率（%）	贫困规模（万人）	山区农村总人口（万人）	贫困比率（%）	贫困规模（万人）
1978	3 743.2	30.1	1 126.7	1 362.5	53.8	732.4
1985	3 927.3	9.5	373.1	1 431.4	26.3	376.5
1990	4 110.59	9.7	398.7	1 497.9	20.9	313.1
1992	4 107.3	9.6	394.3	1 499.2	18.5	277.3

资料来源：马俊贤．湖北农村贫困线及测算．统计与决策．1993，5

① 陈俊生．关于我国的扶贫开发工作．经济日报，1991－05－06

由表5—5可见，湖北省农村贫困人口由1978年的1 126.7万下降到1992年的394.3万，贫困率由30.1%降为9.6%，但贫困人口的数量仍然庞大，到1992年年底还有394.3万贫困人口；尤其是山区农村，贫困率仍高达18.5%。如果以湖北的上述资料为基础推算全国农村贫困人口，总数将在9 000万人左右，这与政府公布的8 000多万接近；不仅如此，还有一部分农村社会成员因经济实力薄弱，承受各种灾害的能力也极低，一旦遭灾就有陷入贫困的危险。由此可见，中国农村的贫困问题是相当严重的，需要引起国家和社会的高度重视。

（二）农村五保制度

中国农村社会的五保制度，是依据全国人大一届三次会议通过的《高级农业生产合作社示范章程》和《1956—1967年全国农业发展纲要》中的有关规定建立起来的一种农村社会救助制度，它明确规范“农业合作社对于社内缺乏劳动力、生活没有依靠的鳏寡孤独的社员，应当统一筹划……在生活上给予适当照顾，做到保吃、保穿、保烧（燃料）、保教（儿童和少年）、保葬，使他们生养死葬都有指靠”①，从此，具有中国特色的五保制度初步建立，其实施对象包括无依无靠、无生活来源的农村老、弱、残、幼、孤等社会脆弱群体，经费主要来自集体分配和国家救助拨款。

进入20世纪80年代以后，随着农村承包责任制的推行，农村五保工作也必须适应新的形势的发展。因此，1982年1月中共中央在批转的《全国农村工作会议纪要》中指出，“包干到户这种形式，有一定的公共提留，统一安排五保户的生活。”1985年10月，中共中央、国务院在《关于制止向农民乱派款乱收费的通知》中进一步明确“供养五保户等事业的费用，实行收取公共事业统筹费的办法”。1991年12月，国务院发布的《农民负担费用和劳务管理条例》规定，“乡统筹费和公益金用于五保户供养。”1994年1月23日，国务院总理李鹏签发第141号令，颁布并实施《农村五保供养工作条例》，农村五保制度作为中国农村社会救助的传统主体，自此走上了与改革时代相适应的规范化道路。

① 《高级农业合作社示范章程》，1956年6月第一届人大三次会议通过。

根据现行条例①，农村五保救助的对象是无劳动能力、无生活来源、无法定抚养义务人的老年人、残疾人和未成年人；或虽有法定抚养义务人，但是抚养义务人是无抚养能力的老年人、残疾人和未成年人。享受五保救助待遇应当由本人申请或经村民小组提名，经村民委员会审核、报乡级政府批准，并发给由民政部门统一制定的《五保供养证书》。五保供养的内容包括供给粮油和燃料，供给服装、被褥等用品和零用钱，提供符合基本条件的住房，及时治疗疾病，对生活不能自理者有人照料，妥善办理丧葬事宜，对未成年的五保对象还应当保障他们依法接受义务教育。五保供养的实际标准不低于当地村民的一般生活水平，具体标准由乡级政府规定，其救助经费和救助实物从村提留或乡统筹费中列支或从集体经营的收入、集体企业上缴的利润中列支。

五保供养的方式，一般根据当地的经济条件实行集中或分散供养，五保对象是否入敬老院等社会福利设施中生活，由其自己决定，不得强迫。从建国以来的情况看，农村五保户主要是分散供养，即由其所在村民小组（原生产队）供养，部分五保对象由敬老院集中供养。

中国农村五保户的救助情况，可以从表5—6、表5—7得到反映。

表5—6　　1979—1991年中国农村五保户集体供养情况

年份	五保对象人数（万人）	享受集体供养人数（万人）	供养率（%）	集体供给金额（万元）	人均金额（元）
1979	315.0	267.8	85.0	16 114	60.2
1980	294.4	253.9	86.2	15 447	60.8
1981	289.9	259.5	89.5	20 368	78.5
1982	298.9	269.0	90.0	23 455	105.8
1983	295.1	283.8	96.2	33 867	119.3
1984	296.1	269.1	90.0	41 866	155.6
1985	300.8	223.8	74.4	58 605	261.9
1986	283.2	220.4	75.2	62 432	283.3
1987	287.6	219.0	76.3	76 072	347.4
1988	282.6	207.2	73.3	84 239	406.6
1989	321.8	222.5	69.1	86 248	387.6
1990	283.7	206.4	72.8	102 360	495.9
1991	277.5	220.0	79.3	78 115	355.1

资料来源：《中国民政统计年鉴》（1992）

① 《农村五保户供养工作条例》（国务院1994年1月23日发布）。

表 5—7　　1985—1992 年中国农村五保户国家供养情况　　单位：万人

年　　份	1985	1988	1989	1990	1991	1992
国家定期定量救助五保户人数	22.6	22.1	21.9	21.8	20.7	18.6

注：本表中未包括集中供养的五保户，仅指农村散居五保户中得到国家定期定量救助的人数。

资料来源：根据《中国统计年鉴（1993）》

由表 5—6 和表 5—7 可见，五保户供养对象作为中国农村社会的生活脆弱群体，规模是较大的，而实际有资格享受五保救助待遇的人数还要多。例如 1990 年，全国实际有 365 万名农村居民有资格享受五保待遇，但只有 336 万名被集体、国家供养或集中供养（入敬老院等）①，还有近 30 万名五保对象并无救助；1992 年，全国有享受五保资格的农村社会成员 319 万户、387 万人，落实了五保供养的为 356 万人，尚有 31 万名五保对象未获救助②。在享受五保待遇的农村社会成员中，将近 80%是老人，其中大约有 50 万左右的五保老人由敬老院照顾，其余的则实行分散供养。从五保户的供养情况来看，集体供养者显然占了 93%左右，国家救助仅占 6%以上，从而主要是一种国家规定、集体组织的社会救助；从五保户的待遇来看，改革以来有了较大的提高，如 1980 年以来人均救助不足 100 元，到 1988 年突破 400 元，1990—1991 年有所下降，但 1992 年又上升到 432 元③。

总之，中国农村的五保救助制度是一种有自己特色的、比较成功的农村社会救助制度，它在过去 40 余年中有效地保障了绝大多数五保对象的基本生活，在新的形势下，将会继续发挥出解决农村五保对象生活保障问题的作用。

（三）农村贫困救助

前已述及，中国农村的贫困人口并不仅仅是五保救助对象，五保救助对象只是急切需要国家或社会救助的农村社会成员，那些不够五保救助条

---

① 世界银行考察报告．中国 90 年代的扶贫战略．北京：中国财政经济出版社，1993．95

② 中国第三产业年鉴（1993）．北京：中国统计出版社，1993．592

③ 中国第三产业年鉴（1993）．北京：中国统计出版社，1993．590

件而又需要国家或社会救助的农村居民户，一般通过省里确定的贫困线和当地干部的判断加以核定，在这个基础上，农村需要社会救助的社会成员应当在9 000万人左右，这些人的贫困并非只是受到自然灾害造成的贫困，而是长期贫困。因此，中国农村的贫困救助就是针对这个庞大的社会群体的。

从农村贫困救助的方式来看，主要是暂时救助，程序类似五保救助制度，从基层开始，但国家给予财政拨款和集体提供有关补助；另外，还有面向贫困地区并专门用于扶助生产的扶贫贴息贷款等。总的来讲，由于国家与地方的支持有限，农村社会贫困救助的人数是有限的，水平也是极低的。例如，1978年，全国农村大约600万户中的大约3 000万人获得中央政府发放的总共2.45亿元救助款，另外，集体为每人年均发放了20公斤粮食和5.8元现金；1988年，800万户农村贫困居民中的3 500万人获得中央政府发放的2.62亿元救助款和集体发放的2.93亿元救助款①，具体而言，中国政府对农村的贫困救助支出的情况可以通过表5—8来加以反映。

表5—8　1952—1990年中国国家财政用于农村社会救助支出情况

单位：亿元

年份	金额	年份	金额	年份	金额	年份	金额	年份	金额
1952	0.16	1960	1.12	1968		1976	1.90	1984	2.84
1953	0.13	1961	1.15	1969		1977	2.06	1985	2.65
1954	0.54	1962	1.21	1970		1978	2.45	1986	2.69
1955	0.58	1963	1.54	1971		1979	2.63	1987	2.56
1956	0.79	1964	1.43	1972		1980	2.50	1988	2.62
1957	0.66	1965	1.65	1973	1.72	1981	2.23	1989	2.81
1958	0.63	1966	1.45	1974	1.74	1982	2.30	1990	2.93
1959	0.65	1967	1.32	1975	1.75	1983	2.61		

注：本表不含自然灾害救助费，有些年份因明细资料不全，项目无法分清而空缺。

资料来源：《中国统计年鉴（1993）》

① 世界银行考察报告．中国90年代的扶贫战略．北京：中国财政经济出版社，1993．96

由表5—8中的资料可以看出，中央财政对农村贫困户的救助支出规模自20世纪70年代以来虽有提高，但支持显然十分有限，近10年来每年不到3亿元的农村贫困救助拨款，相对于9 000万农村贫困居民而言，人均仅有3元多钱，可见是杯水车薪。不过，民政部门每年还安排免费分配的200万吨救济口粮——可以满足3 000万～4 000万绝对贫困人口最低的短时的生活需要，救济粮通过粮食系统发放给贫困户①；国家实施的扶贫计划以及集体补助对中央财力支持的有限性也起到了一定的弥补作用。此外，民政部门还在农村推广了一些诸如粮食储存协会和互助储金会的农民互助组织，由农民自愿集粮、集资，给一些贫困户以有偿性帮助。据有关部门统计，到1992年全国农村有13万个粮食储存协会和互助储金会，成员在200万人以上②，它们由农民组织，民政部门给予技术援助。

五、特殊对象社会救助

所谓特殊对象社会救助，是指依据有关专门政策针对一部分特定社会成员实施的社会救助制度，它相对面向一般城乡社会成员的社会救助而言，其救助对象首先得具备一定的身份条件。由于特殊对象的社会救助有明确的政策界定和标准规定，凡符合条件者均可享受，从而是中国社会救助对象中的一个相当稳定的、长期的救助群体，它主要包括精减退职职工社会救助、特定人员社会救助、失学儿童社会救助以及印支难民救助等。

（一）精减退职职工社会救助

根据1965年国务院发布《关于精减退职的老职工生活困难救济问题的通知》的规定，凡1961年1月1日到1965年6月9日期间，被精减退职的，1957年年底以前参加工作的国营、公私合营企业、事业单位和国家机关、人民团体、民主党派，以及在军事系统工作而无军籍的职工，精减当时和现在全部或大部丧失工作劳动能力，或者年老体弱，或者长期患病影

① 世界银行考察报告．中国92年代的扶贫战略．北京：中国财政经济出版社，1993．98
② 世界银行考察报告．中国90年代的扶贫战略．北京：中国财政经济出版社，1993．96

响较大的，而家庭生活又无依靠的，由当地民政部门按月发给原标准工资40％的救济金；享受救济金的退职老弱残职工本人的医疗费用，凭医疗单位的收费凭证由民政部门补助2/3，本人负担1/3；凡不符合享受40％救济金而又生活困难的精减退职职工，则由当地民政部门给予一般社会救助①。到1992年年底，上海、天津等21个省、市、自治区根据本地具体情况，对精减退职职工的救助又制定了地方性规定。由此可见，精减退职职工救助的对象是20世纪60年代留下的历史问题和特定群体。

由于精减退职职工是历史遗留问题，加之时间已过近30年，相当一部分的救助对象已经去世，故有资格接受救助的人数亦正在减少，但因过去政策未落实，导致一部分符合条件者近几年才得到救助，故实际规模并未缩小。表5—9即能反映20世纪80年代中期以来该项特殊对象救助的规模变化。

表5—9　　1985—1992年中国城乡精减退职职工救助人数表

项目＼年份	1985	1988	1989	1990	1991	1992
精减退职职工救助人数（万人）	53.4	54.3	54.9	56.4	56.1	55.0
其中：享受原工资40％救助金人数（万人）	24.5	25.3	25.4	25.1	25.1	25.0
享受定期定量救助人数（万人）	28.9	29.0	29.6	31.3	31.0	30.0

资料来源：1985—1990年采自《中国统计年鉴（1993）》，1991—1992年采自《中国第三产业年鉴（1993）》。

由表5—9可见，中国城乡接受特殊社会救助的精减退职职工由1985年的53.4万人增加到1992年的55万人，救助规模在扩大。在该项社会救助的经费开支方面，全部由国家财政提供，由民政部门实施救助。1990年，国家用于精减退职职工的社会救助经费开支为1.52亿元，1991年国家财政该项拨款1.6亿元，1992年为1.71亿元，所拨经费增幅不大。从该项救助过去几十年实施的效果来看，较好地保障了精减退职职工的生活问题。

（二）特定人员社会救助

特定人员社会救助，是根据国家的有关政策规定，对具有特殊身份的

① 民政部编：《民政部大事记》第247页，1987年内部印刷。

社会成员给予救助的一种保障制度。其对象主要有：生活困难的红军失散人员、原国民党起义投诚的生活困难人员，宽大释放的原国民党党政军特工作人员中的生活困难人员、散居归国华侨中的生活困难人员、台胞台属中的生活困难人员、外侨中的生活困难人员、生活困难的刑事罪犯家属、生活困难的工商业者的遗属、生活困难的外逃回归人员等10余种社会成员。

对特定人员的救助，亦有按月定期救助和暂时救助两种实施方式，但主要是定期定量救助。以红军失散人员为例，据1986年民政部的报告，全国尚有第二次国内革命战争时期因各种原因失散离队的老红军战士15万多人，他们大都居住在边远地区，且年老体弱，生活十分困难。为解决这一部分特定人员的困难，国家拨出专款予以定期定量救助，当时的标准是每人每月发放20～30元的生活补助金，最低的每人每月15元。据1992年统计，上述特定人员的特救经费达6 959万元。

（三）失学儿童社会救助

在中国贫困地区，每年因家庭贫困而失学的儿童有100多万人，近10年来，累计有上千万名适龄儿童因家庭贫困而不能入学①。由于儿童失学不仅关系到国家义务教育政策的实施，更主要的是造成了新一代文盲。因此，这一特殊社会群体引起了政府与社会的广泛关注。为了救助失学儿童，国家成立中国青少年发展基金会，并于1989年开展了名为"希望工程"的全国性社会救助活动。1994年3月，全国人大八届二次会议通过的李鹏总理的《政府工作报告》中亦指出，"动员社会力量，继续实施希望工程"。

在救助失学儿童的活动中，其经费主要来源于社会各界的捐助和政府有关部门的支持。如1994年1月28日，北京人民大会堂就举行了希望工程的大型义演活动，仅内蒙古人民保险分公司就捐款10万元；1994年3月，邮电部又发行了"希望工程助学行动"专用邮资明信片，等等。据统计，从1989年10月30日到1994年1月底，希望工程累计接受海内外捐款（按人民币计）达2.01亿多元，中国青少年发展基金会已在全国26个省

① 中国青年报，1994－03－29。

（区）的 1 295 个县市布点实施，累计救助因家庭贫困而失学或入学困难的小学生 54.9 万名，资助建设希望小学 204 所①。

此外，在城镇，对孤残青少年亦有了类似助学活动。1994 年 3 月 30 日，中国社会服务促进会与香港国际世界空明会决定共同实施中国省市县福利院孤儿助学项目，后者从 1991 年起每年为该项目援助 500 万元人民币，救助 8 000 名 6～18 岁的孤残青少年上学②。

根据中国青少年发展基金会的近期计划，是在 1994 年开展希望工程结对救助活动，凡一个家庭或个人捐款 300 元即可救助一名失学儿童上完小学 5 年的书本杂费。该项特殊社会救助的目标是，到 20 世纪末，能够协助政府基本解决贫困地区失学儿童无钱上学和无校可上的问题，协助政府完成普及 9 年义务教育的任务。

由此可见，对失学儿童的社会救助是面向贫困地区失学儿童的，目的在于帮助失学儿童复学或入学，它虽然有政府的支持，但主要依靠民间力量，从而是一种新型的、有创见的社会救助措施。

（四）印支难民救助

1977 年，越南当局实行地区霸权主义，对外侵略扩张，并迫害驱赶中国血统的越南居民、华侨和越南少数民族，致使大量印支难民涌入中国境内。对此，中国政府本着国际主义和社会主义人道主义的精神，尽力给予了救助。国务院还成立了接待安置印支难民领导小组，民政部则具体负责实施，其经费来源于国家拨款和国际援助。

据有关资料，1981 年，中国共接待安置印支难民 26.3 万人，争取到联合国的援助 3 994.7 万美元③；1984 年接受联合国难民署援助 180 万美元④。截至 1983 年年底，全国共先后接待安置了印支难民 27.6 万人，国家拨出救助专款 10 亿多元⑤；1986 年，联合国难民署又援助在华印支难民 420 万美元，共援助建设 34 个项目⑥，等等。

---

① 《中国保险》，1994 年第 3 期。

② 中国青年报，1994－03－31。

③④⑤ 中华人民共和国民政部大事记编委会编. 中华人民共和国民政部大事记（1949—1986）. 北京：中国社会出版社，1987. 355、402

⑥ 孟昭华，王明寰. 中国民政史稿. 哈尔滨：黑龙江人民出版社，1986. 297

综上可见，上述特殊对象救助相对于城乡贫困救助、灾害救助而言，既是一个固定的群体，同时又是一个阶段性的社会救助问题，特殊对象救助现阶段仍将在中国社会救助体系中占有重要地位。

六、自然灾害社会救助

（一）自然灾害社会救助及其特征

自然灾害救助，是指国家和社会对在遭遇各种自然灾害袭击并因此而陷入生活困难的社会成员给予一定的现金或实物救助，以帮助其渡过特殊困难时期的社会救助制度。按照国家救灾职能部门——民政部门的划分，它又可以分为农村一般自然灾害救助和地震灾害社会救助。前者面向遭遇除地震外的其他各种自然灾害并陷入生活困难的农村社会成员，后者则专门救助遭遇地震灾害的社会成员。

与其他社会保障项目相比，自然灾害社会救助有着如下特点：

1. 自然灾害的突发性和危害性决定了灾害救助的急切性。由于各种自然灾害的发生都具有突发性（除旱灾外）和严重的危害性，遭遇灾害的社会成员可能迅即陷入生活困难之中，甚至倾家荡产；同时，大面积的自然灾害爆发又往往造成疫病流行（如大水灾、地震等）。如果国家和社会不紧急救助，或救助不力，遭遇灾害的社会成员就可能出现非正常死亡、外出流浪乞讨等，最终成为严重的社会问题，在这方面，新中国成立后亦有过深刻的教训。因此，自然灾害社会救助要与自然灾害的突发性和危害性相适应，具有急切性。

2. 自然灾害发生的大范围性决定了灾害救助的大规模性。在自然灾害中，水灾、旱灾、雹灾、霜冻、农作物病虫害、瘟疫等均具有大范围性，一旦形成，危害范围往往不止波及一个地区，而是会波及数省及至半个国家，如中国 1991 年的江淮大水灾就给苏、皖、豫、沪等省、市造成了巨大的灾难性后果。与此相应，遭遇灾害袭击的灾民亦是一个数量惊人的群体，据民政部门历年的统计，中国每年均有 2 亿～3 亿农村社会成员遭受各种自然灾害的袭击，需要国家或社会救助的农村社会成员少则数千万人，多则达 1 亿或 2 亿以上。可见，自然灾害社会救助不仅是中国社会救助制度中对象最多的项目，而且也是中国整个社会保障体系中规模最庞大的社会保障项目。

3. 自然灾害的偶发性与不平衡性决定了灾害救助的非经常性。由于自然灾害的发生是偶然的，在时间与地区上的分布又是不平衡的，遭遇灾害的社会成员遇到的亦是暂时性的生活困难。因此，自然灾害救助虽然每年均有预算拨款，在总体上是一项经常性的社会政策，但只有发生自然灾害，才需要社会救助，无灾之时则不需要灾害救助。

4. 自然灾害的不确定性决定了灾害救助的不确定性。在社会保障体系中，社会保险、社会福利、优抚安置及社会救助中的贫困救助、特殊救助等，均有确定的对象，可以事先规范；而自然灾害的发生却是不确定的，如自然灾害危害的时间、地点及社会成员等均在事先无法准确预知，这样，灾害救助的对象是谁，事先就无法确定，只有待灾害发生时或发生后才能决定救助哪些地区及哪些受灾的社会成员并确定救助标准。因此，灾害救助的地区、对象、标准均具有不确定性。

自然灾害社会救助的上述特征，表明任何社会、任何地区都因自然灾害的客观存在而必须建立灾害救助制度，唯有如此，才能确保灾区社会秩序的稳定和灾民的基本生活，使灾区社会协调发展。

（二）灾情指标与中国的灾情

自古以来，中国的自然灾害就特别频繁和严重，它作为造成旧中国长期贫穷落后的重要原因之一，迄今仍每年吞噬着数百亿元乃至逾千亿元的物质财富，使以亿计的社会成员变成为灾民，因而是制约当代中国社会经济发展和导致贫困、激发社会问题的极为重要的一个消极因素。

衡量灾情的指标体系，主要有以下几类①：

1. 自然灾害的广度与深度。反映自然灾害广度与深度的指标主要是受灾与成灾。所谓受灾，是指在一定时间和范围内社会成员的人身或财产及生产项目遭受自然灾害的袭击并造成了危害后果，它可以分解为受灾人口和受灾农作物面积两个主要指标。前者指报告期内因遭受自然灾害造成了损害后果的城乡人口，包括因灾致伤致病的城乡人口、家庭财产遭到损失的城乡人口以及农业生产遭受破坏的农村人口；后者则指报告期内自然灾

① 参见：郑功成．中国救灾保险（第十章“救灾保险与农村灾害”）．长沙：湖南出版社，1994

害造成危害及生产损失的农作物播种面积。上述指标按年统计，不重复计算。它反映着自然灾害的危害广度，是衡量自然灾害范围大小的主要标志。所谓成灾，是指直接造成农业生产及城乡社会成员的生命财产损失并达到一定程度的损害（如农作物受损三成以上才算成灾，损失三成以下的只能叫受灾），亦可以分解为成灾人口和成灾农作物面积。前者指因自然灾害直接造成经济损失、人身伤害或农作物减产减收达到规定程度的全部城乡人口；后者指受灾作物面积中减产减收达到三成以上的播种面积，从而均是衡量受灾深度的标志。

2. 自然灾害的灾情轻重。自然灾害的灾情轻重，主要可以通过特轻灾、轻灾、重灾、特重灾四个指标来反映。所谓特轻灾，就是危害未达到成灾程度的灾害；所谓轻灾，是指对社会成员的生产与生活危害较轻，其表现为人畜伤亡较小、整个财产损失和农业生产减产减收在三至五成内，对社会成员的基本生活不会造成重大困难的灾害；所谓重灾，是指对社会成员的生活与农业生产危害严重，其表现为人畜伤亡较多，整个财产损失和农业生产减产减收在五至八成内，对社会成员基本生活造成较大困难的灾害；所谓特重灾，则是指对社会成员的生活与农业生产危害十分严重，其表现为人畜伤亡惨重，房倒屋塌，财产损失殆尽，农业生产基本无收，社会成员的生活与生产陷入严重困境的灾害。灾情的轻重，是实施自然灾害社会救助的依据。

3. 自然灾害的损失状况。衡量自然灾害的损失状况，主要有受灾人口与成灾人口，受伤人数与死亡人数，受灾面积与成灾面积，因灾死亡人口，因灾减产粮食，因灾死亡牲畜，因灾倒塌、损坏房屋等指标。

上述指标的综合运用，就构成了评价自然灾害的指标体系。不过，从总体上讲，成灾人口、成灾农作物面积及经济损失是其中最重要的指标，它们与自然灾害的社会救助有着密切关系；同时，对城镇居民而言，由于不从事农作物生产，住宅又均系楼房，一般自然灾害难以造成其重大损害。因此，自然灾害社会救助主要是面向农村社会成员的，城镇居民因灾陷入困境者一般通过城市社会救助加以救助。如果是地震灾害，则不分城乡由国家和政府统一实施专项救助。

中国的灾情状况，可以通过表 5—10、表 5—11、表 5—12 的资料来加以反映。

表 5—10　中国一般自然灾害农作物受灾面积和成灾面积表（1950—1993 年）

单位：万公顷

年份	受灾面积	成灾面积	成灾面积占受灾面积的%	年份	受灾面积	成灾面积	成灾面积占受灾面积的%
1950	1 424	373	26.2	1962	3 718	1 667	44.8
1952	819	443	54.1	1963	3 260	2 100	64.4
1954	1 614	1 127	69.8	1964	2 200	933	42.4
1955	733	240	32.7	1965	2 080	1 122	53.9
1956	2 227	1 533	68.8	1966	2 400	973	40.5
1957	2 915	1 498	51.4	1970	997	330	33.1
1958	2 726	676	24.8	1975	3 538	1 024	28.9
1959	4 367	1 347	30.8	1976	4 250	1 144	26.9
1960	6 534	2 467	37.8	1977	5 202	1 516	29.1
1961	6 174	2 883	46.7	1978	5 079	2 180	42.9
1979	3 937	1 512	38.4	1987	4 209	2 039	48.4
1980	4 453	2 232	50.1	1988	5 087	2 394	47.1
1981	3 979	1 874	47.1	1989	4 699	2 445	52.0
1982	3 313	1 612	48.7	1990	3 847	1 782	46.3
1983	3 471	1 621	46.7	1991	5 547	2 781	50.1
1984	3 189	1 526	47.9	1992	5 133	2 590	50.4
1985	4 437	2 271	51.2	1993	4 867	2 267	46.6
1986	4 714	2 366	50.2				

注：由于各种资料均统计不全，本表缺 1951 年、1953 年、1967—1969 年、1971—1974 年资料；本表资料来源见脚注，经过换算。

资料来源：根据《民政部大事记》《中国减灾报》《中国统计年鉴（1993）》中的有关资料计算。

表 5—11　　1951—1990 年中国部分地震灾害简表

序号	时间	地点	震级	烈度	死亡人数	受伤人数	损毁房屋（万间）	直接经济损失（亿元）
1	1951.12.21	云南丽江			390	1 500	受灾地区 70%	
2	1966.2.5	云南东川			308	404	1.5	
3	1966.3.8	河北邢台	7.2	9	8 064	38 451	508	
4	1970.1.5	云南通海	7.7	10	15 621	26 783	33	

续表

序号	时间	地点	震级	烈度	死亡人数	受伤人数	损毁房屋（万间）	直接经济损失（亿元）
5	1974	云南昭通	7.1		1 423		2.9	
6	1975.2.4	辽宁海城	7.3.	10	1 328	12 980	500	8.1
7	1976.5.29	云南龙陵	7.3	10	171	3 642	42	1.4
8	1976.7.28	河北唐山	7.8	11	242 000	164 000	530	98.0
9	1979.7.9	江苏溧阳	6.0	8	42	2 959	6.7	2.5
10	1983.11.7	山东菏泽	5.9	7	45	874	6.0	3.1
11	1988.11.6	云南澜沧	7.6	9+	748	7 751	224.0.	20.5
12	1990.4.26	青海共和	6.9		119	1 900	8.1	2.7

注：由于资料不全，本表仅为建国后地震灾害中的一部分。

资料来源：序号 1～2 据《民政部大事记》（民政部编，1987 年内部版），3～8 据《中国民政词典》（崔乃夫主编，上海辞书出版社，1990 年版），9～10 据《地震对策》（郭增建等，地震出版社，1986 年版），11 据《云南 11.6 地震的救灾工作》（云南民政厅编，云南民族出版社，1991 年版）；12 据《灾害学》（1991 年第 4 期第 68～69 页）；参见《中国灾情论》“地震灾害”（郑功成著，湖南出版社，1994 年版）。

表 5—12　　1989—1993 年中国自然灾害损失情况

年　份	1989	1990	1991	1992	1993
全国直接经济损失（亿元）	525	616	1 215	854	993
全国成灾人口（亿人）	2.1	2.9	4.2	2.4	2.5

资料来源：本表资料均采自历年民政部、国家防汛办、抗旱办、农业部、国家统计局联合公布的灾情资料。

由上述三表中，可以看出中国农村的自然灾害严重，地震灾害严重。以1989—1993年为例，自然灾害累计造成的直接经济损失高达 4 203 亿元，年均吞噬物质财富 840.6 亿元，年均造成成灾人口 2.82 亿人，损失之巨，危害之众，令人震惊。中国灾情的严重化与深刻化，使自然灾害社会救助在整个社会保障体系中占有重要而独特的地位。

（三）灾害社会救助

灾害社会救助，主要包括灾后紧急救济和灾民安置、转移、建房、医疗等项目，由政府提供救济口粮、衣被、建筑材料、医疗服务等，目的是解决灾民在吃、穿、住、医等方面的困难，维持灾民的基本生活。在救助方针上，采取保障灾民基本生活与扶持灾民生产自救相结合。在救灾经费筹集方面，过去单纯由中央财政预算拨款，20 世纪 80 年代以后地方政府亦有为数不多的救灾经费安排，如 1992 年湖北省财政支出中就安排有自然灾害救助费 3 676 万元；到大灾发生时，中央与地方财政一般还追加拨款，如 1988 年云南澜沧地震后，云南省政府及地县财政等就筹集了应急专款 1 562 万元，发挥了很大作用；社会各界捐钱、捐物或举行义演等活动募捐，亦已成为救灾经费的重要来源，如 1991 年江淮大水灾时，海内外捐赠款物就达 20 多亿元。因此，中央财政拨款、地方财政拨款和募捐收入共同构成了灾害社会救助的经费来源渠道。在救灾款的具体使用上，根据灾情轻重区别对待，实行无偿救助与有偿扶持相结合，以无偿救助为主。

此外，自 1987 年以来，民政部门还在全国 102 个县开展了救灾保险改革试点，虽然这项灾害社会保险事业的建立尚需时日，但表明将保险机制引入灾害救助领域，以形成无偿救助、灾害社会保险、合作互助保障的灾害社会救助体系将是中国灾害社会救助事业发展的必然趋势，救灾保险事业的发展，将有助于建立灾害社会救助的分级负责制，减轻中央政府的救灾压力，调动地方政府的救灾积极性和农民的自我保障意识。

据有关资料统计，自 1950 年以来，国家拨出的救灾款总计达 280 多亿元，其中用于抗震救灾约 30 多亿元。从 1978 年以来，国家拨款的救灾款累计达 170 亿元，年均约 11 亿元；调拨灾民所需口粮 2 000 多亿公斤，为 20 亿人（次）解决了因灾缺粮的困难；提供衣被 10 亿多件；从洪水和地震废墟中抢救和转移安置灾民达 5 000 多万人（次）；帮助 6 亿人（次）重建了家园，修建因灾倒塌的住房近亿万间；为 10 亿人（次）治愈了因灾引起的伤病①；收养了数以万计因灾造成的孤儿、残疾人和老年人。以 1992 年为例，国家共支出灾民生活救助款项 11.54 亿元，其中用于灾民口粮 7.6 亿元，相当于救济了 8 700 多万灾民每人一个月的口粮；补助灾民建房 1.24 亿元，建房 185 万间；用于灾民紧急抢救、转移安置 4 700 多万元；

① 郭崇德主编．社会保障学概论．北京：北京大学出版社，1992；参见：郑功成．中国救灾保险通论．长沙：湖南出版社，1994

用于解决灾民衣被困难 3 700 多万元；用于灾民治疗伤病费用 4 200 多万元；拨给甘肃等 6 省、区救灾包干费 1.26 亿元；拨给河北等 10 省、区救灾保险超付及定额补贴款 1 546 万元①。事实表明，1978 年以来，中国的自然灾害社会救助工作是较成功的，虽然存在着救助水平低、保障不足的问题，但再未出现过像 20 世纪五六十年代因灾造成饿死、冻死或其他非正常死亡的现象。尤其是实行救灾保险改革的地区，由于有国家财政拨款、地方政府支持、集体供款及农民个人缴费，救灾水平一般要高于其他地区，从而对灾区社会成员的保障性更强。

表 5—13　　1950—1992 年中国国家财政一般灾害救助支出　单位：万元

年份	金额	年份	金额	年份	金额	年份	金额
1950	6 672	1961	62 818	1972	23 198	1983	66 100
1951	4 368	1962	40 200	1973	33 635	1984	74 000
1952	10 611	1963	54 200	1974	22 700	1985	102 500
1953	13 044	1964	121 100	1975	56 600	1986	106 400
1954	31 900	1965	57 100	1976	81 974	1987	99 100
1955	16 851	1966	44 000	1977	99 293	1988	106 400
1956	23 133	1967	28 122	1978	41 937	1989	128 800
1957	24 128	1968	7 500	1979	68 016	1990	133 300
1958	8 687	1969	缺	1980	44 796	1991	17 200
1959	21 310	1970	缺	1981	67 200	1992	115 400
1960	43 300	1971	15 349	1982	62 100		

注：本表数字不含用于抗震救灾的拨款。

资料来源：救灾拨款的情况在财政、民政、统计部门的统计资料中口径不尽一致，本表以《中国统计年鉴（1993）》，《中国财政统计（1950—1991）》为主要依据，兼参考《民政部大事记（1949—1986）》，《中国第三产业统计年鉴（1993）》，侯文若《社会保障理论与实践》一书第 241 页资料。

表 5—14　　1966—1988 年部分年度中国国家财政震灾救助拨款　单位：万元

年份	1966	1976	1977	1978	1979	1980	1981	1982	1983	1984	1988
金额	3 500	89 800	46 300	45 600	32 000	26 000	19 400	1 4300	18 400	4 100	6 200

注：因资料不全及部分年限的震灾救助款与恢复重建费用混合，无法分清，只选择了部分可以分清震灾救助款（无偿）的年限资料。

资料来源：参见《民政部大事记》（民政部编，1987 年版）；《中国统计年鉴（1993）》。

① 中国第三产业年鉴（1993）. 北京：中国统计出版社，1993. 592

七、农村扶贫工作

扶贫工作[①]，是指以国家通过资金、技术输入等方式扶持农村贫困户或贫困地区发展生产，以改变其贫困面貌，并脱贫致富的一项新兴社会救助制度。由于传统的社会救助主要是发放救济款物，因此不能从根本上解决农村中的贫困问题。1978 年，作为国家救灾职能部门的民政部就开始将单纯的灾民生活救济变为保障灾民基本生活和扶持灾民或贫困户生产自救相结合，扶助贫困户的工作从此兴起。

在民政部门开展扶贫工作的同时，国家亦将扶助贫困地区的发展列为新时期农村工作的重点和各级人民政府的日常主要工作之一，并成立了跨部际的贫困地区经济开发领导小组，建立了专门的办公室主持全国农村的扶贫工作，农村扶贫工作遂成为一项全局性、建设性和发性的工作。

（一）民政部门的扶贫工作

从 1978 年起，民政部门首先是在救灾款的使用上，注重扶持灾民生产自救；1983 年，扶贫正式成为民政部在农村社会救助工作中的一项重要内容，实现了由消极救济向积极扶助的转化。救灾扶贫的主要对象包括：一是人口多劳动力少、弱，不能维持基本生活的困难家庭；二是主要劳动力死亡，或病、伤、残、痴呆，或家庭遭受意外灾害事故而陷入生活困境的农户；三是长期缺吃少穿的农村贫困户等。据统计，从 1978—1992 年，民政部门用于扶持生产自救的费用近 10 亿元[②]，共扶持灾民贫困户 3 000 多万户（次），通过扶贫使 2 150 多万贫困户摆脱了贫困[③]，救灾与扶贫的结合取得了比单纯救济更好的效果。

1985 年，经财政部同意，民政部开始采用有偿使用资金回收后留在地方，建立救灾扶贫周转金的办法，用于扶持贫困户生产自救，并兴办扶贫

---

① 中国的贫困问题，主要是农村尤其是老、少、边、穷地区的贫困问题，国家的扶贫政策实施范围亦限于农村。因此，本节定名为农村扶贫工作。城镇亦有贫困问题，各级工会系统亦开展了扶贫活动，但职工扶贫工作尚未纳入国家扶贫工作体系，故未纳入本节探讨的范围，而在本章第三节中予以介绍。

② 朱庆芳主编．社会保障指标体系．北京：中国社会科学出版社，1993．130

③ 中国第三产业年鉴（1993）．北京：中国统计出版社，1993．590

经济实体，投资资金主要是从国家救灾拨款中拿出30%以内的资金，投资的条件是贫困户的劳动者必须占企业职工的大多数，即接受扶贫资金的乡镇企业必须招收贫困家庭的成员，如云南省民政厅就规定，至少要有70%以上的工人来自贫困家庭，并规定工人每一两年轮换一次，以使挣得现金收入的机会在贫困的农村社会成员间分摊得更为广泛些。因此，扶贫经济实体是以扶持生产发展为手段，以改善农村贫困户的生活状况为目的，从而在性质上仍属于社会救助体系。据统计，自20世纪80年代以来，共拨款19亿多元扶助创办救灾扶贫经济实体近4万个，使近100万贫困劳动者及灾民转向工副业生产，1991年创产值126亿多元，利润13.4亿①。不过，在扶贫资金的使用方面，也遇到了收不回投资或效益低下的困难。以云南省为例，该省民政厅在741个企业（有411个企业是联合投资或完全由乡或县拥有的企业，对方也进行了投资）中投资8 600万元，但到1990年年底积累的利税只有500万元②——这个比率远低于全国的平均数。

由于民政部门开展的扶贫工作是针对农村贫困户的，因而相对国家面向贫困地区的农村扶贫工作而言，被人称之为“小扶贫”，实践证明，扶贫比传统的农村社会救助更具积极性（当然，传统的农村社会救助仍是基本的、必不可少的社会救助项目）。因此，民政部门的扶贫工作既是中国农村社会救助体系中的重要内容，亦是国家整个农村扶贫工作的最基本的组成部分。

（二）国家的扶贫开发工作

国家的扶贫工作，是从1981年开始试点的。1982年，当时的中央财经领导小组决定，从1983年起连续10年由国家每年拨款2亿元，对贫困地区进行重点开发建设；1984年，中共中央、国务院还专门发出《关于帮助贫困地区尽快改变面貌的通知》；1986年，国务院成立了贫困地区经济开发领导小组并设立专门的扶贫办公室，负责组织实施农村扶贫工作。由于国家的扶贫工作面向贫困人口集中的贫困地区，包括老区、少数民族地区、

①② 世界银行考察报告．中国90年代的扶贫战略．北京：中国财政经济出版社，1993. 107、95

边疆、山区等贫困地区，从而又被人们称为“大扶贫”。随着扶贫工作的深入开展，农村扶贫工作不仅被列入国民经济和社会发展的第七个五年计划和第八个五年计划之中，而且成为执政党和国家的一项制度；不仅从中央到地方各级政府均给予高度重视，而且参与扶贫的部门也越来越多，扶贫的方式、项目及规模都发生了很大的变化。

从国家扶贫工作的形式来看，首先是确定全国的贫困县，国家在 1989 年确定了 328 个贫困县为国定贫困县，还有 370 个县被所在省区确定为省级贫困县①，国家的扶贫援助即重点投向这些地区。扶持的方式主要有如下几种：一是资金扶持，包括提供扶贫专款和低息、贴息贷款；二是物资扶持，即针对贫困地区和贫困户发展生产的需要，扶持诸如汽车、木材、钢材等物资；三是科技扶贫，即向贫困户传授诸如种植、养殖、饲养及生产管理技术，并提供良种牛、羊、鸡、鸭及优良种子等。此外，还有人才扶持、信息扶持等项目。

从扶贫工作的实施情况来看，不仅国家安排了扶贫计划，而且中央亦有 27 个国家机构分别与一个贫困地区建立了特别发展扶持关系。例如，民政部在全国各地兴办的救灾扶贫经济实体，以及对井冈山老区的援助；国家科委对贵州的石灰岩地区以及大别山的科技扶贫；国家教委与卫生部亦设了专项计划以改善贫困地区人口的教育和卫生状况；中国农业银行及其他国家银行则通过其地方分、支行为贫困地区提供贴息贷款。国家计委则从 1984 年的冬季开始实施以工代赈计划，旨在用剩余商品储存作为对贫困地区水利与公路建筑项目中劳动报酬的实物支付，该计划分周期进行。第一个周期是 1984—1986 年，中央政府为此投入了价值 27 亿元的粮食、棉布和布匹；1987—1989 年为第二个周期，中央政府为此投入了价值 15 亿元的货物。包括各省所拨的配套资金在内，以工代赈计划到 1992 年为止总计投入资金（实物）达 100 亿元，建筑了 10 万多公里的公路和水利系统，受益者达 1 300 多万人②，取得了良好的扶贫效果。在地方，各省、区政府也采取了一些具体援助本省、区贫困地区的政策。例如，广东清远市是

① 世界银行考察报告. 中国 90 年代的扶贫战略. 北京：中国财政经济出版社，1993. 100～101

② 世界银行考察报告. 中国 90 年代的扶贫战略. 北京：中国财政经济出版社，1993. 107～108

全国有名的贫困地区，在省政府的支持下，1991 年以来没要国家 1 分钱，通过建立扶贫经济开发试验区，发行扶贫债券 1 亿元，已开始走上了脱贫致富的道路。

“七五”期间，国家在原有扶贫资金的基础上，增加了对贫困地区的资金物资投入：1986 年，设立了每年 10 亿元的专项贴息贷款；1987 年，设立了每年 7 亿元的贫困地区县办企业贷款和每年 5 000 万元牧区贫困县专项贴息贷款①；先后几次拿出价值 27 亿元粮、棉布和价值 21 亿元的工业品实行以工代赈；同时增加了计划内的钢材、木材、汽车、化肥、农膜等生产资料的供应等。“七五”扶贫的主要成果就是国家扶持的 328 个贫困县，农民人均纯收入从 1985 年的 206 元增加到 1989 年的 321 元，其中人均纯收入超过 350 元的有 103 个县，超过 500 元的有 16 个县，超过 600 元的 4 个县，部分贫困县从此脱了贫。不过，西部地区的 158 个贫困县的人均收入仍只有 251.64 元，其收入增长速度几乎被物价上涨所抵消。

在“八五”期间，国家又将 187 个县纳入国家贫困县，至此，国家贫困县达到 515 个。同时，坚持“七五”期间行之有效的扶贫政策和措施，进一步增加了对贫困地区的资金与物资投入。其一，对贫困地区的减免农业税和国家重点能源交通建设基金等优惠政策不变；其二，为保持扶贫工作的连续性，对重点贫困县坚持扶持对象不变，资金不减；其三，“八五”期间每年新增加 5 亿元扶贫专项贷款；其四，“八五”期间，国家每年拿出 10 亿公斤粮食或给一部分价值相等的工业品，继续在贫困地区进行以工代赈；其五，组织发达地区帮助贫困地区，以实现共同富裕。此外，还加强了科技扶贫和培训工作，等等。

1994 年 3 月，国家召开了全国扶贫工作会议，国务院制定了《国家八七扶贫攻坚计划》，其内容就是要在 1994—2000 年的 7 年时间内，帮助贫困地区改变落后面貌，解决贫困地区 8 000 万贫困人口的温饱问题。李鹏总理在《扶贫开发是一项重大的战略任务》的报告中，提出了国家从财政和金融上给贫困地区的足够支持、实行开放式扶贫、动员社会力量扶贫、倡导先富地区帮助贫困地区等具体措施。中国的扶贫工作正朝

① 陈俊生. 关于我国的扶贫开发工作. 经济日报，1991－05－06

着消灭贫困地区及绝对贫困现象的目标发展。

综上可见，国家的扶贫工作是宏观的、全方位的扶贫开发工作，它以国家财力作为后盾，以贫困地区为扶持对象，以资金、技术、实物等多种无偿与有偿投入为救助形式，有力地促进了农村贫困问题的解决。因此，无论是民政部门的“小扶贫”，还是国家的“大扶贫”，其目的都是消灭贫困化，均可以纳入中国的社会保障体系。

八、现行社会救助制度的缺陷

中国现行社会救助制度的缺陷，事实上已在前述诸节中加以反映了，它主要表现为经费奇缺、标准低下、实施范围有限、制度不健全等。

（一）经费奇缺

前已述及，中国城乡贫困人口众多，灾情十分严重，国家和社会应该投入较多的资金才能解决贫困户及灾民的基本生活保障问题。然而，中国的社会救助经费却长期处于极端低下的水平。一方面，社会救助经费绝对数极少，每年一般的城乡社会救助拨款不到10亿元，自然灾害救助费为10亿元左右，10多亿人口的中国仅有20亿元左右的社会救助款，全国人均不足2元；另一方面，社会救助经费虽然近几年绝对值有所上升，但在国民收入中所占比重不仅未与国民经济的发展同步增长，反而不断下降，如1978—1980年，一般社会救助费用均占国民收入的0.5%以上，1985—1986年却下降为0.3%，到1987年以后更是下降到0.2%。与此同时，由于财政体制改革后，地方政府有了财权与财力，却在社会救助的支出上对中央财政持依赖态度，地方财政的救助经费拨款既未制度化，更不用说占其国民收入的一定比重，如1992年由于一些地方财政紧张，农村社会救助经费就比上年递减30.19%①；此外，动员民间力量不够，社会各界救助贫困人口的积极性未能充分调动。在中央财力有限，地方财力又不能有力支持，民间力量动员不够的情况下，每年数十亿元社会救助经费相对于9 000万农村贫困人口和符合救助条件的2 000万城

① 中国第三产业年鉴（1993）．北京：中国统计出版社，1993．592

镇人口，以及年均 2 亿多的灾民而言，显然是杯水车薪，难以取得预期的效果。因此，国家应该重视投入，至少在中央财政支出中保持社会救助经费拨款与国民经济发展的同步增长，同时建立起真正的财政分级负责制度。

（二）标准低下

由于社会救助的经费严重短缺，而需要救助的社会成员又为数众多，其后果必然是救助标准低下。例如，以 1991 年为例，全国城乡社会贫困户和社会孤寡病残人员共有 9 400 多万人，对他们的社会救助经费为 19.5 亿元，平均每人仅得 21 元；1991 年，中国自然灾害造成 4.2 亿人成灾，直接经济损失 1 215 亿元，而救灾拨款仅为 17.2 亿元，加上海内外捐款亦仅 40 亿元，得到救助的灾民为 1.25 亿人，人均救助额为 32 元；1993 年，城镇临时救助每人次只有 2 元多，农村只有 5 元多，城乡贫困户定期救助每月不足 10 元①。如此低的救助水平，岂能真正保障社会救助对象的基本生活。

（三）实施范围有限

社会救助应该是政策性极强和面向全民的社会保障措施，按照社会救助的基本原则，对于符合条件的社会成员，国家和社会应该实施救助，然而，从中国社会救助的现状出发，其实施范围却十分有限。例如，在每年的成灾人口中，均有 70%以上不能获得自然灾害救助；在贫困人口中，至少有 70%得不到社会救助；即使是最需要救助的五保对象中，迄今亦仍有 30 多万人未落实五保供养；全国城镇精减退职职工中亦有一些符合条件的人因未落实政策而无法获得其应该享有的救助，等等。这些事实表明，中国的社会救助因各种原因（最重要的是财力限制）而并未发挥出其应有的功能。

（四）制度不健全

迄今为止，作为最基本的社会保障项目和社会政策，中国的社会救助除五保户供养问题在 1994 年 1 月颁行了一部行政法规外，其他各个社会救

---

① 中国第三产业年鉴（1993）．北京：中国统计出版社，1993．592

助项目均无法规范，仅依靠一些临时性的文件、通知、决定等来实施，从而使社会救助成为落后的中国社会保障法规体系中最为落后的项目。

无法可依的后果就是不可能建立健全的社会救助制度，导致社会救助措施无法正常、健康地发展，并极易引发出新的社会问题。如多数地方政府就未承担起救助职责，贪污、挪用救助款项及救灾物资的事件时有发生，灾民外流仍较常见；再以扶贫为例，“小扶贫”与“大扶贫”无政策综合协调，扶贫款项使用中亦存在着很大的漏洞。据国家审计署1992年对全国2 000多个县（市）进行的审计，就发现有近千个县（市）用扶贫资金购买小轿车①。所有这些，均表明在社会救助非制度化、非规范化的背后，隐藏着潜在的危机，政府应当给予重视。

此外，市场经济体制的确定，城镇失业问题将日趋严重，失业者将构成为一个新的社会救助对象群体；而由于各种因素的影响，城乡贫富差距不断扩大，新的贫困户在不断增加，部分贫困户脱贫后又因天灾人祸或生产经营失败重新陷入贫困境地，等等，都是现行社会救助未能考虑并难以解决的社会问题。

总之，社会救助作为最基本的社会保障项目，数十年来为中国社会主义事业的建设与发展发挥了巨大的作用，但随着社会经济的不断发展，又表现出日益严重的缺陷性，如果不加快社会救助的制度化、规范化建设，努力开拓筹资渠道，要在短期内解决中国绝对贫困问题的计划就有可能遭到挫折。

① 粤港信息日报，1994－03－21

附录 5—1

农村五保供养工作条例

（中华人民共和国国务院 141 号令，1994 年 1 月 23 日发布）

第一章　总　　则

第一条　为做好农村五保供养工作，保障农村五保对象的正常生活，健全农村的社会保障制度，制定本条例。

第二条　本条例所称五保供养，是指对符合本条例第六条规定的村民，在吃、穿、住、医、葬方面给予的生活照顾和物质帮助。

第三条　五保供养是农村的集体福利事业。农村集体经济组织负责提供五保供养所需的经费和实物，乡、民族乡、镇人民政府负责组织五保供养工作的实施。

第四条　在五保供养工作中做出显著成绩的人员，由地方人民政府给予表彰、奖励。

第五条　国务院民政部门主管全国的五保供养工作。

县级以上地方各级人民政府民政部门主管本行政区域内的五保供养工作。

第二章　五保供养的对象

第六条　五保供养的对象（以下简称五保对象）是指村民中符合下列条件的老年人、残疾人和未成年人；

（一）无法定扶养义务人，或者虽有法定扶养义务人，但是扶养义务人无扶养能力的；

（二）无劳动能力的；

（三）无生活来源的。

法定扶养义务人，是指依照婚姻法规定负有扶养、抚养和赡养义务的人。

第七条　确定五保对象，应当由村民本人申请或者由村民小组提名，经村民委员会审核，报乡、民族乡、镇人民政府批准，发给《五保供养证书》。

《五保供养证书》由国务院民政部门制定式样，省、自治区、直辖市人民政府民政部门统一印制。

第八条 五保对象具有下列情形之一的，经村民委员会审核，报乡、民族乡、镇人民政府批准，停止其五保供养，收回《五保供养证书》：

（一）有了法定扶养义务人，且法定扶养义务人具有扶养能力的；

（二）重新获得生活来源的；

（三）已满16岁且具有劳动能力的。

第三章 五保供养的内容

第九条 五保供养的内容是：

（一）供给粮油和燃料；

（二）供给服装、被褥等用品和零用钱；

（三）提供符合基本条件的住房；

（四）及时治疗疾病，对生活不能自理者有人照料；

（五）妥善办理丧葬事宜。

五保对象是未成年人的，还应当保障他们依法接受义务教育。

第十条 五保供养的实际标准，不应低于当地村民的一般生活水平。具体标准由乡、民族乡、镇人民政府规定。

第十一条 五保供养所需经费和实物，应当从村提留或者乡统筹费中列支，不得重复列支；在有集体经营项目的地方，可以从集体经营的收入、集体企业上缴的利润中列支。

第十二条 灾区和贫困地区的各级人民政府在安排救灾救济款物时，应当优先照顾五保对象，保障他们的生活。

第四章 五保供养的形式

第十三条 对五保对象可以根据当地的经济条件，实行集中供养或者分散供养。

第十四条 具备条件的乡、民族乡、镇人民政府应当兴办敬老院，集中供养五保对象。

第十五条 敬老院实行民主管理，文明办院，建立健全服务和管理制度。

五保对象入院自愿，出院自由。

第十六条 敬老院可以开展农副业生产，收入用于改善五保对象的生活条件。地方各级人民政府和有关部门对敬老院的农副业生产应当给予扶持和照顾。

第十七条 实行分散供养的，应当由乡、民族乡、镇人民政府或者农村集体经济组织、受委托的扶养人和五保对象三方签订五保供养协议。

第五章 财 产 处 理

第十八条 五保对象的个人财产，其本人可以继续使用，但是不得自行处分；其需要代管的财产，可以由农村集体经济组织代管。

第十九条 五保对象死亡后，其遗产归所在的农村集体经济组织所有；有五保供养协议的，按照协议处理。

第二十条 未成年的五保对象年满16周岁以后，按照本条例第八条规定停止五保供养的，其个人原有财产中如有他人代管的，应当及时交还本人。

第六章 监 督 管 理

第二十一条 县级以上地方各级人民政府民政部门，应当制定五保供养工作的监督管理制度，并负责督促实施。

第二十二条 农村集体经济组织未按照本条例规定供养五保对象的，五保对象有权提出供养要求，县级人民政府民政部门应当督促农村集体经济组织限期纠正。

第二十三条 按照五保供养协议负有扶养义务的人拒绝扶养五保对象，情节恶劣构成犯罪的，依法追究刑事责任。①

第二十四条 五保供养工作人员贪污、挪用五保供养款物的，县级人民政府民政部门应当责令其全部退还，并给予行政处分；构成犯罪的，依法追究刑事责任。

第七章 附 则

第二十五条 本条例自发布之日起施行。

---

① 注：由于五保户主要是分散供养，按笔者的划分，集中供养归入社会福利，分散供养仍归社会救助，故将本条例附在“社会救助”一章后。

第六章 社会福利

一、社会福利概述

(一) 社会福利及其发展

社会福利，是国家和社会通过各种福利服务、福利企业、福利津贴等方式为社会成员提供基本生活保障并使其生活状况不断得到改善的社会政策的总称，是中国现代社会保障体系中的重要组成部分。

如果要对社会保障制度的发展做阶段划分，笔者主张以社会成员对社会保障的需求与社会保障在一定时期内的主体内容为标志。在历史上，社会保障以社会救助为核心，可以称之为社会救助型社会保障制度阶段；进入工业化社会以后，社会保险成为社会成员的迫切需求，国家和社会在继续实施社会救助时将社会保险制度的建设与发展放在首要位置上，从而可以称之为社会保险型社会保障制度阶段；待社会经济发展到相当的高度和社会保险较为普及的条件下，社会成员对社会保障的基本需求就将不再是基本生活保障问题，而是要求国家和社会不断改善生活质量和提供社会服务，这时的社会保障制度即是社会福利型社会保障制度。当然，社会救助、社会福利均是古老的命题，在当代社会又兼容在社会保障体系中，但这并不妨碍对社会保障进行上述阶段的划分。

中国是世界文明古国，敬老养老、扶助鳏寡孤独和残疾人是中华民族的传统美德，如春秋末年孔子就把“尊老、敬老、慈幼”及“鳏寡孤独废疾者皆有所养”等提到了安邦定国的高度，孟子亦提出过“老而无妻者，有所持养以终其寿；幼弱孤童之无父母者，有所放依以长其身”的主张；到了汉唐时代，社会收养孤寡老人及照顾残疾人已有规定；进入近代社会，国家和社会举办的各种慈善事业即是社会福利。所有这些，均表明社会福利并非当代社会所特有。

然而，社会福利作为一项社会保障制度，却是在人类进入 20 世纪以后开始形成的，其标志在于：在工业化社会里，社会福利不再是局部的、有限的慈善行为，而是一项面向全体社会成员的社会政策；社会福利的组织与实施不再是民间的互助行为，而是由政府直接干预和承担责任；社会福利的内容不再是满足社会成员因生存而需要的单纯的物质生活保障，而是增进了精神生活和个人全面发展的需要；社会福利理论不再是积德行善的儒学与宗教释义，而是日益丰富的福利国家、福利社会、福利经济学说。因此，社会福利制度是工业社会的产物，它的渊源早于社会保险，它的形成晚于社会保险，它的成熟标志着当代社会保障制度进入了新的发展阶段。

目前，许多工业化国家在其社会保险普及化的条件下，经过第二次世界大战以后对社会福利事业的发展与完善，已经进入了社会福利型社会保障制度阶段，故“福利国家”的理论在西方盛行。中国作为发展中国家，现代社会福利已经历了数十年的发展历史，部分社会福利项目亦已走上了法制化的轨道，但在现阶段，由于社会保险制度并未普及，社会福利在社会保障体系中仍居于次要地位，这一点从国家的有关政策和社会成员的普遍需求中可以得到证实。因此，中国现在处于社会保险型社会保障制度阶段，同时又在努力发展着社会福利事业，社会福利事业在社会保障体系中的地位正日趋重要；国家和社会对社会福利的资金投入也在不断扩大（见表 6—1）。可以肯定，随着社会经济的进一步发展，中国社会保障制度将在 21 世纪初期步入社会福利型阶段。

表 6—1　　1979—1988 年中国社会福利经费支出　　单位：亿元

年份	1979	1980	1981	1982	1983	1984	1985	1986	1987	1988	1988 年比 1979 年增长
金额	65.54	67.30	68.68	73.42	87.13	97.15	125.34	169.88	200.41	250.24	2.8 倍

注：本表中的社会福利费用由民政部门、机关企事业单位和农村集体支付的福利费合并组成。

资料来源：国家统计局社会司编. 中国社会统计资料（1990）. 北京：中国统计出版社，1990. 132

（二）社会福利的特征

作为当代社会保障体系中的一个主要子系统，社会福利有着自己显著的特色，这些特色使社会福利在社会保障制度中不仅具有无可替代的地位，而且具有日益重要的地位。具体而言，社会福利的特征主要表现在普遍性、公平性、服务性、官民结合性等方面。

1. 社会福利具有普遍性。从各国的社会福利政策及其实践效果来看，社会福利属于国民收入再分配范畴，是国家和社会对财富分配的一种补充形式，它面向全体国民，即任何人都可以享有社会福利。如社会成员从生到老，都会不同程度地要接受教育、医疗、娱乐等服务，劳动者可以享有单位福利，鳏寡孤独病残幼等社会脆弱群体可以享有特殊照顾，老年人、妇女儿童等均有自己的福利项目。国家和社会为此举办学校、医院、幼儿园、托儿所、孤儿院、敬老院、康复中心、福利企业、培训中心、游乐场所等设施，开展多种社区服务。可见，社会福利面向的是全体国民，而社会保险只面向劳动者，社会救助只面向贫困人口和灾民，优抚保障只面向军人。因此，社会福利制度具有普遍性特征。

2. 社会福利具有公平性。一方面，社会福利的提供，并无特定的政策界限，对于一切社会成员而言没有阶层、群体、职业、年龄等方面的限制，全体国民一律平等；另一方面，一些社会福利设施客观上为人人所享有，如学校、医院等即是。此外，城镇人口无论贫富、职位、性别等均普遍享受各种价格补贴和社会津贴，所有享受者一律平等。社会福利这种分配上的“大锅饭”，表明了它的公平性和社会福利权利的一致性。不过，在现阶段，由于社会经济发展水平的有限性，社会福利的公平性亦在中国受到了一定的限制，但这并不能作为否定社会福利公平性特征的理由，而恰恰是我们应该努力的方向。

3. 社会福利具有服务性。社会福利的主要目的是保障和改善社会成员的生活，重在提高国民的生活质量，而要达到这一目的，只依靠像社会保险那样的现金援助和社会救助那样的现金兼实物援助手段是远远不够的，它还必须依靠广泛的社会福利服务，并通过福利服务来实现对社会成员的特定社会保障目标。例如，职工年老退休后所领取养老金不等于生活有改善，残疾人的康复不能通过现金补助来实现，少年儿童的教养不可能用金钱来替代等，均表明了社会福利服务的重要性，国家和社会正是通过各种社会福利设施和福利企业来提供社会福利服务的。因此，服务性是社会福利最基本的特征之一。

4. 社会福利具有官民结合性。在当代社会保障制度中，官民合办社会福利事业已经成为一种国际惯例。一方面，社会福利的经费筹集除政府财政预算拨款外，还要依靠民间捐助和发行各种奖券募捐，并已经制度化；另一方面，民间团体和民间志愿机构又直接承办着多种社会福利事业，这和社会保险、社会救助、优待抚恤必须官办的特征是有明显的区别。如香港、澳门地区的民间团体与志愿机构在社会福利事业实施中就起到了主力军的作用（详见本书第十四、十五章）。

此外，社会福利在中国还表现出企业办福利的特征。社会福利本应由国家和社会举办，但由于历史的原因，中国自建国后却形成了企业（单位）自办福利的传统。如托儿所、幼儿园、住宅福利、医疗保障等往往由企业或单位举办。这一现象的背后，就是国家办社会福利被弱化，民间团体办社会福利被摒弃，而大的企事业单位俨然就是一个“小社会”和“独立王国”。它不仅严重地束缚了企业生产的发展，使许多单位背上了沉重的包袱，而且也造成了社会福利待遇的巨大差异，强化了企业、单位之间的壁垒，限制了不同身份地位的人的流动，从而是中国现行社会福利制度的一个严重的缺陷。

（三）中国社会福利体系

中国的社会福利事业，是随着新中国的成立而逐步发展起来的。从中国社会福利的现状出发，可以对现行社会福利制度作如下归纳：

1. 在社会福利实施方面，中国的社会福利主要由政府或集体设立的各种社会福利机构和企业或单位分别组织实施，近几年来亦开始出现公助民办及民办互助的社会福利。如武汉市的胡曼莉于 1993 年创办的“中华绿荫儿童村”就是民办公助的社会福利设施，它面向孤儿，由个人负责承办，国家补贴，社会筹资。再如，1989 年成立的中国社会福利互助会，它作为民间机构主要面向涉外流动科技人员及其他非国家编制人员，其经费完全来自会员缴纳，主要提供医疗互助、养老互助等服务。据统计，到 1990 年年底，该会已吸收会员近万人（其中大部分是“三资”企业职工），并有

400 多家企业为本单位提出了入会申请①。此外，还有有关福利项目分别由有关部门或单位实施，如助学金就由教育部门与高校组织实施。

2. 在社会福利经费筹集方面，中国的社会福利以政府财政预算拨款、企业或单位供款和集体负担为主要来源渠道。其中，政府财政拨款用于全国符合条件的社会成员，企业或单位供款用于本单位职工，集体供款用于本社区符合条件的社会成员。同时，还开辟了其他筹资途径。如中国残疾人联合会自成立以来就募集了数以亿计的资金，其中仅香港李嘉诚的捐助就达 1.01 亿港元；再如 1987 年 6 月，中国社会福利有奖募捐委员会成立，从 1987—1992 年间，发行福利彩券 20 多亿元，5 年共筹集福利经费 8 亿多元，用这笔资金兴办福利项目 1.7 万多个，其中用于福利事业单位 2.8 亿多元，用于福利企业 1.4 亿元，用于社区服务 4 000 多万元，用于乡镇福利事业 5 000 多万元，用于残疾人“三项康复”事业 700 多万元，用于特殊教育 900 多万元，还捐助救济灾民 700 多万元②。由此可见，社会福利的经费筹集具有真正的社会性，就整个社会福利的资金情况来看，政府供款的地位正在不断下降。

3. 在社会福利管理体制方面，政府与社区及城乡集体举办的社会福利项目由民政部门管理，但职业福利则由劳动、人事、工会及行业、单位管理，不受民政部门领导。此外，还有一些独成体系的社会福利机构，如中国残疾人联合会就介于半官半民性质，它实际上在残疾人福利方面有自己的管理权限。有关教育福利则由教育部门负责。因此，中国社会福利制度的管理体制并未真正统一。

4. 在社会福利项目设置及内容方面，中国的社会福利主要有社会补贴、社会收养、残疾人福利、职业福利、社会服务等项目，它又可以进一步划分为若干具体项目（见图6—1）。

由图 6—1 可见，中国的社会福利制度与工业化国家的社会福利体系有着显著区别，即中国的社会福利不是按国际惯例分为儿童福利、妇女福利、老年人福利、残疾人福利等子系统，而是以社会补贴、社会收养、残疾人福利和职业福利为内容，这表明了中国社会福利事业的非社会化和非系统化。

---

① 人民日报，1990－12－27

② 崔乃夫．中国社会福利事业必须走社会化道路．中国民政．1992，8

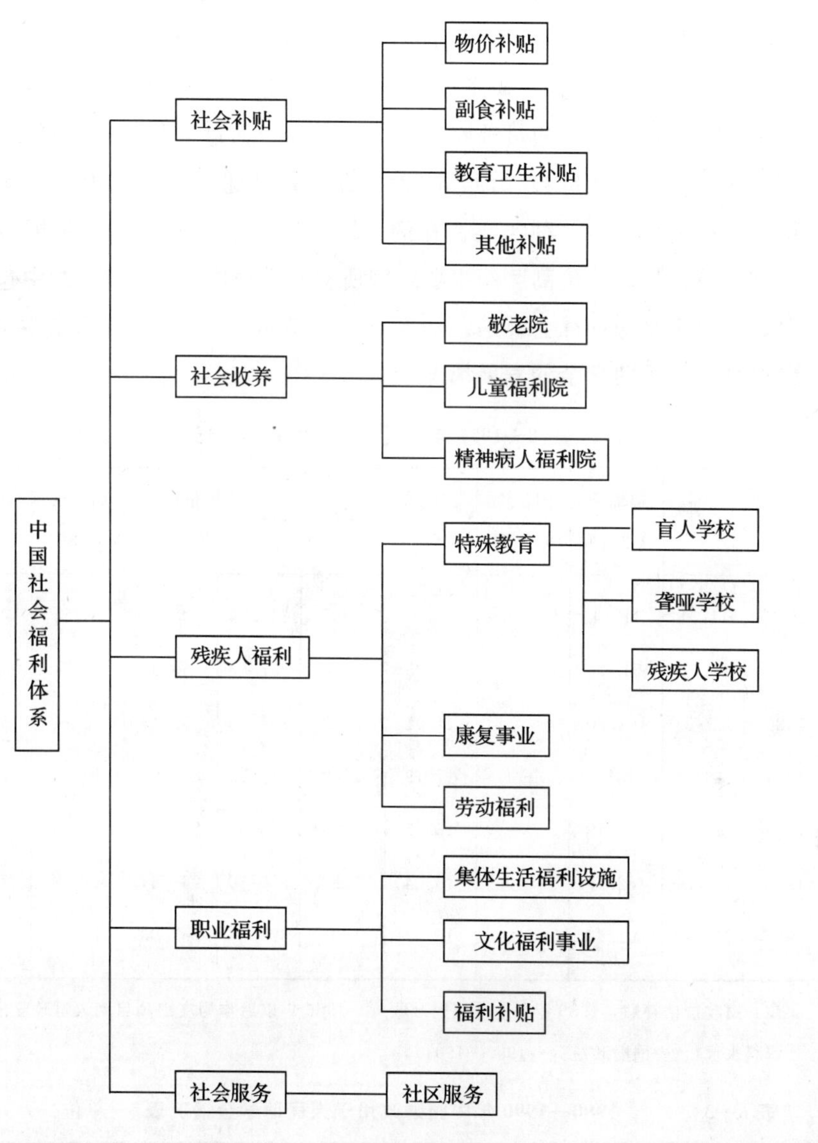

图 6—1　中国现行社会福利体系图

二、社会补贴

社会补贴或称为社会津贴，是国家直接面向全体城镇居民的一项社会福利，它一般与城镇居民户口及工作相联系，数十年来一直是中国社会福利的主体。社会补贴的实施方式有二：一是通过与职业福利有关的副食补贴、物价补贴、交通费补贴、洗理卫生费补贴、书报费补贴、取暖费补贴等“明补”方式用现金方式发放给城镇劳动者，它可以归之为职业福利（见本章第六节）；二是通过政府有关部门实施，如过去数十年间粮食部门、蔬菜公司等供应的低价粮棉油、副食、蔬菜就是建立在国家财政价格补贴基础之上的，从而是一种实实在在的“隐性”社会福利（这是中国城镇户口亦即商品粮户口“价高”的主要原因所在）。再如教育部门经费中包含的人民助学金亦是一种社会补贴。从表6—2、表6—3中，可以看出中国财政价格补贴与人民助学金的发展情况。

表6—2　　1978—1991年中国财政价格补贴情况　　单位：亿元

年份	合计	粮棉油价格补贴	肉食价格补贴	其他价格补贴	年份	合计	粮棉油价格补贴	肉食价格补贴	其他价格补贴
1978	11.14	11.14			1985	261.79	198.66	33.52	29.61
1979	79.20	54.85		24.35	1986	257.48	169.37	42.24	45.87
1980	117.71	102.80		14.91	1987	294.60	195.43	42.74	56.43
1981	159.41	142.22		17.19	1988	316.82	204.03	40.40	72.39
1982	172.22	156.19		16.03	1989	373.55	262.52	41.29	69.74
1983	197.37	182.13		15.24	1990	380.80	267.61	41.78	71.41
1984	218.34	201.67		16.67	1991	373.77	267.03	42.46	64.28

注：财政价格补贴，1985年以前冲减财政收入，1986年以后作为支出项目列入财政支出。

资料来源：《中国财政统计（1950—1991）》。

表6—3　　1980—1990年中国财政用于人民助学金情况表　　单位：万元

年份	1980	1981	1982	1983	1984	1985	1986	1987	1988	1989	1990
全国教育事业费总额	933 865	1 020 278	1 155 417	1 275 574	1 482 385	843 351	2 156 743	2 287 256	2 809 476	3 214 299	3 597 195

续表

年份	1980	1981	1982	1983	1984	1985	1986	1987	1988	1989	1990
人民助学金金额	41 119	44 701	44 254	46 103	50 510	60 878	71 847	79 085	85 868	87 095	90 167
人民助学金占教育事业费（%）	4.4	4.4	3.8	3.6	3.4	3.3	3.3	3.5	3.1	2.7	2.5

资料来源：根据《中国统计年鉴（1993）》换算．北京，中国统计出版社，1003

由表 6—2 可见，中国城镇居民的隐性社会补贴水平是较高的，年人均享有 100 多元的补贴；而人民助学金的绝对数也在增长。不过，笔者一直认为，这种社会补贴是计划经济下的产物，将来随着市场经济的发展和价格的放开，其在财政支出中所占份额将日益减少。因此，社会补贴，尤其是隐性社会补贴在中国社会福利体系中的地位将逐年下降，这是一个必然的趋势。

三、社会收养事业

（一）社会收养事业概况

社会收养，是国家和社会为收养社会孤老、残、幼和流浪乞讨人员而举办的一项社会福利事业，它是中国社会福利事业的最基本的项目，通过建立社会福利院、老人公寓、养老院、敬老院、儿童福利院、精神病院等社会福利机构具体实施，其经费主要来源于国家财政拨款及集体供款，由民政部门统一管理。

进入 20 世纪 80 年代以后，中国的社会收养事业得到了较快的发展，福利设施迅速增长，规模亦在不断扩大。从表 6—4 和表 6—5 中，可以看出中国社会收养事业的发展情况与现状。

表 6—4　　1980—1988 年中国民政部门社会收养事业基本情况

年份	社会福利院			儿童福利院			精神病人福利院		
	单位（个）	收养人数（人）	人均经费（元）	单位（个）	收养人数（人）	人均经费（元）	单位（个）	收养人数（人）	人均经费（元）
1980	669	40 722	854	59	4 480	831	111	15 080	945
1981	691	39 706	980	63	5 026	994	112	17194	960
1982	684	38 888	1 225	64	4 316	1 012	116	17 302	1 109
1983	709	40 216	1 402	60	5 127	1 046	117	17 538	1 263
1984	743	41 435	1 674	63	4 577	1 447	121	17 832	1 446
1985	752	41 970	1 782	59	4 673	1 826	113	18 831	1 409
1986	797	43 655	1 973	58	4 926	2 258	118	19 736	1 660
1987	844	45 548	1 995	60	5 126	2 446	120	20 662	1 701
1988	870	46 837	2 209	62	5 402	3 060	121	22 497	1 764

注：社会福利院系综合性的收养机构，但主要以孤寡老人为主。

资料来源：国家统计局社会司编．中国社会统计资料（1990）．北京：中国统计出版社，1990

表 6—5　　1992 年中国社会福利院基本情况

项　目	单位（个）	工作人员（人）	床位（张）	年末收养人数
1. 民政部门办福利院	1 185	36 647	109 837	88 531
2. 城镇集体办福利院	14 310	42 225	277 093	213 038
3. 农村集体办敬老院	26 472	70 339	452 406	350 570
4. 全国合计	41 967	149 211	839 336	652 139

注：本表中的福利院包括综合性的社会福利院、儿童福利院、精神病人福利院，但不含疗、休养院及城乡集体办的光荣院。

资料来源：根据《中国统计年鉴（1993）》第 307 页资料并换算．北京：中国统计出版社，1993

由表 6—4 和表 6—5 可见，中国的社会收养事业自 20 世纪 80 年代以后，发展是较快的，以民政部门举办的社会福利院为例：1980 年只有 839 个机构，仅收养 60 282 人；到 1992 年，其机构增加到 1 185 人，收养人数增加到 88 531 人，分别较 1980 年增长 41.2％和 46.9％。从整个社会收养事业来看，城乡集体举办的福利院或敬老院是中国社会收养事业的主体。如在 1992 年，城乡集体举办的福利院或敬老院数占全国的 97.2％，工作人员占 75.4％，床位占 86.9％，收养的孤老、儿童、残疾人等占 86.4％。不过，政府与集体举办的社会收养事业规模仍是十分有限的，单纯的敬老（养老）院、儿童福利院、精神病人福利院服务，不能等同于老年人福利、儿童福利与残疾人福利，从而表明了中国社会福利事业的局限性、缺乏配套性和低层次性。

（二）老年人收养事业

由于天灾人祸及多种社会原因，任何国家和社会均会有一些无经济来源、无依无靠的孤寡老人，他们不仅需要国家和社会解决基本生活来源问题，而且还要解决其日常生活的照料问题，从而成为社会收养事业的主要对象。

中国的老年人供养，主要有集中供养和分散供养两种方式。前者是指由城乡敬老院集中收养孤寡老人，后者是指散居农村并接受集体救助的五保户（见本书第四章农村社会救助）。对于集中收养的孤寡老人，由民政部门与城乡集体建立专门的社会福利院和敬老院，不仅解决其衣、食、住、行、医等基本生活问题，而且配备专门的福利工作人员，照料他们的日常生活，并大都设有阅览室、游艺室、电视室等文化娱乐设施；在管理上，实行民主管理，建立以老人为主体、工作人员参加的民主管理委员会，老年人与工作人员之间是平等团结、亲如一家的关系。如安徽省政府于1992年2月发布了《乡镇敬老院管理办法》，建立了一套比较规范的管理制度。

剔除散居供养的孤寡老人，中国的老年人收养以城镇街道办和农村集体办为主，国家给予扶持，同时由民政部门在城市举办一些老人福利院。如1991年，全国的老人福利院（含城乡敬老院）达40 750个，民政部门直接举办的为930个，仅占2.3%。因此，考察中国的老年人收养问题，主要应看由城市街道举办和农村区、乡、镇、村举办的老年人收养状况（见表6—6）。

表6—6　　1979—1992年中国城乡集体办敬老院情况表

年份	敬老院数（个）	收养人数（万人）	经费总额（万元）	其中		人均经费（元）
				国家补助	集体供给	
1979	7 470	10.6	1 838.6	676.9	1 161.7	174
1980	8 262	11.2	2 705.9	930.3	1 775.6	249

续表

年份	敬老院数（个）	收养人数（万人）	经费总额（万元）	其中		人均经费（元）
				国家补助	集体供给	
1981	8 544	11.5	2 996.5	929.9	2 066.6	264
1982	10 586	13.8	4 198.5	1 493.6	2 704.9	332
1983	14 047	16.9	6 651.6	2 483.0	4 168.6	433
1984	21 190	24.6	11 609.9	4 386.3	7 223.6	560
1985	27 103	30.9	13 459.6	3 356.9	10 102.7	485
1986	32 792	36.8	18 304.5	3 638.3	14 666.2	541
1987	35 015	40.7	22 641.4	4 117.7	18 523.7	584
1988	36 665	43.4	23 013.7	3 902.3	19 111.4	547
1991	39 820	52.0	39 314.0	4 587.0	34 727.0	756
1992	40 782	56.4			35 488.3	

注：由于资料不全，本表缺1989、1990年资料。

资料来源：根据《中国社会统计资料（1990）》《中国民政统计年鉴（1992）》《中国统计年鉴（1993）》有关资料换算。

由表6—6可见，从1979—1992年，中国城乡集体举办的敬老院达40 782所，较1979年增长4.46倍；集中收养孤寡老人56.4万人，较1979年增长3.34倍。10余年间，孤老收养事业得到了如此迅速的发展，主要依赖于农村经济的发展。以武汉市为例，由于市属县及市属郊区农村经济在近几年发展较快，农村老人收养事业亦获得大发展，截至1993年年底，全市农村兴建242座福利院，90%的乡镇实行了五保户集中供养，2 837名孤老在福利院中安度晚年①。

值得指出的是，在无偿收养无依无靠、无生活来源的孤寡老人的同时，一些地区还根据条件举办托老所等福利设施，收养自费老年人，其对象主要是一部分有收入来源的孤寡和退休老人、双职工家属无人照看的老人和党政机关、社会团体、事业单位中生活无人照料的退休老职工。如在1987年前后，广州市就开办了有别于福利院或敬老院的托老所，专门短期收养非孤寡老人，到1990年，自费进入托老所的非孤寡老人达200多人，还有

① 长江日报，1994—03—01

300 多名申请者因床位有限正等待入院①；与此同时，城乡社会福利院、敬老院亦在保证孤寡老人的前提下开始收养一部分自费老年人，如 1991 年，在城乡举办的社会福利院、敬老院里的自费老人就达 26 972 人，占在院收养人数的 4%②；1994 年 4 月，在武汉市硚口区社会福利院，收养的 310 名老人中孤老仅占 19%。③ 老人收养事业的扩大与开放，预示着中国老人收养事业正在审慎地向老年人福利服务的方向发展。

（三）儿童收养事业

儿童是祖国的未来，中国的儿童福利事业主要包括通过单位集体福利设施，如托儿所、幼儿园等提供的助教服务，民政部门举办的儿童收养事业，以及残疾儿童的特殊教育等组成。为避免重复，特将托儿所、幼儿园列入职业福利，将残疾儿童的特殊教育纳入残疾人福利，故本节主要阐述民政部门举办的儿童收养事业。

儿童收养事业，是指民政部门设立的儿童福利院或综合性的社会福利院，收容社会上的孤儿、弃婴、伤残儿童并给予供养的一项社会福利事业。它由政府财政供款，配备合格的社会工作人员，保障儿童的生存、生活和受教育的权利。

建国初期，中国儿童福利机构曾收养过 20 余万名孤儿、弃婴，较好地解决了旧社会遗留下来的社会问题。自 20 世纪 50 年代以后，社会上无家可归、无依无靠、无人抚养的婴幼儿曾一度急剧下降，弃婴人数也不断减少。以上海市为例，该市儿童福利院月均收养的弃婴在 1958—1960 年达 392 人，1961—1965 年为 76 人，1966—1970 年为 34 人，1971—1975 年为 21 人，1976—1980 年为 18 人，1981—1982 年为 16 人④。然而 80 年代以来，部分地区的弃婴又开始增多。如浙江省温州市儿童福利院 1984 年收容在院的弃婴就达 224 名，其中残缺的达 184 名，占 72.5%⑤。加之天灾人祸等多种因素的影响，孤儿仍是一个长期存在的社会问题。如唐山地震就留下了一大批孤儿。因此，儿童福利院的收养事业将是一项长期事业，并

① 羊城晚报，1990－10－05

② 朱庆芳主编．社会保障指标体系．北京：中国社会科学出版社，1993．115

③ 长江日报，1994－04－09

④⑤ 卢谋华主编．民政概论．民政管理干部学院内部教材，1984．229

始终都是中国社会福利事业中的有机组成部分。

儿童福利院（或综合性的社会福利院）对收养儿童的管理教育，分别采取了不同的方针。例如，对学龄儿童强调教与养相结合，根据条件开班上课，或送附近的学校走读，一般给以中等教育；对婴幼儿则以保育为主，辅之以学龄前的教育，保证婴幼儿身心健康成长；对智力健全而肢体残缺的婴幼儿，则实行抚养、治疗、教育三结合，尽可能给予矫治和锻炼，并施以适当的文化和职业技能教育，为将来就业创造条件；对弱智儿童则尽可能地训练其自理生活和从事简易劳动的能力，等等。

据统计，1982 年，中国有 64 所收养孤儿、弃婴的儿童福利院，并有 684 所综合性社会福利院收养孤儿、弃婴及城镇职工的残疾子女，被收养者近 2 万人[①]；到 1992 年，儿童福利院虽下降为 63 所，但综合性社会福利院却增加到 930 所，农村的孤儿符合五保条件的由敬老院收养；此外，近几年一些民间儿童福利机构开始涌现。如武汉市胡蔓莉创办的“中华绿荫儿童村”即是公助民办的专门收养孤儿、弃婴的社会福利设施，它以双亲健全家庭的形式和志愿服务来抚养孤儿、弃婴[②]。因此，儿童收养规模在总体上不断扩大。

（四）精神病人收养事业

精神病，是指因各种不同致病因素影响，导致大脑机能活动发生紊乱并造成精神活动障碍的疾病。严重的精神病患者会失去生活自理能力，不能约束自己的行为，甚至造成危害后果。据有关部门提供的资料，中国的重性精神病患病率已由 20 世纪 50 年代占人口总数的 2.7%增加到 70 年代的 5.4%，80 年代末又上升到 11.4%，而轻性精神病患病率已高达 22.1‰。据此推算，中国目前的精神病患者已达 1 000 多万人，因精神病致残者达 200 万人[③]，为数众多的精神病人，对社会是一个潜在危险和威胁。因此，防治精神病人就成了国家和社会面临的一个长期性的社会问题。

根据国家的有关规定，防治精神病人是一个综合治理的问题，按照分工负责的原则，卫生部门负责精神病人的治疗管理，公安部门负责收容管

---

① 卢谋华主编. 民政概论. 民政管理干部学院内部教材，1984. 229

② 长江日报，1994－04－04

③ 韩燕荣等. 我国精神病患者已达 1 000 万. 法制日报，1993－05－14

理对社会治安有很大危害的精神病人，民政部门则负责收养城市中无家可归、无依无靠、无生活来源的精神病人和退伍军人中的慢性精神病人。民政部门的工作职责是，建立精神病人疗养院，实行养治结合的工作方针，保证精神病人的基本生活，在以善为基础的前提下开展药疗、工疗、娱疗、心理治疗四者相结合的治疗工作。由于对象特殊，又无依无靠（即使精神病病愈，也只能转入有关福利院），精神病人收养就成为中国社会福利中的一项特殊内容。

据统计，在20世纪80年代中期全国卫生、公安、民政三个部门共有精神病收治收养机构300多个，床位6万多张，职工达3万多人，属于社会福利事业范畴的民政部门办的城市精神病疗养院有110余所。到1992年，民政部门举办的福利性精神病人收养机构达128个，床位2.6万多张，工作人员1.15万人，收养无依无靠、无生活来源的精神病患者2.32万人。

四、残疾人福利

（一）残疾人问题及其国际性

残疾人，是指在心理、生理、人体结构上，某种组织、功能丧失或者不正常，全部或部分丧失以正常方式从事某种活动的人，它包括视力残疾、听力残疾、言语残疾、肢体残疾、智力残疾、精神残疾、多重残疾和其他残疾人等多种类型，是一个特殊的社会群体。

由于遗传致害、灾祸致害、药物致害、污染致害、战争致害、劳动致害等多种原因的客观且普遍存在，造成了众多自然人先天或后天的致残，残疾不仅造成残疾人的身体痛苦而且使其处于社会竞争的弱势地位，其基本生活权利亦难以保障，甚至会严重拖累家庭，导致许多社会问题。据有关资料显示，全世界的残疾人约占总人口的5%左右，总数在2亿～3亿人之间，如此庞大的残疾人队伍作为各国的社会脆弱群体，使残疾人问题成了世界各国政府和社会普遍关注的问题。

在国际上，保障残疾人的立法从20世纪初即已开始，到第二次世界大战以后，许多国家政府更是将保障残疾人的工作纳入其社会政策和社会立法，迄今约有150多个国家和地区制定了有关残疾人的法律。其中，英国、美国、日本、法国、德国、意大利、独联体国家以及东欧、北欧、北美诸国立法较早，不少发展中国家和地区也相继立法，如我国台湾地区于80年代前后颁行了《特殊教育法》《残疾人福利法》等，香港地区亦颁行了《对伤残人的公共援助》《特别需要津贴》等法规（详见本书第十四、十六章）。不仅如此，联合国大会还通过了一系列保障残疾人权益的决议和文件，如《禁止一切无视残疾人的社会条件的决议》《弱智人权利宣言》《残疾人权利宣言》等，并卓有成效地开展了“国际残疾人年”（1981）、“联合国残疾人十年”（1983—1992）等国际性活动，其通过的《关于残疾人的世界行动纲领》（1983）和国际劳工组织大会通过的《残疾人职业康复和就业公约》（1983）等成了保障残疾人权益的重要国际性法规。

综观各国与联合国的有关残疾人保障法规，均以残疾人平等地位和充分参与为宗旨，由政府、社会、残疾人组织承担起相应的职责，发展残疾人康复、教育、劳动就业、福利服务等，不断增进残疾人的福利。具体而言，各国解决残疾人问题主要有以下几种形式：一是实行高福利政策，每一个残疾人均能享受各种特殊补贴，残疾人的生老病死均由政府全部包下来；二是国家立法，在实行有关福利政策的同时，规定企业从业人员中残疾人应占的比例，以让残疾人均有力所能及的工作岗位，对达不到比例的企业则予以罚款，并直接用于残疾人补贴；三是除让残疾人平等参与社会工作与社会活动外，由国家直接投资兴办福利工厂，实行专厂专管，成为安置残疾人的专门场所。由此可见，残疾人问题是一个国际性问题，保障残疾人的生活与工作权益已成为各国政府与社会共同追求的目标。

（二）中国的残疾人与残疾人保障

根据1988年公布的有关残疾人抽样调查资料统计，中国的残疾人口约有5 200万人左右，这一数据表明残疾人是一个很大的社会群体。如果国家和社会不给予充分关注和帮助，残疾人就有可能陷入生存与发展的困境之中。

建国以来尤其是20世纪80年代中期以来，国家对残疾人问题是十分重视的，如安排残疾人就业，实行免税政策，让有劳动能力的残疾人从事个体劳动；对于符合社会保险、社会救助、优抚保障条件的残疾人分别按规定给予相应待遇；对于无依无靠、无生活来源的残疾人则由国家和社会实行收养，等等。

1984 年，财政部颁文规定：福利企业安置残疾人员占生产人员总数35%以上的，其从事劳务、修理、服务性业务所得的收入免征营业税；凡安置残疾人员占生产人员总数 50%以上的，免征产品税或增值税。同年，成立了中国残疾人福利基金会，并成为国际康复会的正式会员；1987 年成立了中国残疾人联合会，随后各地纷纷建立了残疾人联合会及盲人协会、聋人协会、肢残人协会、智残人精神残疾人亲友会等组织，残疾人从此有了自己的组织。1990 年 12 月，七届全国人大常委会十七次会议正式通过了《中华人民共和国残疾人保障法》，该法于 1991 年 5 月 15 日正式实施，标志着残疾人保障事业成为整个社会保障制度中最先走上人大立法的法制化轨道，国家的立法规定了对残疾人的权利、康复、教育、劳动就业、文化生活、福利等方面的保障措施。1991 年 12 月，国务院又颁行了《中国残疾人事业“八五”计划纲要》，规定了“八五”期间残疾人事业的总目标、指导方针及主要任务和指标，提出进一步改善残疾人平等参与社会生活的物质条件和精神环境，缩小残疾人事业与国民经济和社会发展水平的差距。各地区照此制定了促进地方残疾人事业发展的政策。

在中国残疾人事业的发展中，政府鼓励残疾人自尊、自信、自强、自立。一方面，通过政府扶持，促进残疾人福利生产的发展，走国家扶持的劳动福利型道路；另一方面，又专门给予财政拨款，广开筹资渠道，增进残疾人的社会福利。如中国残疾人福利基金会自成立以来就筹集了数以亿计的资金，为残疾人做了不少事情，有力地促进了残疾人事业的发展。

（三）残疾人特殊教育

残疾人教育是国家教育事业的一个特殊组成部分，也是面向残疾人的一项社会福利事业。《残疾人保障法》第三章规定，国家、社会、学校对残疾儿童、少年实施义务教育，并免收学费，减免杂费，设立助学金帮助贫困残疾学生就学。由于残疾人是一个特殊群体，除肢残者外，其余残疾人不可能接受正常教育，国家和社会必须为此设立专门的残疾人教育机构，对残疾儿童和少年实行特殊教育。例如，对残疾幼儿通过残疾幼儿教育机构、普通幼儿教育机构附设的残疾儿童班、特殊教育学校的学前班、残疾儿童福利机构等实施特殊教育；对于适龄入学儿童、少年则通过设立聋哑学校、盲人学校，以及接收弱智儿童的专门学校等实施特殊教育。此外，国家还规定普通中小学校必须招收能适应其学习生活的残疾儿童、少年入学；普通高级中学、中等专业学校、技工学校和高等院校，必须招收符合国家规定的录取标准的残疾考生入学，不得因其残疾而拒绝招收。国家教育委员会还为此制定过具体政策，如 1989 年通过国务院办公厅颁发了《关于发展特殊教育的若干意见》，1991 年又与中国残联联合颁发了《残疾儿童少年义务教育“八五”实施方案》等，中国的特殊教育事业及普通大、中、小学校对适合其学习的残疾人教育事业得到了发展。

以湖北省为例，从 1988—1992 年间，该省特殊教育学校已由 12 所发展到 55 所，普通学校附设特教班从无发展到 59 个，接受教育的盲、聋、弱智学生由 1 900 人增加到 4 000 多人，还有部分肢残、轻度弱智、低视力和重听儿童进入普通学校学习；省残疾人联合会职业培训中心开展了职业技术培训工作，还协助有关部门促成各类高、中等院校录取残疾考生近 200 人[①]。在全国，1992 年年底已有特教学校 1 077 所，在校学生数 129 455 人，教职工达 26 978 人，专职教师达 18 537 人[②]。而要了解中国残疾人特殊教育的发展情况，可以通过表 6—7 来反映[③]。

表 6—7　　1957—1992 年中国盲、聋、哑儿童教育基本情况表

年份	盲聋哑学校数（所）	教职工数（万人）	教师数（万人）	在校学生数（万人）	年份	盲聋哑学校数（所）	教职工数（万人）	教师数（万人）	在校学生数（万人）
1957	66	0.1	0.1	0.8	1983	318	1.0	0.6	3.6
1962	261	0.3	0.2	1.8	1984	326	1.0	0.6	3.6
1965	266	0.4	0.3	2.3	1985	350	1.1	0.7	3.8
1975	246	0.6	0.3	2.7	1986	387	1.2	0.7	4.1
1976	269	0.6	0.4	2.9	1987	414	1.3	0.8	4.3
1977	286	0.7	0.4	3.0	1988	446	1.4	0.9	4.5
1978	292	0.7	0.4	3.1	1989	483	1.5	0.9	4.7
1979	289	0.7	0.5	3.2	1990	555	1.6	1.1	5.1

① 《湖北残联第二次大会文件汇编》，1992 年印刷。

②③ 资料来源：根据《中国统计年鉴（1993）》资料并换算．北京：中国统计出版社，1993

续表

年份	盲聋哑学校数（所）	教职工数（万人）	教师数（万人）	在校学生数（万人）	年份	盲聋哑学校数（所）	教职工数（万人）	教师数（万人）	在校学生数（万人）
1980	292	0.8	0.5	3.3	1991	651	1.9	1.2	5.6
1981	302	0.9	0.5	3.3	1992	754	2.1	1.3	6.1
1982	312	0.9	0.5	3.4	1992 比 1957 年增长（倍）	10.42	20	12	6.63

注：本表未包括弱智儿童教育在内，据 1992 年资料，该年度全国弱智儿童教育学校有 323 所，在校学生 68 674 人，教职工为 6 212 人，其中专职教师为 5 157 人。

（四）残疾人康复事业

对于残疾人而言，最迫切需要国家和社会帮助的莫过于使其缺损的组织与功能得到康复，以增强其参与社会活动的能力。因此，面向广大残疾人的康复事业就成为残疾人福利或保障体系中的一个重要项目。

目前，中国对残疾人康复事业的方针是：将现代康复技术与中国传统康复技术结合；以康复机构为骨干，社区康复为基础，残疾人家庭为依托；以实用、易行、受益广的康复内容为重点，为残疾人提供有效的康复服务。此外，政府民政部门还组织和扶持残疾人康复器械、生活自助具、特殊用品和其他辅助器具的研制、生产、供应、维修服务。如到 20 世纪 80 年代中期，除西藏、甘肃外，全国各省、市、自治区就成立了近 40 所假肢厂，有职工 4 000 多人，此外，天津医院等多家医院、医疗器械厂等还设有假肢装配车间，民政部还在北京建立了全国性的北京假肢科学研究所。因此，中国的残疾人康复事业实际上包括了对残疾人的医疗康复服务与残疾人生活用品生产服务。以湖北省为例，截至 1992 年，该省设立了白内障复明中心（站、点）110 多个，儿麻后遗症矫治中心（站、点）90 多个，聋儿语训中心（站、点）70 多个；完成儿麻矫治手术 1.4 万余人次，白内障复明手术 2.8 万余人，聋儿语训 2 000 多人，还开办了一批聋儿康复中心、低视力康复点、弱智儿童康复班以及残疾用品用具供应服务站（点）等。

除了政府与中国残联举办的康复设施外，社会康复事业亦在近几年内得到了发展，并已成为社区服务工作的重要组成部分。尤其需要指出的是，中国残疾人福利基金会自成立以来，近十年间向社会和民间筹集的福利基金约10余亿元，有力地推动了全国残疾人康复事业的发展。以香港长江实业（集团）有限公司董事局主席李嘉诚为例，他先后向中国残疾人福利基金会捐赠了1.01亿港元。从1991—1993年间，中国残联用这笔钱使47万白内障患者重见光明，19万儿麻后遗症得到矫治，3万多聋哑儿童开口讲话，一批低视儿童配助听器后已能与健康儿童一起学习，还有八省二市兴建了残疾人综合服务中心①，等等。

此外，自1982年开始，民政部还与联合国儿童基金会开展了“伤残儿童康复”合作项目。截至1990年，双方对北京、上海、南京、广州、福州等7市儿童福利事业单位投入了5 216.7万元人民币和179万美元的无偿援助，购置了一批康复器材设备，组织了康复培训，修建伤残儿童康复场所4万多平方米，极大地提高了伤残儿童的康复水平，接受康复服务的伤残儿童达9 000人，参加康复训练的有6 000万人，接受康复治疗者达4 000多人次。从1990—1994年，双方合作进入第三个周期，联合国儿童基金会投入110万美元，中国政府投入3 100万元人民币，继续合作开展伤残儿童的康复工作。

医疗康复与残疾人用品生产相结合，以及残疾人联合会网络的形成，共同促进着中国残疾人康复事业的进一步发展。

（五）残疾人劳动福利

残疾人劳动福利，就是通过安置有劳动能力（或部分劳动能力）的残疾人就业，国家给予政策扶助，使残疾人在工作中获得收入与生活保障，并在自食其力中获得物质与精神生活的平等参与。由于中国政府对残疾人采取的主要是劳动福利型政策，故残疾人的就业保障就成了中国残疾人保障的主体内容，并具体表现为福利生产的规模与发展。但在过去数十年间，残疾人的劳动福利主要由国家办理，实施范围局限于城市，即城市才办有福利工厂，农村的残疾人只能由家庭或集体供养。

进入20世纪80年代以后，国家对残疾人的劳动福利事业进行了一系

① 人民日报·海外版，1993—10—5

列改革，民政部门对其直属的城市福利生产单位由事业型管理改为企业化管理，赋予了福利企业经营自主权；改变过去民政部门一家办福利企业的方式，放手发动社会力量，兴办各种类型的福利企业；国家还进一步放宽了税收优惠政策减免的税种和范围，鼓励和引导社会福利社会办的方向，等等。各项改革措施和法规政策的制定和实施，促进了福利企业的发展。在“七五”期间，全国平均每年新办福利企业达 5 000 多个，城乡社会集体办福利企业已成为中国社会福利生产的主力军。据有关统计资料，到 1992 年年底，全国有各类福利企业 49 783 个，年创产值 661.8 亿元，分别比 1979 年增长 49 倍和 96 倍，安置就业的残疾人已达 77.8 万余人。具体而言，福利企业的发展情况可以从表 6—8 中得到反映。

表 6—8　　1985—1992 年中国社会福利企业基本情况

年份	社会福利企业数（个）			职工人数（人）			残疾人就业人数（人）			产值（亿元）		
	合计	民政办	社会集体办	合计	民政办	社会集体办	合计	民政办	社会集体办	合计	民政办	社会集体办
1985	14 768	2 214	12 554	668 018	219 189	448 829	234 301	83 051	151 250	47.0	17.4	29.6
1986	19 762	2 551	17 211	874 118	236 371	637 741	315 129	89 421	225 708	68.2	19.2	49.0
1987	27 690	2 976	24 714	1 126 303	250 329	875 974	434 549	96 605	337 944	114.0	26.0	88.0
1988	40 393	3 692	36 701	1 463 536	282 947	1 180 589	982 069	106 095	875 974	205.4	41.0	164.4
1989	41 459	4 595	36 864	1 502 524	310 345	1 192 179	613 808	119 626	494 182	260.5	47.3	213.2
1990	41 725	5 208	36 517	1 570 533	325 461	1 245 072	637 571	124 630	512 941	300.5	52.6	247.9
1991	44 218	6 329	37 889	1 694 176	352 112	1 342 064	701 322	136 183	565 139	415.8	72.3	343.5
1992	49 783	6 798	42 985	1 901 678	373 412	1 528 266	778 173	142 473	635 700	661.8	100.1	561.7
1992 比 1985 年增长（倍）	2.4	2.1	2.4	1.8	0.7	2.4	2.3	0.7	3.2	13.1	6.8	18

资料来源：根据《中国统计年鉴（1993）》《中国民政统计年鉴（1992）》有关资料整理并换算。

由表 6—8 可见，从 1985—1992 年间，中国社会福利企业增长 2.4 倍，残疾人就业人数增长 2.3 倍，福利企业产值增长 13.1 倍。

目前，中国的福利企业已具有一定的规模。不仅民政部门和街道办福利企业，而且从城镇的大企业、事业单位、社会团体，到农村的乡、镇，一直延伸到村，都在兴办福利企业，初步形成了以民政部门直属福利企业为骨干，以街道、乡镇福利企业为基础，以企事业单位及社会团体办社会企业为补充的多层次、多渠道、多种形式发展残疾人福利企业的新格局。以武汉市为例，有各种形式的福利企业420家，安置残疾人1.1万多人，有劳动能力的残疾人就业率达98%①。全国有12个福利企业被命名为国家二级企业，300多个福利企业晋升为省级企业，35个福利企业被列为机械电子工业部的骨干或重点企业，3个福利企业被列为出口扩权企业。福利企业生产经营的产品几乎涉及所有产业的所有行业，出口产品达2 000多种，年创汇5亿多美元②。社会福利生产的发展，促进了残疾劳动力资源的开发，保障了近80万残疾人的就业，减轻了数十万个家庭的负担。尤其值得指出的是，福利企业每年还为中国的社会福利事业和社会救助事业提供着3亿元的资助③，从而又为整个残疾人事业作出了贡献。实践证明，中国的残疾人事业走劳动福利型道路是一条正确的道路。

五、社区服务

社会服务，是指以基层社区组织为依托，以本社区社会成员为主体，通过社会福利设施服务和志愿性的居民互助服务，增进社会成员福利和提高社会成员生活质量的区域性社会福利服务。社区服务的特点在于：(1) 福利性。它以孤老残幼等特殊对象为重点，实行有偿、无偿、低偿服务相结合，以社会效益为主。(2) 区域性。一般以街道为单位，以本社区居民为对象。(3) 群众性。它主要通过社区内居民的自助互利服务方式来实施，是主体与客体、权利与义务的相对统一，从而具有群众性。(4) 多元性。其服务对象面向全体社区成员，服务内容包括物质、精神方面及服务方面，既是官方的更是民间的社会工作。社区服务的上述特点决定了它是中国社会福利事业的一个日趋重要的组成部分。

作为一项新兴的社会福利项目，社区服务在20世纪80年代初期即开始出现，但当时主要是作为民政部门开展福利服务网络化活动的一个方面，其设施数量少，规模小，服务层次低，仍基本局限于官办。1987年以后，

---

① 长江日报，1993－06－20

②③ 中国社会报，1994－01－15

在民政部门的推动下，社区服务作为一项独立的社会福利工作遂在全国范围内发展起来，并在短短几年内得到了迅速的发展。以北京市西城区为例，该区到1992年已建立了社区福利设施实体707个，其中由街道主办的40个，由居委会主办的666个，设施规模实现了以小为主的大、中、小三结合，民政工作对象和其他特困户的受益率达100％，一般居民群众的受益率达30％～80％①。

正因为社区服务体现了社会福利社会办的原则，调动了国家、集体、社区以及居民等各方面的积极性，部分地区的实践又起到了示范的作用，社区服务才在全国城镇得到了迅速发展。目前，社区服务工作在全国各地广泛开展，已经形成了以街道为主体、以居委会为依托，布局层次化、项目系列化、参与群众化、服务互助化、管理社会化的社区服务基本格局。各种街道办、居委会办的社区服务中心、康复站、残疾儿童寄托所、托老所、敬老院、包产服务、婚姻介绍所，以及小型福利工厂等构成一个新兴的社区服务网络。据统计，到1991年年底，全国已有75％以上的城市街道开展了社区服务工作，总共建设社区服务设施89 918个，其中老年人服务设施21 543个，占24％；残疾人服务设施7 154个，占8％；优抚对象服务设施13 728个，占15％；综合性社区服务中心和其他便民利民设施47 502个，占53％②。可以预见，社区服务还会持续发展下去，并最终成为中国社会福利中与每一个社会成员均有关的社会福利。

六、职业福利

职业福利或称职工福利③，是国家或单位以举办集体福利设施、建立补贴制度和组织开展各种业余文体活动为主要内容的一种社会福利制度，它以城镇在职劳动者为对象，是中国现阶段社会福利事业的主体内容。

（一）职业福利制度的建立与发展

新中国的职业福利制度，是自1950年6月颁布《中华人民共和国工会

① 宗松．设施服务与志愿服务结合的必然趋势．中国民政．1992，7

② 朱庆芳主编．社会保障指标体系．北京：中国社会科学出版社，1993．110

③ 职工福利制度不仅在企业中实施，也在国家机关、事业单位中实施，故而包括了工人与公务员、职员等在内，它与职业密不可分，故笔者认为称为职业福利为宜。

法》时开始建立起来的。当时，由于工农业生产水平极其低下，城市职工生活困难重重，就业人口少，收入低，吃、住、行等基本生活条件均难以保证。为了保障职工的生活，《中华人民共和国工会法》与稍后颁行的《中华人民共和国劳动保险条例》均明确规定国家和工会要逐步增进职工福利，并规定各级政府应拨给工会必需的房屋与设备作为举办集体福利事业之用。自此以后，职业福利便渗透到工矿企业、商业、服务业等一切企业和国家机关、事业单位、社会团体以及学校等各行各业，每一个企事业单位的职工都不同程度地享受到了由国家和所在单位提供的职业福利。

在“大跃进”与“文化大革命”时期，中国的职业福利制度亦遭到了严重破坏，主管福利的机构处于瘫痪状态，许多基层单位的福利机构被解散，福利基金的提取大幅降低，许多福利设施被毁坏，以致留下了迄今仍未完全解决的职工住房难、洗澡难、食堂就餐难、业余文体活动难等问题。1976 年以后，国家陆续修改了一些福利补贴制度，改进了职工福利基金的提取与使用办法，推行了以承包为中心的福利设施管理体制，实行国家、集体、个人一起办福利，并让集体福利设施逐渐对外开放。1992 年 4 月 3 日，七届人大五次会议审议通过了《中华人民共和国工会法》(新工会法)；近年来，国家又决定实行住宅私有化，单位向职工廉价出售住宅，一些地区还建立了公积金制度，所有这些均推动着职业福利事业走向新的发展阶段。

(二) 职业福利的内容与规模

从职业福利的经费来源来看，国家机关及事业单位、社会团体、学校等一切需财政拨款的单位，由国家财政拨款解决，其标准是按单位工资总额的一定比例同时拨付；企业单位除按工资总额的一定比例提取福利费并计入生产成本外，主要根据其税后利润的一定比例提取福利基金，福利费与福利基金可以打通使用；此外，部分集体福利设施采取廉价收费制，亦可筹集一部分资金，如影剧院、理发室、浴室等均实行低偿服务制。因此，财政供款或企业供款构成了职业福利的主体资金来源渠道，低偿服务构成了资金补充来源渠道。

从职业福利的管理来看，政府中有劳动部、人事部、财政部等部门以及各级行政、工会、妇联等管理，但由各单位具体组织，政府制定政策，单位具体负责实施，因而又是有别于社会型、社区型的单位封闭式福利。

从职业福利的实施方式来看，主要有以下几种：一是建设职工住宅，提供住宅福利消费；二是提供各种福利性补贴以增进职工的生活水平；三是通过各种集体福利设施为职工提供生活方便；四是开展各种文体活动，以增进职工的身心素质；五是建立探亲与休假制度。此外，部分工矿企业还建立了农副业生产基地，并给予福利补贴，以解决职工的部分生活困难，但随着经济形势的好转，农副产品供应比较充足以后，生产基地亦陆续停办了。工会则举办职工疗养院所，到1993年，全国仅各省、市、区总工会举办的疗、休养院（所）就达150处，床位近4万张，职工1.5万人，每年可接待近70万名患病职工和劳动模范休养①。因此，职业福利又是多种方式并举的综合性福利。

建国40多年来，职业福利作为中国城镇的主要福利，一直延续至今，由于其涉及众多的城镇劳动者，有的项目还是一人就业惠及全家（如住宅福利），因而无论从规模上还是水平上，都堪称中国社会福利制度的真正主体。从表6—9、表6—10、表6—11中可以考察到中国职业福利的内容与规模发展情况。

表6—9　　1978—1992年中国全民单位职工福利项目及费用情况　单位：亿元

年份	合计	生活困难补助	农副业生产补贴	文体宣传费	集体福利事业补贴	集体福利设施费用	计划生育补贴	交通费补贴	其他
1978	22.9	6.0	1.2	2.6	4.4	4.3			4.4
1981	39.6	6.0	0.8	2.9	7.4	9.0	2.7	5.3	5.5
1984	68.5	6.6	0.96	4.5	14.5	14.8	5.5	7.0	14.7
1990	224.7	8.6		10.9	34.4	35.3	12.4	21.7	101.4
1991	257.0	8.8		12.3	35.9	38.4	13.5	25.4	122.7
1992	295.2	9.5		14.0	41.7	45.9	14.2	30.7	139.2

资料来源：1978年、1981年、1984年数据根据《当代中国的职工工资福利和社会保险》第205页资料换算；1990—1991年数据参见《中国劳动年鉴（1992）》；1992年数据参见《中国统计年鉴（1993）》。

① 工人日报，1993－10－13

表 6—10 1952—1992 年中国全民与集体单位部分职业福利设施状况

项目＼年份	1952	1978	1988	1992
幼儿园（个）	6 531	163 952	171 845	172 506
幼儿园教职工（万人）	1.9	46.9	97.9	112.1
内部俱乐部（礼堂）			120 739	
文化馆（个）	83	1 256	2 497	
工人疗养院（所）	270	389	1 128（含基层单位办）	

资料来源：1952—1988 年数据参见《中国统计年鉴（1989）》，1992 年数据参见《中国统计年鉴（1993）》。

表 6—11 1991 年中国全民、集体单位职业福利项目及支出情况 单位：亿元

项目	合计	生活困难补助费	文体宣传费	集体福利工业补贴	集体福利设施费	计划生育补贴	上下班交通费补贴	洗理卫生费	冬季取暖补贴	其他福利费
金额	304.2	10.4	13.9	40.9	42.7	16.8	31.6	77.3	21.9	48.7

注：本表中不包括离退休职工的福利费。

资料来源：朱庆芳编．社会保障指示体系．北京：中国社会科学出版社，1993．111

由上述三表可见，中国的职业福利项目多，内容丰富，规模庞大。仅以全民单位的福利费支出为例，1992 年的支出就比 1978 年增长了 11.9 倍，比 1981 年增长 6.5 倍，可见长势强劲，表现出刚性特征。

（三）职业福利的特点

中国的职业福利，作为一项面向逾亿劳动者的福利制度，是与计划经济时代追求“一大二公”相适应的，它是“单位办社会”的具体反映。其显著特征在于：

1. 职业福利的身份性。首先，职业福利只面向城镇全民、集体企业的劳动者，以及国家机关、事业单位、人民团体、学校中的劳动者，农村劳动者、城镇个体工商者及其他单位的职工没有职业福利；其次，全民所有制单位与集体所有制单位及其他所有制单位职工之间，大型企业与中、小型企业的职工之间，中央企业与地方企业之间，固定工与合同工之间，正式工与临时工之间，干部与群众之间，享有的是福利水平相差悬殊的待遇。

因此，职业福利强调的是社会成员的身份性。

2. 职业福利的分散性。一般而言，社会福利强调的是集中，即国家与社区集中办理有关社会福利。然而，中国的职业福利却是由国家制定社会福利政策和确定福利项目，由各个企业和单位组织福利，政府只承担了一些社会脆弱群体的福利，而把大量的特殊福利项目如住房、抚育子女、在职职工的贫困帮助、有关福利服务等转嫁给了企业和单位，从而造成了职业福利的分散化。

3. 职业福利的封闭性。由于职业福利由企业和单位举办，受益者亦仅限于本企业或本单位职工，既不为社会服务，也不为其他企业与单位服务，各企业与单位均追求自己的福利设施、福利项目，福利服务“小而全”，从而使职业福利具有封闭性。

4. 职业福利的高水平性。尽管中国的整个社会福利水平极低，如农村人口基本无福利，一些孤寡残老幼者虽有福利与救助亦仅够维持，但是职业福利尤其是全民单位的职业福利水平却是较高的，它不仅表现在职业福利费用的庞大规模上，而且更多的是住房福利、家属医疗福利等方面。如职工住房在过去全部是公房，个人只象征性地交一点房租，这项国民生活中最重要的消费项目在居民家庭生活中几乎不需要支出。而在职工的工资构成中，各种津贴所占比重甚大，如在 1990 年和 1991 年，全国职工津贴总额分别为 612.8 亿元和 697.8 亿元，分别占当年工资总额的 26.4%和 26.9%，等等。由此可见，城镇居民的收入实际上来源于工资性收入和福利性补贴（含集体福利）、服务三个同等重要的渠道，从而表明了职业福利的高水平性。以致有人评价中国是一个低收入的高福利国家[①]，不过，这种低收入的高福利只限于城镇居民与集体单位的职工，且正在随着市场经济的发展而变化。

5. 职业福利内容的广泛性。从职业福利的历史与现状出发，可以看出中国的职业福利内容十分广泛。以集体福利设施为例，就有职工食堂、托儿所、幼儿园、职工住宅、浴室、理发室、医院或医务室、疗养院（所）、图书室、阅览室、文化室、俱乐部、电影院、体育活动场所等；

① 参见：刘瑞中. 对福利的思考. 人民日报，1989—05—25；刘瑞中，张新华. 中国，一个低收入的福利国家. 中国：发展与改革. 1989，6

再以福利补贴为例，有生活困难补助、探亲假工资、冬季取暖补贴、夏季防暑补贴，交通费补贴、计划生育补助，等等。职业福利的内容可以称之为包罗万象。

七、现行社会福利制度的缺陷

未来学家奈斯比特在《大趋势》一书中，曾根据西方工业化国家的福利情况，全面描述了20世纪人类社会福利制度实践的产生及其失败和消亡的过程，指出福利制度是人类历史上的一次失败的尝试。尽管中国的社会福利制度不能简单地认为是失败，但它作为特定历史时期和特定社会经济制度下的产物，显然与当代社会发展与市场经济的改革不相适应，从而具有多方面的缺陷。

（一）社会成员的福利权利极不平等

前已述及，中国的社会福利主要为城镇居民，尤其是全民单位的职工享有，不同的所有制之间的福利水平存在着相当悬殊的差距。这一特点的根源是国家和政府在规范社会成员的福利权利时对农村社会成员及城镇非全民、非集体单位的成员采取了忽视的态度，从而使社会成员间存在着事实上的不平等，其后果就是，城乡之间的差别扩大，不同所有制单位的差距扩大，制造了城乡壁垒及企业、单位壁垒，既不利于城乡之间、企业之间的人员交流，又不利于整个社会经济的协调发展。如果说在建国初期采取这种福利体制是历史条件所决定的，那么，进入改革开放时代以来，再维持社会成员的福利权利不平等现状就会酿成新的社会问题。即：一方面，社会福利的刚性增长特性，决定了国家和单位的福利包袱越来越重，无论社会发展、经济增长及企业经济效益好坏，福利水平均不能下降；另一方面，又造成了职工与农民的阶层矛盾，并可能进一步尖锐化。

（二）未充分利用民间力量

无论多么发达的国家或地区，政府的财力始终是有限的，而社会成员对福利的需求增长却是无限的。因此，解决财力有限与需求无限矛盾的途径就是充分利用民间的力量来发展社会福利事业，这是一些国家和地区的成功经验。如中国香港、澳门地区的社会福利就主要依靠民间力量推动(详见本书第十四、十五章)。

然而，在中国，一直推崇政府办社会福利和单位办职工福利的社会福利体制，尽管改革开放以后增加了社区办福利和向民间募集福利资金等内容和办法，1994 年共青团中央等单位也开始倡导志愿服务，但并未真正发挥出民间办社会福利的积极性。国家迄今无明确的鼓励民办福利事业的政策，政府官员与国民无民办福利事业的观念，募集福利资金亦有失规范，人们已习惯于接受国家与单位的福利，等等。因此，中国的社会福利事业仍基本上处于官办阶段或官办与单位办相结合的阶段。不能充分利用民间力量（包括人力、物力、财力等）的后果是：政府与单位的压力不断增大，社会福利事业的发展必然受到局限。

（三）社会福利层次低

尽管在中国的社会福利制度中，职业福利被称为高水平，但由于业缘壁垒和集体福利设施的封闭性，不仅一般社会成员无法享受，即使是本单位的职工，也由于居住不便等原因而影响了福利消费。所以，造成许多福利设施和项目的利用率长期以来停留在较低的水平上。据中国社会科学院社会学所的多次调查，城市职工对职业福利的满意度均低于 50％。

在政府或社区办的社会福利中，也主要是为孤老残幼提供一些衣、食、住、行等保障，总体上处于救助型福利阶段，社会服务极端落后，整个社会福利制度并未充分发挥出改善人民生活状况、提高人民生活素质、促进社会文明的功能。

封闭式经办、救济性保障，表明了中国的社会福利仍处于较低层次。

（四）社会福利规模小

社会福利应该让全体国民享有，但在中国现行的社会福利制度下，劳动者的社会福利与劳动者的社会保险一样，局限于全民单位及一部分集体单位的职工，农村劳动者和城镇其他劳动者并未享受到相应的福利待遇。在老年人福利方面，仅惠及一部分无依无靠、无生活来源的城镇孤寡老人和农村集中供养的五保户，数以千万计的老年人没有老年福利待遇。在儿童福利方面，亦局限于孤儿、弃婴，以及有单位福利的城镇劳动者的子女。

在精神病人福利方面，全国的重性精神病患者已达1 000万人，而国家仅有200多所精神病院，收治者不到5%，95%以上的精神病患者只能依靠家庭护理和照管。在特殊教育方面，1992年7月由国家教委与中国残联颁发的《残疾儿童少年义务教育“八五”实施方案》中，提出的目标是到1995年争取让残疾儿童少年的入学率达到30%，而据有关调查统计，全国6～14岁学龄残疾儿童有600万人，有学习能力的占89.7%，但目前的盲童、聋童入学率不足6%[①]，1988年全国高考中符合标准的1 800名残疾考生有1 100人未被录取，等等，表明了特殊教育规模甚小。在残疾人就业方面，全国5 000多万残疾人中有劳动能力的占27.42%，有部分劳动能力的占42.99%，两者合计占70.41%，即有3 000多万残疾人应该得到就业的机会，然而，到1992年年底，在福利企业就业的残疾人不足80万人；在城镇，福利企业加上在其他企事业单位中的残疾就业者及个体工商户，残疾人就业率亦只有50%左右。以湖北省为例，该省有残疾人350多万人，但就业的残疾人仅有2.5万余人[②]。不仅如此，福利企业的亏损面在20%以上，相当部分福利企业处于停产半停产状况。因此，许多有劳动能力或部分劳动能力的残疾人就业无路，收入无着，依靠家庭供养，不仅使数以千万计的家庭承受了沉重的负担，而且打掉了许多残疾人的生活信心。

（五）社会福利经费短缺

一方面，国家对社会福利的投入少，每年用于社会福利事业的经费拨款占国民生产总值的比重仅及1‰左右，不仅低于发达国家水平，也低于许多发展中国家的水平；另一方面，又未使民间财力得到运用，如民办福利、志愿服务极少，福利募捐尚未规范化与制度化，加之一些企业、单位因经济效益不佳等而无力顾及福利发展，等等。这样，整个社会对社会福利的投入严重不足，社会福利必然陷入经费拮据的困境，许多福利设施长期得不到改善，一些社会收养机构无以为继，许多通过康复服务能康复的残疾人因需自付高昂费用而不能康复，社会福利发展规模受到阻滞，经费短缺正成为社会福利事业发展的严重制约因素。

---

① 周文林．中国残疾人状况分析．社会学研究．1993，5

② 《湖北残联二次代表大会文件汇编》，1993年内部印刷。

此外，中国的社会福利还存在着管理不力、效率不高、改革力度不够的缺陷。

总之，中国现行的社会福利制度走过了 40 多年的历程，它与传统体制相联系，不可避免地要打上传统体制的烙印。在社会经济迅速发展的当代中国，需要国家和整个社会共同关注和扶持社会福利事业的发展，并加快改革和重建中国社会福利制度的步伐。

附录 6—1

中华人民共和国残疾人保障法

（1990 年 12 月 28 日第七届全国人民代表大会常务委员会第十七次会议通过，同日中华人民共和国主席 36 号令公布，自 1991 年 5 月 15 日起施行）

第一章　总　　则

第一条　为了维护残疾人的合法权益，发展残疾人事业，保障残疾人平等地充分参与社会生活，共享社会物质文化成果，根据宪法，制定本法。

第二条　残疾人是指在心理、生理、人体结构上，某种组织、功能丧失或者不正常，全部或者部分丧失以正常方式从事某种活动能力的人。

残疾人包括视力残疾、听力残疾、言语残疾、肢体残疾、智力残疾、精神残疾、多重残疾和其他残疾的人。

残疾标准由国务院规定。

第三条　残疾人在政治、经济、文化、社会和家庭生活等方面享有同其他公民平等的权利。

残疾人的公民权利和人格尊严受法律保护。

禁止歧视、侮辱、侵害残疾人。

第四条　国家采取辅助方法和扶持措施，对残疾人给予特别扶助，减轻或者消除残疾影响和外界障碍，保障残疾人权利的实现。

第五条　国家和社会对伤残军人、因公致残人员以及其他为维护国家和人民利益致残人员实行特别保障，给予优待和抚恤。

第六条　各级人民政府应当将残疾人事业纳入国民经济和社会发展计划，经费列入财政预算，统筹规划，加强领导，综合协调，采取措施，使残疾人事业与经济、社会协调发展。

国务院和省、自治区、直辖市人民政府，采取组织措施，协调有关部门做好残疾人事业的工作。具体机构由国务院和省、自治区、直辖市人民政府规定。

各级人民政府有关部门，应当密切联系残疾人，听取残疾人的意见，按照各自的职责，做好残疾人工作。

第七条 全社会应当发扬社会主义的人道主义精神，理解、尊重、关心、帮助残疾人，支持残疾人事业。

机关、团体、企业事业组织和城乡基层组织，应当做好所属范围内的残疾人工作。

从事残疾人工作的国家工作人员和其他人员，应当履行光荣职责，努力为残疾人服务。

第八条 中国残疾人联合会及其地方组织，代表残疾人的共同利益，维护残疾人的合法权益，团结教育残疾人，为残疾人服务。

残疾人联合会承担政府委托的任务，开展残疾人工作，动员社会力量，发展残疾人事业。

第九条 残疾人的法定扶养人必须对残疾人履行扶养义务。

残疾人的监护人必须履行监护职责，维护被监护人的合法权益。

残疾人的亲属、监护人应当鼓励和帮助残疾人增强自立能力。

禁止虐待和遗弃残疾人。

第十条 残疾人必须遵守法律，履行应尽的义务，遵守公共秩序，尊重社会公德。

残疾人应当发扬乐观进取精神、自尊、自信、自强、自立，为社会主义建设贡献力量。

第十一条 国家有计划地开展残疾预防工作，加强对残疾预防工作的领导，宣传、普及优生优育和预防残疾的知识，针对遗传、疾病、药物中毒、事故、灾害、环境污染和其他致残因素，制定法律、法规，组织和动员社会力量，采取措施，预防残疾的发生和发展。

第十二条 对在社会主义建设中做出显著成绩的残疾人，对维护残疾人合法权益、发展残疾人事业、为残疾人服务做出显著成绩的单位和个人，由政府和有关部门给予奖励。

第二章　康　　复

第十三条 国家和社会采取康复措施，帮助残疾人恢复或者补偿功能，增强其参与社会生活的能力。

第十四条 康复工作应当从实际出发，将现代康复技术与我国传统康复技术结合；以康复机构为骨干，社区康复为基础，残疾人家庭为依托；以实用、易行、受益广的康复内容为重点，并开展康复新技术的研究、开发和应用，为残疾人提供有效的康复服务。

第十五条 政府和有关部门有计划地在医院设立康复医学科（室），举办必要的专门康复机构，开展康复医疗与训练、科学研究、人员培训和技术指导工作。

各级人民政府和有关部门，应当组织和指导城乡社区服务网、医疗预防保健网、残疾人组织、残疾人家庭和其他社会力量，开展社区康复工作。

残疾人教育机构、福利性企业事业组织和其他为残疾人服务的机构，应当创造条件，开展康复训练活动。

残疾人在专业人员的指导和有关工作人员、志愿工作者及亲属的帮助下，应当努力进行功能、自理能力和劳动技能的训练。

国务院和有关部门分阶段确定康复重点项目，制定计划，组织力量实施。

第十六条 医学院校和其他有关院校应当有计划地开设康复课程、设置康复专业，培养各类康复专业人才。

国家和社会采取多种形式对从事康复工作的人员进行技术培训；向残疾人、残疾人亲属、有关工作人员和志愿工作者普及康复知识，传授康复方法。

第十七条 政府有关部门应当组织和扶持残疾人康复器械、生活自助具、特殊用品和其他辅助器具的研制、生产、供应、维修服务。

第三章　教　　育

第十八条 国家保障残疾人受教育的权利。

各级人民政府应当将残疾人教育作为国家教育事业的组成部分，统一规划，加强领导。

国家、社会、学校和家庭对残疾儿童、少年实施义务教育。

国家对接受义务教育的残疾学生免收学费，并根据实际情况减免杂费。国家设立助学金，帮助贫困残疾学生就学。

第十九条 残疾人教育，根据残疾人的身心特性和需要，按照下列要求实施：

（一）在进行思想教育、文化教育的同时，加强身心补偿和职业技术教育；

（二）依据残疾类别和接受能力，采取普通教育方式或者特殊教育方式；

（三）特殊教育的课程设置、教材、教学方法、入学和在校年龄，可以有适度弹性。

第二十条 残疾人教育，实行普及与提高相结合、以普及为重点的方针，着重发展义务教育和职业技术教育，积极开展学前教育，逐步发展高级中等以上教育。

第二十一条 国家举办残疾人教育机构，并鼓励社会力量办学、捐资助学。

第二十二条 普通教育机构对具有接受普通教育能力的残疾人实施教育。

普通小学、初级中等学校，必须招收能适应其学习生活的残疾儿童、少年入学；普通高级中等学校、中等专业学校、技工学校和高等院校，必须招收符合国家规定的录取标准的残疾考生入学，不得因其残疾而拒绝招收；拒绝招收的，当事人或者其亲属、监护人可以要求有关部门处理，有关部门应当责令该学校招收。

普通幼儿教育机构应当接收能适应其生活的残疾幼儿。

第二十三条 残疾幼儿教育机构、普通幼儿教育机构附设的残疾儿童班、特殊教育学校的学前班、残疾儿童福利机构、残疾儿童家庭，对残疾儿童实施学前教育。

初级中等以下特殊教育学校和普通学校附设的特殊教育班，对不具有接受普通教育能力的残疾儿童、少年实施义务教育。

高级中等以上特殊教育学校、普通学校附设的特殊教育班和残疾人职业技术教育机构，对符合条件的残疾人实施高级中等以上文化教育、职业技术教育。

第二十四条 政府有关部门、残疾人所在单位和社会应当对残疾人开展扫除文盲、职业培训和其他成人教育，鼓励残疾人自学成才。

第二十五条 国家有计划地举办各级各类特殊教育师范院校、专业，在普通师范院校附设特殊教育班（部），培养、培训特殊教育师资。普通师范院校开设特殊教育课程或者讲授有关内容，使普通教师掌握必要的特殊教育知识。

特殊教育教师和手语翻译，享受特殊教育津贴。

第二十六条 政府有关部门应当组织和扶持盲文、手语的研究和应用，特殊教育教材的编写和出版，特殊教育教学用具及其他辅助用品的研制、生产和供应。

第四章 劳动就业

第二十七条 国家保障残疾人劳动的权利。

各级人民政府应当对残疾人劳动就业统筹规划，为残疾人创造劳动就业条件。

第二十八条 残疾人劳动就业，实行集中与分散相结合的方针，采取优惠政策和扶持保护措施，通过多渠道、多层次、多种形式，使残疾人劳动就业逐步普及、稳定、合理。

第二十九条 国家和社会举办残疾人福利企业、工疗机构、按摩医疗机构和其他福利性企业事业组织，集中安排残疾人就业。

第三十条 国家推动各单位吸收残疾人就业，各级人民政府和有关部门应当做好组织、指导工作。机关、团体、企业事业组织、城乡集体经济组织，应当按一定比例安排残疾人就业，并为其选择适当的工种和岗位。省、自治区、直辖市人民政府可以根据实际情况规定具体比例。

第三十一条 政府有关部门鼓励、帮助残疾人自愿组织起来从业或者个体开业。

第三十二条 地方各级人民政府和农村基层组织，应当组织和扶持农村残疾人从事种植业、养殖业、手工业和其他形式的生产劳动。

第三十三条 国家对残疾人福利性企业事业组织和城乡残疾人个体劳动者，实行税收减免政策，并在生产、经营、技术、资金、物资、场地等方面给予扶持。

地方人民政府和有关部门应当确定适合残疾人生产的产品，优先安排残疾人福利企业生产，并逐步确定某些产品由残疾人福利企业专产。

政府有关部门下达职工招用、聘用指标时，应当确定一定数额用于残疾人。

对于申请从事个体工商业的残疾人，有关部门应当优先核发营业执照，并在场地、信贷等方面给予照顾。

对于从事各类生产劳动的农村残疾人，有关部门应当在生产服务、技术指导、农用物资供应、农副产品收购和信贷等方面，给予帮助。

第三十四条 国家保护残疾人福利性企业事业组织的财产所有权和经营自主权，其合法权益不受侵犯。

在职工的招用、聘用、转正、晋级、职称评定、劳动报酬、生活福利、劳动保险等方面，不得歧视残疾人。

对于国家分配的高等学校、中等专业学校、技工学校的残疾毕业生，有关单位不得因其残疾而拒绝接收；拒绝接收的，当事人可以要求有关部门处理，有关部门应当责令该单位接收。

残疾职工所在单位，应当为残疾职工提供适应其特点的劳动条件和劳动保护。

第三十五条 残疾职工所在单位应当对残疾职工进行岗位技术培训，提高其劳动技能和技术水平。

第五章 文 化 生 活

第三十六条 国家和社会鼓励、帮助残疾人参加各种文化、体育、娱乐活动，努力满足残疾人精神文化生活的需要。

第三十七条 残疾人文化、体育、娱乐活动应当面向基层，融于社会公共文化生活，适应各类残疾人的不同特点和需要，使残疾人广泛参与。

第三十八条 国家和社会采取下列措施，丰富残疾人的精神文化生活：

（一）通过广播、电影、电视、报刊、图书等形式，反映残疾人生活，为残疾人服务；

（二）组织和扶持盲文读物、盲人有声读物、聋人读物、弱智人读物的编写和出版，开办电视手语节目，在部分影视作品中增加字幕、解说；

（三）组织和扶持残疾人开展群众性文化、体育、娱乐活动，举办特殊艺术演出和特殊体育运动会，参加重大国际性比赛和交流；

（四）文化、体育、娱乐和其他公共活动场所，为残疾人提供方便和照顾。有计划地兴办残疾人活动场所。

第三十九条 国家和社会鼓励、帮助残疾人进行文学、艺术、教育、科学、技术和其他有益于人民的创造性劳动。

第六章 福 利

第四十条 国家和社会采取扶助、救济和其他福利措施，保障和改善残疾人的生活。

第四十一条 国家和社会对生活确有困难的残疾人，通过多种渠道给予救济、补助。

国家和社会对无劳动能力、无法定扶养人、无生活来源的残疾人，按照规定予以供养、救济。

第四十二条 残疾人所在单位、城乡基层组织、残疾人家庭，应当鼓励、帮助残疾人参加社会保险。

第四十三条 地方各级人民政府和社会举办福利院和其他安置收养机构，按照规定安置收养残疾人，并逐步改善其生活。

第四十四条 公共服务机构应当为残疾人提供优先服务和辅助性服务。

残疾人搭乘公共交通工具，应当给予方便和照顾，其随身必备的辅助器具，准予免费携带。

盲人可以免费乘坐市内公共汽车、电车、地铁、渡船。盲人读物邮件免费寄递。

县级和乡级人民政府应当根据具体情况减免农村残疾人的义务工、公益事业费和其他社会负担。

各级人民政府应当逐步增加对残疾人的其他照顾和扶助。

第七章 环 境

第四十五条 国家和社会逐步创造良好的环境，改善残疾人参与社会生活的条件。

第四十六条 国家和社会逐步实行方便残疾人的城市道路和建筑物设计规范，采取无障碍措施。

第四十七条 国家和社会促进残疾人与其他公民之间的相互理解和交流，宣传残疾人事业和扶助残疾人的事迹，弘扬残疾人自强不息的精神，倡导团结、友爱、互助的社会风尚。

第四十八条 每年5月的第三个星期日，为全国助残日。

第八章 法律责任

第四十九条 残疾人的合法权益受到侵害的，被侵害人或者其代理人有权要求有关主管部门处理，或者依法向人民法院提起诉讼。

第五十条 国家工作人员违法失职，损害残疾人的合法权益的，由其所在单位或者上级机关责令改正或者给予行政处分。

第五十一条 侵害残疾人的合法权益，造成财产损失或者其他损失、损害的，应当依法赔偿或者承担其他民事责任。

第五十二条 利用残疾人的残疾，侵犯其人身权利或者其他合法权利，构成犯罪的，依照刑法有关规定从重处罚。

以暴力或者其他方法公然侮辱残疾人，情节严重的，依照刑法第一百四十五条的规定追究刑事责任；情节较轻的，依照治安管理处罚条例第二丨二条的规定处罚。

虐待残疾人的，依照治安管理处罚条例第二十二条的规定处罚；情节恶劣的，依照刑法第一百八十二条的规定追究刑事责任。

对没有独立生活能力的残疾人负有扶养义务而拒绝扶养，情节恶劣的，或者遗弃没有独立生活能力的残疾人的，依照刑法第一百八十三条的规定追究刑事责任。

奸淫因智力残疾或者精神残疾不能辨认自己行为的残疾人的，以强奸论，依照刑法第一百三十九条的规定追究刑事责任。

第九章 附则

第五十三条 国务院有关部门根据本法制定有关条例，报国务院批准施行。

省、自治区、直辖市人民代表大会常务委员会可以根据本法制定实施办法。

第五十四条 本法自1991年5月15日起施行。

第七章

军人社会保障

军队在阶级社会里，是国家与社会稳定发展的保证力量，军人则是肩负保家卫国责任的一个特殊社会群体。为了激励军人保卫祖国和建设祖国的献身精神，保障军人的生活、转业、养老等权益，世界各国或地区均无一例外地要建立一套军人社会保障制度，如中国台湾地区就自 20 世纪 50 年代起建立了独立的军人社会保险制度（详见本书第十六章）。

一、军人社会保障概述

军人社会保障，是指以军人及其家属为保障对象，以国家和社会提供各种优待、抚恤、养老及就业安置等待遇为内容的一种社会保障制度，它作为中国社会保障制度中的一个子系统，在整个社会保障体系中占有十分重要的地位。

（一）军人社会保障制度的建立

中国现行的军人社会保障制度，是伴随着革命军队的诞生和发展而建立起来的。早在第二次国内革命战争时期，中国共产党和苏维埃政府就把优抚工作（那时因未取得政权而没有安置的内容）作为一项重要任务，1931 年中央在苏区颁布过《红军优待条例》和《红军抚恤条例》《优待红军家属条例》等法规；新中国成立后，国家就依据作为临时宪法的《中国人民政治协商会议共同纲领》的有关规定，于 1950 年制定并颁布了《革命军人牺牲病故褒恤暂行条例》《革命烈士家属、革命军人家属优待暂行条例》《革命工作人员伤亡褒恤暂行条例》《民兵民工伤亡褒恤暂行条例》《革命残废军人优待抚恤暂行条例》五个条例，建立以优待、抚恤为基本内容的军人优抚制度（见本书第三章）。

不过，随着时代的发展，上述条例因形势的变化又被多次局部补充、修订，如增加了退役军人的安置与退休军官的安置、养老等内容，提高了优抚的标准。同时，因革命工作人员由建国初期的供给制改为薪金制，并分化成国家机关工作人员和企事业单位、人民团体及学校工作人员。因此，自 20 世纪 50 年代末期以后，优抚事业扩展为优抚、安置、养老事业，并成为面向全军官兵及其家属的一项专门的社会保障制度。

1981 年 10 月 13 日，国务院与中央军委颁布《关于军队干部退休的暂行规定》。1982 年 1 月 4 日，国务院与中央军委颁布《关于军队干部离职休养的暂行规定》。上述两部法规为建立正常的军官离退休养老制度提供了具体的操作依据。1984 年 5 月，全国人大六届二次会议通过了《中华人民共和国兵役法》；该法不仅对兵役制进行了规范，而且对军人社会保障的多个方面进行了原则规范，如对抚恤、优待、退休养老、退役安置问题等均有规定。1988 年 7 月 18 日，国务院又正式废止了 1950 年颁布的五个优抚条例，重新发布并实施了《军人抚恤优待条例》。至此，中国建立了以优待、抚恤及离退休养老制度为基本内容的军人社会保障体系。

综上可见，中国军人社会保障制度经历了建国前的优抚阶段和新中国成立后的优抚安置阶段，现处于优抚、安置及离退休养老制度相结合的综合保障阶段。

（二）军人社会保障的基本内容

根据现行有关法规规定，军人社会保障的对象包括：（1）现役军人和武警官兵；（2）革命伤残军人；（3）复员退伍军人；（4）军人家属，即现役军人、武警官兵、复员退伍军人、革命烈士、因公牺牲军人和病故军人的家属，包括其父母、配偶、子女以及依靠军人生活的 18 周岁以下的弟妹，军人自幼曾依靠其抚养长大现在又必须依靠军人生活的其他亲属；（5）离、退休军官。上述社会成员构成军人社会保障制度的受保障群体。此外，因战伤亡的民兵、民工和因参加军事训练伤亡的民兵及其他人员，亦可参照国家的《军人抚恤优待条例》享有有关抚恤待遇。据统计，中国现有各种优、抚对象约 4 000 万人，其中离退休养老者约 8 万余人，伤残军人约 88 万人，在乡退役军人约 1 900 多万人，其余为烈军属。[①] 由此可见，中国的军人社会保障对象亦是一个仅次于社会保险对象的庞大群体。搞好军人社会保障建设，对于搞好军队建设，促进军民团结，保障军人权益有特别重要的意义。

军人社会保障的项目，可以分为以下几种：一是优待，即对于符合条件的军人及其家属给予物质、精神生活上的照顾和帮助；二是抚恤，即对于符合条件的军人及其家属给予伤残抚恤或死亡抚恤待遇；三是养老，即对于符合条件的军官给予离退休养老的待遇；四是其他，如军人的有关福利待遇等。优待、抚恤、养老制度及有关福利待遇共同构成了军人社会保障体系，不过，每一项待遇或项目又均有其特定条件。

军人社会保障的内容，以国务院发布的《军人抚恤优待条例》《关于军队干部退休的暂行规定》及《关于军队干部离职休养的暂行规定》等为法律依据；其方针是坚持政治褒扬和物质保障相结合，群众优待和国家抚恤相结合；其原则是实行国家、社会、群众三结合，保障军人的社会保障与国民经济的发展相适应，使军人社会保障的待遇标准与人民的生活水平同步提高。

在军人社会保障的管理方面，由民政部主管全国的军人优待、抚恤、军队干部离退休养老工作，县级以上地方各级政府的民政部门，主管本行政区的军人优待、抚恤、军队干部退休养老工作。但少数军队离休干部的养老工作则主要由军队政治部门主管，现役军人的有关福利待遇则由中央军委有关部门负责制定政策并组织实施。因此，军人社会保障制度实际上是按民政部门与军队分工负责的原则组织实施，但因优抚、退休对象人数众多，故民政部门作为政府的社会保障职能部门，在军人社会保障制度中亦起着主导作用。

由于军人的职业是保家卫国，军队所享有的社会保障待遇亦是无偿的，由国家财政每年预算并拨出专款，负责军人的死亡抚恤、伤残抚恤、退役安置、退休养老、离休养老等保障问题，集体或社区则负责组织优待供款、

---

① 参见：朱庆芳主编．社会保障指标体系．北京：中国社会科学出版社，1993．112～139

供物等问题，现役军人的福利则按政策由国家随工资待遇拨款或单位创收。可见，现阶段的军人社会保障是以国家举办为主、社会优待为辅、单位创收分配作为必要补充的一种社会保障制度。以国家财政拨款为例，用于军人抚恤和离退休干部的经费支出可见表 7—1。

表 7—1　1952—1992 年全国用于军人优抚安置及离退休支出情况

年份	金额（亿元）	年份	金额（亿元）	年份	金额（亿元）	年份	金额（亿元）
1952	1.23	1963	1.93	1974	3.49	1985	12.01
1953	1.55	1964	2.06	1975	3.75	1986	14.55
1954	1.76	1965	2.31	1976	4.15	1987	16.54
1955	2.03	1966	2.27	1977	4.64	1988	18.91
1956	1.75	1967	2.44	1978	5.27	1989	22.99
1957	1.52	1968	1.97	1979	6.46	1990	26.21
1958	1.20	1969	2.39	1980	7.92	1991	25.06
1959	1.11	1970	2.07	1981	7.98	1992	27.04
1960	1.46	1971	2.61	1982	8.34		
1961	1.45	1972	2.88	1983	9.01		
1962	1.73	1973	3.32	1984	9.85		

资料来源：《中国统计年鉴（1993）》第 226、808 页；参见《中国财政统计（1950—1991）》。

（三）军人社会保障的特点

在整个社会保障制度中，军人社会保障作为一个独立的子系统，具有其他社会保障子系统所不具有的明显特征。

1. 身份限制性。军人社会保障以军人及其家属为保障对象，国家法规、政策对此有明确的、具体的规定，从而具有严格的身份限制，保障的是一个特殊的社会群体。

2. 保障综合性。军人社会保障不像社会保险、社会福利、社会救助等社会保障子系统那样，仅承担社会保障的某一个方面的任务，而是社会保险、社会福利、社会救助等保障制度的综合，从而可以肩负起对军人的全面保障责任。如军人的伤残抚恤，军官的离退休养老制度等，均属于社会保险范畴；社区对其家属的照顾及扶持，又应归属于社会救助范畴；交通方面优先购票、半价优惠、邮资免费等又应属于社会福利范畴，等等。可见，军人社会保障不是社会保障制度的某一个方面，而是以整体的综合保障的形式被包容在国家社会保障制度中。

3. 实施规范性。由于军人社会保障制度自建国时就开始建立，国家制定的专门法规对其保障对象、保障范围、保障标准、保障形式、保障手段、管理体制等，都有明确的法制规定，规章制度相当健全，从而在具体实施中属于依法办事。因此，与中国现行社会福利和社会救助乃至社会保险相比较，军人的社会保障制度在实施中显然更具规范性。

4. 待遇优待性。一般而言，军人社会保障的水平与标准要普遍高于一般社会成员的社会保障的水平与标准，这与被保障对象为国家所付出的牺牲、所做出的贡献是密切关联的，军人应当受到国家、社会和人民的尊敬，得到较好的生活保障。因此，军人社会保障的总的指导思想就是在同等条件下，军人的社会保障水平与标准应高于一般社会成员的水平与标准，军人的生活应稍高于当时当地群众的平均生活水平。

5. 效果激励性。一方面，军人社会保障制度的实施及其上述特点，就是对军人的一种褒扬；另一方面，国家通过群众性的拥军优属活动，以及对军人的各种政治褒奖，又极大地调动了人民群众的拥军积极性。物质上的保障与精神上的褒奖，激励着军人为祖国无私奉献。因此，军人社会保障事业亦是社会文明建设的重要组成部分。

二、优待制度

（一）优待制度及其发展

优待制度，是军人社会保障制度的有机组成部分，它是一种对现役军人及其家属提供一定的资金和服务，以保证其基本生活与生活质量的专门军人保障项目。根据中国《兵役法》《军人抚恤优待条例》，军人优待制度又可以分为政策优待、集体优待及退伍安置三个方面。政策优待由国家制定统一政策，涉及哪个部门或哪个单位就由哪个部门或哪个单位负责实施；集体优待以社区为主，通过提供现金和群众性的服务来减轻或解决优待对象的困难；退伍安置则是对退役军人的安置服务。

军人优待中，除安置服务由国家财政拨款外，政策优待与群众优待的经费均由有关社会各方或社区、集体负责，因而构成了军人社会保障制度中又一条重要的经费来源渠道。例如，在军人优待中，集体优待金额的增长速度是很快的，其发展情况可以通过表 7—2 来反映。

表 7—2　　　　1979—1992 年中国集体优待金额情况表

年份	1979	1980	1981	1982	1983	1984	1985	1986	1987	1988	1989	1990	1991	1992
金额（亿元）	2.0	3.1	4.7	5.9	6.0	6.2	7.2	7.5	8.2	8.8	9.2	10.2	10.6	11.7

注：本表中的社会优待实际上仅包括群众优待而未含有关部门的政策规定优待。

资料来源：《中国统计年鉴（1993）》第 808 页；参见《中国民政统计年鉴（1992）》。

由表 7—2 可见，集体供款是军人社会保障制度的一个重要方面，从 1979—1992 年 14 年间，集体优待（通过乡镇统筹）金额增长 4.85 倍，相当于国家财政拨款的 75.76%，在整个优抚、离退休经费支出中所占的比重达 43.11%，从而表明了集体优待是一支可以充分依靠的军人社会保障力量。

（二）政策优待

根据《军人抚恤优待条例》的有关规定，军人享受的政策优待，可以概括为以下几点：

1. 义务兵入伍前是农业户口的，他们在农村承包的责任田和分得的自留地（山、林）等继续保留；入伍前是企业、事业单位职工的，其家属继续享受原有的社会保险福利待遇。

2. 医疗待遇。优待对象的医疗待遇，根据其具体情况分别处理：凡二等乙级以上（含二等乙级）革命伤残军人，享受公费医疗待遇；二等革命伤残军人不享受公费医疗待遇的，伤口复发所需医疗费由当地民政部门解决，因病所需医疗费本人支付有困难的，由当地民政部门酌情给予补助；革命烈士、因公牺牲军人、病故军人、现役军人的家属以及带病回乡的复员退伍军人，不享受公费医疗待遇的，因病治疗无力支付医疗费，由当地卫生部门酌情给予减免。

3. 伤残军人优待。其一，在国家机关、社会团体、企业事业单位工作的因残、因公致残的革命伤残军人，享受与所在单位因公（工）伤残职工相同的生活福利待遇；其二，乘坐国营的火车、轮船、长途公共汽车和国内民航客机，凭《革命伤残军人证》优先购票，并按规定享受票价优待；

其三，因伤残需要配制的假肢、代步三轮车等辅助器械，由民政部门审批并负责解决等。

4. 生活优待。优抚对象在与其他群众同等条件下，享有就业、入学、救济、贷款、分配住房的优先权。如未随军的军属住房困难，由所在单位按本单位双职工待遇解决，无单位的由当地房管部门统筹解决等。此外，复员军人未参加工作，因年老体弱、生活困难的，按规定条件由民政部门给予定期定量补助或在生活方面给予优待照顾。

5. 随军优待。经军队师（旅）级以上政治机关批准随军的现役军官、志愿兵的家属，由驻军所在地准予落户，并适应安排工作。

6. 子女优待。例如，家居农村的革命烈士家属符合招工条件的，当地政府应安排其中一人就业；烈士或公牺牲、病故军人的子女、弟妹，自愿参军又符合征兵条件的，在征兵期间可优先批准一人入伍；烈士子女与伤残军人报考大中专院校，可适当放宽标准，烈士子女可优先进入公办幼儿园、托儿所，考入公立学校的，免交学杂费并优先享受助学金或者学生贷款，等等。

此外，义务兵还可享受免费邮递平信的待遇。综上可见，国家对军人的政策优待是多方面的，也需要地方政府、有关部门及单位、社区的多方配合才能实施。

（三）群众优待

群众优待，是根据《兵役法》的有关规定，以乡镇统筹为基础，以群众的有关服务为主要内容的一项军人保障制度。近年来，群众优待从过去只对生活有困难的军属扩大到烈属及其他生活有困难的优抚对象，并从农村扩大到城镇。如 1979 年，全国的社会优待款仅 2 亿多元，到 1993 年，已达 10 多亿元。

群众优待的内容包括：(1) 物质（资金）优待，即通过乡镇社会统筹，给优抚对象一定的物质帮助，如给予优待金或一定的实物等；(2) 帮工代工，如农村的优抚对象因缺乏劳动力耕种土地有困难的，就由群众帮助代耕、代种、代收，公共劳务或免除或由群众代工；(3) 扶持生产，即对优抚对象中的贫困户，由政府给予扶持，帮助其发展生产，脱贫致富；(4) 包户服务，即由社区组织群众对优抚对象进行包户服务，共同为其排忧解难；(5) 慰问，如发慰问信、慰问品等。

(四) 安置服务

所谓安置，是指为退出现役的军人提供资金和服务帮助的一种军人保障制度。安置服务的对象包括转业的军官、复员的志愿兵和退伍的义务兵。按照现行政策规定，为军人提供的安置服务主要有二：一是就业安置，帮助转业干部、复员干部、退伍志愿兵或城镇居民户口的义务兵安排工作，其中军官由组织部门与人事部门负责安排工作，志愿兵和城镇户口的义务兵由民政、劳动部门负责安排工作；二是回原籍安置，凡家住农村、属农业户口的义务兵按“从哪里来，到哪里去”的原则仍回原籍安置。

据统计，1991 年，全国共有在乡的退役军人 1 969 万人，其中包括：回乡退伍军人 1 652 万人，1958 年前复员回乡的复员军人 317 万人，近年来落实政策在乡退伍红军老战士 7 000 余人。这些退役军人中有带病回乡的退伍军人 93 万人①，有的不仅需要一般安置，而且需要资金帮助。1991 年，国家开支的安置经费达 8.6 亿元，其中用于补助历年复员退伍军人的费用占 97.7%，这表明安置服务的重点与难点在农村，整个社会优待工作的重点亦在农村。

三、抚 恤 制 度

抚恤制度，是国家对因战、因公、因病死亡的军人（含武警官兵，下同）的家属和伤残军人给予物质帮助和抚慰的一项军人保障制度，它与工伤保险具有同样意义，但待遇要优，制度要健全，由民政部门统一管理并具体实施，从而更具有政策性。军人抚恤制度的现行法律依据是 1988 年由国务院颁布的《军人抚恤优待条例》。

(一) 死亡抚恤制度

死亡抚恤的对象是现役军人的家属，它又包括革命烈士抚恤、因公牺

① 朱庆芳主编. 社会保障指标体系. 北京：中国社会科学出版社，1993. 139

性抚恤、因病死亡抚恤，其中以革命烈士抚恤待遇最高，实施方式分为一次抚恤金和定期抚恤金两种。据统计，1991年，全国共有革命烈士家属81万户、255万人，牺牲、病故军人家属15万户、48万人，共计96万户，303万人。其中居住在城镇的烈属和牺牲、病故军人中的家属占人数的25.5%，居住农村的占74.5%。同年支付给烈属和牺牲、病故军人家属的死亡抚恤金2.7亿元，其中一次性支付的占18.5%，定期支付的占81.5%。①

1. 一次性抚恤金。现役军人死亡，根据其死亡性质（烈士、牺牲、病故）和本人死亡时的工资收入，由民政部门发给其家属一次性抚恤金。其发放对象和顺序是：(1) 有父母（或抚养人，下同）无配偶的，发给父母；(2) 有配偶无父母的，发给配偶；(3) 既有父母又有配偶的，各发半数；(4) 无父母和配偶的，发给子女；(5) 无父母、配偶、子女的，发给其未满18周岁的弟、妹，无上述亲属的，不发。一次性抚恤的待遇标准，由民政部、财政部共同制定，根据社会经济的发展和人民的生活水平状况定期或不定期调整，凡义务兵和月工资低于正排职军官工资标准的其他军人死亡时，按正排职军官的工资标准发给其家属一次性抚恤金；凡立功的获得荣誉称号的现役军人死亡，可按一定比例提高抚恤金标准。其中：被国家主席或中央军委授予荣誉称号者增发35%，被军区（方面军）授予荣誉称号的增发30%，立一等功者增发25%，立二等功者增发15%，立三等功者增发5%。抚恤标准的待遇差别，有助于鼓舞现役军人为保卫与建设祖国英勇献身。

2. 定期抚恤金。根据《兵役法》第55条规定，民政部与财政部于1985年1月10日发出通知，决定对无劳动能力或无固定收入，不能维持基本生活的革命烈士家属、因公牺牲军人家属及病故军人家属，由国家发给定期抚恤金，以保障其生活。定期抚恤金按月由民政部门发放，直至享受该项待遇的家属死亡或丧失领取定期抚恤的条件时为止。享受定期抚恤金的具体条件是：(1) 死亡军人的父、母、抚养人、配偶无劳动能力和生活收入的，或虽有一定生活收入但不足以维持当地一般群众生活水平的；(2) 子女未满18周岁，或虽满18周岁但因读书或伤残而无

① 朱庆芳主编. 社会保障指标体系. 北京：中国社会科学出版社，1993. 139

生活来源的；(3) 弟、妹未满18周岁，且是依靠军人生前供养的。定期抚恤的标准由各省、市、自治区政府制定。其基本原则是确保烈属和因公、因病死亡军人的家属的生活能达到不低于当地一般群众的生活水平，烈属与因公牺牲军人的家属标准应高于病故军人家属的待遇。对于上述定期抚恤对象中的孤老和孤儿适当增发，增发比例不应低于应领定期抚恤金的20%。此外，有特殊贡献的现役军人死亡，除按一般规定发给其家属抚恤金外，还由国防部发给特别抚恤金。享受定期抚恤金的人员死亡时，由民政部门加发半年的定期抚恤金，作为丧葬补助费。在农村，则还强调群众给予优待。

(二) 伤残抚恤制度

伤残抚恤，是国家对因战、因公、因病致残的现役军人给予生活保障和服务的一项军人社会保障制度。对伤残军人而言，它是一项终身抚恤制度。据统计，全国的伤残军人在1985年为85.8万人，1991年为88万人，其中居住在城镇的为42万人，居住在农村的为46万人，该年度的伤残抚恤支出为3.1亿元，其中伤残抚恤金2.7亿元，伤残补助类为0.4亿元。

1. 伤残等级。军人因战、因公、因病伤残的等级，是根据军人的伤残轻重和丧失劳动能力的程度划分的，其依据是民政部制定的《革命伤残军人评定伤残等级的条件》，由民政部会同有关部门负责建立伤残等级的检查、评定、审批、调整制度，保证伤残等级的确定公正合理。伤残等级按因战、因公致残及因病致残分别确定。前者分为特等、一等、二等甲级、二等乙级、三等甲级、三等乙级，共四等六级；后者分为一等、二等甲级、二等乙级、共二等三级。一经鉴定、审批，则发给《革命伤残军人证》。

2. 伤残抚恤待遇。伤残抚恤待遇是伤残军人的终身待遇，其标准按军人的伤残等级及退役或在职条件分别确定。退役伤残军人的伤残抚恤金由当地民政部门负责发放，在职军人的伤残抚恤金由所在部队发放。具体而言，伤残军人的抚恤待遇可以通过表7—3来反映，该标准是1988年1月1日由民政部、财政部共同颁发的，此后若提高残疾抚恤标准，由财政部另行拨款解决。

表 7—3　中国伤残军人人均抚恤标准表（从 1988 年 1 月 1 日起执行）

类别	伤残等级	伤残性质	抚恤金标准（元）	
			1988 年以前	1988 年以后
在乡伤残抚恤金	特等	因战	774	1 200
		因公	722	1 100
	一等	因战	702	1 020
		因公	668	950
		因病	668	860
	二等甲级	因战	498	740
		因公	458	660
		因病	458	600
	二等乙级	因战	404	538
		因公	376	480
		因病	376	450
	三等甲级	因战	252	326
		因公	252	322
	三等乙级	因战	212	272
		因公	212	272
在职伤残抚恤金	特等	因战	132	240
		因公	120	216
	一等	因战	118	204
		因公	108	184
	二等甲级	因战	96	156
		因公	86	140
	二等乙级	因战	84	135
		因公	76	122
	三等甲级	因战	70	108
		因公	64	98
	三等乙级	因战	60	90
		因公	56	82

资料来源：中华人民共和国工资保险福利法规全书．北京：中国人事出版社，1992．780

由表 7—3 可见，1988 年以后的标准较 1988 年以前的标准增长 50％以上。在同一伤残等级情况下，因战、因公、因病伤残的抚恤待遇又有不同，突出了对因战、因公伤残的抚慰。同时，因在职伤残军人还有工资及有关福利的保障，其伤残抚恤金（又称伤残保健金）标准一般仅相当于退役在乡伤残军人抚恤标准的 20％～30％左右。

3．其他待遇。除上述现金抚恤外，对伤残军人的保障还有如下规定：一是伤残军人退役后又参加工作或者享受离休、退休待遇的，改按在职伤残军人一样发给伤残保健金；二是退出现役的特等、一等革命伤残军人，由国家供养终身，需要集中供养者，由国家设置专门机构供养（见本章第五节光荣院），分散供养的则发给护理费；三是伤残军人因伤口复发死亡，按有关条件发给一次性抚恤金和定期抚恤金；四是领取伤残抚恤金的伤残军人死亡时，按国家机关工作人员的丧葬标准，发给其家属丧葬补助费。

对伤残军人的抚恤，以及抚恤标准的不断提高，有效地保障了伤残军人的生活。

四、离退休制度

（一）军人离退休制度的建立

军人离退休制度实质上是一种军人养老保障制度，目的在于保障军人晚年生活，推进军队现代化建设。正如邓小平指出的那样："国家不建立退休制度会影响到整个国家的生气，军队不建立退休制度，也就不能保持自己的生气。"① 军人离退休制度面向军官与其他职业军人，从而既是军人社会保障制度中的重要组成部分，又是中国社会保障制度中养老社会保险制度的重要组成部分。

新中国刚成立时，中国军队中的老年军人也为数极少，故建立军人退休制度尚不迫切，但少数第二次国内革命战争和抗日战争初期入伍的排以上干部，已不能继续在军队服役，因此，1954 年，当时的内务部、财政部、总政治部、总干部部联合发出了《关于军队供养人员移交地方安置的通知》，对这批干部采取了由地方安置养老的办法，这可以视为中国军人养老制度建立的雏形。1958 年 7 月，国务院正式颁布了《关于现役军官退休处理暂行规定》，使军队干部退休养老走向制度化，并与职工、机关工作人员的退休养老制度的建立同步发展。然而，在"文化大革命"期间，军人退休制度遭到严重破坏，需要退休的军人不能及时办理退休手续，已经办了退休手续的军人不能及时转交地方安置，极大地影响了军队的现代化建设。

1980 年 9 月，中共中央发出《关于妥善安排军队退出现役干部的通知》；1981 年 10 月，国务院与中央军委颁布《关于军队干部退休的暂行规定》；1982 年 1 月，国务院与中央军委又颁布了《关于军队干部离职休养的暂行规定》，此后，国家又颁布过一些具体的政策与法规。1984 年，国务院还成立了退伍军人和军队退休干部安置领导小组，并将军队离退休干部移交地方安置，由民政部门管理。因此，现行的军人离退休制度是在 20 世纪 80 年代初期恢复和发展起来的。据统计，1991 年，民政部门管理的军队离退休军人休养所已达 1 169 个，集中安置了军队离退休军人 4.6 万人，而由民政部门发放离退休金的离退休军人则达 8.4 万余人。该年共支付离退休

① 邓小平文选（第二卷）. 北京：人民出版社，1994. 288

费用2亿元，休养与管理机关开支1.3亿元，其他费用0.7亿元，总计达4亿元。①

与世界上其他国家的军官养老保障制度相比较，中国的军人离退休制度有着自己的特色。例如，国外的军人养老保障统称为退休制，而中国把军人养老保障分为离休养老与退休养老两种保障；国外的军人退休制既有年龄限制又有军龄限制，而中国的军人离退休制仅有年龄限制；在退役养老待遇方面，中国的待遇相对标准（相当于工资的65%～100%）要普遍高于国外的标准（如英国最高为50%，法国为80%等）；在养老安置方面，国外无地点限制，中国有地点限制；在管理方面，国外的军官退休后由专门的退役军人管理机构或各级兵役局负责管理，而中国的军人离退休后由政府的综合管理部门民政部门统一管理。由此可见，中国的军人养老保障制度自20世纪80年代以后，已经形成了自己的特色。

（二）军人退休制度

根据现行政策，军人符合下列两个条件之一即可退休：一是年龄条件，男年满55周岁，女年满50周岁；二是身体条件，即因战、因公致残，积劳成疾，基本丧失工作能力。但对于已达到上述年龄的专业技术干部以及其他干部，因工作需要，身体又能坚持正常工作的，退休时间可以适当推迟。

退休军人的退休待遇，一般根据国家经济发展状况结合军龄、职务及因战、因公致残、致病等情况来确定。它包括以下几项：

1. 退休金。退休金标准相当于退休军人原工资的65%～100%。同时规定，对荣获过军以上单位授予英雄、模范称号，荣立一等功、特等功或相当奖励，以及在高原缺氧、特别艰苦的边防、海岛等地区（下称艰苦环境下工作）满20年以上的退休军人，提高退休金15%；若立二等功、大功或相当奖励，以及在艰苦工作环境下连续工作15年以上的退休军人提高10%；荣立三等功或相当奖励，以及在艰苦工作环境下连续工作10年以上的，提高5%。但上述奖励待遇连同退休军人原应享有的退休金待遇不得超

---

① 参见《中国民政统计年鉴（1992）》。

过其本人原工资。因此，中国的军人退休制度既注重了军人的养老保障问题，又注重了军龄、立功、艰苦环境等因素。

2. 安家费补助。退休军人离队安置时，由军队一次发给相当于本人6个月工资的安家补助费；到农村安置的，一次性发给相当本人8个月工资的安家补助费。此外，还规定了家具费补助待遇，连同退休安家补助费一并发放。

3. 医疗费。退休军人享受与当地相当职级的国家干部一样的公费医疗待遇，医疗费用由安置地区的公费医疗管理部门编制预算支付，超支部分按国家机关相当职级干部的有关规定处理。

4. 护理费。对因战、因公负伤致残或因患有关职业病基本丧失工作能力、生活不能自理、需要人扶助的退休军人，按当地一般机械工业行业二级工的标准工资另行发放护理费。

此外，退休军人还可享受取暖补贴、丧葬补助以及其他有关生活福利待遇，并由国家提供住宅或给予住宅建筑经费专项补助。

（三）军人离休制度

离休制度是军人养老保障制度的一个组成部分，但它只面向建国以前入伍并担任相当职务以上的军官，从而其实施范围较军人退休制度要小。由于其有入伍时间限制，决定了该项养老制度保障的人数会逐年减少，到一定时期，符合退休年龄又不具备一定职级或不具备离休入伍条件的军官，将会统一纳入到军人退休制度中去。因此，从长远的观点看，军人离休养老制度是特定历史条件下的一种军人养老保障，它必然要发展成为与一般军人退休并轨的一项过渡性军人社会保障制度。与军人退休制度相比较，离休制度要求的军龄与职级严格，待遇要优厚一些，并在物质保障的同时还十分注重政治待遇上的保障。

军人离休制度的实施范围包括：一是年高体弱不能坚持正常工作的1937年7月6日以前入伍（含参加革命工作，下同）的军队干部；二是1945年9月2日以前入伍的团职或行政18级以上军队干部以及与其职、级相当的干部；三是1949年9月30日以前入伍的师职或行政14级以上干部以及与其职级相当的干部。具备上述条件的军人的离休年龄按职级划分：师职以下为55周岁，军职为60周岁，兵团职和大军区职为65周岁；身体不能坚持正常工作的，可以提前离休；因工作需要，身体又能坚持正常工作的，可适当推迟离休。军人离休后，由民政部门统一管理，既可以就地安置，也可以回原籍或配偶原籍或子女居住地区安置。

军人离休的待遇包括：(1) 离休金，按其本人原工资的100%的标准计发；(2) 易地安置补助费，按其工资标准2～4个月计发；(3) 住房待遇，享受公房或由国家补助建房居住；(4) 其他待遇如医疗待遇、探亲补助、生活福利等与退休军人相同。

此外，对离休军人还注重对其政治待遇的保障，如安排荣誉职务，阅读有关文件，参加有关活动等，以充分发挥离休军人的作用。

五、其他保障制度

军人社会保障制度作为一个独立运转的社会保障系统，仅有优待、抚恤和离退休制度是不够的，不论是现役军人还是离退休军人、伤残军人，均还需要有其他的保障措施才能真正全面地保障军人的生活。如社会补贴、职业福利、社会福利等亦是军人社会保障制度的有机组成部分。

(一) 军人社会补贴

军人的社会补贴，主要是指国家通过对粮食、衣服等的价格补贴和有关政策待遇，保障军人生活的一项补贴制度。例如，在国家放开城镇居民的粮食价格后，对军粮仍实行财政补贴，根据国务院、中央军委制定的并于1994年4月1日正式实施的军粮供应体制①，国家粮食部门按议价收购粮食，以统销价格（政策优惠价）供应部队，议价高于统销价的，其差价由中央与省级财政共同负担，银行对筹措军粮所需贷款优先安排并给予优惠利率等，以确保军粮的按时保质保量保价供应；再如，对军人的服装采取供给制办法等，所需经费均由国家财政负担，从而亦是社会保障性质的社会补贴。

(二) 军人职业福利

军人也是一种职业，军官亦采用薪金制，与国家机关工作人员一样，

---

① 改革军粮供应体制. 中国青年报，1994－04－01

军人能够享有多种职业福利。

军人的职业福利包括：一是薪金标准高于地方同职、级工作人员的标准；二是享受有关政策津贴，如计划生育津贴、交通费补贴、伙食补贴等；三是可以享受探亲、休假待遇；四是享受集体福利设施服务；五是可以享受公房福利；六是享受单位副业生产所提供的现金或实物福利等。上述职业福利作为对军人收入的重要补充，对保障军人的生活发挥了重大的作用。

（三）军人社会福利事业

军人社会福利事业，是指国家和社会通过举办有关福利设施保障符合条件的军人或其家属生活的一项保障事业，它与普通社会福利事业具有目的一致性，旨在保障孤老残病军人老有所养、病有所医以及军属中孤儿幼儿有所教，从而是军人社会保障制度的有机组成部分。具体而言，军人社会福利事业可以概括为以下几种：

1. 休养事业。国家设立革命伤残军人休养院，专门接收安置特等和一等残废军人中没有家属照顾、生活不能自理、经常需要医疗护理的重残军人。1983 年，全国建有革命伤残军人休养院 26 所，1991 年为 25 所，有床位 4 278 张，有工作人员 3 251 人，收养重残军人 2 708 人。

2. 疗养事业。国家设立荣复军人慢性病疗养院，专门接收需要入院治疗，而当地医院又不能收容治疗的在乡三等残废军人和复员退伍军人中带病回乡的慢性病患者。

3. 精神病收养事业。国家设立复退军人精神病院，专门收容患狂躁性精神病的复员退伍军人。据统计，1991 年，复退军人精神病院为 60 所，有床位 1.1 万余张，工作人员 7 000 余人，收养患有精神病的复员退伍军人 9 000 余人。

4. 孤老收养事业。国家和社会设立光荣院，专门接收孤老烈属和孤老单身的其他优抚对象，以及烈士孤儿。以 1991 年为例，全国有光荣院 1 175 所，其中民政部门办 714 所，社区集体办 461 所；有床位 36 046 张，其中民政部门办的光荣院有 24 232 张，社区集体办的光荣院有 11 814 张；有工作人员 7 498 人，其中民政部门的光荣院有 5 885 人，社区集体办的光荣院有 1 613 人：收养孤老、孤儿共计 26 972 人，其中民政部门办的光荣院收养16 485人，社区集体办的光荣院收养10 487人。[①] 由此可见，在军人社会福利事业中，孤老、孤儿的收养事业是主体项目，且以国家办为主。在经营开支方面，可以通过表7—4反映。

表7—4　　1985—1992年全国光荣院经费支出情况表　　单位：万元

项目 \ 年份	1985	1988	1989	1990	1991	1992
国家支出	2 910.7	3 788.2	5 125.3	5 920.0	6 443.8	8 050.2
集体供给	129.0	222.1	298.9	292.7	372.6	449.6
合计	3 039.7	4 010.3	5 424.2	6212.7	6 816.4	8 499.8

资料来源：《中国统计年鉴（1993）》。

此外，国家还办有烈士子弟学校，实施义务教育，并在入学、就业等方面给予照顾。

通过举办上述事业，使优抚对象中的孤老颐养天年，使伤残军人有休养治疗的场所，使慢性病患者早日恢复健康，使孤儿有生活的保障，等等，有力地支持了军队建设，保障了军人的生活权益。

六、现行军人社会保障制度的缺陷

从总体上讲，中国的社会保障制度是相当落后的，军人社会保障制度相对而言却要先进一些，这不仅在于其保障水平比其他社会保障子系统较高，更重要的是军人社会保障法规制度较为健全，军人社会保障体系已基本形成，项目比较齐全，在实施中既调动了集体与社会各方面的积极性，又较全面地体现了政策性。然而，在中国社会经济仍较落后、市场经济体制尚未确立，以及整个社会保障制度处于低水平层次的时代条件下，中国的军人社会保障制度离完全成熟亦必然会有相当距离。因此，在军人社会保障制度相对先进的同时，它又不可避免地表现出一些缺陷。

（一）体系尚未完善

对军人实行专门的社会保障制度，在世界上许多国家中是不乏先例的，

① 《中国民政统计年鉴（1992）》。

但就中国现行军人社会保障制度而言，体系显然不尽完善。其一，人们往往用优抚制度来替代军人社会保障制度，造成了军人社会保障制度的彼此分割和非完整性；其二，离休制度与退休制度双轨并存，不利于形成统一的军人养老制度；其三，未建立相应的社会保险制度，不利于军人社会保障制度进一步发展。从国外的经验来看，在和平时期，对军人也应该实行社会保险制度而不是完全由国家统包下来，如军官退休养老就应实行国家补贴与个人缴费相结合的社会保险制度。这样，同样可以树立军人的自我保障意识，并充分体现军人与其他社会成员的平等权利与义务。

（二）保障水平较低

尽管可以肯定军人的社会保障水平比一般社会成员的社会保障水平要高，但这并不排除军人社会保障制度的绝对水平较低。一方面，军人社会保障的真正实施范围并未实现政策所规范的全体对象，而是还有相当一部分应该享受保障的对象未能得到保障。如农村中的一些老复员军人，国家的补助面就不大，能享受定量补助者只有一部分。在 1991 年全国近 4 000 万优抚对象中，就只有 400 多万人得到国家的抚恤或补助，仅占 11%左右。一些年纪大、身体弱、家底薄、疾病多、劳力少、收入低的老复员军人生活艰难，治病难、住房难的问题相当突出。另一方面，军人社会保障的标准缺乏弹性，难以与社会经济的发展和人民群众生活水平的提高相适应。如 1991 年，在乡的烈属和牺牲病故军人家属定期抚恤金年平均仅 455 元，比全国农民年均纯收入水平（709 元）低 36%；在乡的伤残抚恤金为年均 495 元，比全国农民年均纯收入低 30%；在乡的复员退伍军人定期补助费为年均 263 元，仅相当于农民人均纯收入的 37%①，等等。由此可见，中国的军人社会保障水平尚低，且缺乏应有的弹性，国家对军人社会保障待遇的提高滞后于物价上涨的水平和人民群众生活提高的水平。这一现象若不加以改进，必然会带来消极的影响。

（三）政府投入不足

从现行军人社会保障制度的实施情况来看，依靠群众，动员群众出钱、

---

① 朱庆芳主编. 社会保障指标体系. 北京：中国社会科学出版社，1993. 145

出力，是应该得到肯定的，但政府的投入显然不足。如自1979年至今，中国政府对优抚安置（含离退休）事业的拨款总数占国民收入的比重就一直停留在0.1%左右的水平上，绝对数虽在增长，比例亦未改变，而军人社会保障的实施对象范围却在扩大，加之人民生活水平大幅提高，从而必然导致军人社会保障对象保障待遇的相对下降。不仅如此，政府投入的不足，已影响到军人社会福利事业。如各地都有一部分军人社会福利事业单位由于资金不足，房屋年久失修，设施十分简陋，连维持正常运转亦已出现了困难。在城市，还有一些应该收养的优抚对象因为住房困难和经费短缺而无力收养。在农村，亦有部分符合条件的退役军人或五保户有待落实供养政策。上述问题的解决，还主要依靠各级政府的财政投入，否则，将会影响到军人社会保障事业的发展。

此外，有的地方还存在着管理上的漏洞，在工作中不按政策办事；个别地方借拥军之名行大吃大喝、挥霍浪费之实；退伍安置军人开“后门”，转业干部找工作需要送礼，甚至出现过退役军官为就业不堪勒索而自杀的现象，等等。所有这些，均表明加强军人社会保障的管理，健全有关制度，协调军民关系，尤其是严厉禁止社会上的不正之风损害军人社会保障事业，很有必要。

附录 7—1

军人抚恤优待条例

（国务院 1988 年 7 月 18 日发布）

第一章　总　　则

第一条　为保障国家对军人的抚恤和优待，激励军人保卫祖国、建设祖国的献身精神，加强军队建设，制定本条例。

第二条　中国人民解放军的现役军人、革命伤残军人、复员退伍军人、革命烈士家属、因公牺牲军人家属、病故军人家属、现役军人家属统称优抚对象，依照本条例的规定享受抚恤和优待。

第三条　本条例所称的家属是指军人的父母、配偶、子女，以及依靠军人生活的 18 周岁以下的弟妹、军人自幼曾依靠其抚养长大现在又必须依靠军人生活的其他亲属。

第四条　军人抚恤优待工作实行国家、社会、群众三结合的制度，保障军人的抚恤优待与国民经济的发展相适应，使抚恤优待标准与人民的生活水平同步提高。

第五条　一切国家机关、社会团体、企业事业单位和公民应当依照本条例的规定履行各自应尽的职责和义务。

第六条　民政部主管全国的军人抚恤优待工作，县级以上的地方各级人民政府的民政部门，主管本行政区的军人抚恤优待工作。

在抚恤优待工作中成绩显著的单位和个人，由各地人民政府给予表彰和奖励。

第二章　死 亡 抚 恤

第七条　现役军人死亡，根据死亡性质确定为：

（一）革命烈士；

（二）因公牺牲军人；

（三）病故军人。

第八条 现役军人死亡，根据死亡性质和本人死亡时的工资收入，由民政部门发给其家属一次性抚恤金。具体标准由民政部会同财政部制定。

义务兵和月工资低于正排职军官工资标准的其他军人死亡时，按正排职军官的工资标准发给其家属一次性抚恤金。

第九条 立功和获得荣誉称号的现役军人死亡，一次性抚恤金分别按下列比例增发：

（一）被中华人民共和国主席或中央军事委员会授予荣誉称号的，增发35％；

（二）被军区授予荣誉称号的，增发30％；

（三）立一等功的，增发25％；

（四）立二等功的，增发15％；

（五）立三等功的，增发5％。

第十条 革命烈士、因公牺牲军人、病故军人的家属按照规定的条件享受定期抚恤金。

前款军人的家属是孤老或者孤儿的，定期抚恤金应适当增发。

第十一条 定期抚恤金的基本标准按照与城乡人民生活水平相适应的原则，由民政部会同财政部制定。

各省、自治区、直辖市可以参照定期抚恤金的基本标准和当地人民的生活水平，制定具体标准。

第十二条 享受定期抚恤金的人员死亡时，加发半年的定期抚恤金，作为丧葬补助费。

第十三条 在国防和军队建设、科研事业或者作战中作出特殊贡献的现役军人死亡，除按本条例规定发给其家属抚恤金外，国防部可发给特别抚恤金。

第三章 伤残抚恤

第十四条 现役军人伤残，根据伤残性质确定为：

（一）因战致残；

（二）因公致残；

（三）因病致残。

第十五条 革命伤残军人的伤残等级，根据丧失劳动能力及影响生活能力的程度确定。因病评残仅限于在役期间患病致残的义务兵。

因战、因公致残的伤残等级，分为特等、一等、二等甲级、二等乙级、三等甲级、三等乙级。

因病致残的伤残等级，分为一等、二等甲级、二等乙级。

确定伤残等级的具体条件，由民政部制定。

第十六条 民政部会同有关部门负责建立伤残等级的检查、评定、审批、调整制度，保证伤残等级的确定公正合理。

第十七条 现役军人因战、因公、因病致残，由军队规定的审批机关在医疗终结后负责评定伤残等级，发给《革命伤残军人证》，退役后一般不再办理。

第十八条 退出现役后没有参加工作的革命伤残军人，由民政部门发给伤残抚恤金；退出现役后参加工作，或者享受离休、退休待遇的革命伤残军人，由民政部门发给伤残保健金。

继续在部队服役的革命伤残军人，由所在部队发给伤残保健金。

第十九条 伤残抚恤金的标准，根据伤残性质和伤残等级，参照全国一般职工的工资收入确定。

伤残抚恤金和伤残保健金的具体标准，由民政部会同财政部制定。

第二十条 退出现役的特等、一等革命伤残军人，由国家供养终身，需要集中供养的，由国家设置专门机构供养；分散供养的，由地方人民政府负责妥善安置，并按照规定发给护理费。

第二十一条 因战致残的革命伤残军人在评残发证后，一年内因伤口复发死亡的，按照革命烈士的抚恤规定，发给其家属一次性抚恤金和定期抚恤金；一年后因伤口复发残废的，按照因公牺牲军人的抚恤规定，发给其家属一次性抚恤金和定期抚恤金。

因战、因公致残的特等、一等革命伤残军人因病残死亡后，其家属按照病故军人家属的抚恤享受定期抚恤金。

第二十二条 领取伤残抚恤金的革命伤残军人死亡时，按照国家机关工作人员的丧葬标准，发给其家属丧葬补助费。

第四章 优　　待

第二十三条 对服现役的义务兵家属的优待，由省、自治区、直辖市人民政府根据本地区的实际情况，制定具体办法。

第二十四条 义务兵入伍前是农业户口的，他们在农村承包的责任田和分得的自留地（山、林）等继续保留；入伍前是企业事业单位职工的，其家属继续享受原有的劳动保险福利待遇。

第二十五条 义务兵从部队发出的平信，免费邮递。

第二十六条 二等乙级以上（含二等乙级）革命伤残军人，享受公费医疗待遇。

三等革命伤残军人不享受公费医疗待遇的，伤口复发所需医疗费由当地民政部门解决；因病所需医疗费本人交付有困难的，由当地民政部门酌情给予补助。

第二十七条 革命烈士、因公牺牲军人、病故军人、现役军人的家属以及带病回乡的复员退伍军人，不享受公费医疗待遇的，因病治疗无力支付医疗费，由当地卫生部门酌情给予减免。

第二十八条 在国家机关、社会团体、企业事业单位工作的因战、因公致残的革命伤残军人，享受与所在单位因公（工）伤残职工相同的生活福利待遇。

第二十九条 革命伤残军人因伤残需要配制的假肢、代步三轮车等辅助器械，由民政部门审批并负责解决。

第三十条 革命伤残军人乘坐国营的火车、轮船、长途公共汽车和国内民航客机，凭《革命伤残军人证》准予优先购票，并按规定享受票价优待。

第三十一条 优抚对象在与其他群众同等条件下，享有就业、入学、救济、贷款、分配住房的优先权。

第三十二条 家居农村的革命烈士家属符合招工条件的，当地人民政府应安排其中一人就业。

第三十三条 革命烈士、因公牺牲军人、病故军人的子女、弟妹，自愿参军又符合征兵条件的，在征兵期间可优先批准一人入伍。

第三十四条 革命烈士子女、革命伤残军人报考中等学校、高等院校，录取的文化和身体条件应适当放宽。

第三十五条 革命烈士子女考入公立学校的，免交学杂费并优先享受助学金或者学生贷款；入公办幼儿园、托儿所的，优先接收。

第三十六条 未随军的现役军官、志愿兵的家属住房困难，家属有工作单位的，由所在单位按本单位双职工待遇解决；家属无工作单位的，由当地房管部门统筹解决。

家居城镇的义务兵服役期间，地方安排住房时，应将他们计入家庭住房人口。

第三十七条 经军队师（旅）级以上政治机关批准随军的现役军官、志愿兵的家属，驻军所在地的公安部门应准予落户；随军前家属有正式工作的，驻军所在地的劳动、人事部门应安排适当的工作。

第三十八条 复员军人未工作，因年老体弱、生活困难的，按照规定的条件，由当地民政部门给予定期定量补助，并逐步改善他们的生活待遇。

第三十九条 享受本条例规定的抚恤和补助待遇的优抚对象，生活仍有困难的，由所在地的人民政府给予优待照顾。

第五章　附　　则

第四十条 优抚对象被判处徒刑、剥夺政治权利或者被通缉期间，停止抚恤和优待。对犯罪情节特别严重的，经省、自治区、直辖市人民政府批准，取消其抚恤和优待。

第四十一条 本条例适用于中国人民武装警察部队。

第四十二条 因战伤亡的民兵、民工和因参加军事训练伤亡的民兵及其他人员，其抚恤参照本条例的规定办理。

第四十三条 本条例由民政部负责解释。

第四十四条 省、自治区、直辖市人民政府可以依据本条例制定实施办法。

第四十五条 本条例从1988年8月1日起施行。1950年12月21日政务院批准、内务部公布的《革命烈士家属革命军人家属优待暂行条例》《革命残废军人优待抚恤暂行条例》《革命军人牺牲、病故褒恤暂行条例》《民兵民工伤亡抚恤暂行条例》同时废止。

第八章

医疗保障

医疗保障，是国家和社会为社会成员的健康和疾病医疗提供费用和服务，以保障和恢复其健康的一种社会保障制度。由于国民的健康关系到国家社会文明的进步和国民经济的发展，无论是西方工业发达国家还是发展中国家，均十分关心自己国民的健康状况，并制定各种医疗保障措施，力图通过免费或低费的医疗保健服务来提高国民的健康水平，解决国民疾病医疗的困难。因此，从理论上讲，医疗保障作为社会保障的重要组成部分，其实施范围是面向全体国民的，它虽然往往与其他社会保障子系统交织在一起，但仅对国民的身体与健康负责。基于这一特性，笔者认为，宜单列成章加以研究，故而在前述各章中未加阐述。

一、医疗保障概述

（一）医疗保障的国际性及其模式

保障健康，增进身体素质，延长寿命，是人类社会追求的共同目标。因此，国民健康问题就成了国际性问题，不仅各国广泛推行自己各具特色的医疗保障制度，一些国际组织也起着很大的推动和促进作用。例如，国际劳工组织在 1944 年第 26 届国际劳工大会上就通过了《医疗护理建议书》；1963 年第 47 届国际劳工大会通过了《医疗护理与疾病津贴公约》；1969 年第 53 届国际劳工大会又通过了《医疗照顾与疾病津贴建议书》；1984 年，国际劳工局又出版了由一个独立专家小组提出的一份专题报告——《展望21世纪：社会保障的发展》①，其中专门对医疗保障服务进行了总结，提出了若干具体建议，以供各国政府参考；世界卫生组织和联合国儿童基金会等也不断推动着医疗保障事业的发展，并取得了卓有成效的进展。

早在19世纪80年代，疾病医疗保险作为现代社会保障体系中最早出现的社会保险项目就在德国产生，国家或政府自此正式介入国民健康的保障问题。到20世纪50年代，大多数工业化国家医疗费用支出就相当于其国民生产总值的4%左右；到80年代早期，少数发达国家的医疗费用已接近国内生产总值的10%；进入90年代以后，一般发展中国家的社会卫生总费用亦占其国民生产总值的5%以上（国际上普遍认为一个国家用于国民保健开支的最低限度应为世界卫生组织所确定的5%）。由此可见，医疗保障事业不仅在世界范围内得到了关注和重视，而且在20世纪50年代，尤其是自80年代以来得到了迅速的发展。

随着医疗保障事业的发展，许多国家形成了有自己特色的医疗保障模式。具体而言，目前世界上的医疗保障模式主要有以下几种：

1. 直接免费型医疗保障。这种医疗保障模式是由国家或政府建立和掌管医疗卫生事业，医生及其他医务人员均享受国家统一规定的工资待遇，国民看病不需交费，享受免费医疗保健服务，它盛行于西方福利国家，尤以英国和瑞典最为典型。例如，在英国，实行的便是全民免费医疗保障制度，其公立医疗机构遍布全国，患者均可享受免费医疗服务；在瑞典，规定只要家庭有一个成员有劳动收入，全家均有权享受国家提供的医疗保障服务，国民只需象征性地缴纳一年内至多5次的挂号费和小额的费用，药费在40克朗以上，一概免费。直接免费的全民医疗保障制度，必然要以雄厚的国家财力作后盾，而且与福利国家的其他社会保障项目相配套。值得指出的是，社会主义国家的免费医疗保障并非面向全体国民，而是限制在公有制单位的劳动者范围内，从而不能与福利国家的全民直接免费医疗保障制度相提并论。

2. 预付报账型医疗保障。这种模式的基本内容是：由政府的社会保障

① International Labour Office：*Into the twenty—first century*：*The development of social security*，First Published 1984，Ilo Publication Branch Geneva.

机构负责国民的医疗保障费用管理，需要治疗的患者按有关规定向医院交费，然后再凭收据到社会保障机构报销。患者有权自由选择就医的医院和医生，但报账时仍有一些限制性规定，如法国就属这种保障型。一般而言，像精神分裂症、癌症、结核病等重病、慢性病的医疗费用可以全部报销，其他疾病亦可以在规定的费用标准内报销。

3. 混合保障型医疗保障。这种模式就是既有国家建立的非营利性医疗机构为国民提供具有社会保障性质的医疗服务，又有私立医疗机构提供营利性的医疗服务，它以美国为代表。在 20 世纪 60 年代以前，美国国民只能享受带有营利性的医疗保障服务；到 1965 年才开始实行医疗照顾计划，联邦政府给予资助。目前，美国的医疗保障制度实际上包括了免费医疗保障、医疗社会保险及个人医疗保险等类型，人们被划分成若干阶层或群体，有的享受政府的免费医疗保障，有的享受雇主资助的医疗保险，有的只能作为自由投保人向各个商业保险公司投保。据有关资料，美国 1986 年免费医疗照顾支出为 130 亿美元，1992 年享受政府医疗补助者约有 5 600 万人，享受雇主资助的医疗保险以及个人自由投保者达 1.4 亿人，还有 3 000 万美国人没有医疗保障①。克林顿政府改革其医疗保障，以期实现全民医疗保险。

4. 社会保险型医疗保障。这种模式是通过由国家立法强制、雇主与雇员个人缴纳保险费，建立社会保险基金用于雇员及其家属的医疗保障的一种制度。它以社会保险的起源地德国为代表。在德国，政府按区域和行业设立了法定的医疗保障机构，雇员与雇主依法各自承担 50％的保险费，由法定医疗机构为雇员及其家属提供医疗保障服务，国家一般不直接补贴。目前，德国医疗社会保险的受保者包括受保雇员及其家属占全德国总人口的 90％以上；不过，自由职业者和独立经营者不在法定医疗保险的范围，公务员及其家属亦另行按有关政策享受报销 50％～70％的医疗保障待遇。因此，德国的医疗保障是以疾病社会保险为核心内容的社会保险型制度。据有关统计资料，1990 年，德国社会福利预算支出总额为 7 030.53 亿马克，医疗社会保险支出为 1 349.32 亿马克，医疗社会保险支出占社会福利预算支出的 19.2％，占德国国民生产总值的 5.64％，而其整个医疗费用的支出

① 郑功成. 美国医疗保险的发展与改革. 保险研究. 1994，2

占国民生产总值的8%以上。

（二）医疗保障制度的特征

医疗保障制度作为社会保障体系中的一个独立子系统，具有如下显著特征：

1. 保障对象具有全民性。一方面，健康障碍问题，是每个国民均要遇到的问题，健康障碍存在的客观性和必然性，使每个国民（无论贫富、职业、地位等）均需要国家和社会提供医疗保障，包括费用和服务保障；另一方面，国民的健康素质，关系到国家发展的根本，政府和社会又有责任承担起为国民提供各种医疗保障的责任。因此，医疗保障的对象是全体国民，从而比其他社会保障子系统的对象更为广泛。

2. 与其他社会保障项目具有交织性。医疗保障对于国民而言，是一种必不可少的社会保障项目，每一位国民在享有医疗保障的同时，又可享受有关社会保险、社会救助、社会福利或军人社会保障的待遇，从而在享受社会保障的国民身上体现了医疗保障与其他社会保障在内容上的交织性。同时，医疗保障作为当代社会保障体系中的一个子系统，又往往被其他社会保障子系统所包容。如社会保险中一般有医疗社会保险项目，社会救助中有对接受救助者的医疗帮助，社会福利中有对享受福利者的医疗照顾与服务，等等。因此，医疗保障的内容与其他社会保障的内容相互交织。即其他各个社会保障子系统的运转均离不开医疗保障，有的社会保障项目甚至以医疗保障为基础，如生育社会保险本身就包括了医疗保障的内容。

3. 保障内容具有专一性。从医疗保障的内容来看，它不像社会保险、社会救助、社会福利、军人社会保障等均以国民综合性的基本生活保障与改善为目标，而是以保障国民的身体与健康为特定内容，即以国民具有身体或健康障碍为基础，以提供医疗服务为手段，以恢复国民的健康为目标，并不涉及受保者的物质、精神生活水平等，因此，医疗保障的内容具有专一性。

4. 保障手段服务性。其他社会保障子系统主要采取现金援助或实物援助的方式为社会成员提供生活保障，而医疗保障则一般只提供医疗服务，即国家、社会或单位通过设立各种医疗机构，收治需要治疗或医疗帮助的社会成员，实行免费、低费或收费服务。因此，医疗保障离不开医疗服务，提供服务是医疗保障最基本的手段。

（三）中国的医疗卫生事业与国民健康状况

自新中国成立以来，由于政府的重视和支持，中国的卫生事业经过40多年的发展，取得了相当的成就。世界卫生组织驻中国代表基恩就曾指出："如果只看预期寿命、婴儿死亡率、死亡原因这些统计数字，很难看出这个国家是中国，几乎不可能看出这是个发展中国家。"具体而言，中国的医疗卫生事业的成就表现在以下几个方面①：

1. 医疗卫生事业已具相当规模。据统计，到1992年年底，全国各类医疗卫生机构达204 787个，其中各类医院61 352所（含县及县以上医院13 717所）、疗养院639所、门诊部125 873所、专科防治站1 845所、卫生防疫站3 673所、妇幼保健站2 841所、药品检验所（室）1 953所、医学研究机构339个、乡镇卫生院46 117个、国境卫生检疫所65个；全国共有床位304.94万张，每千人拥有床位2.38张，较1957年的0.46张提高了4 617张，较1978年的1 694张增加21%；全国有医务人员5 140 246人，每千人口有医生数为1.57人，比1957年的0.84人增加了7%，比1978年的1.06人增加了48%；此外，农村中88.5%的行政村设有医疗点。由此可见，新中国的医疗卫生事业的发展是迅速的，医疗卫生规模的扩大表明了中国对国民医疗保障条件和手段的不断改善。

2. 医疗卫生服务利用效果不断提高。在1992年，全国医院提供诊疗量达25.69亿人次，住院服务为5 222万人次，较1980年的2 247万人次增加132%，还开设家庭病床58.5万张；全国医院病床使用率达78.6%，其中大型医院的病床使用率达95%以上；每一医生每天负担诊所的患者为4.8人，住院1.9人，等等。

3. 死亡率下降，人均寿命迅速延长。中国的人口死亡率在20世纪50年代为18‰，60年代为12‰，70年代下降为7‰，到80年代已下降到6‰，低于世界平均死亡率水平；人均预期寿命在建国前仅有35岁，1957

① 有关数据资料参见：中国第三产业年鉴（1993）. 北京：中国统计出版社，1993. 500～502

年提高到57岁，1990年又提高到70岁，不仅高于一般发展中国家，而且高于许多较发达的国家。死亡率的大幅降低和人均寿命的迅速延长，虽然与社会经济的发展和对国民生活的保障、改善密切相关，但不能排除中国医疗保障事业的发展起到了主要的作用。

4. 疾病医疗和预防工作成效显著。如在传染病方面，法定传染病发病率在1949年高达2万/10万，1978年降为2 364/19万，1992年持续下降到235.11/10万；多种传染病及地方病得到了有效的控制与防治，如儿童的传染病就大大降低了，等等。

综上可见，随着中国医疗卫生事业的发展，国民的健康状况亦大为改观，不仅昔日中国"东亚病夫"的耻辱不复存在，而且已成为世界民族之林中的强健之国。上述成就的取得，依赖于政府财政的投入和现行医疗保障制度的保障。中国医疗卫生事业在近10余年的发展，可以从表8—1中有关1980年与1991年的经费构成资料来加以了解。

表8—1　　1980年与1991年中国卫生总费用构成（当年价格） 单位：亿元

项　目	1980年	1991年
一、卫生总费用	132.0	725.44
二、政府预算（拨付卫生部门）	41.3	725.44
1. 卫生事业费	28.3	86.44
2. 中医事业费	0.8	7.33
3. 计划生育事业费	3.3	15.94
4. 卫生基本建设投资额	2.9	13.15
5. 医学高教科研等	6.0	16.25
三、公费医疗与劳保医疗支出	60.0	322.87
四、群众自费医疗支出	30.7	259.44
五、国民生产总值	4 470.0	1 986 655.00
卫生费用占百分比（%）	3.0	3.65
六、人均卫生费用（元）	13.4	62.53

资料来源：中国第三产业统计年鉴（1993）. 北京：中国统计出版社，1993. 501

由表8—1可见，中国的医疗卫生事业总费用由1980年的132亿元增长到1991年的725.44亿元，增长4.5倍；卫生总费用占国民生产总值的比重亦由1980年的3%提高到3.65%，增长21.7%；人均卫生费用由1980年的13.4元上升到62.63元，增长3.7倍。可见中国医疗卫生事业经费增长很快。不仅如此，近年来的增长速度更快，到1993年年底，全国卫生费用达1 000多亿元，占国民生产总值的6%，其中仅公费医疗与劳保医疗费用一项就突破了400亿元大关，较1991年增长30%①。

（四）中国的医疗保障体系

前已述及，中国的医疗卫生事业在过去40多年间尤其是近10余年间，取得了巨大的成就，这种成就在很大程度上依赖于医疗保障体系的保障。作为中国社会保障体系的子系统，中国的医疗保障制度亦由若干项目组成，其体系可由图8—1来表示。

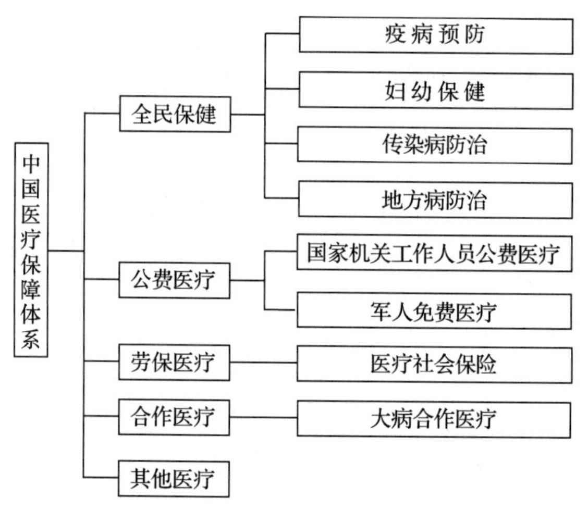

图8—1　中国现行医疗保障体系图

由图8—1可见，中国的医疗保障制度呈现出多层次性，它以全民保健为基础，以公费医疗与劳保医疗为主体，以合作医疗和其他医疗服务为补充，并已开始出现一些新的医疗保障形式，如医疗社会保险、大病合作医疗等。因此，中国现行的医疗保障制度经过40余年的实践与发展，正在适

① 光明日报，1994－04－03

应市场经济改革的需要，走向改革与重建之路。不过，由于医疗问题不是经济问题，医疗保障属于社会政策范畴，无论怎样变革，医疗保障均不能走向市场化，而仍须由国家和社会承担起主导责任。

二、全民保健制度

全民保健，是整个医疗保障制度的基础，它由国家和社会供款，通过实行全民计划免疫和对传染病、地方病等的防治，以促进全民健康素质的提高。中国的全民保健，主要由国家卫生部门实施，重点放在儿童保健、地方病与传染病的防治等方面。此外，每年还掀起爱国卫生运动，除“四害”及灭鼠等运动。在实施过程中，既有免费医疗服务，亦有国家补贴与集体、个人集资等相结合的形式；既有卫生部门专业工作者参与，又有全国群众参与，从而是一项全民健康保障运动。

（一）儿童防疫

国家对儿童防疫问题是相当重视的，每年均拨款推行卫生部门制定的比较规范的儿童防疫计划，并通过遍布全国城乡的医疗机构或医疗网点具体实施。据有关资料统计，到1991年，在有医疗保健设施或卫生人员的村（居）委会，已种卡介苗的人数占应接种儿童的52.9%，已服用小儿麻痹丸的人数占72.8%，已注射白百破三联针的人数占66.4%，已种麻疹疫苗的人数占62.2%；在无医疗保健设施或卫生人员的村（居）委会，政府也派专门的医务工作者进行儿童预防接种，其中已种卡介苗的儿童占48%，已服用小儿麻痹糖丸的占63%，已注射白百破三联针的占56.7%，已种麻疹疫苗的占52.4%①。在1993年，国家还拨出专款掀起过一次全国性的儿童服用小儿麻痹糖丸的热潮，上至国家主席，下至一般百姓，都在宣传儿童防疫的重要性并成功地实施了全国儿童同期服用糖丸的计划。

由于儿童保健措施的加强与普及，中国儿童的健康有了基本的保障，城镇中的儿童死亡率已下降到1.7%；在患病方面，患严重疾病的比例日益减少，患小疾病的比例提高，全国儿童计划免疫的几种传染病发病率也急

---

① 朱庆芳主编. 社会保障指标体系. 北京：中国社会科学出版社，1993. 200

剧下降。如在1980年，儿童传染病中的白喉发病率为1/103，百日咳发病率为62.82/10万，脊髓灰质炎发病率为0.72/10万，麻疹发病率为114.88/10万；到1992年，则分别下降为0.02/10万、0.94/10万、0.17/10万和10.95/10万①，等等。

（二）传染病防治

从医学的角度讲，人类面临的传染病有50多种。在中国历史上，多种传染病曾给中国人民带来过沉重的灾难②。例如，以霍乱为例，新中国成立前的100多年间，全国大小霍乱流行近百次，死亡人数在100万以上；麻风病人在20世纪50年代曾达50多万人；60年代红卫兵串联期间的乙脑大流行，夺去了16万多人的生命，等等。建国后，由于国家十分重视，对传染病的防治取得了相当的成就。例如，天花已被消灭，鼠疫经过新中国成立后的综合治理于1955年就得到了有效控制；霍乱、麻疹、麻风、斑疹伤寒、流行乙型脑炎等烈性传染病已基本得到了控制；结核病的防治也获得了长足进展，结核病的残疾率已由1950年的0.2%下降到1990年的0.032%；性病在建国后曾一度绝迹，等等。所有这些，均表明中国对传染病的防治是成功的。

值得指出的是，进入20世纪80年代中期以后，由于多种原因，有些传染病又有抬头的现象。如小儿麻痹症近年有所上升，病毒性肝炎日趋严重，性病又死灰复燃并大有泛滥之势，等等，它从另一个侧面表明了在新的时期更要注重对传染病的防治工作。

（三）地方病的防治

地方病是因居住地环境、饮水等因素导致的大范围慢性疾病，它是损害当地居民健康甚至导致居民死亡、残疾的罪魁祸首。新中国成立后，中国政府首先对血吸虫病进行了重点治理。在20世纪50年代，中国有血吸虫病患者1 000多万人，占全国人口总数的2%，经过1955—1977年的治理，全国有70%的钉螺滋生地的钉螺已被消灭，800多万血吸虫病患者经

---

① 中国第三产业年鉴.（1993）.北京：中国统计出版社，1993. 501

② 本书参见：郑功成.中国灾情论："传染病"章.长沙：湖南出版社，1994

过政府的治疗，恢复了健康；1985 年，中国政府公布，全国 372 个流行血吸虫病的县（市、区）已有 112 个消灭了血吸虫病，162 个基本消灭了血吸虫病，共治愈血吸虫病人 1 000 多万人，占全部血吸虫病患者的 90％以上。

在因饮水问题导致氟中毒等慢性地方病的地区，国家加快了农村改水工作，截止到 1992 年，全国投入农村改水的资金达 133.5 亿元，其中 20％由政府拨款，80％由集体和群众集资，受益人口达 6 亿多人①。

通过各种爱国卫生运动和对儿童的防疫，对流行快、危害大的传染病的防治，以及对大面积、大范围内的地方病的防治，有力地控制了对国民健康危害最大的因素，促进了国民身体素质的提高。

三、公费医疗制度

（一）公费医疗制度的基本内容

公费医疗制度，是国家为保障国家工作人员（实行公务员制度后主要是公务员）的身体健康，通过医药卫生部门向其提供必要的医疗保健服务并由国家负担医疗费用的一项医疗社会保障制度，它是根据 1952 年国务院发布的《关于全国人民政府、党派、团体及所属事业单位的国家工作人员实行公费医疗预防的指示》而建立起来的，其实施范围是各级国家机关、党派、人民团体以及文化、教育、科研、卫生、体育等事业单位的工作人员和离退休人员，以及在乡的二等乙级以上的革命残废军人、高等院校在校学生。此外，军队虽自成体系，但军人的医疗保障问题仍与国家机关工作人员一样，实行公费医疗制度。因此，本节的阐述实质上包括了军人，只是有关统计数字未能包括军人在内。

公费医疗的经费来源于国家与各级政府的财政预算拨款，由各级卫生行政部门或财政部门统一管理使用，从单位“公费医疗经费”项目中开支，实行专款专用。由于公费医疗制度是在建国初期的供给制基础上建立起来的，为了加强经费管理，杜绝浪费，自 20 世纪 60 年代以来，国家对其进行了一些改进。例如，1965 年 10 月 27 日，财政部、卫生部发出《关于改进公费医疗管理问题的通知》，规定享受公费医疗待遇的人员治病的门诊挂

① 中国第三产业年鉴（1993）. 北京：中国统计出版社，1993

号费和出诊费，由公费报销改为个人交纳（但因公致伤，二等乙级以上革命残废军人等仍由公费开支）；1974 年 1 月，卫生部、财政部等部门先后发出《关于卫生事业计划财务工作中若干问题的意见》和《享受公费医疗人员自费药品范围试行的联合通知》；1977 年 10 月，卫生部、财政部、国家劳动总局又联合颁发《关于检发享受公费医疗、劳保医疗自费药品范围的规定》，进一步规定对各种营养滋补和贵重药品，以及非治疗必需的药品、各种药酒、水果膏剂等均应自费，公费医疗的待遇遂从此确定。从现行情况来看，公费医疗项目包括享受者在患病时的诊疗费、检查费、手术费、住院费、非自费药品费等，即凡享受者确因治疗需要的开支基本由政府财政承担，从而实质上是一种免费医疗保障制度。

（二）公费医疗制度的规模与发展

自从建立公费医疗制度以来，由于符合公费医疗条件的人数急剧增加以及医疗费用的上涨，中国公费医疗的规模亦在不断扩大，经费在不断增长。表 8—2 的资料有助于我们了解 20 世纪 50 年代以来中国公费医疗规模与发展情况。

表 8—2　　1953—1992 年中国公费医疗经费支出情况表

年份	实际支出（亿元）	享受公费医疗人数（万人）	人均支出（元）	年份	实际支出（亿元）	享受公费医疗人数（万人）	人均支出（元）
1953	1.05	400	26.25	1982	9.02	1 811	49.82
1957	1.43	650	22.00	1983	10.87	1 891	51.48
1962	2.75	862	31.90	1984	12.63	1 969	64.14
1965	2.41	855	28.20	1985	15.44	2 128	72.57
1975	3.74	1 113	33.60	1990	50.52	3 072	164.44
1979	5.70	1 429	39.90	1991	50.56	2 795	180.89
1980	6.68	1 568	42.60	1992	65.00	2 955	220.00
1981	7.81	1 705	45.80				

注：本表中的享受公费医疗人数系根据有关统计资料提供的另两项指标换算而成。

资料来源：1953—1985 年根据《当代中国财政（下）》第 234 页数据换算，中国社会科学出版社 1988 年版；1990—1992 年根据《中国第三产业年鉴（1993）》第 501、582 页数据换算。

由表8—2可见，中国公费医疗的规模与发展速度是相当惊人的，其1992年的公费医疗经费为65亿元，受益人数近3 000万人，人均费用达220元，分别比1953年增长61倍、6.5倍和7.4倍，比1979年增长10.4倍、0.9倍和4.2倍，比1985年增长3.2倍、0.4倍和2倍。上述数据表明，享受人数的膨胀和人均经费的增长是导致整个公费医疗经费膨胀的两个相关因素。可以肯定，在过去数十年间，中国公费医疗制度的实施，对保障国家工作人员、事业单位工作人员等的身心健康，减轻机关事业单位干部、职工及其家庭的经济负担，增进受益者的健康水平，确实起到了积极的作用。但医疗费用的急剧膨胀又极大地加重了各级政府的财政压力，从而迫使国家及各地政府不得不考虑加以改进。

（三）国家对公费医疗制度的改进

随着政府面临的公费医疗财政压力的增大，1984年卫生部、财政部联合下发《关于进一步加强公费医疗管理的通知》，提出积极稳妥地改进公费医疗制度的原则，并在全国范围内自此采取试点改革与面上改进相结合的方式，开始了对传统公费医疗制度的改进工作①。

自1984年以来，各地结合实际情况，在维持医疗经费筹集渠道（即财政负担）不变的情况下，对公费医疗经费进行了管理上的改进，并在个别地方进行了医疗保险的试点。具体而言，各地对公费医疗制度的改进可以概括为以下三个方面：

1. 普遍实行公费医疗费用与个人适当挂钩。它又可以分为如下几种：(1) 由受益者自负一定比例的门诊与住院费用，其中门诊医药费一般自负10%～20%，住院医药费一般自负5%～10%，全年个人负担总额一般控制在本单位平均年工资额的5%，或以本人1个月的工资额为限，超支者仍由单位报销；(2) 医疗经费全额包干给受益者个人，结余归己，超支自理，该方式容易造成受益者无病用于生活消费、有病却往往入不敷出的现象，从而违背了经费包干的本意；(3) 将门诊医疗费全部包干给个人，结余归

① 笔者之所以称之为改进，因为从1984年以来的各种改革仅仅是公费医疗制度实施中的某些方法的改进，既未形成全国性的、新的统一保障制度，又未能触动公费医疗制度的根本缺陷，亦未真正解决传统公费医疗体制下的各种主要问题，因此，笔者认为真正改革与重建中国医疗保障制度的阶段并不能从20世纪80年代算起。

已，超支自理，但住院费由公费医疗单位统包，这种方法仍易诱导门诊病人减少，住院病人增多，造成新的浪费等。因此，只有第一种方法的效果较好。此外，对于离退休干部及革命残疾军人、特殊病人，仍不实行医疗费与个人挂钩。

2. 采用多种方式加强公费医疗管理。目前，全国各地主要有五种形式：（1）由医疗单位直接管理，全国已有21个省、直辖市、自治区和8个计划单列市发出“通知”“规定”“试行办法”等，将公费医疗经费定额划拨医院，由医院直接管理；（2）结余由医院留用一部分，超支由单位列支，或财政酌情补助，这种管理方式显然易把公费医疗变成单位型保障，重蹈企业劳保的覆辙；（3）由各级医疗办公室统管，在各级政府中重新设立专门机构管理；（4）由公费医疗办公室、财政、医院和享受者单位四方签约共管；（5）部分试点地区由医疗保险机构管理。上述方式均尚未定型，亦未形成统一制度，各地尚在探索之中。

3. 进行医疗社会保险试点。1989年3月，国务院确定在辽宁丹东、吉林四平、湖北黄石、湖南株洲四市进行公费医疗社会保险试点，同时在深圳市和海南省进行社会保障综合改革试点。1990年4月，吉林省四平市公费医疗改革方案出台；1991年11月，海南省政府颁布《海南省职工医疗保险暂行规定》，并于1992年1月1日施行；1991年9月，深圳市成立医疗保险局，统一管理全市医疗保险事业，该市政府还于1992年5月颁布《深圳市社会保险暂行规定》及《职工医疗保险实施细则》，经过沙头角镇的试点实践后，随即在全市铺开。此外，在其他省、市也开始了医疗保险试点。从现行情况来看，对公费医疗实行社会保险主要有两种方式：一是公费医疗单独实行医疗保险，即与劳保改革并行；二是实施统一的医疗社会保险制度，即不论干部、职工均参加统一的医疗社会保险。不过无论哪种方式，均强调了社会统筹保险经费，并由财政、单位分担供资之责，有些地方亦要个人承担一定比例的费用。

在中央，1992年5月，国务院成立医疗制度改革领导小组，国务委员李铁映任组长，国家体改委、卫生部、财政部、劳动部、人事部、国家医药局、国家物价局、中华全国总工会等部门的负责同志参加，它标志着中国医疗保障制度的总体改革已进入了预备阶段。近年来，卫生部、劳动部分别提出了公费医疗和劳保医疗的改革方案，国家体改委在卫生部、劳动部方案的基础上，正在起草《国务院关于职工医疗制度改革的决定（讨论稿）》，改革公费医疗制度的目标将是建立医疗保险基金，实行医疗社会保险制度。

四、劳保医疗制度

（一）劳保医疗制度的建立与发展

劳保医疗制度，是指根据20世纪50年代初期《中华人民共和国劳动保险条例》建立起来的一项企业职工医疗社会保障制度，它面向全国国有企业职工及其家属。此外，城镇大集体企业及部分乡镇企业亦参照国有企业建立了劳保医疗制度。

与其他劳动保险项目一样，职工的劳保医疗制度作为整个劳动保险制度的一个组成部分，也经历了曲折的发展历程。刚开始建立劳保医疗制度时，国家实行的是与公费医疗制度一样的免费医疗政策。到1966年4月，劳动部和中华全国总工会根据此前公费医疗制度的改进情况，本着逐步进行整顿的精神，联合颁发了《关于改进企业职工劳保医疗制度几个问题的通知》，对企业职工的劳保医疗进行了初步整顿，规定企业职工患病和非因工负伤，在指定医院或企业附设医院医疗时，其所需的挂号费、出诊费由职工本人负担，职工患病所需贵重药费改由行政方面负担；职工服用营养滋补药品的费用改由本人自理；对于工伤、职业病所致的医疗费用则全部由企业负担。经过“文化大革命”以后，职工的劳保医疗待遇就完全变成了企业的负担，并且因为医疗费用的逐步增长，企业为此付出的代价亦日益昂贵，以至于出现有的企业将医疗费用发给工人包干并造成一些工人无钱治病等新问题的出现。劳保医疗在20世纪80年代以后面临着严峻的考验。

为了保障患病职工的医疗，1980年除劳动人事部、财政部及中华全国总工会发出《关于制止医疗费用全部发给职工个人包干使用的通知》外，1983年劳动人事部又下发了《关于在经济改革中要注意保障企业职工的劳动保险、福利待遇的意见》，均要求各地既要保证职工患病医疗，又要克服浪费，加强管理。从表8—3中，我们可以看出中国职工劳保医疗自1978年以来的发展情况。

表 8—3　　1978—1992 年中国国有企业劳保医疗费用情况

年份	医疗费总额（亿元）			人均医疗费（元）		
	合计	在职职工	离退休职工	合计	在职职工	离退休职工
1978	27.30			36.1		
1979	31.69			40.8		
1980	36.43			44.3		
1981	38.99			45.0		
1982	44.38			48.7		
1983	50.03			52.3		
1984	55.45			56.9		
1985	64.65			65.1		
1986	84.85	69.89	14.96	79.8	74.9	114.8
1987	107.52	84.17	23.35	97.1	87.2	164.0
1988	151.20	112.90	38.30	131.2	113.1	248.9
1989	186.10	135.20	50.90	158.6	133.8	312.5
1990	226.40	163.70	62.70	187.6	158.2	363.7
1991	167.50	188.50	79.00	214.1	176.8	431.0
1992	318.20	220.00	98.20	248.0	202.0	505.7

注：1985 年及以前各年分不清在职职工与离退休者及其医疗费用。

资料来源：根据《中国劳动统计年鉴（1992）》《中国统计年鉴（1993）》《中国保险》（1994 年第 3 期）整理。

由表 8—3 可见，从 1978—1992 年，企业劳保医疗费用增长 10.7 倍，人均医疗费用上涨 7.9 倍，这表明不仅整个劳保医疗保障规模在扩大，而且医疗代价也在急剧提高。

（二）劳保医疗制度的特点

劳保医疗作为中国保障水平较高，对象众多的一项医疗保障制度，具有如下特征：

1. 实施对象的广泛性。在劳保医疗制度下，国有企业的职工包括在职职工与离退休工人均全部享受劳保医疗待遇，其规模与水平已在表 8—3 中反映了；部分集体所有制企业根据有关规定亦参照国有企业建立劳保医疗制度。如 1980 年，全国城镇集体企业支付的劳保医疗费用达 9.4 亿元，乡镇集体企业支付的劳保医疗费用为4亿元；到1991年，上述集体企业的劳保医疗费用又分别上升到44.31亿元和43.20亿元，两者合计为87.51亿元，相当于同年国有单位劳保医疗费用267.5亿元的32.7%。不仅如此，根据现行规定，在企业职工享受医疗待遇的同时，其家属亦可以享受半费医疗待遇。受保的在职职工、离退休职工，以及职工家属，构成了一个人数达2亿多人的劳保医疗对象群体。因此，劳保医疗成为保障对象最广泛的劳动保险项目。

2. 经费渠道的单一性。劳保医疗的经费，来自企业按职工工资总额14%的比例提取的福利费，不足部分从企业税后留利中提取，它既不像国外医疗社会保险一样需要职工个人缴费，也不似公费医疗一样有国家财政补贴，亦不能开辟募捐或其他途径筹资，而是全由企业负供款之责，从而实质上是企业承包型医疗保障制度。经费渠道的单一性，正成为阻碍职工医疗保障进一步发展的重要制约因素。

3. 保障政策的层次性。其一，国家的医疗政策主要规范国有企业的劳保医疗待遇，城乡集体企业与“三资”企业可参照执行，并由地方或主管部门分别规定，其待遇标准参差不齐，一般比国有企业职工的待遇要低，许多集体企业还规定对门诊医疗费和住院医疗费由职工自负一定比例的费用，从而表现出所有制不同的层次性。其二，固定工与合同工待遇有别，一般而言，固定工与合同工负伤或患职业病的劳保医疗待遇是一致的，但在患病或非因工负伤时，合同工的医疗待遇要低于固定工。据统计，到1992年年底，全国有合同制工人2 541万人，其中国有单位有2 058万人，城镇集体单位有399万人，其他单位有84万人，可见合同制职工亦是一个日趋庞大的群体。其三，就职工个人而言，工伤与患职业病的劳保医疗待遇要优于一般疾病和非工伤劳保医疗待遇。可见，劳保医疗在不同所有制企业之间、固定工与合同工之间、工伤与非工伤之间，有着明显的层次性。

4. 医疗管理的脱节性。在现行劳保医疗制度下，职工看病、医生治疗、单位报账相互脱节，国家与企业均无法对劳保医疗实施有效的控制和管理；尤其是随着市场经济的发展，部分医院片面追求经济效益，职工亦不了解国家、企业的沉重负担而不断提高对医疗的期望值，小病大养、一人劳保全家免费的现象不乏罕见。管理的漏洞，必然带来劳保医疗的巨大浪费。

（三）劳保医疗制度的改革

针对传统劳保医疗制度的有关缺陷，在国家有关部门的指导下，一些地方亦在近几年开始了对劳保医疗制度的改革试点工作，其主要目标就是努力朝着医疗保险社会化的方向发展。

1984年，原劳动人事部保险福利司和中华全国总工会社会保障部转发了北京市劳动局、总工会、卫生局《关于扩大职工劳动保险制度改革的试点的通知》，介绍了北京地毯五厂、燕山石油化工公司等单位改进职工劳保医疗制度的一些做法，推动着劳保医疗制度向职工医疗社会保险的方向发展。1990年，四川省南充等地区开始劳保医疗制度改革试点；1990—1992年，劳动部又分别在四川乐山和湖南株洲召开企业劳保医疗制度改革经验交流会，逐步形成了对职工医疗问题实行社会统筹的办法。1992年，劳动部正式下发《关于试行职工大病医疗费用社会统筹意见的通知》，提出了改革现行劳保医疗制度的原则意见。

目前，整个劳保医疗制度虽然仍在运转，但全国许多地方对企业职工劳保医疗制度推行了下列改革办法：

1. 由企业职工个人适当负担部分费用。这一项改进办法以保证基本医疗和加强医疗管理为目的，打破了职工单纯享有劳保医疗待遇而不需承担任何义务的惯例，即职工要为自己的医疗问题承担一定的风险并付出一定的经济代价。据统计，全国已有80%以上的国有企业开展了这项改革试点工作，如四川省自1987年10月至今，已有11个市、地、州的32个县，2 800多家企业，120多万名职工参加；山东省青岛市已全面开展了这一改革试点工作，迄今已有1 500多家企业参加，职工达50多万人，分别占该市市属企业户数和职工总数的70%以上。

2. 推行职工大病医疗费社会统筹。所谓大病统筹，就是由企业和社会通过统筹医疗保险费，对职工一次看病所支付的医疗费用超过规定金额的部分给予报销的一种医疗保障办法。这一办法的做法是：（1）统筹的范围以县或行业（系统）为单位组织统筹，逐步扩大；（2）统筹的对象为在职职工（包括合同制工人、混岗大集体工人）和离退休职工；（3）以病种和费用相结合来确定“大病”；（4）统筹基金由企业和职工共同负担，并上缴当地或主管部门，单独设账，专款专用。由此可见，大病医疗费社会统筹实质上是使劳保医疗走向医疗社会保险，从而是一项有价值的根本性改革。据统计，截止到 1992 年年底，全国已有 16 个省、市的 96 个县、160 个系统（行业）、130 多万名职工参加了大病医疗费用社会统筹①，其中尤以四川、河北等省试点范围最广。

3. 开展退休职工医疗费用社会统筹。从表 8—3 中，我们可以看到离退休职工的人均医疗费用要比在职职工高 1.5 倍，这表明老年人的身体健康所需要的医疗代价更高，而全国的退休工人每年均在以 150 万人左右的数量增长，2 000 多万退休职工的医疗费用使许多企业不堪重负。因此，对离退休职工也有必要建立医疗费用社会统筹制度。最早开展这项改革试点工作的是河北省石家庄地区，该地区于 1985 年 11 月开始，对离退休职工逐步建立起了人、钱、医统一管理，基金支出统一管理，医疗服务一体化的新体制。其主要内容是离退休者的医疗费用由社会统筹取代单位负责，并由个人负担少量医药费用。这一办法被许多地方借鉴。截止到 1992 年年底，全国已有 16 个省、市的 88 个县、28 个系统的 27.2 万名离退休职工参加②，并取得了较好的效果。

由上可见，劳保医疗制度正在改革发展之中，不过，社会统筹不等于社会保险，况且统筹面还很窄，从而表明了改革与重建职工医疗保障制度的任务艰巨。

五、合作医疗制度

（一）合作医疗制度的建立与发展

合作医疗，是中国农村社会通过集体和个人集资，用以为农村居民提供低费的医疗保健服务的一种互助互济制度，它既是中国医疗保健制度中有特色的组成部分，也是中国农村社会保障体系中的重要内容。

早在抗日战争时期，解放区就出现过农民集资兴办的合作医疗。新中国成立后，一些地方在土地改革后的农业互助合作运动的启发下，由群众自发集资创办了具有公益性质的保健站和医疗站；1956 年，全国人大一届

---

① 中国第三产业年鉴（1993）．北京：中国统计出版社，1993．585

② 中国第三产业年鉴（1993）．北京：中国统计出版社，1993．586

三次会议通过的《高级农业生产合作社示范章程》中亦规定，合作社对于因公负伤或因公致病的社员要负责医疗，并且要酌量给以劳动日作为补助，从而首次赋予集体介入农村社会成员疾病医疗的职责。随后，许多地方开始出现以集体经济为基础，以集体与个人相结合、互助互济的集体保健医疗站、合作医疗站或统筹医疗站。可以说，从建国到 20 世纪 50 年代末，农村合作医疗处于各地自发兴建的阶段。

1959 年 11 月，卫生部在山西省稷山县召开全国农村卫生工作会议，正式肯定了农村合作医疗制度。此后，这一制度遂在广大农村逐步推广。1965 年 9 月，中共中央批转卫生部党委《关于把卫生工作重点放到农村的报告》，强调加强农村基层卫生保健工作，极大地推动了农村合作医疗保障事业的发展。到 1965 年年底，全国已有山西、湖北、江西、江苏、福建、广东、新疆等 10 多个省、自治区、直辖市的一部分市县实行了合作医疗制度，并进一步走向普及化。即使在“文化大革命”中，由于合作医疗深受农民欢迎，到 1976 年，全国已有 90%的农民参加了合作医疗，从而基本解决了广大农村社会成员看病难的问题，为新中国农村医疗保障事业的发展写下了光辉的一页。

不过，在 20 世纪 70 年代末期以后，农村合作医疗遭到了破坏，并开始走向低潮。1979 年 12 月，卫生部、农业部、财政部、国家医药管理总局、全国供销合作总社联合发布了《农村合作医疗章程（试行草案）》，各地又根据这个章程对农村基层卫生组织和合作医疗制度进行整顿，坚持农民群众自愿参加的原则，强调参加自愿，退出自由，同时改进了资金筹集办法。此后，虽然少数地区的农村合作医疗事业得到了恢复与发展。但随着 20 世纪 80 年代农村承包责任制的推行，乡村公共积累下降，管理不得力，各级卫生行政部门又未能及时加强引导，全国大多数农村地区原有的以集体经济为基础的合作医疗制度遭到解体或停办的厄运，绝大部分村卫生室（合作医疗站）成了乡村医生的私人诊所。据 1985 年全国 10 省 45 个县的调查，农村居民中仍参加合作医疗的仅占 9.6%，而自费医疗则占到 81%，1986 年坚持合作医疗的村继续下降到 5%左右，当时只有上海的郊县，山东的招远，湖北的武穴，江苏的吴县、无锡、常熟等为数不多的地区继续坚持合作医疗。

进入 20 世纪 80 年代后期，农村社会成员的医疗问题又引起了有关政府部门的重视，一些地方在总结历史经验的基础上，根据农村的发展变化，亦对传统的合作医疗制度因地制宜作了改进，从而呈现出不同的模式。目前，农村合作医疗事业作为农村社会保障事业的一个方面，已被列入国家卫生部门的发展计划，正在逐步恢复和发展。

综上可见，中国的合作医疗事业所走的道路是曲折的，这种曲折与其他社会保障制度有所不同，它主要是因为农村承包责任制的推行使之失去了集体经济基础，同时又无得力的政策引导所致，其后果就是参加合作医疗的农村社会成员由 1976 年占农村人口的 90％锐减到 1986 年的 5％左右，一些地方又出现了农民看病难，看不起病，甚至因病陷入困境、绝境的现象。农村合作医疗事业曲折发展的这一过程，应当成为中国现阶段整个社会经济改革发展中的一个深刻教训。

（二）合作医疗的特点

在过去的数十年间，中国的农村合作医疗制度有过成功，也有过挫折，迄今仍处于低潮时期，但其特色却是鲜明的。

1. 合作医疗以农村居民为保障对象。在中国，城镇居民一般有公费医疗、劳保医疗或医疗社会保险制度给予保健与疾病医疗保障，而占全国总人口 70％以上的农村社会成员却缺乏必要的医疗保障。合作医疗作为农民群众在长期与疾病作斗争中逐渐形成和发展起来的一种医疗保障制度，便成为解决农村居民疾病医疗与保健问题的主要依托。因此，合作医疗是农民创造的，也为农民的健康服务，从而主要是农村社会保障体系中的重要组成部分。

2. 合作医疗以群众自愿为原则。合作医疗是合作化运动的产物，实质上是群众的互助互济，它从一开始就强调群众自愿的原则，通过政策引导、实施效果引导以及群众相互影响等来吸引群众参加。例如，国家在政策上重视并扶持合作医疗，把合作医疗当做为农村居民办实事；合作医疗本身所具有的公益性、福利性使农民认识到其好处；群众之间的影响，又能推动农村社会成员的积极参与。合作医疗制度正是在上述三个因素的引导下由农民自愿参加并最终成为一项医疗保健制度的。在新的历史时期，合作医疗仍应坚持群众自愿的原则，但这并不排除政策引导、政府扶持等措施，将群众自愿参加引向群众自觉参加，使合作医疗成为农村社会的群众性医疗保障制度。

3. 合作医疗以集体经济为基础。在过去数十年间，合作医疗制度与农村社、队集体核算制度相适应，其经费主要源于集体公益金的补助，社员看病只需交纳少量的费用，从而是一项低偿的农村集体福利事业。农村改革后，合作医疗走向低潮正是因为失去了这种集体经济的保障。从中国农村的现实条件出发，无论是富裕地区还是贫困地区，均不可能由农民独自承担这种责任。而保障国民健康、增进国民健康又是国家和社会应该承担的职责。尽管国家和各级政府不可能在农村重走正面临着重重困难的城镇居民医疗保障制度的老路，但也不能放手不管。因此，国家和社会对农村居民的健康的职责，又将会主要通过政策引导和农村集体经济的供款来实现，集体经济在过去是合作医疗的经济基础，在今后仍将是农村合作医疗的必要基础。

4. 合作医疗以全方位服务为内容。虽然合作医疗的层次低，设施简陋，但从过去数十年的实践来看，它又有着十分丰富的内容。在实行合作医疗的地区，它不仅为农村社会成员提供一般的门诊和住院服务，而且承担着儿童计划免疫、妇女孕产期保健、计划生育、地方病疫情监测等任务，并按照预防为主、防治结合的方针开展各种预防工作和饮食及饮水卫生、爱国卫生工作等。由此可见，合作医疗虽建立在乡、村，是中国最低层次的、粗放型的医疗保障，但“麻雀虽小，五脏俱全”，对保障农村社会成员的健康发挥着多方面的积极作用。

此外，农村合作医疗还能就近或上门提供医疗服务，极大地方便了农村居民的疾病医疗和保健需要。合作医疗的上述特点，决定了它在现阶段中国农村经济发展中的不可或缺性和在农村社会保障体系中的不可替代性。

（三）合作医疗的形式

在 20 世纪 80 年代以前，中国农村合作医疗事业的模式是统一的、规范化的，这是因为全国均实行社、队集体核算，而具有统一的经济基础和统一的社会政策。然而，农村改革以后，农村的经济结构发生了巨大的变化，地区发展水平极不平衡，同一地区甚至同一乡、村的发展也不平衡，再要恢复、重建全国统一的农村合作医疗制度显然是不现实的。在这种条件下，国家虽然倡导恢复与推广农村合作医疗事业，但又难以实施统一的政策。因此，自 20 世纪 80 年代以来，主要由各地结合自己的实际情况加以探索，从而形成了多种形式的农村合作医疗模式。具体而言，农村现行合作医疗形式主要有以下几种：

1. 村办村管型。即合作医疗站（点）自行筹建，并由村委会管理，其经费由村集体经济组织（或村提留）和本村群众共同承担，实施对象限于本村居民，个人享受合作医疗的范围与标准均由村制定，它是过去中国农村合作医疗的主要形式。如 1985 年，在上海市郊县实行合作医疗的 3 037 个村中，由村办村管的占 83.5%①。

2. 村办乡管型。在这种模式下，合作医疗站（点）仍由村委会筹建，合作医疗经费由集体与个人共同筹集，但享受的范围与标准由村、乡协商制定，经费由乡卫生院或乡合作医疗管理委员会统一管理，按村核算，经费超支由各村自负。

3. 乡村联办型。在这种模式下，合作医疗站（点）由乡、村共建，合作医疗经费除村集体提留和个人供款外，乡级政权还补助一部分；经费由乡统一管理，乡和村分成核算，提留和报销比例由乡、村协商确定，享受的范围与标准由乡级政权统一制定。如 1985 年，上海市郊县农村合作医疗中，就有 13%属于这种模式。

4. 乡办乡管型。在这种模式下，合作医疗站（点）由乡级政权负责筹建，合作医疗经费由乡、村、个人三方筹集，由乡统一管理、统一核算，享受范围和标准由乡统一制定。

5. 多方参与型。在这种模式下，除乡、村两级农村基层政权外，还有其他方参与筹建农村合作医疗站（点）。如上海市金山县、湖北监利县等在当地政府与群众的支持下，就初步建立了合作医疗健康保险制度。以金山县的试点乡亭新乡为例，乡建立“合作医疗健康保险管理委员会”，由县卫生局、县人民保险支公司和乡政府参与管理和协调，农村居民以户为单位、乡镇（包括村）企业以企业为单位自愿参加，交费登记，由乡“健管会”发放医疗保健卡，凭卡就诊或逐级转诊，按一定比例补偿医疗费用。据统计，从 1987—1989 年，该乡共筹集医疗保健保险基金 107.5 万元，同期全

① 《当代中国》丛书编委会. 当代中国的职工工资福利和社会保险. 北京：中国社会科学出版社，1987. 33

乡支付医药费143.5万元，其中由患者自交41.3万元，由保健基金支付102.2万元，另支出管理费4.5万元，收支基本平衡。

6. 大病统筹型。在这种模式下，合作医疗只负责达到“大病”标准的农村社会的医疗问题，一般疾病不在合作医疗范围之列。如江苏高邮市就推行大病合作医疗制，其基本内容是：每人每年缴纳1.5元左右的统筹金，由乡镇专户储存，凡农村社会成员一次支出医药费50～100元的报销20%，一次支出100～500元的报销30%～40%，依此类推，最高可报销70%左右。全市32个农村乡镇的70多万农村居民都自愿地参加了这种大病合作医疗。

7. 混合保障型。一些地方建立起综合性的农村基层保障制度，合作医疗被包容其中。如山西省潞城县石窟乡、湖南省临湘县源潭镇长源村等，均建立的是乡、村基层社会保障制度，合作医疗保障与养老保障等均是其基本内容，从而具有网络性、综合性。

上述不同模式的农村合作医疗制度均在探索发展之中，村本位办好还是乡本位办好、单项办好还是综合保障好仍有争论。一些地方称之为医疗社会保险或医疗保险，尚名不符实。因此，它们均属于农村合作医疗保障，其在多方集资、量入为出、综合服务、保障居民健康方面均是一致的。据中国农村医疗保健制度研究课题组1988年对16省的20个县的6万多农村居民实行的抽样调查，参加各种合作医疗的已占30%；再据1993年《中国第三产业年鉴》的资料，到1992年年底，在中国农村651 031个村级医疗点中有294 417个为村或群众集体设置，占37%（个体医生办的医疗点占44%，乡卫生院下设点及其他形式的占19%）；少数地区发展更快，以上海郊县为例，合作医疗经过建立——滑坡——恢复的过程后，又重新发展了，到1992年已有2 875个村实行了合作医疗，占市郊农村的96.5%①。可见，合作医疗正在广大农村走向恢复和发展。

六、现行医疗保障制度的缺陷

应该肯定，中国城镇居民的公费医疗、劳保医疗以及农村居民的合作

---

① 大众卫生报，1992－10－21

医疗，分别与城乡各自的经济体制是基本适应的，建国以来的医疗保障事业取得了巨大的成就，这一点从国民寿命的延长、儿童死亡率的降低等指标中可以得到充分证实。然而，当中国的社会经济发展进入 20 世纪 80 年代以后，种种改革的推行已打破了旧有的社会经济体制，原有的利益分配关系正被重新调整，整个国家在向社会主义的市场经济迈进，在这种条件下，现行医疗保障制度必然存在着旧有体制下带来的多种缺陷。

（一）卫生资源配置比例失调，医疗服务发展不平衡

在中国现行的医疗保健制度下，卫生事业的结构与卫生资源的配置是不合理的，城市与农村、沿海与内地、疾病医疗与预防保健、西医与中医之间的卫生资源分配和服务利用差距很大。以城乡之间为例，截止到 1992 年年底，城镇医疗网点已比较密集，而农村尚有 12％的村连最简单的医疗点也没有；全国的医疗队伍在扩大，而现有的乡村医生比 1978 年减少 51％、卫生员减少 85％、农村接生员减少 40％；在全国 514 多万名卫生人员中，乡村卫生人员仅有 170 多万名，而农村人口却占全国人口的 70％以上[①]。再以疾病医疗与预防保健为例，各种预防保健机构与队伍发展严重滞后，已成为整个医疗保障事业的薄弱环节，如妇幼卫生服务就不能适应需求，全国平均每一名专职妇幼卫生人员服务人口达 1.06 万人，服务面积达 93 平方公里；全国 7 岁以下的儿童接受健康检查的只有 45.1％，儿童系统保健覆盖人数仅占 35％[②]。在西医与中医之间，中医作为中华民族的瑰宝，其发展明显滞后，等等。由此可见，中国的医疗保障尚缺乏合理的卫生事业结构和适当的卫生资源配置，这将成为医疗保障事业进一步发展的阻碍性因素。

（二）城镇医疗费用膨胀，成为国家与企业日益沉重的包袱

数十年来形成的公费医疗与劳保医疗制度，养成了国民依赖国家与企业，并把医疗保健看成单纯的福利待遇的观念，城镇居民的医疗保健由国家、企业大包大揽，使医疗费用的开支正日益成为政府与企业的沉重包袱。

---

① 中国第三产业年鉴（1993）. 北京：中国统计出版社，1993. 501

② 中国第三产业年鉴（1993）. 北京：中国统计出版社，1993. 502

据统计，1993 年，仅中国城镇中享受公费或劳保医疗待遇的居民所花费的医疗费用就高达 400 多亿元；“七五”期间，国家财政收入年递增 10%，而公费劳保医疗费用则每年递增 23.2%，公费、劳保医疗费用总额从 1980 年以来增长了 6 倍①，这笔庞大的开支需要国家与各级政府从财政拨款和企业福利基金中解决，而享受者占中国总人口的比例却不到 25%。

造成医疗费用急剧膨胀的原因，主要有以下几点：

1. 享受公费、劳保医疗待遇的就业人数增加。如公费医疗人数在 1980 年仅为 1 500 万人，而到 1993 年上升到约 3 000 万人，14 年间增长近 1 倍；劳保医疗的直接受益者在 1980 年为 7 000 多万人，到 1993 年上升到 1.4 亿余人，14 年间亦增长近 1 倍。如果再加上受益的家属，全国目前有 2 亿多城镇人口享受着公费或劳保医疗保障。如此庞大的队伍要靠国家财政拨款和企业供款来解决全部医疗保障问题，财政或财务负担岂能轻得了。

2. 人口老龄化导致医疗代价增长。一般而言，人越到老年，抵抗疾病的能力就越弱，疾病就越多，从而所需的医疗费用也就越多。在中国，享受公费劳保医疗待遇的离退休者已达 2 000 多万人，且大都患有慢性病，各种复杂严重的疾病也在增加，导致了离退休人员医疗费用的急剧增长，如从表 8—3 的资料中，在 1986 年，全国离退休者的医疗费用每人年均为 114.8 元，相当于在职职工医疗费用 74.9 元的 153.3%；到 1992 年，离退休职工的人年均医疗费用却上升到 505.7 元，相当于在职职工医疗费用 202 元的 2.5 倍。可见，离退休职工所需的医疗费用长势强劲，而中国每年还在以 150 万以上的规模壮大着离退休职工队伍。

3. 药品、卫生材料及服务费用大幅度涨价。据统计，药品及医疗用品的物价指数，以 1980 年为 100，1989 年上升到 185.3%，以 1985 年为 100，1989 年上升到 161.4%，近几年来增长速度更为加快②；再据来自卫生部的一份调查报告显示：从全国 2 000 多所卫生部门综合医院的统计资料来看，平均每一门诊病人的医疗费用在 1986 年为 4.4 元，1991 年为 13.7 元，1992 年为 17.2 元，1993 年达 25 元，7 年间增长 4.7 倍，平均每年递增 28.2%；每一出院病人医疗费用在 1986 年为 167 元，1988 年为 327 元，

---

① 文萃周报，1994－03－16

② 岳颂东. 论我国养老、失业、医疗保险制度的配套改革. 管理世界. 1993，2

1991 年为 565 元，1992 年上涨到 737.9 元，1993 年增长到逾千元，平均每年递增率达 29%①。扣除社会物价上涨因素，医疗费用年上涨率超过 15%。

从上述分析可见，中国的医疗费用增长是刚性的，如果国家不对现行公费医疗、劳保医疗加以根本性的改革，并适当控制医药费用的急剧上涨，医疗费用总体规模和绝对金额的膨胀就不可逆转，并将使国家财政与许多企业因此而陷入步履维艰的困境。

（三）管理不力，浪费严重

在现行体制下，看病、治病、付账是分离的，而卫生行政部门又政事不分，直接管理着国有大中型医院，公费与劳保医疗管理机构不健全，制度不严，管理不善，已严重影响到城镇居民医疗保障制度的顺利发展。例如，职工个人看病不花钱，"一人劳保，全家享受"的现象不乏罕见，造成公费或劳保医疗的开支在无形中扩大；医疗机构只管看病开处方，医疗经费是否超支与己无关，有的单位转院审批制度不严，造成职工个人看病"满天飞"，报销制度又不健全，公费吃补药等现象屡禁难止；一些药品生产单位与医疗单位唯利是图，不正之风盛行，生产厂家将药品装饰变成了礼品，医生开"人情方""大处方"，有的甚至采购各种与医疗无关的化妆品等充药开给患者，以药费报销；一些地方还出现了通过"炒卖"患者而谋取私利的现象，等等。所有这些，均表明政府管理的软弱无力、公费与劳保医疗制度的陈旧以及不正之风的盛行，其后果不仅造成了医疗费用的巨大浪费，而且腐蚀了职工队伍，助长了医药部门的歪风。据有关部门测算，目前在医疗费用开支中，至少有 30%是浪费，即并非是公费、劳保医疗对象所必要的疾病医疗费用，这应该引起国家和社会的高度重视。

（四）农村医疗保障甚为薄弱

随着原有的农村合作医疗制度在 20 世纪 80 年代初期的崩溃，农村社会成员的医疗保障问题至今仍然是中国医疗保障制度中的薄弱环节，占全国总人口 70%以上的农村人口仅有不到 30%能享受合作医疗保障或其他减免医疗费用的保障待遇，还有至少 5 亿多人口没有医疗保障，他们的疾病

① 医疗费用上涨过猛. 中华工商时报，1994－01－27

医疗问题只能通过遍布农村的个体医疗点解决，许多农村居民因经济收入较低而无法承受疾病的侵袭，一旦生病，往往陷入“因病致贫”的困境。据有关部门调查，农村贫困户中有 30％属因病致贫。

此外，一些地方因对某些地方病、传染病防治的放松，已导致了新的严重后果。例如，血吸虫病一度在中国被消灭，但到 1989 年，血吸虫病又在全国 370 多个县（市、区）重新蔓延，全国新增血吸虫病人已达 100 多万，受血吸虫病威胁的农村人口达 1 亿多，个别地方又出现了寡妇村，瘟神重返，正在制造着新的劫难[①]；缺碘盐、私盐在泛滥，20 世纪 80 年代中期控制住了的许多地方病又在死灰复燃，如湖北省襄樊地区已有 10％以上的儿童因食用缺碘盐而出现弱智现象，35％以上的 7～14 岁儿童出现甲状腺增大[②]，等等。

由此可见，中国农村的疾病医疗问题正在困扰着农村社会成员，中国农村的卫生防疫现状正呈现出无力保障居民健康的趋势。农村医疗保障的现实表明，党和政府有必要重温 20 世纪 60 年代毛泽东发出的“把医疗卫生工作的重点放到农村去”的号召，将重建农村合作医疗保障制度摆到建立中国新型医疗保障制度的重要位置上来。

总之，中国现行的医疗保障制度相对于市场经济和国民健康的要求而言，是极不适应的，改革和重建中国医疗保障制度的任务甚至比改革和重建社会保险、社会福利、社会救助、军人社会保障制度等其他社会保障子系统更为艰巨。

① 郑功成．中国灾情论（传染病章）．长沙：湖南出版社，1994

② 中国食品报，1993－03－05

附录 8—1

国家工作人员公费医疗预防实施办法[①]

（政务院 1952 年 8 月 24 日批准）

第一条 本办法根据中央人民政府政务院“关于全国各级人民政府、党派、团体及所属事业单位的国家工作人员实行公费医疗预防的指示”制定之。

第二条 享受公费医疗预防待遇人员的范围如下：

（一）全国各级人民政府、党派、团体在编制的人员；

（二）全国各级文化、教育、卫生、经济事业单位工作人员；

（三）经中央人民政府政务院核定之各工作队人员；

（四）受长期抚恤的在乡革命残废军人和住荣军院、校的革命残废军人。

本条第（一）项所称在编制的人员，以 1952 年 5 月 3 日政务院政财字第 53 号《关于调整机构、紧缩编制的决定》所规定之员额为限；乡（村）一级工作人员的公费医疗预防须待县财政建立之后再行办理。

本条第（二）项所列人员，系指在国家预算内开支工资者而言，其不在国家预算内开支工资者，由其主管事业单位另行处理；其已享受劳动保险条例所规定之医疗预防待遇者，仍按该条例之规定处理。

本条第（一）（二）（三）各项人员包括调动或编余而尚未分配或尚待分配工作之人员。

第三条 各级人民政府（专署以下除外），均须组织公费医疗预防实施管理委员会，其任务如下：

（一）关于各该级享受公费医疗预防待遇人员数额、等级的核定；

（二）关于各该级公费医疗各项预决算的提出和审查；

（三）督导各该级各项公费医疗预防费用的统筹和管理运用；

① 作者注，此后又颁行过有关补充、修订本办法的规定，具体工作中应按现行有关规定执行。

（四）督导、组织各该级公费医疗预防机构开展公费医疗预防工作；

（五）关于各该级医疗预防机构之扩充、设置计划之审议；

（六）其他有关各该级公费医疗实施各项原则之决定与问题的解决。

第四条 各级公费医疗预防实施管理委员会由各级人民政府卫生、人事、劳动、财政、教育、建筑等部门各指派负责人员一人组织之；以卫生部门的代表为主任委员，人事及财政部门的代表为副主任委员。

第五条 凡中央、大行政区、省（市、行署）所在地之城市目前应指定一个或一个以上之医院，专门负责公费医疗预防工作；并应设法组织疗养院收容恢复期的病人，以加速医疗病床的周转。

上述城市的卫生行政机关均应设置公费医疗预防处（科），以统一管理全市享受公费医疗预防待遇人员的公费医疗预防事宜。

各机关原设之卫生所或卫生科，在公费医疗预防实施后，应逐渐减增或撤销。撤销后，由各该地公费医疗预防处（科）另行设置保健员或保健医师，以指导机关人员保护健康，预防疾病。各机关原设卫生所（科）未撤销前，应由各该地公费医疗预防处（科）统一领导。

第六条 专署、县（旗、市）、区所在地（小城市或乡镇），目前除应先就原有县卫生院内增设病床外，并可与当地联合诊疗机构或私营医院、诊所协商合作，以解决当前公费医疗预防之需要。

第七条 无论大、中、小城市，对公费医疗预防事宜均采取区域负责制。其具体组织工作由各地卫生行政机关负责办理，同一城市之公立医院均有协助完成公费医疗预防任务的责任；其医师，对公费医疗中之疑难重病，均有应邀会诊之义务。

第八条 各级人民政府应将公费医疗预防经费列入财政预算，由各该级卫生行政机关掌握使用（专区、县须经人民政府负责人批准支付，区由县人民政府统一掌握），此项款项应专款专用，由各该级卫生行政机关掌握使用，不得平均分发。

凡中央各机关之直属单位设在地方者，其人员所需公费医疗预防的医药费由中央拨给地方卫生行政机关统筹统支。

第九条 各地卫生行政机关公费医疗预防处（科），对当地应享受公费医疗预防待遇之人员须发给公费诊疗证，俾得凭证至指定之医院或门诊部诊疗。凡享受公费医疗预防待遇之人员，因公赴另一地区工作，得凭原发诊疗证及出差证明并经当地主管公费医疗预防之机关介绍至指定的医院或门诊部诊疗，照章交纳医药费用，凭所发单据向原地区主管公费医疗预防之机关报领。

第十条 各地卫生行政机关对公费医疗预防医药费应按下列比例分配：

（一）30％供门诊医药器材、健康检查之用；

（二）70％作住院医疗之医药器材及修理器材之用，上项费用不包括机关环境卫生及防疫设备费在内。

第十一条 各地卫生行政机关对公费医疗预防费用收支情况，除按财政预算制度向财政部门报核外，并应呈报中央卫生部备查。

第十二条 凡不属本办法规定范围之内的，在当地医疗机构不能胜任的条件之下，可于商得当地卫生行政机关同意后，交付一定的医药费用，由该主管机关按本办法之规定发给该机关工作人员以医疗预防证，视同享受公费医疗预防待遇人员处理。

第十三条 本办法由中央人民政府卫生部制定经政务院批准后试行。

第三编

发展篇

中国的最终目标是赶上工业化发达国家，同时维护社会主义制度。经过 40 多年的经济建设，尤其是经过近 10 余年来的发展，中国的社会、政治、经济已进入了一个新的转折时期，改革一切旧有体制并代之以新的体制，从计划经济走向市场经济，使法律制度、社会政策、经济政策及其实践与社会主义现代化建设的需要相适应，已经成为国家发展的既定目标。在这种现实条件下，作为社会政策核心内容的社会保障制度，也必然要适应中国整个社会、政治、经济的发展变化，摒弃计划经济时代形成的传统制度，代之以改革和重建的新型社会保障制度，这是中国走向市场经济和现代化的关键性因素。

改革的目的在于发展，发展的前提在于改革，包括社会保障制度在内的中国的一切概莫能外。基于这一点，本篇即从宏观出发，研究中国经济发展、社会发展与社会保障的相互关系，并探讨中国社会保障改革的基本理论、法律制度与管理体制，以及新型社会保障制度的体系结构。

第九章

经济发展与社会保障

经济发展是整个社会发展的物质前提和基础，中国的最终经济目标是赶上工业化发达国家，同时维护社会主义制度，使广大人民都能在经济发展中分享到繁荣富裕的果实。1992 年，党和国家进一步明确提出，把建立社会主义市场经济作为中国经济体制改革与经济发展的目标模式。这一目标模式的确定，决定了作为维系经济发展与社会发展的稳定机制的社会保障制度，亦必须同步推进，许多社会保障项目的改革甚至必须先行推进。否则，市场经济就难以顺利进行，中国的经济发展就将受到很大的阻碍。因此，研究中国社会保障事业的发展，必须研究其与经济发展的关系。

一、市场经济与社会保障

（一）社会主义市场经济的发展

从历史的起源看，市场起源于私有制社会，而在资本主义社会中达到了最发达的形态，人们称之为市场经济。从理论上讲，市场经济学说源于18 世纪的亚当·斯密时代，资本主义古典经济学代表人物亚当·斯密在其理论大成之作《国富论》一书中就极力主张自由竞争，认为如果竞争是自由的，各人相互排挤，那么相互竞争，就会迫使每个人都努力把自己的工作做得相当正确，竞争和比赛往往引起最大的努力①，它在客观上调节社

① 参见亚当·斯密著《国富论》（下卷）第 320 页。

会供需的平衡；同时，在竞争发展中，私利和公利均由市场这只“看不见的手”所引导，最终达到经济因素持续平衡状态①。此后，许多西方经济学家又继承和发展了这一学说，并被西方资本主义国家普遍运用于本国的经济发展实践之中，取得了巨大的成功。由此可见，市场经济是依靠市场机制调节经济，通过自由竞争而达到经济发展的一种手段。正如邓小平指出的那样，“计划多一点还是市场多一点，不是社会主义与资本主义的本质区别。计划经济不等于社会主义，资本主义也有计划；市场经济不等于资本主义，社会主义也有市场。计划和市场都是经济手段”②。

然而，由于马克思主义经典作家在批判资本主义并揭示其发展的历史趋势时，曾对未来的社会主义、共产主义社会作过一些原则的设想，认为随着资本主义私有制的消灭和社会主义公有制的建立，商品货币关系将退出历史舞台，通过自上而下的直接计划调节生产、配置资源，将较在资本主义制度下受价值规律自发调节作用支配的市场经济更具优越性。如列宁在1906年就明确指出：“只要还存在着市场经济，只要还保持着货币权力和资本力量，世界上任何法律也无力消灭不平等和剥削。只有实行巨大的社会化的计划经济制度，同时把所有的土地、工厂、工具的所有权交转给工人阶级，才可能消灭一切剥削。”③ 前苏联作为世界上第一个社会主义国家在这种理论的指导下，建立的是高度集中的计划经济体制，并对其他社会主义国家造成深远的影响，以至于人们长期以来认为市场经济就是资本主义，计划经济就是社会主义，两者之间是水火不相容的关系。

新中国成立以后，特别是从第一个五年计划建设时期到20世纪70年代末，中国的经济体制也是照搬前苏联的模式，形成的是高度集中的计划经济体制。在这种体制下，不仅其他所有制经济被排斥，国有或集体企业也只有形式上的独立性，产品交换只具有商品交换的外壳，经济核算也只是起自上而下的考核企业的作用；而且整个管理体制、社会政策包括社会保障制度等方面也打上了深厚的计划经济时代的烙印，从而极大地束缚了生产力的发展。

进入80年代以后，党和国家开始对高度集中的僵化的计划经济体制进

① 参见亚当·斯密著《国富论》第2～27页。

② 邓小平文选（第三卷）. 北京：人民出版社，1993. 373

③ 列宁全集（第10卷）. 北京：人民出版社，1972. 407

行改革，并引入市场机制，很快就使国民经济上了台阶，人民生活显著改善。不过，从计划经济到市场经济目标模式的确定却经历了几个阶段：一是 80 年代初期农村承包责任制的推行，打破了过去“三级所有、队为基础、统一生产、统一分配”的集体所有制，充分调动了农民的生产积极性，取得了巨大成功；二是 1984 年中国共产党十二届三中全会通过的《关于经济体制改革的决定》，提出了以社会主义公有制为基础的有计划商品经济的构想，并按照这一构想在计划、价格、财政、企业管理等方面进行了改革，亦取得了相当的成功；三是 1992 年，经过十年改革发展和市场机制的逐步发育成长，党和国家正式将市场经济确定为中国经济发展的目标模式。农村改革的成功，乡镇企业的异军突起，经济特区的高速发展，劳动力市场调节机制的建立等，使整个国民经济和国家综合实力大为增强，改革 10 年的成就超过了前 30 年。所有这些，均十分清楚地表明，社会主义中国只有走市场经济之路才能走出困境，发展壮大自己。正如邓小平同志在 1992 年 1 月明确指出的那样：“判断的标准，应该主要看是否有利于发展社会主义社会的生产力，是否有利于增强社会主义国家的综合国力，是否有利于提高人民的生活水平。”① 市场经济目标模式的确定正是根据“三个有利于”的正确思想和十余年来的改革实践经验作出的选择。

从计划经济到市场经济，标志着中国经济体制发生了根本性的变革，这种变革必然要求对国家原有的管理体制、企业体制、财政体制、劳动制度以及与这些制度密切相关的社会保障制度进行改革与重建。可见，市场经济的改革与发展是一场触及国家政治、社会、经济乃至文化、思想等各方面的重大变革。值得指出的是，中国的市场经济是社会主义市场经济，它不可能照搬西方资本主义国家的模式，它必须坚持以社会主义公有制为主体，逐步实现全体人民共同富裕。根据这一原则，我们可以给社会主义市场经济作如下定义：它是指以生产资料公有制为基础，依靠市场机制配置资源，通过自由竞争和共同发展的结合，最终达到效率与公平的统一的经济运行方式，其目的在于提高社会主义的生产力和综合国力，提高全体人民的生活水平。

---

① 邓小平文选（第三卷）. 北京：人民出版社，1993. 372。

（二）社会主义市场经济的特点及其对社会保障的影响

中国的市场经济首先是市场经济，必然具有有别于计划经济的商品经济基本特征；其次是社会主义的市场经济，亦必然具有有别于资本主义市场经济的特征。这些特征应当成为改革与重建中国社会保障制度时必须考虑的因素。概括地讲，中国的社会主义市场经济具有多元性、竞争性、法制性，以及以公有制为基础，以按劳分配为主体分配形式等特征，这些特征均对社会保障制度产生影响甚至是决定性的影响。

1. 经济主体具有多元性。在市场经济的条件下，将不再是过去单一的国有经济与集体经济，而是多种经济主体并存发展，如股份制经济、私有制经济、合资经济、外资经济等均会得到发展，经济主体的多元性决定了社会保障尤其是社会保险不能再局限于国有经济的范围，而必须真正面向全体国民，才能起到其应有的作用。

2. 经济活动的竞争性。即市场经济活动的主体，在独立自主地处理各种关系并承担起各种风险的条件下，要获取尽可能多的价值，就必须通过多种形式的竞争来实现，由竞争所形成的商品生产者在经济活动中的优胜劣汰，同机会共风险的状况，体现出市场经济条件下经济活动的严肃性与机会均等性。经济活动的竞争性必然引发出一些新的社会问题，从而要求社会保障制度的改革与此相适应，真正起到市场经济发展中的维系机制的作用。

3. 社会经济活动法制性。市场经济要求用法律形式来规范一切成熟且成形的经济活动方式和各种社会关系。没有健全的法制，就不可能形成完整的市场经济。这一特征决定了与市场经济密切相关的各种社会政策必须走向法制化，社会保障作为当代社会政策中的核心组成部分亦不能例外，唯有如此，才能确保整个社会的协调、稳定发展。

4. 以公有制为基础。在社会主义市场经济中，公有制经济是国民经济的脊梁，它要求以市场机制作用为主体的经济在本质上强化和壮大着公有制经济的实力。当然，公有制经济为基础并非等同于传统的全民所有制，同时，公有制经济也必须通过平等的产品交换关系和公平竞争来实现其主导作用。中国市场经济的这一基本特征，决定了市场经济的社会主义属性，也决定了以公有制经济为基础的社会保障制度的社会主义属性，因为包括社会保障在内的各种社会政策必须建立在一定的经济基础之上。

5. 以按劳分配为主，多种分配方式为补充。资本主义的市场经济因为是私有制经济占绝对统治地位，故而实质上是按资分配为主。在社会主义市场经济条件下，公有制经济起主导作用，从而能保证在收入分配上以按劳分配为主体，同时有多种分配方式并存，社会保障制度在国民收入分配中应当成为一条重要的补充分配渠道，以便既能实现个人对利益的最大的追求，又能防止两极分化，最终实现全体人民的共同富裕。

6. 市场经济发展具有渐进性。中国由计划经济走向市场经济，之所以没有出现大的波折，就在于坚持了循序渐进的原则。在国际上，资本主义的市场是完全自发形成的，是商品经济长期发展的自然结果，在发展过程中始终只有市场经济这种调节机制起作用，并按统一的运作方式运作；独联体国家与东欧各国的市场经济，则是采取激进的"休克疗法"，由传统的计划经济直接跳跃到市场经济的；在中国，市场经济是渐进的，改革之初政府并未提出要搞市场经济，而是提出计划为主、市场为辅的原则，然后发展到社会主义的有计划商品经济，由"国家调控市场，市场引导企业"，最后才明确提出建立社会主义市场经济新体制。因此，中国是在半自发半自觉的情况下走向市场经济的，这种渐进性决定了市场经济与计划经济在相当一段时期内仍将相伴发展。这样，作为经济维系机制与社会稳定机制的社会保障制度的发展也只能是渐进式的改革与重建，并在相当一段时期保持着传统社会保障制度与新型社会保障制度的并存发展（如离退休制与养老社会保险、公费医疗与医疗社会保险等并存），最终向与完全型的市场经济相适应的新型社会保障制度发展。

（三）社会保障对社会主义市场经济的特殊意义

近百年来，资本主义国家的市场经济实践表明，市场经济并非是"万灵药"，在某些方面依然存在着副作用，甚至引发严重的社会问题，因此，要建立市场经济体制，就必须建立与之相适应的、健全的社会稳定机制，这既是市场经济的内在要求，也是所有实行市场经济体制的国家的共同规律；在西方工业化发达国家，离开了社会保障体系的保障，国民就会陷入混乱和恐慌中，整个市场经济就可能寸步难行。以社会保险的发源地——德国为例，就将社会保障看成是其市场经济的三大支柱之一，不仅包括了广泛的社会保险体系、社会救助与社会福利体系等，而且也包括了劳动保护、劳动市场政策和企业职工参与决策等方面，政府通过收入再分配的手段实施其社会保障制度；在其国民生产总值中，有 1/3 用于社会保障，当社会保障机构的支出大于收入时，由联邦政府给予补贴；1990 年，德国财政用于补贴社会保障的支出就达 540 亿马克，其中主要用于养老保险①；目前，全德国享受各种社会保障的人数占全国总人口的 90%以上，社会保障已成为其国民生活中必不可少的重要组成部分，德国政府与德国理论界认为，完备的社会保障体系是德国获得社会经济长足发展的关键因素之一。

中国的社会主义市场经济也是一种市场经济，必然要遇到工业化国家遭遇到的多种社会问题，而要解决这些社会问题就需要运用社会保障措施。因此，全面认识社会保障的重要意义，尽快走出以往的误区，改革与重建新型的社会保障制度，已经刻不容缓。具体而言，社会保障对社会主义市场经济的意义，主要表现在以下几方面：

1. 社会保障关系到亿万人民的切身利益。中国是个有近 12 亿人口的大国，人口的自然增长率很高。即便在计划生育取得较好成绩的 20 世纪 90 年代，人口出生率也达近 20%，每年出生的人口在 2 000 万人以上，全国每年达到劳动年龄的人有 2 000 万左右，每年进入老龄阶层的人亦在 2 000 万人以上。这些人口的生育、就业、老年保障问题十分突出。仅以城镇失业率问题而论，1993 年就达 2.6%，失业者达 400 多万人。再加上疾病医疗问题、贫困照顾问题等，亿万人民均离不开国家和社会的帮助，如果在市场经济发展中，不考虑或不重视关系到亿万人民切身利益的社会保障制度的改革与发展，市场经济显然会失去发展的基础。

2. 社会保障是社会主义市场经济体系的有机组成部分。社会主义市场经济绝对不是一个孤立的经济问题，它在运作中往往与各种社会问题交织在一起，并具有密不可分性，如果没有一套解决社会问题的社会保障措施，市场经济就不可能正常运转。因此，社会保障是市场经济的必要且十分重要的组成部分，任何将市场经济与社会保障分割并孤立地看待两者的理论与思想都是十分错误的。

3. 社会保障是市场经济运行中宏观调控机制的重要组成部分。在社会

---

① 经济日报，1993—04—13

主义市场经济运行中，实行国家宏观调控是保证整个经济运行活动正常化，消除或减少失误与失策的必要手段，而国家的宏观调控的目标又是为了更好地把当前利益与长远利益、局部利益与整体利益有效地结合起来，社会保障作为社会政策的核心内容，正是国家宏观政策体系和法律体系中的重要组成部分。从宏观的角度看，社会保障体系中的社会保险是市场经济运行中的劳动力再生产的重要保障机制，是维持劳动者基本生活需要的特殊分配机制；社会救助与社会福利又是调整经济发展与社会公平矛盾的必要的协调机制；社会保障（主要是社会保险）基金的征收与支付又是收入分配的调节机制，如美国的社会保险税就占其全国税收收入的 30%，1993 年达到 3 300 多亿美元①，政府通过社会保险税收和退休养老金、健康保险金、失业救助等项目开支来实现国民收入的再分配，等等。因此，社会保障体系也是国家对市场经济的重要宏观调控机制，它与其他宏观调控机制共同规范、引导着市场经济的运行，并推动着市场经济与整个社会生产力的健康发展。

4. 社会保障是实现市场经济运行目标的重要手段。社会主义市场经济运行的目标，是达到资源配置的最优化和经济增长的高效率，但它又要受到社会主义社会发展与经济增长之间互相制约、相互促进关系的影响，人们不仅要求有同等的机遇参与经济生活和市场竞争，而且要求国家能够有效地控制贫富悬殊，实现共同富裕。要实现经济增长与社会公平的双重目标，仅仅依靠价值规律是无法办到的，还必须由社会保障创造较为公平的社会环境，只有在公平的社会环境条件下，市场经济才会在运行中实现自己的经济目标，否则，经济的增长就难以持久，甚至有可能出现倒退

5. 社会保障是社会的稳定机制。一方面，现阶段企业负担畸轻畸重，竞争环境并不公平；另一方面，在市场经济条件下，优胜劣汰是自然法则，竞争中的失败者，各种先天、后天原因造成的不幸者，以及人口老龄化等，均会导致一系列的社会问题，造成社会的不安定，而在一个不安定的社会里，市场经济是不可能健康发展的。因此，它必然要求通过社会保障政策的实施来达到安定社会，稳定人心，为市场经济的发展创造良好的社会环境的目的。由此可见，社会保障是为市场经济保驾护航的稳定机制。

---

① 加尔布雷斯．谈美国宏观经济政策．宏观经济管理．1994，2

综上所述，社会保障制度不仅是关系到亿万人民切身利益的问题，也不仅仅是一个解决有关社会问题的政策问题，而是建立社会主义市场经济体系成功的保障，是市场经济健康发展的维系机制和社会稳定机制。

二、企业改革与社会保障

从理论上讲，社会主义市场经济的发展就是要通过市场机制的作用建立现代化的社会化大生产，而企业既是市场上资本、劳动力、技术等生产要素的提供者或购买者，又是各种消费品的生产者和销售者。因此，企业是社会主义市场经济发展中的经营主体，企业改革的成败决定着整个市场经济改革的成败，而社会保障机制的协调发展，又是企业改革发展的必要且重要的保证。

（一）企业改革及其发展

在市场经济的条件下，作为经营主体的企业应该是独立、自主、具有平等权利的经济实体；而在传统计划经济体制条件下，企业却是政府的附属物，其管理的职能、组织和方法均由计划经济的运行规则所决定。因此，从计划经济到市场经济，必然以企业改革为重点和关键。

中国的企业改革从党的十一届三中全会以后开始，实际上包括了国有企业改革与非国有企业的发展两个方面，前者是国家有意识地进行的自觉改革，它已经经历了几个发展阶段；后者是指民间或集体、“三资”企业等，其本身就是改革事业的产物，虽然也面临着改革完善的任务，但与市场经济具有更多的适应性。

在国有企业改革方面，1979 年，国家就在部分企业开始了扩权让利的改革试点。1981 年后，在工业企业中试行利润包干为主的经济责任制。1983—1986 年间，又先后推行了第一步和第二步利改税改革，并进一步扩大了企业的自主权。从 1987 年开始，国有企业特别是国有大中型企业普遍推行了经营承包责任制，同时还进行了股份制、公司制、税利分流以及小企业包、租、卖等各方面的改革试点。1992 年以来，根据国务院颁布的《全民所有制工业企业转换经营机制条例》，在全国范围内开展了转换经营机制的工作。尽管上述改革对增强国有企业的活力，转换其经营机制，推动其走向市场起到了一定的积极作用，但这些改革并未突破传统计划经济条件下政府直接管企业的基本框框，企业产权制度亦未改革，加之政府机构改革及社会保障改革的明显滞后，从而导致了国有企业并未成为真正市场经济意义的经营主体。因此，国有企业的改革任务还很艰巨，与此相应的社会保障制度改革任务亦同样艰巨，并更具迫切性。

在非国有企业方面，自 20 世纪 80 年代以来，包括资产集体所有制、合作所有制、私人所有制、合伙所有制、外资所有制以及混合所有制的企业，因为与市场的变化有紧密的联系与依存关系，市场在非国有企业领域对资源配置的调节和对产业结构的调整等方面的功能十分显著，从而表现出对市场经济的适应性。例如，1989 年，随着紧缩政策的实施和市场不景气，一大批非国有企业被迫调整，全国关停的各类乡镇企业达 19.6 万家左右，1990 年继续减少了 18.6 万家①，许多乡镇企业在被关停后又根据市场变化迅速调整生产，使资源配置得到优化，也起到了调整产业结构的作用。

目前，中国的企业改革开始进入总体改革时期，正在改变以往在不同所有制之间划等级、分优劣的观念，通过各种经济法律、法规、政策，对各种所有制经济一视同仁，在加快国有企业改革的同时继续完善非国有企业，最终使各种企业成为合格的市场经济经营主体并展开公平竞争，将是中国市场经济改革与发展的目标所在。而社会保障制度的改革亦必须围绕着这一目标进行，这应当成为中国社会保障改革与发展的首要且最为迫切的任务。

（二）企业改革与发展所带来的变化

从与社会保障有关的角度出发，中国的企业改革与发展所带来的变化主要可以概括为以下几个方面：

1. 城镇所有制结构发生了很大的变化，导致社会保障对象的主体——劳动者走向分流，非国有单位就业规模迅速扩大。它可以通过表 9—1 来反映。

---

① 王珏等著．建立社会主义市场经济新体制．哈尔滨：黑龙江人民出版社，1992，49

表 9—1　　1978—1992 年中国城镇劳动者分流情况表　　单位：万人

年份	城镇劳动者总数	国有单位	占比例（%）	集体单位	占比例（%）	其他单位	占比例（%）	个体劳动者	占比例（%）
1978	9 514	7 451	78.3	2 048	21.5			15	0.2
1979	9 999	7 693	76.9	2 274	22.8			32	0.3
1980	10 525	8 019	76.2	2 425	23.0			81	0.8
1981	11 053	8 372	75.5	2 568	23.3			113	1.0
1982	11 428	8 630	75.5	2 651	23.2			147	1.3
1983	11 746	8 771	74.7	2 744	23.3			231	2.0
1984	12 229	8 637	70.6	3 216	26.3	37	0.3	339	2.8
1985	12 808	8 990	702	3 324	26.0	44	0.3	450	3.5
1986	13 292	9 333	70.2	3 421	25.8	55	0.4	483	3.6
1987	13 783	9 654	70.0	3 488	25.4	72	0.5	569	4.1
1988	14 267	9 984	70.0	3 527	24.7	97	0.7	659	4.6
1989	14 390	10 108	70.3	3 502	24.3	132	0.9	648	4.5
1990	14 730	10 346	70.2	3 549	24.1	164	1.1	671	4.6
1991	15 268	10 664	69.8	3 628	23.8	216	1.4	760	5.0
1992	15 630	10 889	69.6	3 621	23.2	282	1.8	838	5.4

资料来源：根据《中国统计年鉴》历年资料并换算。

由表 9—1 可见，从 1978—1992 年 15 年间，国有单位的就业者占城镇劳动者总数的比重由 78.3%下降到 69.6%。而非国有单位的就业者却由 21.7%上升到 30.4%，尤其是城镇其他单位（如“三资”企业）就业人数及个体劳动者的增长速度更快，城镇非国有单位的就业人数已达 4 741 万人，并继续保持持续增加的态势。如 1993 年末，城镇私营企业从业人员和个体劳动者就达 1 116 万人，比上年增加 278 万人，增长 33%①；上述数据资料表明，城镇所有制模式单一的结构正为以公有制为主体的多元化所有制所取代，个体、私营和多种合营形式从无到有，并不断发展壮大，以全民单位劳动者为保障对象的中国社会保险制度的实施范围正在相对缩小，占城镇劳动者总数的 30%以上的城镇非国有单位尤其是私营企业职工、个体劳动者和其他单位劳动者及其家属尚游离于社会保障体系之外。

2. 劳动合同制取得了很大的进展。从 20 世纪 80 年代初期起，为了使

① 国家统计局《关于 1993 年国民经济和社会发展的统计公报》。

企业改革取得成效，国家开始改革城镇国有企业与集体企业的劳动用工制度，目的在于打破固定工的“终身制”和“铁饭碗”，代之以用工合同制。合同制的具体情况可以通过表 9—2 来反映。

表 9—2　　1983—1992 年中国合同制工人数①

年份	年末人数（万人）				比重（以全部职工为 100）			
	合计	国有单位	城镇集体单位	其他单位	合计	国有单位	城镇集体单位	其他单位
1983	65	57	8		0.6	0.6	0.3	
1984	209	174	32	3	1.8	2.0	1.0	8.1
1985	409	332	72	5	3.3	3.7	2.2	11.4
1986	624	524	92	8	4.9	5.6	2.7	14.5
1987	873	735	125	13	6.6	7.6	3.6	18.1
1988	1 234	1 008	206	20	9.1	10.1	5.8	20.7
1989	1 468	1 190	245	33	10.7	11.8	7.0	25.1
1990	1 702	1 372	287	43	12.1	13.3	8.1	26.3
1991	1 972	1 589	323	60	14.9	14.9	8.9	28.0
1992	2 541	2 058	399	84	17.2	18.9	11.0	29.8

表 9—2 的资料表明，企业劳动用工制度改革进展很快，合同制工人占全部职工的比重已由 1983 年的 0.6%上升到 1992 年的 17.2%。1993 年末，国有单位的合同制职工又上升到 2 330 万人，占国有单位职工总数的 21%②。可见，劳动合同制改革取得了很大进展，并正在朝着最终由合同制取代固定工制的方向发展。与此相适应，它必然要求传统的与固定用工制相配套的社会保险、职业福利等社会保障制度也必须改革。

3. 乡镇企业异军突起。20 世纪 80 年代以来，乡镇企业作为农村改革的一项重大成就，不仅成了中国社会主义市场经济发展的先导力量，而且给整个社会经济结构带来了巨大的、深刻的变化（具体情况见本章第三节），乡镇企业的产值已占全国社会总产值的 1/3 以上，乡镇企业职工人数更是达到 1 亿余人。所有这些均表明，乡镇企业在中国的企业改革与发展中所处地位特殊，与企业改革配套的中国的社会保障制度改革亦必然充分

① 资料来源：《中国统计年鉴（1993）》第 117 页。

② 国家统计局《关于 1993 年国民经济和社会发展的统计公报》。

考察并注重与乡镇企业配套发展。

4. 市场机制的作用正在加大。一方面，市场经济中的价值规律正在自动地调整着产业结构，例如，在1978年，国内生产总值为3 482亿元，其中第一产业占29.2%，第二产业占47.8%，第三产业占23%；到1986年，国内生产总值上升到9 371亿元，第一、二、三产业所占比重分别为29.4%、45.6%和25%①；到1993年，国内生产总值又迅速上升到31 380亿元，其中第一、二、三产业所占比重分别为21.2%、51.8%和27%②。可见，农业产值在持续下降，第二产业在上升，而第三产业发展最快，整个国民经济正在朝着产业结构合理化的方向发展。另一方面，竞争规律开始发挥作用，优胜劣汰的市场法则在使部分企业迅速发展壮大的同时，不仅使非国有经济中被淘汰的企业增加，而且使部分国有企业也不得不破产或面临破产的风险，1989—1990年，全国关停乡镇企业达38.2万家，小型国有企业破产已非新闻，大中型国有企业的破产亦有出现。如1993年湖北黄石自行车总厂破产，该厂资产约5 000万元，负债却高达9 000多万元，企业在市场竞争中被打垮，1 000多名工人亦不得不另觅出路或失业。市场机制的作用加大，表明了企业在改革发展中获取经营自主权的同时也不得不承担相应的各种风险，风险的发生，就会酿成社会问题，就需要有相应的社会保障措施。因此，改革与重建中国的社会保障制度必须仔细审视市场经济的风险。

（三）企业改革与社会保障

企业改革的发展及其带来的变化，对社会保障提出了新的要求，社会保障的发展应该为企业改革提供配套服务。具体而言，企业改革与社会保障的关系主要表现在以下几方面：

1. 公平竞争要求社会保险社会化。企业改革的目标是成为市场经济真正的经营主体，参与市场的公平竞争。但在传统体制下，由于社会保障企业化，企业承担的社会保险与职业福利负担畸轻畸重，越是老企业、国有企业，就越像一个“小社会”，有的企业甚至因离退休人数剧增和职工劳保

① 参见：《半月谈》编辑部编《时事资料手册》（1987年版《半月谈》特刊）第40页。

② 国家统计局《关于1993年国民经济和社会发展的统计公报》。

福利刚性增长（如住宅等）等而被拖垮，而各种新成立的企业或非国有企业，一般还不存在退休职工和刚性职业福利的负担。这样，新老企业之间，不同所有制企业之间就无法站在同一起跑线上展开公平竞争，如果不对社会保障加以改革，让社会保障走向社会化，企业改革尤其是国有企业的改革就不可能实现参与市场公平竞争的目标。因此，将企业承担解决社会问题的责任交给国家和社会，使社会保障社会办不仅是社会保障的内在要求，而且也是中国现阶段企业改革的迫切需要。

2. 劳动力市场离不开统一的社会保障。劳动力市场是市场经济中最活跃的市场，在传统体制下，我们不承认劳动力市场，但市场经济的发展已打破了劳动力的企业所有制，各种经济成分并存发展的局面在客观上要求建立劳动力市场，让劳动者根据劳动力市场的供需状况自由流动，优化组合，打破劳动者的所有制壁垒不仅必要，而且具有紧迫性；而因社会保障的不平衡与不发达而形成的所有制壁垒，又严重地束缚着劳动力市场的建立。如国有企业有退休保障、劳保医疗和住宅福利等多种职业福利，非国有企业则一般不包办职工的保险与福利，劳动者一旦离开国有企业就必然存在后顾之忧，甚至无处可居，这种因社会保障不发达造成的职业壁垒阻碍了人才流动，导致国有单位冗员充斥、效率不高，劳动力市场亦难以适应。如果没有发达的劳动力市场，就不可能有完整的、先进的社会主义市场经济。因此，打破所有制壁垒，建立统一的社会保障制度，免除劳动力在自由流动中的后顾之忧，既是建立劳动力市场的必要保证条件，也是市场机制发展的有效推动力量。

3. 失业机制的启动依赖于社会保障。竞争是市场经济的本质特征，而优胜劣汰则是市场经济的基本法则。在市场经济发展中，一些企业被兼并、拍卖，或转产停产、或破产倒闭，是十分正常的现象，部分劳动者失业的现象也就在所难免。在西方工业化国家，适度失业甚至被看成是推动经济发展的必要条件，因为它可以在社会经济发展中起一种优化选择的作用，破产与失业的压力又可以推动企业和劳动者提高素质。然而，如果没有建立失业社会保险，失业问题就会成为一种严重的社会问题，给社会带来不安定，并直接冲击市场经济的发展。中国的城镇失业率为3%左右，400多万失业者构成了改革以来的首批失业大军；而一批经营不善、亏损严重的企业因失业社会保险制度尚未全面建立而不能破产或精减职工，使大量落后企业得以维持，严重地阻碍了社会资源的优化配置。如国有企业的冗员就达30%，隐性失业者达1 500万～2 000万人，这种现象随着市场经济改革的深化将不得不被迫改革，再加上农村劳动力涌入城镇就业，可以肯定，失业问题将成为中国经济发展过程中的一个十分突出的问题。目前，全国参加失业社会保险的企业仅有47万家，参加失业保险的职工仅有7 400万人，占城镇劳动者总数不到50%①。因此，全面建立失业社会保险与失业社会救济制度已成为市场经济发展的当务之急。

4. 劳动者的权益急需社会保障。市场经济使企业变为追逐经济利益最大化的经济实体，一些企业以损害劳动者的权益为代价，采取超低报酬制、工作超时制、工伤自负制等损害劳动者权益的办法来降低生产成本，赚取高额利润；一些“三资”企业没有强制性的劳动保护、工伤保险等措施，恶性事情在近几年急剧上升。例如，1991年仅广东深圳市宝安县18个镇的“三资”企业就发生工伤事故投诉456宗；而同年全国乡镇企业职工因工死亡6 831人，重伤致残1 692人②；1993年秋，广州一家香港独资雨衣厂发生大火，因为雇主将职工住宿楼门紧锁并焊死了透气窗，致72人死亡；同年11月深圳一家“三资”企业在同样的条件下亦烧死84名工人，12月福州一家台资企业又因恶性大火烧死60名工人③，等等。无数触目惊心的事例表明，许多企业的职工不仅没有起码的劳动保护、医疗保险等，甚至连生命都无保障，对此，任何国家和政府、社会都不可能坐视不管，而最主要的措施之一就是要建立强制性的包括劳动保护、医疗保险、失业保险、养老保险等在内的社会保障制度。

从以上分析可见，公平的企业竞争环境需要社会保障创造，活跃的劳动力市场需要社会保障维系，市场经济引发的失业问题需要社会保障解决，劳动者的合法权益问题需要社会保障维护。所有这些，均表明改革与重建中国的社会保障制度，客观上关系到企业改革与市场经济发展的成败。

---

① 改待业保险为失业保险. 中国改革报，1994—01—12

② 郑功成著. 中国灾情论. 长沙：湖南出版社，1994

③ 于忍. 三资忧虑. 中国改革报，1994—01—12

三、农村经济发展与社会保障

(一) 农村改革的过程与意义

在中国改革事业中，农村处于全国领头改革的位置，并取得举世瞩目的成就。早在 1980 年，中国农村就开始打破“一大二公”的集体劳动、集体核算、统一分配体制，试行专业承包、联产计酬、包产到组、大包干到组、包产到户和包干到户等多种生产责任制；随后，又全面推广了家庭承包责任制，农户成了自主经营的生产单位。这一改革因为较好地解决了农村中吃“大锅饭”和集体与农民的关系问题，极大地调动了农民的生产积极性，不仅使中国农村的面貌在短短几年内发生了巨大的变化，农民收入水平大幅度提高，生产状况大为改善，而且为农村的进一步改革与发展奠定了基础。

1985 年，国家开始进行农村第二步改革，中心是改革国家对农村经济管理体制，它包括：一是改革农产品统派购制度，逐步放开农产品价格，让农民按价值规律办事，做市场调节的文章，以解决国家与农民的关系问题；二是调整农村产业结构，在继续贯彻决不放松粮食生产的前提下，鼓励发展多种经营，逐步实现农村产业结构的合理化。这样，农民在解决了温饱问题的前提下开始走上兴工、兴商、兴副的致富之路，乡镇企业、经济联合体等新的经济组织形式在广大农村迅速壮大，农村经济得到了更高层次的发展。

进入 20 世纪 90 年代以来，农村又开始根据市场经济的要求深化乡镇企业体制、管理体制等的改革，农村工业不仅是中国农村的经济支柱，而且已经成为中国国民经济的支柱之一。如乡镇企业产值已占国民生产总值的 30％以上；农村劳动者不再局限于土地耕作，而是游离出相当一部分从事着非农产业；农民生活水平更是大幅度提高，人均纯收入由 1978 年的 130 多元上升到 1993 年的 921 元，等等。

农村经济的高速发展，首先在于解决了长期贫困的亿万农村居民的温饱问题，并使越来越多的农村居民过上了小康生活；其次在于用改革的实践证明了市场经济的优越性，对城镇改革起了巨大的推动作用；最后是改革了农村的产业结构，使数千年来日出而作、日落而息的农村生产方式发生了根本性的革命。因此，在中国现阶段乃至相当长的时期内，农村改革均有着十分重要的历史性意义和现实指导意义。

（二）农村经济的发展变化

经过10多年的改革与高速发展，中国农村经济发生了深刻的变化。具体而言，农村经济的发展变化主要表现在以下几方面：

1. 农户成了农村生产经营的主体。农村实行家庭承包责任制以后，传统的集体核算制被彻底打破，虽然各地还保留着乡、村提留，但不再直接介入农村社会成员的收益分配，农户成了独立自主的经营单位。在这种条件下，农民的生产积极性空前高涨，收益显著增加；同时，由于社队核算制不复存在，农村集体内部分担风险的功能亦随之消失，各种风险也只能由农户自己承担，收益与风险相伴而生，从而极易导致新的社会问题出现。

2. 农村产业结构发生了根本变化。过去数十年来，中国一直坚持“以粮为纲”，农村产业基本上是单纯的农业生产并具体化为粮食生产。改革开放以来，农村产值结构得到了调整，在农村经济中，农业产值所占比重逐年大幅下降，第二、三产业所占比重逐年大幅上升。如1983年，乡镇企业产值为1 000亿元，仅相当于农业产值的30%，到1992年，乡镇企业产值上升到1.65万亿元，实现利税总额1 500亿元，出口创汇超过200亿美元①，几乎相当于农业产值的2倍；在乡镇企业中，又以工业和建筑业为重心，迅速向其他产业扩散，运输业、商业、饮食业、服务业等构成了中国农村第三产业的四大行业，并在农村经济中占有日益重要的地位。由此可见，中国的农村已不再是农业的代名词，农村经济的全方位发展，表明乡镇工业已成为农村经济的支柱产业，农村中占主导地位的自给自足的自然经济已被商品经济所取代，市场经济的价值规律与竞争规律正在发挥着巨大的调节作用。

3. 农村人口非农化与城镇化。由于农村第二、三产业的急剧发展，大批的农村劳动者离土不离乡（或离土又离乡）地进入第二、三产业，农村人口大规模地出现非农化。以1978年为例，中国农村劳动力总数为30 638万人，其中从事传统农业即农林牧渔业的劳动力27 488万人，从事工业者1 734万人，从事建筑业者230万人，从事运输业者80万人，从事商业饮

---

① 《半月谈》编辑部编. 时事资料手册. 北京：新华出版社，1993. 46

食业者64万人，从事其他非农产业者1 042万人；1988年，全国农村劳动力总数为40 067万人，其中从事传统农业者31 456万人，从事工业者3 413万人，从事建筑业者1 526万人，从事运输业者607万人，从事商业饮食业者657万人，从事其他非农产业者2 408万人①。到1992年，全国农村劳动力总数为43 802万人，其中从事传统农业者的28 000万人，从事工业者6 336.4万人，从事建筑业者1 540.7万人，从事交通运输业者796.9万人，从事商业饮食业者1 652.3万人，从事其他非农产业者约3 500万人②。前后14年，从事非农产业的农村劳动力所占比重由1978年的10.3%上升到1988年的21.5%后，又迅速上升到1992年的36.6%。目前，农村从事非农产业的人数已达1.6亿人，加上他们的家属共有约3亿多人口有了固定的工作和固定的收入，而农村劳动者从事非农产业的队伍每年还在以1 000多万人的规模扩大。农村第二、三产业的迅速发展，又促进了农村城镇化建设，新兴城镇不断涌现，许多农村居民变成了没有城镇户口的城镇居民。

4. 农民收入与生活水平大幅度提高。如1957年，农村居民家庭人均纯收入为57元，1978年为133.6元，1986年为424元，1988年为544.9元，1990年为630元，1993年又上升到921元，其增长速度即使扣除物价上涨因素也是惊人的；从农村居民家庭财产来看，到1990年，每百户农村居民家庭拥有自行车188.6辆、电视机44.4台、电风扇41台、收录机17.8台、洗衣机9.1台，人均居住面积也由1978年的8.1平方米上升到17.8平方米，农村贫困户由1978年的80%以上减少到1992年的10%左右。上述资料表明，中国农村居民的生活面貌发生了根本性变化。

5. 部分地区城乡差别大为缩小。农村经济发展带来的另一个重要成果就是在部分地区极大地缩小了城乡差别，一方面，一些富裕地区的农村（如珠江三角洲地区、温州地区、苏南地区、长江三角洲地区等）居民生活水平已赶上甚至超过一般城镇居民的生活水平；另一方面，自20世纪80年代以来，农村工业又吸引着城镇人口流入农村工作，而一部分农村人口也流入城镇工作。生活水平的接近和自发式的人员交流，打破了长期形成

① 参见：郑功成. 中国救灾保险通论（第十五章）. 长沙：湖南出版社，1994

② 参见：《中国统计年鉴（1993）》；《时事资料手册（1992）》；《中国信息报》，1994年4月20日。

的城乡界限，使我们为之奋斗了数十年而无成效的缩小城乡差别的理想，在部分地区短短几年内就变成了现实。

（三）农村经济发展与社会保障

前已述及，农村改革带来了农村经济的巨大发展和深刻变化，而农村经济的发展变化，又必然要波及与经济发展密切关联的社会保障制度方面。

1. 承包责任制的执行，要求改革、重建农村的灾害保障与合作医疗保障制度。在承包责任制的条件下，农户变成了自担风险的经营主体，乡镇企业异军突起虽然使农村集体经济不断壮大，但这种集体经济是由不同的、独立的经营主体利益组成的，从而不再是过去单纯的集体统一核算、统一分配制度，集体经济亦不再具有自动分担农村居民风险的功能。例如，在自然灾害面前，过去农村遭灾首先由集体内部分担，维护集体内部农村居民的生存条件有基本保障，而现在，各种灾害的地区不平衡性却具体化为灾害在农户间的不平衡性，农户在失去集体风险保障的条件下成了农村各种灾害的直接承受者，遭灾不遭灾对每个农户而言后果大不一样，遭灾的农户极易陷入生活困境，不遭灾的农户因收益稳定增长将使生活水平不断提高；再如农村合作医疗在过去数十年间为保障农村居民的健康发挥了巨大的功效，但也随着农村承包责任制的推行而受到严重挫折，部分农村居民存在着防疫难、看病难和看不起病的困难，等等。由此可见，如果没有普及到每一农户的灾害保障与合作医疗保障等，因灾、因病造成的贫富差距等社会问题将会日显突出，最终危及整个社会秩序。

2. 农村产业结构的发展变化与农村人口的非农化、城镇化，要求建立新型的农村养老保险、工伤保险等制度。从前述论述中，我们可以看出，在市场经济这只“看不见的手”的作用下，农村产业结构实际上包括了传统农业、工业、建筑业、运输业、饮食服务业等行业以及个体工商业者，1 亿多农村劳动者已经从土地耕作中游离出来而变成了各行各业的职工，这些变化表明，城镇中的各种市场经济风险对许多农村居民而言同样存在，如果国家和社会不适应农村生产的社会化，不及早研究并建立相应的社会化的养老保险、工伤保险及社会福利等社会保障制度，解除农村职工的后顾之忧，农村经济的进一步发展就有可能严重受挫，并可能酿成难以收拾的社会问题，冲击整个国民经济的改革与发展。

3. 农村居民收益与生活水平的提高要求完善农村社会保障制度。一方面，随着收益水平的提高，越来越多的农村居民要求通过社会保障的实施来保障和改善生活质量，从而使建立农村妇幼保健中心、残疾人康复中心、托儿所、幼儿园、养老院、食堂、康乐设施等社会福利及各种社会服务制度十分必要；另一方面，生活水平的提高又要求农村社会保障的标准能适应经济发展的需要。如在过去数十年间，灾害救助水平就极低，即使能获得救助，每倒塌一间房屋也只能救助 60 元左右，这一标准对现阶段的绝大多数农村居民而言，显然是杯水车薪，绝对不可能保障农村灾民的基本生活。由此可见，农村社会保障的待遇标准应该根据农村经济的发展步伐，实行弹性化，这样才能真正起到社会保障保障基本生活的作用。

4. 城乡差别的缩小要求在农村建立全面的社会保障制度。城乡差别在缩小，这是不容否认的事实，但城乡之间因社会保障的不平衡，仍然存在着壁垒，这一壁垒不仅使城镇户口有了经济上的高额“价值”，而且束缚了城乡人口的相互流动，使统一的劳动力市场无法建立，最终将导致城乡矛盾的尖锐化和阻滞统一的市场经济机制的形成。逐步取消城镇居民户口上的“经济价值”，代之以城乡项目统一并能够相互传递的社会保障制度，是打破城乡壁垒、扫除建立全国统一的劳动力市场和市场经济机制的障碍的关键所在。因此，笔者一直主张建立中国新型的社会保障制度的重点应该放在农村，新型社会保障制度的建立可以分为若干阶段、若干步骤进行，但最终目标应该是城乡一体化，这是农村经济发展的客观要求，也是整个市场经济发展的内在要求。

四、财政经济发展与社会保障

社会保障，作为国家和社会肩负的重要职责，是建立在一定的财政基础之上的，它主要通过政府的财政拨款并组织实施来实现，从而是各国财政支出中的重要支出项目，一些工业化国家用于社会保障的支出甚至占到其财政收入的 30%以上。因此，研究经济发展与社会保障的关系，不能不把财政改革发展及其对社会保障的影响作为重要内容。

（一）财政改革发展的过程

建国初期，国民党政府留下的烂摊子使地方政权短期内不可能有财政经济实力，为了集中财力解决好全国性的建设与发展问题，中国走的是中央财政统收统支的集权道路，加之20世纪50年代深受苏联的影响，财政经济更是走向了中央集权的极端。在这种情况下，中央财政即是全国的财政，地方各级政府既无开展社会保障的职责，亦无开展社会保障的财力，故新中国形成的传统社会保障制度是与中央财政统收统支相联系的中央一级负责制，虽然“文化大革命”中劳动保险变成了“企业保险”，但因实施范围限于全民企业，劳动保险实质上仍与其他社会保障项目一样，均是单纯的中央财政型社会保障体制。

由于中央集权财政束缚了地方发展的活力，其缺陷日益突出，因此，从1976年开始，国家开始试行财政体制改革，迄今已经历了三个阶段。

1. 方法改进阶段①。1976年，财政部通知各省、自治区、直辖市，试行“定收定支，收支挂钩，总额分成，一年一变”的财政体制；同年11月，决定江苏省的财政体制从1977年开始试行比例包干的办法，上缴58％，留成42％，1978—1980年改为上缴57％、留成43％。1978年，财政部发出《关于试行“增收分成，收支挂钩”财政体制的通知》；1979年7月，国务院发布《关于试行“收支挂钩、全额分成、比例包干、三年不变”财政管理办法的若干规定》，并从1980年起在各省、市试行，同时在四川省进行“划分收支、分级包干”办法的试点，并对广东、福建两省实行“划分收支、定额上交（或补助）五年不变”的包干办法。与此同时，国家对国有企业亦试行了利润留成的办法。不过，上述改革只是在维持中央财政统收统支的前提下对财政支出的管理方法上的改进，从而还不能算是真正的财政体制的改革。

2. 确立分级负责的财政体制②。1980年2月，国务院发布《关于实行“划分收支、分级包干”财政管理体制的暂行规定》，首次明确划分中央和地方财政的收支范围，并确定了分成比例，在中央和地方之间实行“分灶

---

① 参见：《当代中国》丛书编委会编．当代中国财政（下）．“中华人民共和国财政大事年表”．北京：中国社会科学出版社，1988

② 参见：郑功成著．中国救灾保险通论．第三章．长沙：湖南出版社，1993

吃饭”的办法，这可以视为分级负责财政改革的开始；1983 年，国家又统一规定除广东、福建两省外，其他省、自治区一律实行收入按固定比例总额分成的包干型财政体制；1985 年 3 月，国务院发出《关于实行“划分税种、核定收支、分级包干”财政管理体制的通知》。经过近几年的发展，中国的财政体制已由中央统收统支型财政转变为中央与地方政府乃至各级政府之间分级负责、“分灶吃饭”的财政体制。

然而，随着改革的深化，上述体制又暴露出企业税负不公平、国家与企业的分配关系不规范、财政收入在国民生产总值中所占比例以及中央财政收入占国家财政收入的比例越来越小等问题。因此，根据党的十四届三中全会的决定，从 1994 年 1 月 1 日起，国家同时实行工商税制和分税制改革，其主要内容就是改革的完善税收制度，建立分税制分级财政体制，确保国家财政收入合理增长，并逐步提高中央财政收入比重，以达到加强中央宏观调控能力的目的。根据分税制，将维护国家权益和实施宏观调控所必需的税种列为中央税，主要包括关税、海关代征的消费税和增值税、国内企业缴纳的消费税、中央企业的所得税，铁路、各银行总行、保险总公司集中缴纳的收入以及地方外资银行和非银行金融企业缴纳的所得税等；与经济发展直接相关的主要税种作为共享税，包括：增值税（中央占 75%，地方占 25%）、证券交易税（中央与地方各占 50%）、资源税（海洋石油资源税归中央，余皆归地方）；其他税种如营业税、地方企业所得税、个人所得税、房产税等，列为地方税①。可以预料，随着分税制的推行，中国的财政体制将走向完善。

目前，全国的财政由过去的一级财政变为包括中央、省（自治区、直辖市、计划单列市）、地（市）、县等在内的多级财政，中央不再统一组织全国的财政收支，而是贯彻分级负责的原则，使地方各级政府获得了相应的、独立的政权。在这种情况下，再由中央财政大包大揽社会保障事务不仅力不从心，而且亦与新型的财政体制不相适应。

（二）财政经济的发展变化

财政体制的改革，极大地调动了企业的创利积极性和地方创收的积极

① 项怀诚. 财税制度将按新机制运行. 半月谈. 1994，1

性，加之工农业生产与第三产业的全面发展，中国的财政经济亦在短短的10余年间发生了巨大变化，这些变化既给整个国民经济的发展带来了积极影响，也暴露了一些严重的问题。

1. 综合国力大为增强。从1978—1993年，中国的国民生产总值由3 588亿元增长到31 380亿元，15年间增长7.75倍，年均递增15.6%；从1978—1992年，中国的国民收入由3 010亿元增长到19 845亿元，14年间增长5.6倍，年均递增14.4%；全国财政收入亦从1978年的1 121.1亿元增长到1992年的4 153.1亿元，14年间增长2.7倍，年均递增9.8%。由此可见，经过10余年的发展，中国的综合国力大为增强，为全国社会保障事业的发展提供了有利条件。

2. 国民收入分配在向个人倾斜。例如，在第一个五年计划时期，财政收入占国民收入的比重为32.7%，第二个五年计划时期为38.6%，1963—1965年为34.2%，第三个五年计划时期为31.5%，第四个五年计划时期为34.4%，第五个五年计划时期为32.3%，第六个五年计划时期为26.7%①，第七个五年计划时期下降到23.9%，1991年仅为22.4%，1992年为20.9%；而居民个人可支配收入占国民生产总值的比重则由1978年的49.3%上升到59.5%。这一现象表明了国民收入的分配大幅度的向个人倾斜，致使国家财政连年出现赤字，1979—1992年国家名义赤字为1 319亿元，但若加上内外债，实际赤字额高达4 169亿元之巨②，从而加深了财政困难，直接影响到社会保障事业的发展。

3. 中央财力相对削弱。尽管综合国力在增强，财政收入规模迅速扩大，但财政体制的改革却使中央财力相对削弱。据有关资料统计，中央财政收入占国家财政收入的份额在20世纪50年代为70%以上，60年代下降到60%，70至80年代则不足50%③，到1991年又下降到38.8%，1992年为39.7%④。中央财政收入占国家财政收入的比重下降，是伴随着利益主体多元化和利益机制分散化加剧的，它体现了国家财政由高度集中走向分级管理和扩大地方财权的进程，表明了中央财政收入向地方财政收入大量转

---

①③ 《当代中国》丛书编委会编. 当代中国的统计事业. 北京：中国社会科学出版社，1990. 462

② 刘秋生. 当前国民经济形势及宏观调控中的若干问题. 中国统计. 1994，2

④ 《半月谈》编. 时事资料手册（1992—1993）. 北京：新华出版社

移，国家宏观调控能力遭到削弱。根据1994年实行的新税制，最终中央财政收入将占到国家财政收入的60%左右，如果真能实现这一目标，中央的调控能力就会大为增强，社会保障事业亦会在国家的有力干预下得到较快的发展。

4. 地方财力迅速增强。由于国家财政收入的分配向地方倾斜，使地方财政收入在短短的10余年内迅速增强。从1980—1992年的12年间，地方财政收入由875.5亿元增长到2 503.9亿元，占国家财政收入的比重亦上升到60%以上。例如，在1990年，按照现行财政预算管理体制划归县财政组织的当年财政收入决算数排列，有126个县（剔除大城市内的县级区和郊区）的财政收入超过亿元，最多的上海嘉定县、江苏无锡县、广东顺德县的财政收入达4亿多元，它们占全国总县数的5%以上，经过近三年的发展，又有一批县进入亿元财政大县①；再以湖北省为例，50年代全省财政收入仅1亿多元，1981年增长到37.5亿元，1985年为50.3亿元，1990年达95.1亿元。上述数据资料虽然反映的是全国经济较为发达的县和湖北一省的财政状况，但也在一定程度上反映了地方各级财政的实力大为增强。

5. 价格补贴呈刚性增长。价格补贴作为一项社会福利，自改革以来，一直是国家财政的一项持续增长的开支项目。国家用于粮棉油价格补贴、肉食价格补贴和其他价格补贴的财政支出在1978年仅为11.14亿元，1981年达到159.41亿元，1985年为261.79亿元，1991年又急剧增长到373.77亿元②，14年间增长32.8倍之多，已经到了财政难以承受的地步。巨额的价格补贴不仅使政府财政支出的“刚性”压力与日俱增，而且使市场价格的形成机制陷入混乱状况，扭曲了市场与价格的调节功能，从而既是一种弊大于利的财政经济活动，也是一种不尽合理的社会福利性支出。

（三）财政经济的发展与社会保障

国家财政是社会保障的经济基础和经济后盾，国家财政实力越是雄厚，就越有财力发展社会保障事业；反之，社会保障事业越发达，社会就越稳

① 郑功成著. 中国救灾保险通论（第三章）. 长沙：湖南出版社 1994

② 财政部综合计划司编. 中国财政统计（1950—1991）. 北京：科学出版社，1990. 137

定，国民经济亦会健康发展，最终使综合国力不断增强，财政经济持续增长。因此，从宏观上看，财政经济与社会保障是辩证统一的关系。具体而言，在现行财政体制条件下，处理财政经济与社会保障的关系应从以下几方面入手：

1. 适应财政分级负责制，实现各级财政共担社会保障的供款之责。社会保障是政府的职责，在中央财政统收统支的情况下，表现为中央财政的职责。但在财政分级负责的条件下，则应该是各级政府的共同职责，即社会保障事务不应再由中央财政大包大揽，而是应该区别具体情况建立分级负责的社会保障制度。目前，各级政府急待建立向社会保障事业供款的制度，共同推动社会保障事业的发展；否则，中央财政的压力就会日益加重，社会保障事业会因中央财力的有限而停滞不前，而社会保障事业的地区发展不平衡，又会形成地区壁垒，阻碍市场经济的建立与发展。因此，各级财政均应承担起为社会保障事业供款的职责，并应经常化、制度化，这是中国社会保障事业得以全面、健康发展的先决条件。

2. 应该开征社会保险税，增强社会保障对国民收入的再分配功能。社会保障的实质就是对社会中的某些低收入者、收入锐减者或不幸者进行物质帮助，保证其正常的生活消费需要。在工业化国家，社会保障是调节国民个人收入的重要分配渠道，如美国的社会保险税收入在1993年达1.1万亿美元，占其全部税收收入的30%①，它通过退休金、失业救济金、健康保险费、公共福利事业的支出，有力地调节着国民个人的收益分配。而在中国，在现收现付型模式下，由于没有开征社会保险税，国家用于社会保障的支出需要从其他财政收入渠道解决，不仅财力与规模十分有限，影响了社会保障事业的发展，而且亦对整个国民经济的发展造成了不良影响，如离退休费用与公费医疗经费的急剧膨胀就造成了国家财政日益沉重的压力。因此，应该开征专门的社会保险税，扩充并巩固社会保障的资金来源，唯有如此，才能真正增强财政经济调节国民个人收入分配的力度，使社会保障事业的收入再分配功能得到充分发挥，进而实现经济与社会的协调发展。

3. 将社会保障基金纳入国家预算管理。社会保障基金是社会公共后备

① 加尔布雷斯．谈美国宏观经济政策．宏观经济管理．1994，2

基金，它关系到亿万人民的切身利益，应该由国家统一管理，但从社会保障资金筹集的现状来看，它主要有以下四种：一是仍由国家或企业（单位）包揽承办；二是部分地区较小范围内由劳动、民政、保险等部门分别统筹社会保障基金；三是行业统筹基金；四是农村的互助合作保障基金。这种状况弊端甚多，一方面，在企业运营资金紧张和国家财政困难（赤字增加、债务扩大）的情况下，全国的养老保险基金却结余200多亿元，失业保险金亦结余20多亿元，造成了资金的闲置和浪费，也不利于社会保障基金的保值和增值；另一方面，由于没有统一的、权威的管理，挪用、占用社会保障基金的现象普遍存在。据不完全统计，到1992年年底，全国各地动用养老保险基金尚未归还的达21亿多元①；社会保障基金面临着贬值与流失的危险。因此，笔者在主张开征社会保险税的同时，国家应该按照社会主义市场经济的要求，供鉴国外的成功经验，将社会保障基金作为社会公共后备基金纳入国家预算管理，即社会保障基金来源于社会保险税、政府财政拨款以及投资收益、其他收益，再通过预算用于拨付养老保险、失业保险、工伤保险、医疗保险、社会救助、社会福利、军人社会保障等项支出。这样，国家财政可以直接或间接地参与对社会保障资金的管理，既避免了社会保障资金的闲置和浪费，又能保证社会保障资金的安全和增值。当然，纳入预算管理亦应坚持平衡预算的原则，避免给国家财政造成过大压力。

此外，应逐步减少以至完全取消国家财政的价格补贴数额，将价格补贴转化为公平化的社会福利支出，以便为发挥市场价格调节机制的作用扫清道路，同时使社会福利制度得到发展与完善。

五、经济发展与社会保障

在前面四节中，阐述了市场经济、企业改革、农村经济、财政经济的发展及其与社会保障的关系问题，但它们都只是经济发展的一个方面，它们的共同目标就是促使国民经济大发展，使中国成为一个现代化强国。那么，从总体上讲，经济发展与社会保障的宏观关系如何呢？概括地讲，就是经济发展决定着社会保障的发展，而社会保障的发展又反过来促进国民

① 闫中兴．社会保险呼唤立法．光明日报．1994－03－23

经济的发展，两者之间的辩证统一表明处理其关系是关系到全局的大问题，国家和政府应该审慎考察、正确处理。

（一）经济发展水平决定着社会保障的发展水平

社会保障是国家解决有关社会问题的社会政策，这种社会政策需要通过经济手段来加以实施。综观世界各国的社会保障制度，社会保障的发展水平包括其实施范围、体系结构与保障标准等，虽然也受政治环境、人口结构、社会传统等多种因素的影响，但最终是由各国的经济发展水平所决定的，正是经济发展水平与经济发展阶段的不同，才使各国之间的社会保障水平表现出高低悬殊的差异性。例如，西方工业化国家的社会保障就依仗其经济发展所创造的雄厚的经济实力而居于高水平状态，其实施范围基本上是全民化，项目体系完整化，保障标准高水平化；而发展中国家的社会保障水平却大大低于发达国家，发展中国家中的较发达国家的社会保障规模、水平又要高于落后国家，从而在国际范围内表现了社会保障水平取决于经济发展水平的正向相关格局。因此，社会保障发展水平必须与国家经济发展水平相适应。具体而言，经济发展水平对社会保障的影响又主要表现在以下几方面：

1. 经济发展水平决定着社会保障的规模大小。社会保障的福利性表明，每一项社会保障措施的实施，均需要国家付出经济上的代价，实施范围越广，保障规模越大，所需财政拨款也就越多，如果国家经济发展水平不高，财力有限，发展社会保障事业就会显得力不从心，甚至成为无本之木，陷入无以为继的困境。因此，要想发展社会保障事业，就必须首先发展国民经济，不断壮大国家财力，只有政府财力雄厚，才能为社会保障规模的扩大并最终达到实施范围全民化、普通化的水平奠定坚实的财务基础。

2. 经济发展水平决定着社会保障的体系结构。社会保障体系是由多个项目组成的，在经济发展水平低下的条件下，国民的社会保障需求受到抑制，国家也往往只能实施最基本的社会福利与社会救助项目，而无法建立起现代化的社会保险制度，更无力办各种社会服务事业，从而使社会保障的体系结构表现为低层次性和不完整性；反之，如果一个国家的经济发展水平较高，国家有财力发展社会保障事业，国民也不仅有多方面的社会保障需求，而且有缴费（如社会保险费、福利服务费）的经济能力，整个社会保障事业会根据社会成员的多方面需求走向项目齐全化和体系完整化。

3．经济发展水平决定着社会保障的标准弹性化。社会保障的目的在于保障国民的基本生活，而基本生活的标准又是随经济发展水平与物价水平的变化而变化的，不同时期的经济发展水平与物价水平是不同的，社会保障水平也必然是不同的。从总体上看，经济总是发展的，物价总是上涨的，国民对社会保障的标准要求也会不断提高。在20世纪50—70年代，中国的经济发展水平极低，绝大多数人民的生活水平仍处于绝对贫困状况，不挨冻挨饿便是一般人的基本生活标准，在这种条件下，国民对社会保障的保障标准也就不可能有过高的要求。如以灾害救助为例，倒塌一间房屋只能获得50元左右的救助，救济灾民亦不过人均10～20元，大多数灾民也基本满足；而在现阶段，随着国民经济的发展，人民生活水平的不断提高和物价的上涨，再按照原有标准来救助灾民，显然根本不可能保障国民的基本生活，从而要求不断提高社会保障项目的标准水平。因此，社会保障的待遇标准应该弹性化，即能够根据国家经济发展水平而不断调整，最终使社会保障的待遇标准跟上经济发展的水平，确保社会保障保障国民基本生活的目标实现。值得指出的是，社会保障待遇标准要跟上经济发展的水平，就必须管好、用好社会保障基金，使之不断增值。如果不能做到这一点，要实现社会保障待遇标准的弹性化，就必然增加国家财政的压力，最终付出经济发展的代价。

（二）社会保障对经济发展的积极作用

社会保障作为政府解决社会问题和实行国民收入再分配的重要工具，在经济发展过程中并非是被动地由经济发展所决定，而是能够对经济发展发挥着十分重要的促进作用。

1. 社会保障为经济发展创造着稳定的社会环境。国内外的实践表明，国民经济的健康、迅速发展离不开稳定的社会环境，作为中国改革开放的总设计师邓小平，更是多次强调“中国的问题，压倒一切的是需要稳定。没有稳定的环境，什么都搞不成，已经取得的成果也会失掉”①。在市场经济条件下，市场机制的强化往往在给经济发展带来效率与动力的同时，也

---

① 邓小平文选（第三卷）．北京：人民出版社，1993．284

使收入分配的不平等呈扩大趋势，经济发展效率与社会公平之间的矛盾必然导致一些社会问题的出现，一部分社会成员因丧失劳动能力或失去就业机会更是会面临着收入中断或损失的问题，如果没有社会保障的调节，这些问题就不可能得到解决，严重的社会问题最终损害的是经济发展的环境。因此，社会保障的发展能够解决经济发展中可能出现的多种社会问题，创造良好的经济发展的外部环境，维护国民经济的高速、持续增长。

2. 社会保障通过对劳动者的保障促进经济增长。根据现代经济增长理论，经济增长取决于劳动力、资本等生产要素的投入量以及生产率两大因素，而劳动者要素通常又要受到多种因素的影响。如当劳动者遇到生、老、病、伤、残、失业等情况时，其个人收入或家庭收益就会锐减或中断，贫困的生活将使劳动者的健康状况不断恶化，导致劳动者身体素质、技术素质等下降，反过来又给经济发展带来消极影响。然后，通过健全的社会保障体系的保障，劳动者就不至于因意外事件陷入贫病交加的困境，不仅如此，通过社会保障对劳动者的经济生活保障、劳动保护和技能培训，还会进一步提高劳动者的素质。因此，社会保障以劳动者为主要保障对象，它不应被视为一种简单的消费性支出，而是一项生产性投资，它能够促进劳动者的身体、心理、技能等素质的提高，进而为经济增长对合格劳动者的需求提供保障。正如欧洲经济共同体，1983 年在一份题为《社会保障：一切欧洲规模的讨论》的文件中所指出的，“社会保险不能简单地看作是对国家的一种负担，而应该把它看作是为了在经济中使工作能力、效率和动力保持高水平的一种手段”①。

3. 社会保障基金有力地支撑着经济发展。在任何社会中，资本积累都是经济发展的巨大推动力量，而社会保障的社会化、筹资渠道的多元化和收、付之间的时间差，往往使社会保障能够沉淀着相当雄厚的资金，有力地支持着国民经济建设。例如，日本的社会保障收支余额占社会保障收入的比重，在 1959—1960 年为 17.2%，1969—1970 年为 30.1%，1979 年基金式社会保障制度的储备基金已达 2.1 兆日元②。这笔储备基金全部被投资于兴建高速公路、铁路、机场、码头等社会基础设施，从而有力地促进了

① 转引自社会主义经济学. 北京：北京大学出版社，1987. 418

② 徐放鸣等. 社会保障初论. 北京：中国财政经济出版社，1986. 55

日本经济的持续高速增长；再以新加坡为例，到1986年，新加坡的公积金积累总额超过250亿新元，它主要投资在政府债券上，用于房屋建设和其他经济项目建设，中央公积金局购买的政府债券在个别年份甚至高达80%，以致于新加坡前总理李光耀在总结该国经济发展的原因时特别强调，“我们拥有大量的储蓄（指中央公积金局的公积金储蓄）……当其他国家的经济缓慢下来时，我们却能摆脱经济下降的趋势”，“居者有其屋和中央公积金制度，是确保我国稳定的因素”①。具体到中国而言，尽管养老保险、工伤保险、失业保险的统筹面仍然较窄，但亦已积累了近300亿元的基金，随着社会保障统筹面的扩大和社会保险社会化，中国的社会保障基金积累额还会急剧增加，这笔资金将有力地支持国民经济的建设与发展。

总之，经济发展与社会保障的关系，是中国社会保障制度发展中必须首先考虑的问题，在改革与重建中国社会保障制度的过程中，既要适应社会主义市场经济体制的建立和国民经济发展的需要，保证社会保障事业得到较快的发展，又不能使之成为制约经济发展的包袱。目前，重要的是要根据社会主义市场经济的发展改造原有的社会保障制度，补充有关的社会保障项目，实现社会保障社会化；同时，在充分考虑社会保障的刚性特征和中国未来的经济发展速度以及经济增长规模的情况下，制订出中国社会保障事业发展的短期、中期、长期目标，使整个社会保障事业按照社会化、多层次化、适度水平化的原则向前发展。经济发展与社会保障发展的相互协调、相互促进，应该成为中国未来经济发展与社会保障发展战略共同追求的目标。

① 郑功成．新加坡的公积金制度．中国社会报，1990－01－19

第十章

社会发展与社会保障

社会发展，是指以满足社会成员的生存、享受和发展资料的需要为中心，不断提高社会成员的生活质量，并使全体社会成员的个性得到全面发展的过程。它作为与经济发展相平行的一个概念，其区别在于：社会发展强调以“人”的发展为中心，解决的主要是人口、健康、教育、住宅、社会安全、社会发展、文化娱乐、社会管理等与人有关的社会问题；而经济发展则以“物”的发展为中心，解决的主要是物质资料的扩大再生产以及生产、分配、交换和消费各个环节及其关系等经济问题。但从总体上讲，社会发展与经济发展又是同一发展的两个方面，经济发展是社会发展的物质基础，社会发展（如人口再生产、劳动力资源、国民健康与教育等）又是经济发展的重要保证，两者应该保持协调、均衡的发展。同时，由于物质资料为人所生产，也是为人服务的，那么，不论是经济发展还是社会发展，人都是最重要的因素。正如马克思指出的，“人的本质是社会关系的总和”，而“生产关系总合起来就构成为所谓社会关系，构成为所谓社会，并且是构成为一个处于一定历史发展阶段上的社会，具有独特的特征的社会”①。因此，人是社会发展的主体，与人的发展密切相关的各种社会政策、社会保障的改善，亦具有与经济增长或经济发展同等重要的地位。上一章中从宏观上研讨了经济发展与社会保障的关系，本章即专门研讨社会发展与社会保障的总体关

① 马克思恩格斯选集（第1卷）．北京：人民出版社，1975．363

系，以及公务员制度、人口老龄化、国民健康和有关社会改革与社会保障的关系。

一、社会发展与社会保障

社会发展与社会保障的关系，是包容和被包容的关系。换言之，社会发展离不开社会保障的发展，社会保障的发展是社会发展的重要组成部分，这既是社会保障的特殊性质与功能所决定的，也是人类社会发展进程中所表现出来的客观规律。纵观当代社会，世界各国的发展实践表明，越是发达的国家，就越是有发达的社会保障事业；越是想发展的国家，亦必然首先发展其社会保障事业；社会保障正在成为越来越多的国家社会发展中的主体内容，中国作为迅速崛起的发展中国家，亦不能例外。

（一）社会保障对社会发展的意义

一方面，人的发展是社会发展的中心，根据西方学者马斯诺的观点，人的需求是有层次的，第一层次是生理需求，第二层次是安全需求，第三层次是情爱需求，第四层次是自尊需求，第五层次是自我实现的需求。当低层次的需求满足后，人对较高层次的需求就会逐渐迫切。但无论在发达社会还是落后社会，生理需求与安全需求均是最基本、最起码的需求，主要表现为对基本生活条件的需求上。对每个社会成员而言，首先是生存安全，其次才是自我发展。一般而言，越是落后社会和不发达社会，社会成员就越缺乏安全感；社会越发展，经济越发达，社会成员的基本生活就越能通过自己的劳动得到保障，但这并不意味着社会成员在发达社会就绝对安全了，生、老、病、伤、残以及各种灾变的发生，在一切社会均是危及社会成员生存与发展的因素，发达社会的贫困问题依然存在，甚至由于社会竞争的激烈导致失业风险骤增，社会成员迫切需要国家和社会提供安全保障。社会保障事业的兴起与发展，正是从解决社会成员的基本生活保障需求的目的出发的。如社会保险为劳动者提供着收入保障，医疗保健为全体国民提供着健康保障，社会救助为贫困者、不幸者提供着基本生存条件的保障，社会福利为社会成员提供着住宅、教育等特殊需求与服务保障，等等。由此可见，社会保障首先是为社会成员提供了生存保障，其次是为社会成员的发展创造了安全的社会环境，再次是通过有关项目的实施（如教育、医疗保健等），使社会成员的素质直接得到发展，从而是社会成员发展的安全机制。

另一方面，社会是由人组成的，社会的发展取决于社会成员的协调发展与社会秩序的稳定，如果社会成员的发展不协调，贫富差别巨大，阶层（或阶级）矛盾尖锐化，部分社会成员因生活陷入困境铤而走险，社会秩序就会失去控制，整个社会就将陷入混乱之中而不可能得到发展。可见，社会稳定是社会发展的前提，而社会成员的协调发展又是社会秩序稳定的基础，国家和社会通过社会保障对社会成员的生存与发展提供多方面的保障，维护了社会的相对公平，保障了社会弱者、不幸者的权益，从而极大地缓和了不同阶层社会成员之间的矛盾，在一定程度上缩小了贫富差距，消除了社会不定安的因素。因此，社会保障客观上是社会发展的精巧的稳定器。

从上述分析可见，在当代社会，社会保障是社会成员生存与发展的安全机制，是社会协调发展的稳定机制，社会保障对社会发展有着极为重要的意义。

（二）社会公平与社会保障

社会公平是指社会应以公正的、不偏不袒的态度来对待每个社会成员，它是社会文明进步的重要标志和人类追求的最高目标。一般而言，社会是否公平，主要体现在社会成员的收益分配与生活状况等方面。就社会公平本身而言，它包含三层含义：一是起点公平；二是过程平等；三是结果公平。

在人类社会发展史上，除早期原始社会和未来的共产主义社会外，绝对的社会公平（结果公平）是不存在的；在阶级社会里，生产资料私有制更是社会不公平的根源所在；在社会主义初级阶段，虽然社会成员的根本利益具有一致性，但个人利益依然存在着差别性，即使在过去高度的计划经济时代，数十年的“大锅饭”和平均分配依然没有解决社会成员的结果公平问题，而市场经济机制调节的结果则更会使个人利益的差别性进一步扩大。因此，在现阶段谋求社会成员发展的结果公平是不切实际的，国家和社会应该尽可能地创造条件实现社会成员发展的起点公平和过程公平；在这一过程中，社会保障制度的建立和完善即是社会公平的一个重要方面。

1. 社会保障强调社会成员参与的机会公平性原则。在社会化的社会保障制度实施中，不存在任何特殊阶层，只有建立在权利平等基础上的机会平等即机会公平，任何社会成员只要符合法律统一规定的条件，不论其地位、职业、贫富等均被强制性地纳入社会保障范围，社会保障的社会化程度越高，这种机会公平性就越表现得充分。

2. 社会保障在一定程度上维持着社会成员发展的起点公平与过程公平。社会保障的机会公平性决定了其对全体社会成员的基本生活提供着保障，社会成员能够在基本生活有保障并解除后顾之忧的条件下，参与社会的公平竞争，不至于因先天不足或生活无保障而陷入生存困境，从而在一定程度上维持着社会发展的起点公平。在社会发展过程中，社会保障通过对于遭受意外灾祸者给予必要救助，能使其迅速从灾害打击中恢复正常生活；通过对失业者提供失业保险与失业救济及职业培训，能使一部分竞争中的失败者重新参与社会公平竞争；通过对社会成员的疾病、职业病等提供医疗保障，又能使社会成员迅速恢复健康，重新走上工作岗位，等等。所有这些，均表明社会保障能够在一定程度上消除社会发展过程中因意外灾祸、竞争失败及疾病等因素导致的社会不公平，起到了维持社会成员发展过程公平的作用。

3. 社会保障在一定程度上缩小着社会成员发展结果的社会不公平。在当代社会，由于社会成员的资本有大有小、劳动技能有高有低、身体素质有强有弱、家庭人口有多有少等因素的影响，社会成员之间的发展结果是不公平的，并具体表现为收益分配上的差异，贫富差距的扩大是市场经济发展的必然规律，贫困化则是社会发展中严重的社会问题。对此，社会保障所具有的收入再分配功能能在一定程度上缩小着这种发展结果的社会不公平。一方面，社会保障制度的实施需要多方筹集资金，它一般要求收入高者多缴纳费用，收入低者少缴纳费用；另一方面，富裕的家庭或收入高的个人享受的社会保障待遇要少，贫穷的家庭或收入低的个人享受的社会待遇要多，如社会救助就只有生活困难的社会成员才有资格享受，失业保险亦只有失业者才有资格享受，等等。通过上述“收”“支”（或“付出”与“享受”）的调整，将一部分社会收入集中起来进行再分配，客观上起到了缩小贫富差别的作用，使社会成员在社会发展中的结果不公平在一定程度上得到了缩小。

正是由于社会保障具有社会公平的功能，它才成为各国国民的一项基本权益，为各国政府和社会各界所重视，并在促进社会协调发展中作出了不可替代、不可或缺的重要贡献。值得指出的是，我们在强调社会公平的同时，不能不分社会发展阶段地将其等同于平均主义。建国以来的实践表明，平均主义不仅不能带来真正的社会发展意义上的社会公平，而且带来的是共同落后、共同贫穷，这应该成为中国社会发展过程中一个深刻的教训。

（三）社会文明与社会保障

当代社会保障具有促进功能，这一点在本书的导论中已有阐述，而相对于社会发展而言，社会保障的这种促进功能可以促使社会文明不断进步。

1. 社会保障能促使社会成员重新认识发展变化中的社会环境，适应社会生活的发展变化。如在遭灾地区，如果没有有效的灾后救助，灾民遭遇各种突发性灾害或意外事故的打击，其心理与行为往往容易失控，有的灾民自暴自弃，有的灾民铤而走险，有的灾民无所适从，有的灾民甚至走上了自尽之路，从而根本谈不上正确认识灾害及变化了的社会环境；通过灾害救助，社会成员在遭灾之时有了依靠，在灾后能够正常地生活与生产，从而能够冷静、客观地面对现实。再如企业破产制度的建立，端惯了“铁饭碗”的劳动者，往往无法承受失业的风险，一旦失业就会成为严重的社会问题，这在中国近几年的改革实践中已经屡见不鲜，也是失业机制难以启动的根源所在，如果建立了全面的失业社会保障机制，使失业者在失业期间有基本的生活保障，并能接受新的劳动技能培训，重新走上工作岗位，那么，人们就会正确看待企业破产与失业现象，思想观念亦会跟上市场经济改革的步伐。可见，社会保障客观上能促进社会成员的思想观念跟上时代发展的节拍。

2. 社会保障能使互助互济精神得到发扬光大。互助互济是人类社会发展过程中的一项传统美德，但依靠民间自发发展毕竟规模有限，在市场经济条件下，社会成员对个人利益的追求甚至有可能导致互助互济精神的局部倒退。对此，社会化的社会保障通过财政供款、企业供款、个人缴费，以及各种社会福利、社会救助募捐等，使互助互济成了社会成员间的一项经常化、制度化的措施，尤其是现代社会保障倡导社区服务、志愿服务和民间机构办理有关社会保障事务，更使社会成员直接参与了社会保障活动，这种参与既有资金和实物方面的，又有劳务方面的，从而使互助互济的传统美德得到了发扬光大。

3. 社会保障有助于破除迷信与封建宗法势力。数千年来，中国人民因无力摆脱贫困和各种灾祸，求助鬼神的封建迷信活动繁衍不息，人们把脱贫消灾的希望寄托在虚无的菩萨身上。经过新中国成立后的多次运动，民间封建迷信活动有所收敛，但随着农民承包责任制的全面推行，一些农村居民因无力抗拒天灾人祸或贫困、疾病，封建迷信活动又相当流行，部分地区的封建家族势力开始死灰复燃，社会文明进步出现了局部倒退现象。对此，如果建立健全的社会保障制度，弥补集体分担风险的不足，必然能解除农村社会成员对灾害、贫困、疾病的恐惧心理，从而有助于破坏封建迷信与封建宗法势力，树立农村社会成员的生活信心，使农村现代文明得到发展。

4. 社会保障有助于社会成员树立现代观念。一方面，当代社会保障制度强调社会成员有享受社会保障待遇的权力，而国家和社会则承担着相应的责任，这与传统的施舍型社会救助有本质区别，它树立的是当代社会成员的平等的正当的权益观念；另一方面，当代社会保障制度强调国家、企业（单位或集体）与个人及社会各界共同分担社会保障的供资之责，实质上让社会成员在享有社会保障权益的同时，也承担一定的相应的义务，权利与义务的结合，使社会成员不再是被动地享受权益，而是主动参与社会保障，从而客观上有助于树立社会成员的自我保障意识。

（四）社会发展对社会保障的要求

联合国的第二个发展十年（1970—1980 年）活动纲要曾经指出，“发展的最终目的是为所有的人民能更好地生活提供日益增多的机会，其实质就是对收入和财富实行更平等的分配，以促使社会公正和生产效率，提高实际就业水平，更大程度地保证收入并扩大和改善教育、卫生、营养、住房及社会福利设施，以及保护环境”。在此，社会保障被提到了很高的地位。事实上，社会保障的发展作为社会发展的一个重要方面，既对整个社会的发展进步起促进和保障作用，又必须适应社会发展的要求。在中国现阶段，社会发展对社会保障的要求，主要可以概括为以下几点：

1. 社会发展要求社会保障对象全民化。随着中国社会的发展进步和国民经济的迅速发展，传统的局限于城镇劳动者的社会保障制度已不能适应社会发展的需要，从社会主义的社会公平和共同富裕原则出发，中国的社会保障制度应该打破城乡壁垒和业缘壁垒，真正面向全体城乡社会成员。目前，尚有70%以上的城乡人口尚未被社会保障覆盖，这表明中国的社会保障发展水平滞后于社会发展水平，如果还不抓住时机推进城镇非国有单位和广大农村的社会保障制度建设步伐，中国的社会发展就可能受到阻滞。

2. 社会发展要求社会保障的目标高层次化。传统社会保障的目标是保障社会成员的基本生活，换言之，是保证社会成员个人不至于挨饿受冻，着重在吃、穿、住等方面提供低水平的生活保障；随着社会的不断发展，再因循旧有目标，显然会因层次太低而无法满足社会成员的发展需要。因此，新时期社会保障应该转变观念，将目标由针对个别社会成员转变为面向全体社会成员，由基本生活保障发展到保障社会成员的基本生活与不断改善、提高社会成员的生活质量并举。社会保障的目标高层次化，将极大地促进社会成员素质的发展和整个社会的协调发展。

3. 社会发展要求社会保障的功能多重化。传统的社会保障制度，因为财力有限，水平极低，一般只具有恢复与稳定功能。而进入20世纪90年代以后，中国社会已发展到了一个新的阶段，国家财力在增强，社会保障资金随着筹资的社会化而日趋雄厚，社会保障的待遇标准亦在不断提高。如离退休费自20世纪80年代以来就随着工资的提高而做过多次调整，军人的优待抚恤待遇亦有过两次较大幅度的提高，部分发达地区更是凭借自己的经济实力而使社会保障的水平迅速得到提高，在这种情况下，社会保障制度如果仍只发挥原有的单一功能，就显然难以有所作为，并可能造成资财的相对浪费。因此，在建立并实施新型社会保障制度时，应该在继续保持恢复与稳定功能的同时，尽可能发挥出促进发展、调节社会，以及支持国家经济建设的功能，社会保障的多功能化，将与整个社会的发展相辅相成，共同发展。

4. 社会发展要求社会保障社会化。随着社会发展的需要和社会成员对社会保障的需求不断提高，国家和社会承担的社会保障责任亦会日益加重，如果继续实行封闭式、分割式、界限分明的社会保障，既不利于社会保障事业本身的发展，亦会拖垮国家与企业。因此，随着社会发展的进程，社会保障资金的筹集应该社会化（多渠道），社会保障的管理与实施也应该社会化。中国目前的发展情况表明，社会保障越是能早日走向社会化，国家和社会及企业就越能早日掌握主动权，社会保障亦越能有效地促进社会的发展。

二、公务员制度与社会保障

公务员制度属于上层建筑和政治学范畴，它是适应社会主义市场经济发展和社会主义民主政治建设的需要而正在建立过程中的一种政府机关新型人事制度。从人类社会的发展来看，自有人类以来就有了对社会的管理机构与管理人员。奴隶社会是奴隶主统治和奴隶制管理；封建社会是地主阶级统治和封建制管理；资本主义社会，地主阶级的统治让位于资产阶级的统治，市场经济机制要求政府管理工作高效化，社会发展要求国家管理的民主化与科学化，故而逐渐建立了公务员制度（或称为文职官员制度），使政府官员成了一种职业，并按照程序化、民主化、科学化、高效率化的要求运转；在社会主义初级阶段，仍实行着市场经济，也必然要求有高效率的政府管理，而社会主义的本质更加要求国家管理的民主化和科学化。因此，公务员制度作为对新中国传统的泛化的国家干部制度进行全面改革的产物，实质上亦是在中国经济发展的基础上的社会发展的一个方面，即政府和社会管理工作的发展，通过这种改革建立起来的公务员制度，将能够更好地承担起组织经济发展与社会发展的工作职责，使社会成员得到全面、协调的发展。目前，中国的公务员制度正在有计划地分步骤进行。如武汉市在率先建立社会主义市场经济体制综合改革试点中，就适应社会发展对政府与社会管理工作的要求和市场经济发展的需要，根据国家的公务员政策，于 1994 年 1 月开始在政府机关中推行公务员制度，并同时从建立公务员养老保险制度起步，推进公务员社会保险制度的建立①。

---

① 我市将建立新型人事管理体制. 长江日报，1994—01—25

（一）公务员制度的改革过程

公务员制度的改革，是在党的十一届三中全会以后对干部人事制度不断进行局部改革的背景下逐步进行的。新中国成立以后，由于长期形成的党政不分、以党代政的政治体制和事实上的干部终身制，以及“官本位”等因素的影响，导致了中国干部队伍的急剧膨胀和国家机关工作中的低效率，这显然与党的十一届三中全会提出的全党工作重点转移到经济建设上来不相适应，更与社会发展和市场经济对干部队伍的年轻化、知识化、专业化、高效率化的要求不相适应。因此，从20世纪80年代初期起，中国就开始探索建立适应经济发展与社会发展的人事制度。

早在1980年，邓小平就明确提出，“坚持解放思想，克服重重障碍，打破老框框，勇于改革不合时宜的组织制度、人事制度”，强调“关键是要健全干部的选举、招考、任免、考核、弹劾、轮换制度，对各级领导干部（包括选举产生、委任和聘用的）职务的任期，以及离休、退休，要按照不同情况，作出适当的、明确的规定”①；随后，又多次指出：“干部队伍要革命化、年轻化、知识化、专业化”②，并认为“顾问委员会一成立，就是一个过渡形式，归根到底还是要建立退休制度”③，等等。这些论述不仅为开展人事制度的改革指明了方向，而且也为最终建立中国的公务员制度奠定了理论基础。

从20世纪80年代初期起，国家在干部人事制度方面进行了积极探索：一是确立了干部人事工作以经济建设为中心，在市场经济条件下必须围绕市场经济的建设与发展实施人事制度改革；二是适应社会发展确立了实现干部队伍“革命化、年轻化、知识化、专业化”的方针；三是废除了事实上的干部终身制，建立了老干部的离退休制度；四是打破单一委任制模式，进行了许多单项人事制度改革试点，取得了宝贵的经验；五是干部人事工作中公开、平等、竞争的意识和实现干部人事管理制度化、法制化的观念逐渐深入人心。然而，这些改革虽然取得了一定的成功，但并未使人事制度按照国际惯例走上法制化、民主化、科学化的轨道。

---

① 转引自徐颂陶主编. 新编国家公务员制度教程. 北京：中国人事出版社，1993. 2

② 邓小平文选（第三卷）. 北京：人民出版社，1993. 92、179

③ 邓小平文选（第三卷）. 北京：人民出版社，1993. 179

因此，从1984年起，国家有关部门开始起草《国家工作人员法》，后改为《国家行政机关工作人员条例》；1987年，经过多次修改，在借鉴海外公务员制度经验的基础上，又改名为《国家公务员暂行条例》，同年10月，党的十三大正式提出建立和推行国家公务员制度；1988年4月，七届全国人大一次会议通过的政府工作报告中进一步强调“要抓紧建立和逐步实施国家公务员制度”；与此同时，国家人事部亦选择了部分中央机关进行了公务员制度的改革试点。1993年8月14日，国务院发布125号令，正式公布了《国家公务员暂行条例》，并决定从1993年10月1日起施行，标志着国家公务员制度的改革在全国范围内拉开了帷幕；与此相适应，公务员的社会保障制度改革亦必须同步推进。因此，建立公务员的社会保障制度亦应成为改革与重建中国社会保障制度的重要内容。

总之，建立和推行国家公务员制度，把机关干部从大一统的干部队伍中分离出来，对于促进公务员的分类管理、勤政廉政建设，以及机关人事管理工作的程序化、法制化、科学化、高效率化均具有重要的意义。社会保障制度的改革与重建应该为国家公务员制度的建立与推行提供保障，以达到促进中国社会、政治、经济发展的共同目标。

（二）公务员制度与社会保障

考察海外的公务员制度[①]和中国公务员制度的改革实践，公务员制度与传统的干部人事制度相比较，具有自己的特点，这些特点决定了社会保障制度的改革要与之相适应。

1. 公务员体系的形成要求建立自成体系的公务员社会保障制度。从国际经验来看，由于国家公务员不同于一般的劳动者，其任免、待遇及管理方式均有自己的特色，各国大多将公务员视为社会成员或社会劳动者中的一个独立阶层，并建立与公务员阶层相适应的社会保障制度。从中国的具体情况来看，也要求建立起专门的公务员社会保障制度，其依据在于：一是新中国成立以来，国家干部的社会保障就是自成体系并

① 参见黄达强主编. 各国公务员制度比较研究. 北京：中国人民大学出版社，1990；张金龄编著. 海外公务员工资福利制度. 北京：人民出版社，1993

由组织、人事部门分工管理的；二是由于人口众多，国家大，中国的公务员队伍可以称为世界上最庞大的公务员队伍，公务员及其家属构成为一个独特的社会阶层，其阶层利益与其他社会阶层的利益表现在社会保障方面并不一致；三是实行公务员制度后，公务员从过去大一统的国家干部体系中剥离出来，专门由公务员法规、政策、制度制约，表明其不可能再依循旧有的国家工作人员的社会保障制度。可见，中国应该建立专门的公务员社会保障制度，它主要应包括公务员的社会保险与职业福利两部分。同时，专门的公务员社会保障制度（又主要表现为公务员社会保险制度，因为公务员的职业福利事实上是不可能与劳工福利一体化的）又必然要求独立运转。因此，尽管笔者亦主张社会保险必须走统一管理和高度社会化的道路，但公务员的社会保险与军人的社会保险却应该自成体系。当然，在具体实施中是多套机构并存运转还是一套机构同时肩负着劳工、公务员、军人社会保险的组织职责，可以作进一步的研究和探讨。

2. 公务员制度要求建立完整的社会保障制度。与传统的干部人事制度相比，公务员制度的显著特点就是公平竞争、择优录用，不仅不存在终身制问题，而且还存在着与劳工一样的失业风险。因此，公务员制度的建立，要求建立起规范化的养老、失业、生育、医疗、工伤、辞退保障制度，以及职业津贴福利制度，这些制度共同构成完整的公务员社会保障体系，共同保障国家公务员的生活权益。

3. 公务员制度要求社会保障责任由国家与个人共同分担。公务员社会保障虽然自成体系，但同样要求社会保障社会化，因为社会保障的本质是一种社会分担风险机制。从国外公务员的保险福利制度来看，除德国等极少数国家走的是国家财政统包型社会保障道路外，绝大多数国家均实行公务员个人缴费的社会保险制度，即公务员社会保障的资金主要来源于财政预算拨款和个人缴费，建立的是社会化的社会保险基金，承担的是养老社会保险、失业社会保险、医疗社会保险、生育社会保险、工伤社会保险等责任。中国的公务员社会保障制度应该遵循国际惯例，走出财政统包型的历史困境，建立社会化的公务员社会保障制度。

4. 公务员制度的推行要求尽快建立新型的公务员社会保障制度。在这方面，一是改变国家统包、现收现付的离退休制度，尽快建立起公务员的养老社会保险制度，并最终取代离休、退休、退职三种养老制度，使公务员退休养老保障制度走向统一；二是尽快建立公务员失业保险制度，以保障那些在竞争中失败或被辞退的公务员在失业期间的基本生活，使正常的辞职、辞退制度得以建立；三是改革公费医疗制度，使公务员的医疗保障与整个医疗制度的改革协调进行，实行国家与个人共同负担医药费用的制度，并应根据公务员的职级工资制适当调整公务员的病假待遇；四是改革长期以来低工资、高福利和单位办社会福利的机关福利制度，将一部分福利性的补贴纳入工资范畴，实现公务员收入工资化，并将有关福利由机关单位交由社会去办，促进公务员福利的社会化，等等。

由此可见，公务员制度的建立，是社会发展和市场经济发展的内在要求和必然结果，而公务员的社会保障制度又是公务员制度中的重要内容，如果不能尽快建立和完善公务员的社会保障（包括社会保险、职业福利、社会福利等）制度，就可能拖整个公务员制度改革的后腿，使国家机关人事制度的改革达不到预期目标，最终影响到社会发展与市场经济发展的进程。因此，国家在实行公务员制度取代旧有的机关干部人事制度的同时，应重视公务员社会保障制度的建立，这是确保这项关系到全局的改革事业走向成功的重要保证。

三、人口老龄化与社会保障

社会保障的发展，从短期来看受一个国家或地区经济发展（或增长）的制约，从长期来看则受一个国家或地区的人口结构变动的制约。由于营养、卫生和医疗条件的改善，中国的死亡率自建国以来一直在下降，人均寿命却在延长，人口老龄化作为社会发展的一个重要方面，正在对中国的社会发展与社会保障制度产生着日益重大的影响。

（一）人口老龄化及其发展趋势

所谓人口老龄化，是指在一个国家或地区老年人口在总人口中的比重上升，人口年龄构成老化的社会发展过程。国际社会通常把年满 60 岁及以上的人口称为老龄人口，把 60 岁及以上的人口占总人口比重的 10％或 65 岁及以上人口占总人口 7％以上的国家或地区称为“老年型国家”或“老年型地区”。本世纪70年代以后，法国首先成为老年型国家，接着瑞典、德国、英国等国相继步入老年型国家行列；据联合国发布的《1992年世界人口公报》，到1990年世界共有48个老年型国家，老龄人口占世界总人口的比重在1980年为5.8%，1984年上升到6%，预计到2000年将达到4亿多人，21世纪将成为世界人口老龄化世纪。

在中国，人口老龄化来势甚猛。据有关统计资料，全国老年人口增长情况可见表10—1和10—2。

表10—1　　中国65岁及以上老龄人口发展情况

年份	1953	1964	1982	1985	1987	1990
老龄人口总数（万人）	2 504	2 458	4 928	5 557	5 866	6 319
占总人口比重（%）	4.4	3.6	4.9	5.3	5.4	5.6

资料来源：1953年、1964年、1982年、1990年根据建国后四次人口普查资料，1985年、1987年根据《中国社会统计资料》(1990)。

表10—2　　中国60岁及以上老年人口发展情况

年份	1953	1964	1982	1985	1987	1990
全国总人口（万人）	56 900	68 300	100 831	104 460	107 301	113 000
60岁以上人口（万人）	4 165	4 187	7 693	8 612	9 050	10 110
占总人口比重（%）	7.32	6.13	7.63	8.24	8.43	8.95

参见：《中国社会统计资料》(1990)；皮广洲等．天下第二难．民主与法制．1993—11—15

从表10—1可见，中国不仅是世界上人口最多的国家，而且随着老龄人口增长速度的加快，已经成为世界上老年人口最多的国家，这一趋势还在加快。有关部门预测，到2000年，中国65岁及以上人口占总人口比重将突破7%的界限。老龄人口的增加，意味着养老问题将日趋突出，而中国现行的法定退休年龄为男60周岁、女50周岁，退休者的增加必然导致退休费用的绝对上涨，况且，在劳动力资源十分丰富的中国，近阶段几乎不存在延长退休年龄的可能（除部分高级专家、公务员外）。因此，对中国的社会保障而言，应当更加关注60岁及以上人口的发展趋势。表10—2的资料表明，按60岁标准计算，中国正在加速步入老年型国家。而据世界银行的一份考察报告，到2000年，中国60岁以上的人口占总人口的比重将达到12.44%，2010年为14.58%，2020年为19.61%，2030年为25.78%，

2040 年 27.78%，2050 年为 26.16%[1]。

上述资料表明，不论是以 65 岁为标准还是以 60 岁为标准，中国都将在 20 世纪末进入老年型国家，而到 21 世纪的 10 至 20 年代，老年人口将急剧增加，到 30 至 50 年代将达到最高峰值。这一发展趋势充分说明了留给中国政府和社会解决下个世纪的老年人保障问题的时间极为有限。

(二) 人口老龄化的特点

中国社会的老龄化进程结合社会发展的其他方面综合考察，其表现出速度快、绝对量大、地区发展不平衡，超前于经济发展水平，并伴随着家庭规模日益小型化等特点。

1. 人口老龄化的发展速度快。发达国家从成年型国家过渡到老年型国家（即 65 岁及以上老年人口占总人口比重从 5%上升到 7%）一般均需要 50～100 年时间，其中作为世界上老龄化进程最快的国家日本，也经过 45 年方由成年型国家进入老年型国家[2]。而中国在 20 世纪 60 年代因人口生育高峰的影响和老年人口的相对减少等原因，还属于世界上典型的“年轻型国家”；70 年代以来随着计划生育工作的开展，出生率的逐步降低，少年儿童人口比重相对下降，而人均寿命的延长又使老年人口比重上升，故而在 80 年代初期即进入成年型国家；从中国现有人口资料及其发展情况分析，在本世纪末进入老年型国家已成为不可逆转的趋势，21 世纪初期的老年人口增长之势将更加迅猛。由此可见，中国人口由年轻型到成年型、由成年型到老年型国家只用了 30 年左右的时间，人口老龄化的发展速度确实惊人。

2. 老年人口的绝对数量大。从表 10—2 中可见，中国在 1982 年有老年人口 7 693 万人，绝对数居世界第一，占世界老年人口的 22.9%，相当于欧洲的全部老年人口；到 1990 年，全国的老年人口达 1.001 亿人，分别相当于同年英国和法国总人口的 1.8 倍、德国总人口的 1.3 倍、美国总人口的 40.6%、日本总人口的 82%[3]；到 2000 年，中国 60 岁及以上的老年人

① 世界银行考察报告. 老年化，经济发展与社会保险在中国. 北京：1984

② 国家计生委宣教司主编. 中国人口国情. 北京：中国人口出版社，1990. 195

③ 根据《时事资料手册》(1991) 的资料换算，新华出版社 1991 年出版。

口数将达 1.4 亿人左右，此后直线上升，到 2040 年将达到近 4 亿老年人。面对如此庞大的老年人队伍，如果不及早采取有效对策，将会导致十分严重的社会问题。

3. 各地区发展不平衡。由于经济发展水平的参差不齐及医疗卫生方面的不平衡发展，中国的人口老龄化进程又表现出地区发展不平衡的特点，一般而言，越是城市和发达地区，人口老龄化的进程就越快。上海作为中国首先进入老年型地区的城市，1988 年年底 60 岁及以上的老年人口就达 171.04 万人，占该市总人口的 13.67%①；而另一则资料表明，到 1989 年末，北京、江苏、天津、浙江又进入老年型地区，60 岁及以上的老年人口分别占上述地区总人口的 11.5%、10.87%、10.49%和 10.39%；1990 年又有辽宁、山东两省进入老年型地区②；广州市在 1982 年第三次人口普查时 60 岁及以上人口占该市总人口的比重就达到 9.25%；而内地和边远地区的老年人口的比重却偏低，如西北地区的老年人口比约为 5%左右，青海、宁夏、内蒙等省、自治区则在 3%左右③。由此可见，中国人口的老龄化程度在不同地区之间差异悬殊。

4. 老龄化超前于经济发展水平。世界上人口老龄化主要出现在经济发达或较发达、人民生活水平较高的国家，如日本在 1970 年进入老年型国家时，其人均国民生产总值达 3 144 美元④；而在中国，尽管近 10 余年来经济发展很快，人民生活水平也有了较大幅度的提高，但由于经济基础薄弱、起点低，整个国民经济尚处于不发达或落后状态，绝大多数人民的生活水平刚刚进入温饱阶段，如到 1993 年人均国民生产总值仅为 2 648 元人民币，约相当于 300 美元，在这种条件下，中国的人口却迅速跨入老龄化行列，显然大大超过了经济发展的水平。老龄化的提前到来，表明了解决老年社会保障问题的经济基础还不雄厚，但又不能不及早筹划对策。

5. 农村老年人口规模大。从中国 60 岁以上的老年人口分布来看，80%左右的老年人口居住在各方面条件都还比较落后的农村地区，如据 1990 年

---

① 陈如凤. 海社会保障事业面临的形势及改革设想. 社会学研究. 1989，6

② 编写组编. 社会保险实用手册. 北京：新华出版社，1992. 49

③ 国家计生委宣教司主编. 中国人口国情. 北京：中国人口出版社，1990. 196

④ 《世界经济年鉴》北京：中国社会科学出版社，1982. 642

的人口普查资料，农村有60岁及以上的老年人口7 300万人，占农村人口总数的8.2%，并且每年还在以3%的速度递增①；迄今为止，中国农村的老年人口除极少数孤寡老人（约300万人）享受五保供养外，均依赖家庭供养，而随着农村人口的非农化、城镇化及农村家庭规模的缩小，农村的养老问题亦将成为一个重大的社会问题。

6. 家庭规模小型化。计划生育政策的实行、观念的更新、居住条件的改善及代际差异的扩大，使家庭规模小型化与中国人口的老龄化同步发展，大家庭日渐减少，小家庭日益增加。据有关资料，从1982年第三次人口普查到1990年第四次人口普查8年间，全国城乡居民家庭户均人口从4.43人急剧下降到3.96人，而苏南等地的家庭户均人口仅3.1人，不仅城市中绝大多数家庭为双职工带独生子女的核心家庭，而且一些乡镇企业发达地区的双职工家庭比例已高达80%以上。以湖北省老龄委的一项“老年人供养体系”调查为例，该调查选择样本1 114个，城乡各占50%，结果表明：城市中老人单身户占16.5%，二人户占36.9%，三人户占10.2%，四人户占14%，五人户占15%，六人户占4.3%，七人户占2.5%，八人户及以上占0.35%；农村中老人单身户占13.6%，二人户占26.7%，三人户占11.1%，四人户占11.4%，五人户占17.2%，六人户占12%，七人户占5.2%，八人户及以上占2.5%②。家庭规模的小型化，显然对中国社会传统的家庭供养老年人的方式不利，从而迫使国家和社会不得不承担起有关老年保障的责任。

（三）人口老龄化与社会保障

人口老龄化是社会发展进步的必然结果，但以中国目前的规模与速度发展，显然会带来一系列的社会经济问题，它主要可以概括为劳动力的相对老化和老年人口的社会保障两个方面，其中劳动力老化对经济发展有一定影响，老年保障则对社会发展有重大影响，对此，国家和社会必须有清醒的认识，并及早采取措施，加以解决。

1. 从长远利益出发，抓住时机，尽快建立起普遍化的养老保障体

---

① 王汉中. 浙江农村养老模式比较分析. 浙江社会科学. 1993，1

② 郭义友. 湖北省老年供养体系调查主要数据分析. 当代老年. 1993年连载

系。从前述人口老龄化的趋势分析中，中国面临的老年人口压力将越来越大，从1990—2040年的50年间，老年人口占全国总人口的比重将从9%左右上升到27%以上，到2040年最高峰值后才可能逐步下降，而老年人的生活问题不再通过直接劳动所得来保障，而是需要通过国家和社会对国民收入的再分配来实现，在今后的50年间，老年人需要的生活保障支出将以较快的速度持续增长。由此可见，到20世纪末，中国的人口老龄化速度相对于21世纪初期而言仍是缓慢的，从而是中国建立老年社会保障制度尤其是养老保险制度的最佳时机，如果在经济增长的基础上建立多种形式的养老储备基金，就会为21世纪打下一定的老年社会保障的经济基础；反之，如果不趁现阶段开展这一工作，随着人口老龄化的发展速度越来越快，整个国家和社会就将陷入被动局面。因为经济不可能永远高速增长，即使以现在的速度持续发展下去，也显然不可能抵补迅速老龄化造成的社会保障支出的增加。既然中国的人口老龄化是必然的、加速度发展的，老年人口需要社会保障亦是必然的、加速度增长的，那么，任何拖延建立城乡养老保障制度的理论与行动就都是错误的，国家和社会不应该为现阶段的短期利益而将老年社会保障的沉重负担留到下一个世纪，让下一代乃至下二代、下三代人去承受。因此，现阶段可以不统一养老保障的方式，允许多种形式的养老保障制度并存（如社会保险、互助保障、个人储蓄积累保障等）发展，但尽快普遍建立养老保障体系却应成为中国社会发展的既定目标并得到强有力的推进。

2. 离退休费用的剧增，迫切要求养老保险社会化。人口老龄化，意味着退出劳动的人口在社会总人口中的比重不断增加，而据估算，国家和企业用于每一个城市老年人口的费用约相当于城市婴幼少年人口费用的7倍，这主要是因为老年人口的生活支出、健康支出较高所致。离退休费用的增长情况可以通过表10—3来反映。

表10—3　　1978—1992年中国离退休费用情况表

年份	离退休人数（万人）	离退休费用总额（亿元）	人均离退休费用（元）	年份	离退休人数（万人）	离退休费用总额（亿元）	人均离退休费用（元）
1978	314	17.3	551	1987	1 968	238.4	1 263
1979	596	32.5	714	1988	2 115	320.6	1 571

续表

年份	离退休人数（万人）	离退休费用总额（亿元）	人均离退休费用（元）	年份	离退休人数（万人）	离退休费用总额（亿元）	人均离退休费用（元）
1980	816	50.4	714	1989	2 201	382.6	1 773
1981	950	62.3	706	1990	2 301	472.4	2 099
1982	1 113	73.1	709	1991	2 433	554.4	2 342
1983	1 292	87.3	72.6	1992	2 598	695.2	2 764
1984	1 478	106.1	766	1992 年比 1978 年增长	7.8 倍	39.2 倍	4 倍
1985	1 637	149.8	961				
1986	1 805	194.7	1 131				

资料来源：《中国统计年鉴》(1993)，北京：中国统计出版社，1993

由表 10—3 可见，在短短 15 年间，城镇离退休费用就从 17.3 亿元上升到 695.2 亿元，增长 39.2 倍；而同期的国民生产总值从 3 588 亿元上升到 24 036 亿元，仅增长 5.7 倍；国民收入从 3 010 亿元上升到 19 845 亿元，仅增长 5.6 倍；财政收入从 1 121.1 亿元上升到 4 153.1 亿元，仅增长 2.7 倍。离退休费用的增长速度较同期国民生产总值和国民收入增长速度快 6 倍，较同期财政收入的增长速度快 13.5 倍；离退休费用占国民收入的比重在 1978 年为 0.57%，1985 年为 2.13%，1992 年高达 3.15%；另外，据武汉市劳动部门反映，该市至 1993 年年底仅国有企业固定工退休统筹保险金出现的赤字累计已达 1.5 亿元。① 在现行离退休制度仅覆盖国有单位和部分大集体单位的有限范围的条件下，中国就已出现养老费用如此大规模的膨胀和赤字，而中国真正的退休高峰期还未到来，正如世界银行一些专家在 1984 年的一份报告中指出的那样，"从中国的社会保障角度来看，赡养老人负担最沉重的时期，将是 60 年代末和 70 年代初生育高峰时期出生的大批人进入退休期的时候，如果目前的人口政策继续下去，当这批人退休时，中国每个劳动者赡养的老人数目相当于发达国家 1980 年的两倍，而目前发达国家维持老年保障制度已很困难"②。由此可见，摆在我们面前的老年社会保障问题是十分严峻的，如果不尽快改革单位养老制，动员国家、社会、

① 长江日报，1994—01—24

② 世界银行考察报告．老年化，经济发展与社会保险在中国，1984

企业、个人多方面的力量，尽快走上社会化的养老保险快车道，并让职工付出随工资水平与物价水平上涨而上升的经济代价，大规模人口老龄化的结果将是极大地消耗现在和将来取得的经济发展成果，并严重制约着中国社会的发展。

3. 人口老龄化要求社会保障必须注重老年人生活服务设施和各种福利服务。老年人的养老问题，不仅仅是个支付养老费用的问题，而且还应包括建立各种老年人的生活服务设施，提供多方面的社会服务，建立老年人社会福利体系。在这方面，国家和社会还重视不够，面对人口老龄化的快速发展和离退休老年人口的逐年增加，国家应及早制定有关政策，广开门路，多方筹资，充分调动民间力量，兴办社区集体福利设施，倡导志愿服务，唯有如此，才可能确保老年人口的生活质量。

总之，人口老龄化是社会发展的必然结果，而随着社会的发展和家庭赡养功能的弱化，越来越多的老年人口又会依赖国家和社会解决老年保障问题。因此，尽快打破所有制壁垒和城乡壁垒，根据城市与农村的具体情况及早按不同的方式推进养老保险，同时积极兴办老年人福利事业，最终建立全国一体化的老年保障制度，应该成为中国社会保障制度发展的主要目标。

四、国民健康与社会保障

（一）国民健康的意义

在社会发展进程中，人是中心，而健康又是人从事社会、经济工作的前提条件，因为没有一定水平的健康，国民的其他素质就谈不上。因此，国民健康状况如何，关系到整个社会经济发展的基础是否可靠。纵观世界，凡从事现代化建设的国家，无不极度关心自己国民的健康状况，想方设法把全体国民的健康水平提高上去，国民健康水平亦成为国际社会衡量一个国家或地区社会发展水平的十分重要的指标。

对一个国家而言，国民健康是一个综合性的发展指标。一方面，国民健康是社会发展的一个重要方面。人类的进化史表明，社会的发展有赖于人的身体素质的增强和健康水平的提高，追求身体的健康和寿命的延长是人的本能需要，更是社会发展的客观需要。从国民的健康状况出发，它主要取决于一个国家或地区在一定时期内的社会经济发展水平和医疗卫生事业发展水平，社会经济越发展，医疗卫生事业越发达，人民的生活水平愈高，国民的健康状况就越好；反之，社会经济越落后，医疗卫生事业的发展水平越低，人民的生活越贫困，国民的健康状况就越恶化。这一规律表现在中国的纵向发展史上，就是在旧中国因社会经济落后，国民身体素质极低，被称为“东亚病夫”，经过新中国数十年来的发展，国民健康状况大为改善，才彻底洗掉这一历史性的耻辱。这一规律表现在国际社会的横向比较中，越是发达国家，其国民的健康状况就越好，越是贫困国家或地区，国民的健康水平就越低。可见，国民健康实质上是社会发展过程中的一个综合性的、动态的发展指标，从而是社会发展的一个重要方面。另一方面，国民健康关系到劳动者的素质高低和国家与民族的命运。劳动者的素质高低是社会经济发展的决定性因素，它一般指身体素质、道德素质和知识素质三个方面的总和，而身体素质是基础，劳动者没有强健的身体素质就不可能胜任各种体力劳动与脑力劳动，从而也就不可能发展生产并使社会得到发展。古今中外的无数事实表明，一个病弱的民族只能与落后和挨打相伴。从一定意义上讲，国民健康关系着国家和民族的命运，重视发展首先得重视提高劳动者的素质，而要提高劳动者的素质，又必须首先使全体国民的健康状况得到改善。只有具有强健体魄的劳动力队伍，才有可能使社会生产和国民经济得到加速发展；只有具有强健体魄的民族，才有可能跻身于世界强国之林，这是历史留下的古训，也是现实生活的写照。由此可见，国民健康对社会发展，乃至经济发展，均有着特殊意义。

（二）国民健康状况的评价体系

为了考察各国国民的健康状况，进而科学评价其社会发展水平，国际社会制定了一系列的国民健康状况指标。它主要包括婴儿死亡率、幼儿死亡率、死亡率、人均预期寿命、残疾人比重、传统疾病致死率等指标，这些指标构成为国民健康状况的评价体系，而隐藏在背后的却是社会经济发展、医疗卫生保健事业以及医疗社会保障的水平状况。

上述指标均以一个国家或一个地区为评价范围，其中：婴儿死亡率是指一年内婴儿（0～1岁）死亡数与一年内活产婴儿数之比，它表明的是婴儿父母或更上一代的健康素质水平；幼儿死亡率则泛指5岁以下儿童的死亡率，它表明幼儿存活状况，也表明国民健康状况的改善程度；死亡率是指社会总人口的死亡率（又称粗死亡率或人口死亡率），它综合反映国民的健康状况和人口的动态发展情况；人均预期寿命是指一个国家和地区的人口平均寿命，它是反映国民健康状况的关键性指标之一；残疾人比重是指残疾人口占总人口的比重，它包括先天和后天致残两个方面，也是反映国民健康状况的一个重要方面；传统疾病致死率则是泛指传染病、呼吸系统病、肺结核病等致死的人数在全部死亡人数中所占的比重，它反映国民的体质状况和抵抗细菌与病毒的能力，因而是国民健康素质的一种表现。综合上述指标，就能比较准确地评价一国（或地区）国民的健康水平。

根据上述指标，建国以来，由于党和国家对人民健康问题的高度重视，加之社会安定，人民的生活水平不断提高，工作劳动条件得到改善，尤其是城镇公费、劳保医疗制度与农村合作医疗制度的保障，中国国民的健康状况从根本上得到了改善。例如：

在婴儿死亡率方面，新中国成立以前，据1928—1933年的一项抽样调查资料，婴儿死亡率高达156‰，到新中国成立以后的1984年，婴儿死亡率年均水平已下降到36‰①；到1990年，中国的婴儿死亡率又进一步下降到29‰，而同期美国等发达国家为7.9‰，中等收入国家为45‰～51‰，低收入国家如印度为92‰②；很显然，中国的婴儿死亡率在数十年间锐减，甚至比中等发达国家的婴儿死亡率还要低40%左右，表明了中国人的健康水平有了很大提高。

在幼儿死亡率方面，1960年全国5岁以下幼儿死亡率高达203‰，同发展中国家的平均水平220‰接近；③ 到1990年下降到34‰，不仅比一般发展中国家的平均水平低得多，而且比中等收入国家的平均水平也要低40%以上④。

在人口死亡率方面，建国前的人口死亡率为25‰；新中国成立后，死亡率显著下降，20世纪50年代为14‰，60年代为12‰，70年代末降到最

①② 世界银行组织《1986年世界发展报告》。

③ 朱庆芳主编. 社会保障指标体系. 北京：中国社会科学出版社，1993

④ 世界银行组织《1992年世界发展报告》。

低点为6.2‰[①]；到1990年，尽管受计划生育政策的推行与人口老龄化的双重影响，死亡率仍只有7‰，这一水平相当于日本的水平，比美国和意大利低2个千分点，比英国、德国低4个千分点[②]。

在人均预期寿命方面，建国前为35岁，50年代初期为40余岁，60年代为60岁左右；1981年这一指标上升到男性66.4岁、女性69.4岁；1985年又分别上升到男性67.0岁、女性71.0岁，男女平均达68.9岁[③]；到1990年，中国的人均预期寿命达到70岁，比西方发达国家低7岁左右，比中等收入国家高2～5岁[④]。

在传统疾病致死率方面，1949年，全国急性传染病发病率高达20%，经过新中国成立后的防治，1978年降至2.4%，1980年降至2.1%，1991年降至0.3%，1992年又下降到0.24%。再如1957年全国13个城市的统计资料表明，死因中患呼吸系统病致死的占16.86%，隐性传染病致死的占7.93%，患肺结核致死的占7.51%，分别居中国人死亡原因中的第一、第二、第三位，这一水平与美国本世纪初期的水平相当；到1991年，急性传染病与肺结核病已退居死因中的前十位，心脏病、脑血管病、肿瘤等老年性疾病则提升到前几位，与同期美国人死因排位相近。

在残疾人比重方面，中国在1987年抽样调查的结果表明，全国有5 164万残疾人，其中听力语言残障者1 770万人，智残者1 017万人，肢残者755万人，脑力残障者755万人，精神病残障者194万人，综合性残障者673万人；绝对数量确实惊人，但相对于中国的总人口而言，亦仅占总人口的5%左右，低于世界平均水平。

综上可见，中国国民的健康状况经过建国以来的疾病预防和医疗保障措施的实施，已从根本上得到了改观。以1990年为例，与世界各国进行横向比较，中国的经济发展水平排在世界103位，不仅远远低于发达国家，而且远远低于中等收入国家[⑤]；然而，中国人的健康状况却可以排列45位左右，人均预期寿命超过中等收入国家而向发达国家靠拢，人口死亡率比发达国家还要低。由此可见，中国国民健康水平的提高，较经济水平而言

①③ 何建章主编．中国社会指标理论与实践．北京：中国统计出版社，1989

② 世界银行组织《1992年世界发展报告》。

④ 喻权域．谈世界银行1992年报告．时事报告．1993，4

⑤ 参见：《时事报告》．1993，4：22

是超前发展，这表明了中国社会主义制度的优越性和医疗保障制度的成功。

（三）国民健康与社会保障

尽管国民健康作为社会发展的一个重要方面，是由多种因素综合作用的结果，但国民健康保障体系却起到了至关重要的作用。在国际上，中世纪的欧洲手工业者就自发成立过行会，并筹资帮助病人渡过难关；在中国历史上，则有过对老而无靠的疾病者的医疗照顾与救助（见本书第二、三章）。可见，依靠国家和社会力量获得疾病医疗保障古已有之。不过，现代型的国民健康社会保障制度却是源于 1883 年 5 月 31 日德国颁布的世界上第一部疾病保险法，它标志着医疗社会保险制度的建立，并迅速扩展到其他国家。进入 20 世纪后，西方国家为了保障国民的健康，又逐步推行了由政府提供补助金并作为公共服务的普遍医疗制度即所谓“国家医疗服务”，1948 年英国率先完成这项国民健康保障措施的立法，并随之为其他国家所效仿。因此，医疗社会保险与福利性的医疗服务就构成了国民健康的社会保障体系，成为各国政府提高本国国民健康水平的政策措施。

中国的医疗社会保障，可以分为城镇人口的公费医疗和劳保医疗，以及农村中的合作医疗制，这种从 50 年代初期起持续至今的国民健康保障体系，实践表明是取得了巨大成就的（见前述资料）。进入 20 世纪 80 年代以来，中国的医疗社会保障正在发生着变化：一是公费医疗与劳保医疗等旧有医疗保障制度仍然对城镇劳动者（主要是国有单位的劳动者）的健康发挥着保障作用；二是农村的合作医疗从全面范围缩小到局部地区，并在组织形式上发生了变化（见本书第八章）；三是部分地区或行业开始实施医疗社会保险，如深圳市就于 1992 年 8 月 1 日统一施行《深圳市社会保险暂行规定》和《深圳市职工医疗保险实施细则》，由该市专设的医疗保险管理局组织实施，目标是从职工医疗保险向社会医疗保险过渡，最终向社会健康保险发展①；四是自费医疗，如广大农村社会成员因失去了合作医疗保障、部分城镇劳动者因在非国有单位工作等原因而只能自费看病；此外，国家还有计划免疫等。可见，中国的健康社会保障制度还在发展变化之中，正处于旧有制度被打破、新的体系尚未形成的阶段。在这一阶段，国民的医疗费

---

① 深圳市医疗保险局．深圳市医疗保健制度综合改革的模式．特区保险．1993 年增刊。

用正在持续上升，健康代价亦日益昂贵（均见本书第八章），部分农村因合作医疗制的消失而使医疗保健体系遭到破坏，这是在肯定过去数十年国民健康成就的同时，而不能隐讳的现实。我们应该牢记，国民健康是国家和社会发展的根本，中国的医疗保障制度曾经取得过举世公认的辉煌成就，但在新的社会发展时期，随着市场经济的发展导致的社会变革，已经表现出了许多缺陷和漏洞，如果不及早改革与重建中国的医疗保障制度，国民健康水平就有可能滑坡，并将危及整个社会的发展。

从国民健康的发展要求来看，中国的医疗社会保障制度应朝着以下方向努力：一是在城镇和农村中的发达地区建立社会化的医疗社会保险制度，取代旧有的公费医疗、劳保医疗与合作医疗或自费医疗制度，以适应医疗费用不断上涨与健康代价日益提高的国民健康需要；二是在政府财政的支持下和卫生行政部门的有力组织下，重建农村合作医疗网络，或者将农村个体医生（1992 年占总数的 44%①）统一纳入规范化管理，让其承担所在地区的国民保健工作，中国农村人口占全国总人口 70%以上的客观现实，决定了农村应当成为国家和社会关注国民健康问题的焦点；三是将全民保健的重点放在儿童防疫、传染病与地方病的防治上，这不仅是过去数十年来中国国民保健的基础，而且也应该是现在和将来的基础；四是加快医疗服务发展的步伐，建立社区型医疗服务网络，以此达到进一步提高医疗保障水平和国民健康水平的目的；五是注重有关特殊病种的防治，如对艾滋病的防治就需要政府设立专项拨款，等等。

五、有关社会政策与社会保障

所谓社会政策，是国家为实现一定历史时期的任务而制定的解决某些社会问题的行动准则，它对社会发展起着直接的宏观的调控作用。

从理论上讲，一个国家的社会政策通常要受其政治制度、经济状况、人口状况、文化传统、道德水准及开放程度等多种因素的制约，由于社会制度与具体国情的差异，尽管各国均努力运用社会政策促进社会的发展，但其具体的社会政策及其所要达到的具体目标却存在着较大出入，如中国

① 《中国第三产业年鉴》(1993). 北京：中国统计出版社，1993

因人口众多而必须控制人口的增长，而一些人口资源不足的国家却运用人口政策来刺激人口增长，等等。从社会政策的范围来看，凡为解决某一社会问题（非经济问题）而采取的政策均可以称之为社会政策，如人口政策、土地政策、住宅政策、劳动政策、农村政策、国民保健政策、国民教育政策、社会保险政策、社会救助政策、社会福利政策、扶贫政策、社会组织政策、环境保护政策等均可归入社会政策范畴。可见，社会保障制度是社会政策的核心内容，从各项社会政策与社会保障相关联的角度出发，部分社会政策不宜列入本节研讨范围，加之篇幅所限，本节只能简要地研讨一下中国的人口政策、教育政策、扶贫政策、住宅政策等与社会保障的关系。

（一）人口政策与社会保障

人是社会生活的主体，人口状况与社会发展之间有着极其紧密的关系，但世界各国社会发展进程表明，人口的多少不是社会发展的决定力量，而只是作为促进或延缓社会发展的因素，如西方最强的七个国家的人口既不多，也不偏少，其社会经济发展水平均较高；而中国、印度等大多是人口大国，却因人多而难以发展。中国的人口发展情况可由表 10—4 来反映。

表 10—4　　中国人口变化情况表

年份	人口数（万人）	出生率（‰）	死亡率（‰）	自然增长率（‰）
1952	57 482	37.00	17.00	20.00
1957	64 653	34.03	10.80	23.23
1965	72 538	37.88	9.50	28.38
1978	96 259	18.25	6.25	12.00
1986	105 721	20.77	6.69	14.08
1993	118 517	18.09	6.64	11.45

资料来源：《中国统计年鉴》(1987)；国家统计局《关于 1993 年国民经济和社会发展的统计公报》。

由表 10—4 可见，中国的人口总数由 1952 年的 57 482 万人增长到 1993 年的 118 517 万人，43 年间年均净增 1 420 万人。造成如此大规模的人口膨胀，既有建国后人民生活安定和医疗卫生事业发展使死亡率降低等因素的影响，又有对人口再生产的片面认识导致的政策严重失误的原因。人口膨胀的后果已经相当显现：一是造成现有人口生活水平提高缓慢，因为每个人均是生产者与消费者的统一，在人口大量过剩的国家和地区，物质财富增长的有限性，决定了人口显然作为消费者更甚于作为生产者；二是社会事业发展的有限性决定了不能同时满足人口数量的剧增和人口质量提高的需要，如社会保障事业、教育事业、卫生事业及至住宅建设等，均处于人口过多形成的巨大压力之下，造成了社会发展的不协调；三是自然资源的有限性决定了人口数量剧增会带来严重的超负荷。据考察，根据全国的资源情况，中国的合理人口数量应限制在7～10亿人之间，而目前已接近12亿，这种超负荷的承受正在使人均耕地等指标急剧下降。因此，人口问题可以说是中国最严重的社会问题，也是中国社会向前发展最沉重的包袱。

针对这一严重的社会问题，国家采取的是“控制人口数量，提高人口质量”的计划生育政策，其实质就是要实现“少生、优生”的目标，并具体化为在城镇实现一胎化，在农村倡导一胎化，按政策计划允许二胎化。从该项关系到国家全局和未来发展问题的社会政策的实施效果来看，成绩是很大的，但问题亦不少。一般而言，城镇居民较易接受这一政策，在广大农村却未能达到预期目标，据国家统计局人口司提供的有关资料，从20世纪80年代的生育率来看，城市的总和生育率由1980年的1.8下降到1986年的1.69后，1989年又下降为1.55；而农村的总和生育率由1981年的2.91下降到2.72，1989年仍达2.55；这一数据表明，城镇中绝大多数妇女的生育已一胎化，而农村中的多数妇女却为三胎化，如果按照这一生育率发展下去，从1995—2000年，中国每年出生的人口将达2 400万，到本世纪末人口总数将13.5亿左在，可见，控制人口政策的执行不容丝毫松懈。

从人口增长的现状出发，可以发现，越是城市或发达地区，妇女生育率越低，越是农村或落后地区，妇女生育率越高，这种人口增长趋势的二律背反，很能说明人口问题与经济、社会发展水平及观念密切关联，尤其是与社会保障问题密切关联。在城市，由于中国实行高就业政策，绝大多数人不仅有职业保障，而且有退休养老保障及其他社会保障体系；市民较少后顾之忧；在农村，多子多福与养儿防老既是一种旧的观念，也是农村社会成员年老后生活保障的现实，老年社会保障的空白及社会救助等保障体系的脆弱与计划生育人口政策之间的矛盾，是造成多胎和重男轻女的十分重要的因素。因此，中国人口政策实施中的难点与重点是农村，在执行中国的人口政策中，单纯依靠强迫，只能使生育率出现一时性下降，农村中许多青年妇女躲到外地生育多胎的行为表明它并不能从根本上解决问题，关键的是要其他社会政策尤其是社会保障政策配套。从与人口政策配套的角度出发，笔者主张：

1. 社会补贴政策应与人口政策配套。目前，城镇中的劳动者能够享受独生子女补贴，并按月随工资发放，月均 4～6 元；而农村尚未有这项补贴。对此，国家和社会及集体应该重视投入，建立计划生育专项基金，提供社会化的独生子女补贴，按照城镇目前的标准，农村每年约需 50 亿元左右，这笔钱由各级政府、集体投入，是完全可以承受的。

2. 扶贫与人口政策相结合。即国家在推行扶贫政策时，应该优先照顾计划生育工作做得好的地区和实行了计划生育的农户，尽快使计划生育户从贫困走向富裕，以起到直接的褒奖和倡导作用。

3. 养老保险与人口政策相结合。国家应该在农村地区和城镇非国有单位职工、个体工商户中尽快推行水平不同、层次不同的社会养老保险，尤其是首先为独生子女户和农村两女户保险，其经费可来源于独生子女奖励费或补贴和征收的计划生育费中的一部分，以及个人缴纳一部分，社会成员老年保障的社会保险化，将极大地解除其后顾之忧。

4. 改革计划外生育费的征收与分配制度，兴办社会保障事业。对超生者征收计划外生育费是中国人口政策的一个组成部分，但由于罚款过低（相对收入水平），对超生者构不成威胁，形成了“用钱买着生、无钱赖着生”的局面；而对计划外生育费的分配又大约有 80％在乡、村两级留用，50％～60％留在村级，这样，超生多的地方经费多，干部的福利、奖金多，计划生育做得好的地方反而经费少，部分地区以罚款代替控制人口政策的现象普遍。因此，必须改革计划外生育费的征收与分配制度，首先是采取重罚政策，让超生者感到处罚的抑制力；其次是在保证政府的社会保障正常投入并保持一定的增长速度外，将计划外生育费用于兴办社会保障事业；如一部分充实独生子女户和农村两女户的养老保险基金，一部分用于兴办或改善社会福利设施（办好敬老院、托幼所等），一部分用于推动农村合作医疗，提高农村婴幼儿的健康保险系数，等等。

通过社会保障政策和人口政策的配套，可以极大地抑制社会成员的生育欲望，使人口政策的实施由长期以来的被动转为主动，值得指出的是，实施社会保障制度需要统一的协调与统一的管理，目前的民政、扶贫、卫生、计划生育等多部门分割、相互之间缺乏联系与制约机制的局面应该尽快得到改变，这是关系到人口政策与社会保障双重目标能否实现的关键。

（二）教育政策与社会保障

教育作为一项公共事业，在许多国家已经成为一种社会福利。1986年，中国颁布《义务教育法》，将小学与初中定为义务教育；同时，在大专院校建立了助学金、货学金、奖学金制度，并实现假期优惠购票等措施。此外，不同部分或行业、社会保险机构还开展成人教育与转业培训等。因此，中国的教育福利虽还未成体系，但却是一种客观存在，它主要依靠政府投入资金来实施。教育政策的目的，在于提高国民的科学文化素质，进而使人得到全面发展，并为社会提供合格的劳动力后备军，在社会发展中，教育处于基础地位，并对社会发展起决定性的作用。

从中国教育政策的实施情况来看，建国40多年来，成就巨大，文盲率大幅降低，教育水平提高很快。但也应该看到，中国的教育水平与发达国家相比，至少落后50年，如以25岁以上的人口为例，美国1981年每万人拥有大学生数3 220人，每万人中有文盲人口数为330人，而中国1982年每万人拥有大学生数仅6.8人，每万人中有文盲人口3 188人①，前项指标相差473倍，后项指标相差8.7倍。再从整个人口教育水平来看，中国人口文化教育水平亦是极低的，它可以通过表10—5来加以反映。

表10—5　1982—1990年中国人口文化教育水平情况②　单位：占总人口的%

年份	大学	高中	初中	小学	文盲
1982	0.68	7.48	20.02	39.94	31.88
1990	1.64	9.23	27.07	43.31	18.75
1990年对比1982年的变化	+0.96	+1.75	+7.07	+3.37	−13.13

① 杨柳枝，陈润田．中国人口文化教育水平的回顾与展望．中国国情国力．1992，5

② 根据第三、四次全国人口普查资料并换算。

由表 10—5 的资料可见，中国的文盲率在下降，初中文化程度者增长较快，其余依次为小学、高中和大学，到 1990 年，中国人口的文化教育水平综合均值虽较 1982 年有所上升，但仍刚刚处于小学毕业的水平，这表明中国人口的总体文化教育水平极低。不仅如此，从 20 世纪 80 年代后期开始，中小学生流失现象普遍，正在冲击着义务教育政策的实施，如据有关部门统计，仅 1988—1989 年两年，全国各地共流失中、小学生 295 万人，占在校生总数的 7.3%，有的县初中生流失率在 30%左右，有的乡达到 50%以上；在全国 2.2 亿适学儿童中，只有 1/3 能读完小学，升入中学的少年也只有 1/3 能读完初中①；从 1984—1993 年 10 年间，全国流失学生总数突破 4 100 万人次大关，其中仅 1993 年全国就有 740 万中小学学生流失②。中小学生的大规模流失，再加上 3%左右的根本未上学的儿童，不仅正在导致新的文盲、半文盲增加，而且使社会问题不断增加，如在 1993 年全国查获的少年犯中，流失生占 68%；北京市的保姆在 5 000 名以上，其中 30%以上是学龄儿童；在 1 400 多万人的农民建筑队里，童工占 25%；深圳一些企业于 1993 年在广西玉林地区招走童工 1 000 余名，年龄最小的仅 10 岁③，等等。而造成这种后果的原因又不外乎是教育的贫困、知识的贬值与生活的贫困，教育的贫困表现在教师收入长期偏低，甚至连薪水也领不到，致使教师流失严重，严重地影响到国民教育的发展。如地处四川贫困山区的仪陇县，1992—1993 年两年间累计拖欠教育经费 700 余万元，致使该县近 7 000 名中小学教师 72 个月连本来就微薄的薪水也领不到，不少教师四处乞借，债台高筑，此事经《光明日报》披露后，举国皆惊。再如福建广德地区 1993 年因 850 多个教师先后弃教，致使 148 所学校相继被迫临时关闭。知识的贬值则主要由于社会分配的不公造成的，知识越多越贫困给国民教育作了错误的导向，生活的贫困和各种学杂费用的飞涨又使许多想上学的儿童上不起学，甚至随着高校收费制的实行，一些贫困家庭的优秀学生亦望而止步。据有关调查资料，目前上小学每学期要交纳各种费用 80 元左右，上初中要交纳 100 元以上，上高中要交纳 200 元以上，而中国农村的绝对贫困人口还有 8 500 多万人。因此，中国的国民教育政策正在受到严

① 人民日报，1990－11－12。

②③ 章夫．教育的贫困与贫困的教育．中国国情国力．1994，2

重的挑战。

要使中国国民教育从目前的困境中解脱出来，笔者认为，从社会保障入手将会取得良好效果：

1. 转变观念，将义务教育纳入国家社会保障体系。一方面，教育是持久的社会公益事业，是由国家财政拨款补贴的事业，从而具有天然的福利性；另一方面，义务教育是关系到民族素质与国家发展的重大社会政策，它需要强制性实施。天然福利性与法定强制性，决定了义务教育是一种社会保障或社会福利。为此，教育经费在国家财政预算中应保证按国民收入与财政收入的速度同步增长，甚至优先增长，目前出现的教育经费滑坡应当得到扭转，国家应该运用法律的手段将教育经费的投入增长作出政策规定。将义务教育纳入社会保障体系，既是其内在要求，更是使义务教育政策得到贯彻实施的基本保证。

2. 制定相应的政策，促使教育福利事业社会化。既然教育是社会福利事业，就应该鼓励企业与民间人士兴办或扶持教育，使教育走出国家包办的死胡同，进而实现国民教育的社会化。如制定企业资助教育事业的减免税政策，以牺牲少量税收的代价换取双倍乃至多倍的教育投资。再如褒扬兴学办教的民间人士，给热心国民教育事业的人士以应有的待遇；开放民办教育，摒弃对民办教育任其自生自灭的政策，积极扶持民办学校，等等，这样，就会形成一个全社会均来办教育的局面，从而会使国民教育福利走向社会化。

3. 运用多种手段和多条途径来确保贫困地区的教育事业得到发展。一是扶贫政策作为一项社会政策，目的在于消灭贫困，而消灭贫困的前提条件又是提高社会成员的教育文化素质。因此，国家的扶贫工作应以改变单纯的生产投入和经济建设扶贫的做法，将教育扶贫纳入扶贫工作体系，如减免贫困地区和贫困户子女的学杂费，对女孩实行优先入学与减费政策，即能减轻贫困户负担，并有利于改变农村教育中的重男轻女的现象；二是继续开展“希望工程”，使希望工程成为资助失学儿童、保障教育福利事业的重要途径，近几年的事实表明，由中国青少年发展基金会倡导并主持的希望工程在国家教育福利事业发展中的作用十分重要，全国各地涌现出了一批希望工程功勋人物，如私营企业沈阳飞龙集团公司总裁姜伟，在1994年初就向辽宁省希望工程助学基金办公室捐款70万元，准备在该省14个市各建一所希望小学①；三是注重集体积累，确保农村中小学教育有比较固定的经费来源，教育附加费不应列入加重农民负担的范围，而应该成为农村居民的应尽义务；四是教育贫困地区官员，将教育事业的发展状况列入地方政府领导的政绩考核范围，对于那些只图个人享乐（如争购豪华轿车、大吃大喝等）的腐败官员和只顾眼前利益的短视官员，应该给予严肃处理。事实表明，哪儿的地方官员重视教育，教育事业就会得到发展，哪儿的教育事业落后，却往往与地方官员不重视教育、坐豪华轿车、享受高消费、拖欠教师工资分不开。

此外，对于教育发展中出现的新问题，如高等教育收费制造成的贫困家庭子女即使考上也无钱上学的问题，国家亦应有政策上的倾斜，因为教育事业不是生产与劳动收益分配，而是一项关系到国家和社会发展的社会福利，从而更应该强调贫困家庭子女求学的权利，而不应实行交费的“平等”。只有通过将国民教育事业纳入社会保障体系，围绕这一转变制定相关的配套政策，促使各级官员重视国民教育，并特事特办，才能使国民教育事业得到发展，最终实现社会发展的目标。

（三）住宅政策与社会保障

住宅，是城乡居民最重要的生活资料，住宅问题是一个关系到社会能否稳定发展的重大社会问题，从国情出发，中国的住宅政策作为一项社会福利政策的实施范围主要限于城镇居民（在农村仅对无住宅灾民实行有限救助，故而忽略）。在过去数十年间，中国的社会主义公有制超越了社会经济的发展水平，作为城镇社会成员最重要的个人消费品的住宅亦变成了国家和企业或单位的公有物，市民住房不需要花钱，住宅构成了职业福利和国家福利中的最重要的又最不能缺的项目。这种政策的后果就是国家和企业背的住宅福利包袱越来越重，而人口的剧增使中国城镇住宅紧张问题更加突出，人们在住着不需花钱却十分窄小的住宅时，亦日益对居住条件不满，住宅问题成了城镇居民反映最强烈的社会问题。如截止到1992年年底，全国城市中还有440.5万户住房困难户，占城市住户的15%左右；其中人

① 中国青年报，1994－04－20

均居住面积2平方米以下的有28.7万户，形成了难以生存的特困户阶层①。国家与单位统包型的住宅福利制度不仅未达到发展的目标，反而因此陷入国家、企业、社会、市民均不满意且住宅供需矛盾日益尖锐化的困境。

随着改革开放的深化，住宅私有化亦被列入议事日程，但由于住宅关系到亿万市民的切身利益，且价值昂贵，私有化的步伐十分缓慢，经过近10年的试点，迄今仍未全面推广。而从社会发展角度出发，住宅消费是一个重要的发展指标，只有实行私有化，才能实现住宅建设的良性循环。然而，社会发展的不平衡又表明，无论多么发达的国家和地区，要实现每个社会成员均拥有自己的住宅的目标简直是一种梦想，因为任何国家的社会成员均存在着贫富差距和利益差异，总有相当部分的社会成员因经济承受能力的有限而不能拥有自己的住宅，美国如此，新加坡与香港这样小的地区也是如此；中国即使剔除8亿多农村人口，3亿城镇人口的现实也是如此。目前，中国的住宅改革方向已定，即住宅私有化和住宅商品化，但住宅福利不会因此而消失，而是会继续存在并发展下去。而新的住宅政策实施后，将会从现行住宅福利享受者中剥离出相当一部分拥有自己住宅的人口，这一部分人口将不再依赖国家和企业。因此，中国未来的住宅福利将主要面向住宅拥挤者和无私有住宅者，整个住宅福利的规模将会相对缩小。

在住宅公有制向住宅私有化发展的进程中，现阶段宜实行双轨并行制，即在条件成熟的地区全面推行住宅私有化，国家对住宅实行一次性优惠售价，但要注意价格的合理性，既不能价格过低而造成国有资产的严重流失和社会成员之间的不公平，又不能实行商品化经营，应以中等收入水平的居民购买得起为准；对于部分不愿购房或无力购房者，仍实行住宅公有制，但应该提高房租标准。在住宅私有化后，住宅福利应朝着下列方向发展：

1. 建立住房公积金制度。新加坡的经验表明②，公积金制度是成功地解决国民住宅问题并促进社会经济发展的有效途径，它通过劳动者所在单位的经营补贴和个人缴纳，可以积累雄厚的基金，用以满足国民住宅经费的需要，维护社会经济的稳定发展，根据新加坡的规定，劳动者月收入的25%要缴作公积金，雇主亦缴纳同样数目，公积金属劳动者

① 建设部、全国总工会《加快解决城镇住房困难户住房问题的意见》，1993年4月10日发布。

② 郑功成著. 国际社会保障问题研究. 武汉：武汉大学出版社，1991. 195～207

个人所有。由于公积金制度的个人所有制、长期储蓄性和职业福利性，人们一般容易接受。在中国，80年代末期上海市即借鉴新加坡的经验试行公积金制度，经过近几年的发展，许多城市普通将建立公积金制度作为新的住宅政策的一项重要措施予以实施，取得了一定效果。目前，全国已有22个省、市、自治区开始建立住房公积金制度；在全国143个地级以上城市中，已有104个实行住房公积金制度①；如以武汉市为例，在市属单位建立公积金制度以来，已累计筹集了公积金1.54亿元，其中1993年新增1.1亿元，已发放委托货款及投资金额1.08亿元用于经济实用房、解因房、过渡房以及一些单位的住宅建设，支持了69个单位建房83万平方米，该市计划1994年新增公积金1.2亿～1.5亿元②。公积金制度的建立对于住宅福利的实施将起到经济保障的作用，从而应该成为中国城镇劳动者享受住宅福利、进行住宅消费的长久之计。

2. 实行住宅福利社会化。即住宅问题作为社会问题应由政府和社会出面组织解决，并纳入新的社会保障体系中去，由社会保障管理机构统一管理，劳动者个人缴纳与企业缴纳的公积金以及政府的必要的财政投入由社会化机构统一组织、使用，以此确保解除企业或单位包办住宅福利的负担，创造公平的社会竞争环境，同时确保住宅福利的统一性和社会公平性。

此外，在推行住宅私有化或商品化的同时，国家和社会还应考虑建设一部分公共住房，或作为城镇中贫困家庭或遭受意外灾祸的社会成员的居住场所，或廉价出租，以此避免部分城市人口因无居住场所陷入绝境而发生对抗社会的行为，促进整个社会协调、稳定地发展。

（四）抚贫政策与社会保障

在本书第五章中，阐述了中国城乡的贫困问题。贫困作为社会发展的一个消极方面，是现阶段所有国家均存在的社会问题，只不过社会越发达，绝对贫困的人口就越少，反之，绝对贫困人口就会增加。因此，贫困问题既是一个社会问题，又是一个经济发展问题，解决乃至消灭绝对贫困，遂

---

① 秦华夫．推行住房公积金，加快住房机制转换，《湖南经济》，1993年10期。

② 长江日报，1994－02－03

成为各国社会政策中的重要组成部分。目前，中国的贫困问题可以概括为以下几点：

1. 绝对贫困人口数量大。中国的农村有绝对贫困人口 8 500 多万人（见本书第五章），中国的城镇同样存在着一支规模不小的贫困人口队伍。据国家统计局 1988 年的一项低收入户调查表明，在全国 1.4 亿职工中，约有 942 万贫困职工，其家庭人口约 2 760 万人，占 1988 年年底城镇总人口的 13.74%；如果再加上城镇社会救济人数 720 万人，则处于贫困状况的城镇人口达 3 480 万人，占城镇总人口的 17.3%；再据全国总工会 1993 年的一项报告，全国有贫困职工 700 多万人，其家庭人口为 2 000 万人，再加上当年社会救济人数，城镇贫困人口亦达 3 000 万左右。可见，就全国而言，处于贫困状态的社会成员占全国总人口的 9%～10%，如此规模庞大的贫困人口，已经成为中国社会发展进程中的一个严峻的问题。

2. 贫富差别在扩大。根据国际社会收入差距的计算方法计算，中国城镇居民的贫富差距在 1981 年为 1.7 倍，到 1990 年扩大到 2.5 倍；中国农村居民的收入差距在 1978 年为 2.9 倍，到 1990 年扩大到 4.5 倍；城乡加权平均，1990 年全国城乡贫富差距为 4.5 倍①，这一比率虽然较世界上其他国家的贫富差距水平要低，但也充分表明了随着原有的公有制“大锅饭”的打破，贫富差距在加速扩大。不仅如此，在贫富差距平均数背后，还掩盖着一些突出的社会矛盾。以总体而论，1991 年全国有万元以上的高收入户约 500 多万户，占总户数的 2%；最低收入户、特困户（主要指人均月生活费收入在 35 元以下的城镇居民和人均年纯收入在 150 元以下的农村居民）亦占 2%，两者相比，贫富差距高达上百倍，这种收入差距悬殊的势头在近年来增长尤快。再以城乡差别而论，城镇居民与农村居民的收入差距在 1978 年为 2.37 倍，由于农村改革给农民带来了实惠，使该比例在 1985 年缩小到 1.71 倍，但 1986—1993 年由于农业增长缓慢和农业生产资料价格的大幅增长，1900—1991 年上述比例又上升到 2.21 倍，1992 年上升到 2.33 倍，1993 年达到 2.54 倍，如果在城镇居民收入中加上各种补贴与劳保福利，再在农村居民收入中扣除各种额外负担等，城乡居民的收入差距可

① 朱庆芳. 四种收入差距的国际比较. 中国国情国力. 1992，6

能达到4倍以上①。可见，不同社会阶层与城乡居民之间的收入差距在拉大，防止贫富两极分化的问题应该引起政府与社会的重视。

3. 地区发展的不平衡性扩大。沿海地区经济发达，劳动者的收入成倍增长，大多数社会成员过上了富裕生活，而边远地区、少数民族地区及山区却基本上仍是普遍贫困，以1991年全国城镇住户抽样调查为例，上海的人均生活费为2 334元，浙江1 950元，广东为2 536元，均高于西北、西南地区1 300～1 500元的50%以上，中国农村的贫困人口亦主要集中在老、少、边、穷地区。

从上述分析中不难发现，中国贫困化虽较改革前得到了减轻，贫困面在缩小，但贫困人口的规模甚大，贫富差距在日益扩大，贫困问题亦日益突出。而按照国家的社会发展目标，就是要在本世纪末达到小康水平，让全体国民过上共同富裕的生活，因为“社会主义财富属于人民，社会主义的致富是全民共同致富。社会主义原则，第一是发展生产，第二是共同致富。我们允许一部分人先好起来，一部分地区先好起来，目的是更快地实现共同富裕”②。“如果富的越来越富，穷的越来越穷，两极分化就会产生”③，“民族矛盾、区域矛盾、阶级矛盾都会发展，相应的中央和地主的矛盾也会发展，就可能出乱子”④。因此，笔者主张：

1. 在城镇，除对贫困户实施社会救助外，对在职劳动者则应按照1993年11月24日公布的《企业最低工资规定》，普通建立起适用于各种所有制单位的最低工资制。目前，上海、深圳、广州、福州、珠海、德阳等城市已率先公布了最低月工资标准，如上海为210元，广州为250元，珠海为325元，江门为220元，德阳为210元，深圳则定为每小时不低于1.4元⑤。最低工资制政策的实施，将在一定程度上对贫困人口起到保障作用；对失业职工则加快推行失业社会保险制度，同时建立起与之相应的社会救助制度。此外，继续完善各级工会组织的扶贫计划。这样，一般社会救助、最低工资制、失业保险制和工会扶贫制度就共同构成了对城镇贫穷人口或

---

① 参见国家统计局.《关于国民经济和社会发展的统计公报》（1990年至1993年）. 国务委员陈俊生谈农民收入问题. 半月谈. 1994，1

②③ 邓小平文选（第三卷）. 北京：人民出版社，1993，172、374

④ 邓小平文选（第三卷）人民出版社，1993. 364

⑤ 中国青年报，1994－03－22

低收入家庭的社会保障体系。

2. 在农村，除继续坚持传统的贫困户救助政策外，应尽快实现国家的“大扶贫”与民政部门的“小扶贫”的结合，其中国家的扶贫工程如“八七扶贫攻坚计划”及中国扶贫基金会倡导的“双百共富工程”① 管面，民政部门的扶贫工作管点，分工协调，点面结合，再加上先富户对贫困户、先富地区对贫困地区的对口支持，以及诸如希望工程之类的社会援助，亦可以构成一个较完整的农村扶贫体系，如果能对这个农村扶贫体系给予强有力的调控，将会取得良好的效果。

总之，扶贫政策的目标是减少乃至消灭中国城乡的贫困现象，扶贫工作是一项社会保障工作，国家和社会在实施扶贫政策中应该围绕这一目标走手段多样化、措施体系化、项目协调化的道路。

① “双百共富工程”由中国扶贫基金会倡导，1994 年由北京实用经济技术信息会计具体组织实施。其内容是在全国 100 个最富裕的乡镇，和 100 个具备一定条件、彼此适合、可以互惠互利的贫困乡镇结成对子，对口合作，实现共同富裕，计划用 3～5 年时间达到使贫困乡镇产值过亿元，人均收入过千元的目标。

第十一章 社会保障法律制度

一、社会保障法制度概述

（一）社会保障法律是一个独立的法律部门

按照马克思的观点，“法律是肯定的、明确的、普遍的规范”①。社会保障法律制度，就是指国家立法机关和国家权力机关用法律、法规、命令、条例等形式来肯定、明确并规范社会保障行为规则的总和。社会保障法律制度的确立，不仅能集中体现国家对需要采用社会保障手段来解决各种社会问题的意志，更重要的是能为社会保障事业的发展实践提供法律依据和法律保障，使国家在社会保障方面的系列方针、政策和意志得到全面贯彻执行，最终保障全体国民的社会保障权益，并使整个社会经济协调、稳定地向前发展。

社会保障实施过程中的强制性，决定了完整的社会保障法律体系是其健康发展的前提和保证；而社会保障对象的广泛性与实施范围的全民性、内容的丰富性与关系的复杂性、问题的特殊性与解决问题的重要性，又决定了社会保障法律制度必须是一个独立的法律部门。许多国家和地区的立法实践亦表明，社会保障制度既不能被其他法律部门所包容，也不能与其他法律部门相混淆，它要求自成体系并专门发挥对社会保障事务的规范作用。

---

① 马克思恩格斯全集（第1卷）. 北京：人民出版社，1972. 71

社会保障法律制度作为一个独立的法律部门，主要有两种形式：一是由国家制定一部综合性的社会保障法律作为社会保障法律部门的基本法，再根据需要制定若干具体的社会保障法律、法规等，这种体系由一法统驭、多法并行，呈现出层次性，它有利于社会保障事务的一体化、全民化以及立法形式的多样化，如在基本法的规范下既可颁行分类法律，亦可制定分类法规、政策及实施细则等，如美国的《社会保障法》与法国的《社会保险法》即具有社会保障基本法的性质①；二是根据社会保险、社会救助、社会福利、军人保障等社会保障子系统乃至若干社会保障项目，制定若干部平行的社会保障法律、法规，分工规范社会保障的某一个方面，其特点是多部社会保障法律并存，互不隶属，共同规范着社会保障事务。以台湾地区为例，该地区就颁布有《劳工保险条例》《军人保险条例》《公务人员保险办法》《退休人员保险办法》《私立学校教职员保险条例》《社会救助法》《职工福利金条例》《儿童福利法》《残障福利法》《老人福利法》等一系列有关社会保险、社会救助、社会福利的法律与法规（详见本书第十六章）。

社会保障法律作为一个独立的法律部门，其表现在一个国家或地区就是社会保障法律齐全完整、自成体系；即使在发展中国家，社会保障立法十分落后，且不成体系，但社会保障行为亦不能为其他法律与法规规范，而只能说是社会保障法律部门的残缺不全，亟待完善。因此，不论何种形式立法，不论发达国家与发展中国家，均应该把建立、完善独立的社会保障法律部门作为社会保障事业发展的重要目标和保证。

（二）社会保障立法的历史回顾

恩格斯在谈到法律的起源时，曾经指出："在社会发展某个很早的阶段，产生了这样一种需要：把每天重复着的生产、分配和交换产品的行为用一个共同规则概括起来，设法使个人服从生产和交换的一般条件，这个规则首先表现为习惯，后来便成了法律。"② 这一段话表现了法律制度是从社会发展实践中的习惯规则演变而来的，所以它必须反映社会经济发展的客观规律及其要求。马克思也指出，"立法者应该把自己看做一个自然科学

① 郑功成著. 国际社会保障问题研究. 武汉：武汉大学出版社，1991. 67

② 马克思恩格斯选集（第2卷）. 北京：人民出版社，1972. 538

家。他不是在制造法律，不是在发明法律，而仅仅是在表述法律，他把精神关系的内在规律表现在有意识的现行法律之中。”① 在这里，马克思强调了法律是不能“制造”和“发明”的，而只能表述，即任何法律制度的制定必须尊重社会经济发展的客观规律，并按客观规律办事，如果法律制度违背了客观规律或超越或滞后于现实社会，就会对社会经济的发展起破坏作用；反之，则促进社会经济的健康发展。社会保障立法的发展实践证明了马克思主义经典作家的论述。在国家产生的时候，灾民及贫民就因生存危机而需要国家救济，而统治者为了维护自己的统治，一般也在灾害发生时对灾民或贫民给予各种不同的物质帮助，这种传统的习惯经历了漫长的历史发展过程后，就由国家以法律的形式加以确认和规范，并逐步扩展到社会成员生存条件保障的各个方面。

回顾社会保障的立法实践，早在封建社会就已产生。如英国于 1601 年在伊丽莎白时代颁布的《济贫法》，此后，荷兰于 1854 年颁布的《济贫法》，瑞典于 1871 年颁布的《济贫法》等②。这些法律的颁布，表明政府正式以法定的形式介入了社会救济（含灾害救济）事务，但由于其内容只是对传统的慈善性救济的规定，根本不能和现代社会保障制度相提并论，因此，只能算社会保障立法的萌芽时期。1883 年，德国为了适应工业革命的胜利和机器大生产的需要，颁布了世界上第一部现代社会保障意义的《劳工疾病保险法》，规定对劳工疾病等问题实行强制性社会保险，并由政府部门直接组织实施，从而标志着现代社会保障立法的开始。到 1935 年，美国颁布了《社会保障法》，这是在罗斯福总统的领导下，由美国国会通过的世界上第一部对社会保障制度进行较全面、系统规范的法律，其内容涉及老年保障、遗属保险、社会救济以及失业保险等，从而在社会保障立法史上具有划时代的意义③。第二次世界大战以后，资本主义国家的社会保障立法走向成熟，形成了独成体系的社会保障法律部门，包括社会保障基本法、社会保险立法、社会救助立法、社会福利立法及其他单项立法（如美国的《农作物保险法》等）。因此，迄今为止，社会保障立法已经历了一百余年的发展历程，发达国家的社会保障法律体系已相当完备，剩下的任务只是

---

① 马克思恩格斯全集（第 1 卷）. 北京：人民出版社，1972. 183

② 郑功成. 世界各同的社会保障立法研究. 上海保险. 1990 年 7 期。

③ 郑功成著. 国际社会保障问题研究. 武汉：武汉大学出版社，1991. 65～66

适应社会经济发展不断修订和改革完善，但广大发展中国家由于社会保障起步较晚，社会保障立法尚处于形成和发展之中。

在中国，虽然为社会成员提供物质帮助作为国家意志已在宪法中作了明确规定，但由于对社会保障制度缺乏系统的认识，整个社会保障还处于较低层次，在管理上也缺乏宏观指导和协调，致使建国以来一直没有把社会保障法作为一个独立的法律部门提出来并进行研究和建设，社会保障法律在总体上也大大落后于刑事法制、经济法制和一般民事法制的建设，国家实施社会保障措施仍然主要依靠行政手段而不是法律手段。

例如，我国至今没有一部社会保障基本法，没有一个专门的法律统驭社会保障并对其作出全面的、系统的原则规范；在社会保障立法方面，只有个别法律与少数法规对一些具体项目作过规范。例如，20 世纪 50 年代由政务院颁行的《劳动保险条例》《救济失业工人暂行办法》《关于工人、职工退休处理暂行规定》以及《革命残废军人优待抚恤暂行条例》等；70 年代末国务院颁布的《关于安置老弱病残干部的暂行办法》《关于工人退休退职的暂行办法》等；80 年代国务院颁布的《关于老干部离职休养的暂行规定》《军人抚恤优待条例》；进入 90 年代以来，除全国人大公布的《残疾人保障法》外，国务院亦颁行了《关于企业养老保险制度改革的决定》《国有企业职工待业保险规定》《农村五保供养工作条例》等。由此可见，中国的社会保障立法不仅未形成独立的法律部门或体系，而且层次低，多以“暂行”性的行政法规面孔出现，没有集中性、稳定性和权威性。再以灾害救助为例，这项国家与生俱来的关系到亿万灾民的社会保障措施，数十年来更是一直依据颁布行政指示、决议和通知来实施，连最起码的行政法规也没有①。立法的严重滞后，必然给社会保障事业的健康发展带来不容低估的消极影响。

（三）社会保障立法的必要性

中共中央在 1993 年 11 月通过的《关于建立社会主义市场经济体制若干问题的决定》中，把“建立多层次的社会保障体系”放在显著的位置来论述，这表明了社会保障作为古今中外社会经济发展的稳定和维系机制，

① 郑成功著. 中国救灾保险通论. 第九章. 长沙：湖南出版社，1994

在市场经济条件下尤其具有不可或缺的重要性。与此相适应，社会保障事业的改革与发展离不开社会保障法律的统一规范和调控，从而决定了有必要尽快建立完备的社会保障法律体系。具体而言，社会保障立法的必要性表现在：

1. 社会保障事业的改革与发展，要求社会保障立法配套进行。近十余年来，随着改革开放的日益深化，各种需要政府解决的社会问题亦日益增加，如市场经济条件下的老年保障、破产制度下的失业工人，财政体制改革后的灾害救助以及一些经实践证明必须改革的传统社会保障项目如公费医疗等，这些问题若不通过社会保障的措施来加以解决，中国的社会经济就不可能稳定发展，市场经济体制断无建立之可能。可见，社会保障在现阶段既面临着改革传统项目的任务，又面临着发展新项目并最终使其趋向完备的艰巨任务，如果没有相应的立法保证，就不仅会给社会经济的发展留下无法可依的法制空白，而且对整个社会保障乃至整个社会经济的改革发展极为不利。因此，社会保障需要有专门的法律制度以规范和调整。

2. 社会保障作为国家意志的体现，需要运用法律手段强制实施。一方面，保障社会稳定发展作为国家和政府的职责古今皆然，中国政府更是重视全体社会成员生存与发展权益的保障，过去这种保障主要依赖于国家、单位和集体分配的“大锅饭”，现在则必须依靠统一的社会保障制度；另一方面，改革旧的体制，建立多层次的社会保障体系不仅是宪法赋予的职责，也是执政党和国家发展计划中的重要内容，从而客观上体现了国家的意志。列宁曾指出：“意志如果是国家的，就应该表现为政权机关所制定的法律，否则‘意志’这两个字只是毫无意义的空气震动而已。”[①] 可见，如果没有法律强制手段，要实现国家改革、重建社会保障制度并利用社会保障来稳定社会发展、促进市场经济体制建立的国家意志就缺乏有力的保障；反之，如果有了完备的社会保障法律制度，社会保障事业就可以依法强制实施，国家的意志就能得到全面的贯彻实施。

3. 社会保障中的各种关系迫切需要社会保障法律制度予以调整。传统的社会保障建立在中央财政统收统支和单位福利的基础之上，受益者没有缴费义务，关系简单，而市场经济下的社会保障关系却要复杂得多。其一，

---

① 列宁选集（第13卷）. 北京：人民出版社，1963. 304

中央政府与地方政府在社会保障职责上的分工负责需要调整；其二，多部门分管社会保障的现实关系需要调整；其三，受益者缴费及由此带来的政府与社会成员之间的新型关系需要调整；其四，社会保障不同项目之间的关系需要调整；其五，社会保障的实际操作如基金的筹集、运用、支付等需要规范，违法行为需要依法制裁。由此可见，如果没有统一的法律规范，中央与地方、部门与部门、政府与国民、社会保障项目与项目之间及具体操作等将因无法可依而陷入混乱和纠缠不清的局面，最终会损害其发展。

4. 社会保障的本质要求有相应的法律保障。社会保障的目的是为了贯彻国家的社会保障政策，进而确保其社会发展目标和经济发展目标的实现，故而从本质上要求有专门的法律制度予以规范并强制实施，这是一切国家社会保障制度的本质特征，中国亦不可能例外。

5. 社会保障改革发展实践中遇到的问题，表明加强社会保障法制建设已迫在眉睫。在近几年的社会保障改革实践中，阻力很大。例如，有的地方政府不愿承担救灾职责，一遇灾害，不论大灾小灾只知向上伸手；商业保险与社会保险政策界限不明，导致社会养老保险、工伤保险等领域企业与政府较劲“竞争”，既妨碍了正常的商业保险发展，更成为社会保障事业改革发展的阻力；部分地方政府甚至让作为企业的保险公司取代劳动、民政等政府职能部门的社会保障职责；社会保障的多头分割、地区分割及机构不健全、人才奇缺等，均已成为社会保障发展的阻碍因素。虽然国家机关及中央职能部门为此发布过一些文件，但难以调节中央与地方、部门与部门之间的关系，从而需要有更高层次的社会保障法律与法规来予以调整和规范。

（四）社会保障立法的可能性

从中国目前所处的国际环境及国内现实条件出发，建立社会保障法律制度具备可能条件。

1. 国外社会保障法律制度的完备为中国提供了可资借鉴的经验和教训。发达国家的社会保障立法实践已走过了一百余年的岁月，并在其市场经济体制下经历了不断修订、改革与完善的阶段，尽管中国是社会主义国家且有着自己独特的国情，但社会保障作为一种人类社会发展的共同的稳定机制，在市场经济条件下亦有着许多共同之处，各国的社会问题大同小异，各国的保障目标亦是共同的，只不过在项目、内容及水平上有所差异。因此，发达国家的社会保障立法经验可以供鉴，以避免走弯路。

2. 宪法确定了社会成员享有国家或社会的物质帮助权——社会保障权。如宪法第44条对退休制度的规定，以及第45条规定“中华人民共和国公民在年老、疾病或者丧失劳动能力的情况下，有从国家或社会获得物质帮助的权利。国家发展为公民享受这些权利所需要的社会保险、社会救济和医疗卫生事业”，等等。上述规定赋予了国民获得社会保障的广泛权利，社会保障法律制度的建立将是宪法原则对社会保障规范的具体体现，从而有着现成的宪法依据。

3. 社会保障的理论原则已基本确立。如社会保障是政府的重要职责，目的在于解决特定的社会问题，是运用强制的法律手段通过经济保障措施来确保社会稳定发展的稳定机制，在实践中要坚持权利与义务相结合、公平与效率相结合、保障水平与社会经济发展水平相结合以及基本保障等原则，这些原则作为社会保障的国际惯例在中国的有关法规中已有体现，从而为社会保障法律制度的建立与完善奠定了理论基础。

4. 过去及现行的有关社会保障项目的法规已解决了社会保障立法中的许多具体问题。如过去及近几年颁布的《劳动保险条例》《国有企业职工待业保险规定》《军人抚恤优待条例》《残疾人保障法》《农村五保供养工作条例》等一批法规，已为集中的、高层次的社会保障立法创造了良好的条件。

5. 社会保障事业自20世纪80年代开始改革以来，在全国范围内开始了职工养老保险、工伤保险、失业保险、农民养老保险、农村救灾保险等多种社会保障项目的试点，既有许多成功的实践经验，又有一些深刻的教训，从而为社会保障立法提供了正反两方面的实践例证和客观依据。

6. 政府和社会各界高度重视社会保障。一方面，国家对社会保障高度重视，社会保障在执政党的决议和政府的发展纲要中均占有重要地位；另一方面，理论界的一批专家、学者积极投身于社会保障制度的理论研究，取得了许多有益的成果；而全体国民尤其是城镇社会成员更是无法离开社会保障，等等。所有这一切，均表明加快社会保障立法步伐具有内在动力和良好的环境氛围。

综上可见，尽快将社会保障法律作为一个独立的法律部门进行系统建设并快步推进，不仅为整个社会保障事业的全面发展所需要，而且在现有条件下具有可能性。目前，中央职能部门尤其是具有管理社会保障事务职责的民政部、劳动部、人事部、卫生部及全国总工会等应加强协调，共同推动社会保障立法工作的步伐，惟有如此，才能真正理顺关系、消除阻力，保障整个社会保障体系稳步地、协调地得到发展；否则，各行其是，分散立法，将埋下发展的隐患，最终造成整个社会保障体系项目各异、标准不一、缺乏公平甚至残缺不全的缺陷。

二、社会保障立法的基本原则

确定社会保障法制建设的原则，对于建立独立的社会保障法律部门并有效地规范、调整社会保障关系具有十分重要的意义。从中国的现实国情出发，社会保障的法律建设应该遵循社会保障与经济发展相适应的原则、权利与义务相结合原则、原则性与灵活性相结合的原则等。

（一）社会保障与经济发展相适应原则

社会保障是国家用经济手段来解决特定社会问题和实施特定社会政策的一项宏观调控措施，它必然要以一定的经济发展水平为基础和条件，即经济发展水平决定着社会保障的发展水平，社会保障的发展水平又对经济发展产生重要影响。

一方面，经济发展决定着社会保障的发展水平。社会保障发展需要以经济发展创造的可供进行再分配的巨额社会财富作经济后盾，如果没有雄厚的财力与基金的积累，社会保障事业就不可能得到发展。同时，经济发展水平决定着社会成员的生活水平，而社会成员的生活水平状况又必然要求有相应水平的社会保障，所以社会保障的发展水平又要受国民生活水平的影响。纵观国内外的社会保障实践，也反映了这一规律：越是经济发达的国家，财力越雄厚，社会保障的水平亦越高，反之亦然；越是国民生活水平高的国家和地区，其基本保障的标准越高，社会成员对社会保障的待遇要求亦越高，反之亦然。可见，经济发展与社会保障发展具有正相关的关系。

另一方面，社会保障的发展应有利于促进经济的发展。社会保障肩负着保障社会稳定发展和促进经济发展的双重目标实现的任务，从而要求有利于促进经济的发展；然而，如果社会保障滞后于经济的发展，就容易造成社会的不稳定，进而给经济发展造成消极影响；如果社会保障超前于经济的发展，则必然造成国家无力承受并最终损害经济发展的后果。因此，社会保障的发展水平只有与经济发展水平相适应，才能有利于经济的发展，否则，就将损害经济的发展。

由上可见，在制定社会保障法律、法规、方针、政策时，必须充分考虑当时当地的经济发展状况，结合短期利益与长远利益，体现出社会保障与经济发展相互协调、相互促进的原则。

（二）权利与义务相结合原则

权利与义务是一对法律范畴，它们同时并存，相互适应和相互制约。马克思曾经指出，“没有无义务的权利，也没有无权利的义务”。[①]《中华人民共和国宪法》第 23 条也规定，“任何公民在享有宪法和法律规定的权利同时，必须履行宪法和法律规定的义务。”

然而，在过去数十年间，中国的社会保障制度却一直只讲求国家的单纯责任和国民的单纯权利，人们把免费享受各种社会保障待遇片面理解为“社会主义制度的优越性”，从而既造成了权利与义务的脱节，又造成了国家的无限责任和社会成员对社会保障的完全依赖，致使当中国的经济、社会进入新的阶段时，社会保障的刚性增长和关系的不顺，又构成了国家财政和企业改革发展的沉重负担。权利与义务的脱节已被证明是社会保障发展过程中的缺陷。在新的发展时期，改革和重建中国的社会保障法律制度已属必然，这种脱节的权利与义务关系亦必须重新得到调整，它客观上需要以多方筹资作为国家履行社会保障职责的有效手段，要求受保障者承担一定的缴费义务。这就是说，在社会保障关系中，要享受有关社会保障的权利就必须承担起相应的缴费义务，而履行了缴费的义务就应当享受相应的社会保障权利，当受保障者缴费时，他是居于义务主体的地位；当受保障者获得社会保障待遇时，他则处于权利主体的地位，享受法定的权益必须履行法定的义务。这一原则在中国现阶段尤其重要，因为中国经济尚不发达，政府不可能拿出大量的资金来包揽社会保障事务，如果社会成员不

① 马克思恩格斯选集（第 2 卷）. 北京：人民出版社，1972. 137

尽一定的缴费义务，不仅会使吃国家“大锅饭”的局面持续发展下去，而且其社会保障权益就没有保证，社会保障事业本身的发展也会无以为继。因此，社会保障法律制度尤其是社会保险法律制度应该充分体现出权利和义务相结合的原则。

（三）原则性与灵活性相结合原则

社会保障的社会公平性特征，决定了在一个国家或地区应该实施统一项目、统一范围、统一待遇等的统一型社会保障制度，从而在客观上要求社会保障法律制度必须具有统一的原则性，即对社会保障的性质、职能及项目、范围、标准、管理体制等，在法律制度中予以明确规范，并普遍适用于全国各地。如果没有原则性，社会保障事业在发展中就可能各行其是，最终导致地区、阶层矛盾尖锐化而陷入困境，不能起到稳定社会和促进经济发展的作用。

然而，在幅员辽阔、人口众多的中国，城乡之间、沿海与内地之间、工农之间又均有着较大差距，如果仅强调原则性，而没有一定程度的灵活性，必然造成全国“一刀切”的局面，要么不顾当地实际盲目冒进，要么适应不了当地社会经济的发展水平而滞后发展；过去我们在不少事情上搞全国“一刀切”，留下过深刻的教训，应当认真吸取。因此，在社会保障法律制度中，应贯彻原则性与灵活性相结合的原则，其中原则性是前提，是根本，必须坚定不移地坚持；灵活性则是在坚持原则性的前提下，各地区可以根据本地的实际情况制定一些适合本地区的社会保障事业的具体行政法规，它是实现原则性的条件和保证；原则性与灵活性的结合，必然使社会保障法律制度既能充分反映国家的意志和全体社会成员的根本利益，又能在现实生活中充分发挥其应有的作用。

（四）循序渐进原则

法律制度不是凭空而来的，它是社会经济发展到一定历史阶段的产物，而且总是与一定的社会经济基础相适应，其产生、发展、变化归根结底要取决于一定的社会经济基础。马克思曾一针见血地指出：“社会不是以法律为基础的。那是法学家的幻想。相反地，法律应该以社会为基础。法律应该是社会共同的、由一定物质生产方式所产生的利益和需要的表现，而不是单个的个人恣意横行。”① 社会保障法律制度的确定，也必须与社会发展水平相适应，并随着社会的发展和社会保障事业的发展由低级到高级、由不完善到完善循序渐进地发展。从中国的现实情况来看，社会发展需要改革传统的社会保障制度并采用新的方式来解决对社会成员的社会保障问题，但国家的财力和农村多数地区的社会经济状况又决定了不可能一下子全面推行一体化的社会保障制度。在这种条件下，要颁布统一而具体的全国性的社会保障法律就缺乏现实性，即作为法律基础的社会条件还不具备。因此，现阶段应该从行政立法和单项立法开始，以后再随着社会保障事业的发展和社会各种条件的发展变化，建立一体化的完备的社会保障法律制度。

（五）其他原则

在社会保障法律制度中，除坚持上述原则，还必须坚持以宪法为依据的原则；坚持普遍性的原则；坚持保持相对稳定的原则；坚持效率与公平相结合的原则等。

三、社会保障法律制度的基本内容

从改革与重建中国社会保障体系的角度出发，中国社会保障法律制度应该是一个具有丰富而特殊内容的法律部门，它包括主体、客体和内容三要素。在建设过程中必须明确其调整对象，把握其特点，处理好各种关系。

（一）社会保障法律制度的调整对象

任何法律制度调整的对象都是一种客观存在。从社会保障法律制度调整的对象来看，可以概括为国家或政府（通过一定的职能部门）、企业或集体、国民个人在社会保障活动中所发生的各种社会、经济关系。换言之，社会保障法律制度的调整对象包括：

1. 调整国家与国民之间的关系。它是指中央政府、地方各级政府与全体社会成员之间的关系，需要明确政府在社会保障工作中的职责和国民享受社会保障的权益。

---

① 马克思恩格斯全集（第6卷）. 北京：人民出版社，1972. 291～292

2. 调整社会实施保障机构与政府之间的关系。社会保障实施机构作为政府或社会提供社会保障的组织，与政府之间的关系应该是：一方面，社会保障机构代表政府或社会承担着相应的社会保障职责，必然要接受政府的直接领导和财政补贴；另一方面，社会保障机构又必然要以贯彻国家的社会保障法律政策为宗旨，以解决全体社会成员的基本生活保障问题并稳定社会发展为目标。

3. 调整社会保障机构与国民之间的关系。社会保障实施机构与国民之间既是资金筹集者与供应者之间的关系，又是社会保障待遇提供者与接受者之间的关系，它是政府与国民关系的具体体现，是实施社会保障项目和内容的一对实践范畴，从而是社会保障法律制度中的重要内容，应该对双方的权利和义务予以明确规范。

4. 调整社会保障事务的管理体制。它是指国家有关职能部门与其他部门以及社会保障组织内部机构有关职责划分、层次划分、财务管理、资金分配等方面的关系。如主管部门的确定，社会保障机构与其他部门的协调，社会保障组织内部的管理等，均需要社会保障法律制度予以明确规范。

5. 调整社会保障的监督关系。对社会保障事业实施必要的监督，是保障社会保障事业健康发展的有效措施。这种监督有国家立法机关的监督、各个社会保障子系统及有关项目的主管部门的监督、其他政府职能部门的监督以及司法监督等，它是社会保障法律制度中的一个必不可少的内容。

此外，还有社会保障机构与企业和单位、乡村集体经济组织之间的关系，企业和单位及乡村集体经济组织与社会成员之间的关系，以及社会保障基金与投资市场之间的关系，均需要社会保障法律制度予以规范和调整。

（二）社会保障法律制度的特点

社会保障法律制度在调整各种社会保障关系中，表现出下列特征：

1. 社会保障法律制度具有专用性。即社会保障法律关系只产生于社会保障活动之中，其所调整的对象必须是与社会保障活动有直接关系的有关各方，并且严格局限于直接的社会保障活动之中，凡超出社会保障活动范围的关系不受社会保障法律制度的调整。这一特征充分表明了部门法律制度的专用性，同时也从另一个侧面表明了社会保障法律制度是一个独立的法律部门。

2. 社会保障法律制度所调整的社会经济关系具有强制性和规范性。如国家（各级政府）、社会、企业、个人及有关各方在社会保障活动中负有何种职责，应该做到什么，社会保障的具体项目、实施方式、资金筹集、待遇标准等，均由法律制度严加规范，社会保障机构与有关各方无论意愿如何，均必须依法实施。

3. 社会保障法律制度强调的社会经济关系是以国家的意志为转移的。由于社会保障是政府的一种社会政策，属于国家上层建筑范畴，社会保障法律制度必然是社会主义国家为全体社会成员造福的意志的具体体现，社会保障活动中的各种社会经济关系也必然要符合国家的意志，并以国家的意志为转移。如果国家的意志表示为中央和地方政府分级负责社会保障工作，地方政府就必须承担起相应的职责；如果国家的意志强调受保障者的权利与义务相结合，受保障者就必须为享受社会保障待遇付出一定的经济代价。

4. 社会保障行为还适用于行政法。由于社会保障机构实际上是受政府委托开展社会保障活动，承担的也是政府的社会保障职责，其行为应受国家的行政法制约和规范，如果工作人员在开展社会保障活动中损害了受保障者权益，应该依照行政法的规定承担赔偿责任。

从上述分析可见，社会保障法律制度应属公法范畴，所谓公法，是私法的对称，即保护公共利益的法律制度①，社会保障法律制度保护的正是国家的利益（社会稳定、经济发展）和全体国民的公共的利益，它与私法保护私人的利益有根本区别。因此，社会保障法律制度的第一层次应该是宪法的有关规定的内容；第二层次才是社会保障或社会保险法（我国还未颁布）与行政法，以及各种具体法规。

（三）社会保障法律关系的主体

社会保障法律关系，包括主体、客体和内容三个要素。如果缺少其中一个，就构不成社会保障法律关系；变更其中任何一部分，也不再是原来意义的社会保障法律关系。

社会保障法律关系的主体，是指在社会保障活动中，依法享受权利

---

① 丁焕春等主编. 简明法律辞典. 长沙：湖北人民出版社，1980. 5

与承担义务的当事人，主体资格是由法律或法规规定的。一方面，社会保障事业的管理者是国家或政府（通过职能部门体现），社会保障事业的组织者是各个社会保障机构；另一方面，企业、乡村政权、集体经济组织也承担着相应的责任，上述各方共同构成了中国社会保障法律关系的主体体系。

1. 国家或政府。国家不是法人，国家规定法人制度，并且对它们实行总的领导。但在社会保障实践中，国家却直接参与其活动，对社会保险、社会福利、社会救助、优待抚恤等各项社会保障措施的实施，给予财政上的支持。因此，国家是社会保障法律关系中的特殊主体。以此类推，在分税制和财政分级负责的条件下，地方各级政府也可以成为社会保障法律关系或有关社会保障项目中的特殊主体。

2. 社会保障实施机构。要实施国家的社会保障事业，必然要由一定的机构来加以组织和实施，这些机构享有依法筹集资金的权利，同时又承担着保障社会成员的直接义务，从而具有社会保障法律关系的主体资格。值得指出的是，社会保障机构作为特定的政府或社会的事业性法人机构，应该具备以下条件：一是必须有独立的组织机构，这是社会保障机构开展工作的组织保证；二是要有独立的财产或独立经营管理的财产，这是社会保障机构独立开展社会保障工作的物质基础；三是依照法定程序成立，即社会保障机构必须由国家主管部门审查、核准和登记，以便加强国家对社会保障事业的监督和管理，使社会保障事业发挥出应有的作用。

3. 企业、单位及乡村政权或集体经济组织。在社会保障实践中，企业、单位及乡村基层政权或集体经济组织承担着一定的供款之责，即按一定比例代本企业、本单位、本乡、本村的社会成员承担一部分社会保障的缴费义务，甚至还直接承担着一部分社会保障职责，如职业福利、集体福利等。因此，它们对社会保障也有着直接的义务和特定权利，从而具有社会保障法律关系的主体资格。

4. 社会成员或国民个人。社会保障是以城乡居民家庭和个人为保障对象而建立起来的。在社会保障中，社会成员或国民个人不仅承担着直接的缴费义务，而且享有获得社会保障待遇的直接权利，从而是社会保障法律关系中的当然主体。

在上述主体成员中，社会保障机构与社会成员具有完全主体资格；国家或政府、企业、单位、乡村政权或集体经济组织一般只承担义务而不直接享有权利，从而是社会保障法律关系中的特殊主体，即义务主体。这种社会保障法律关系的主体构成，正是社会保障事业的公益性、福利性和社会性的具体体现。

（四）社会保障法律关系的客体

社会保障法律关系的客体，是指社会保障法律关系主体的权利义务共同指向的目标，在法学上又叫标的。没有客体，社会保障主体各方的权利和义务就失去了目标，社会保障事业也会落空。从社会保障的发展实践来看，社会保障法律关系的客体是指社会保障规定项目和范围内的各种物和自然人。一方面，社会保障所保障的都是客观存在的财产物资和自然人的身体与生命，灾害救助是以属于社会成员所有的财产物资（包括有生命的种养业生产和无生命的家庭财产）为具体的保障对象，而其他社会保障项目又以保障人的生活与身体为标的；另一方面，社会保障的目的主要是为国民的基本生活提供物质保障，保障的实现又主要是通过支付货币或提供劳务的方式来进行的。因此，人是社会保障法律关系中最重要的客体，而物则是部分社会保障法律关系中的特殊客体。

（五）社会保障法律关系的内容

社会保障法律关系的内容，是指社会保障法律关系的主体依法享有的权利和承担的义务。权利是指当事人一方依法享有进行一定活动或要求他人进行某种活动以实现社会保障目标的法律资格。如社会保障机构依法享有向企业、个人征收社会保险费的权利，以及社会成员依法享有有关社会保障待遇的权利等；义务是指当事人一方依法必须进行某种活动或不进行某种活动的法律责任，如企业与劳动者必须依法缴纳保险费、政府必须依法对社会保障给予财政补贴等。由于社会保障要涉及国家、地方政府、乡村政权、企业、集体经济组织和各阶层的社会成员等，不同的主体所享有的权利和承担的义务也各不相同。如社会保障机构与受保障的社会成员之间有相应的权利与义务关系，而国家、地方政府、乡村政权、企业、集体经济组织等一般只承担相应的拨款或供款义务，以体现该项事业的社会性、政策性和福利性等。

四、社会保障法律制度的构思

对于社会保障事业的发展而言，立法本身不是目的，而是实现社会保障目的的一种手段。社会保障法律制度作为国家法律制度中的一个重要组成部分，既受制于宪法，又必定具有自己独特的内容，并自成体系。由于中国社会保障法律制度还未真正全面建立，本书不可能对社会保障法律制度及其体系作现实分析，只能在现有法规制度的基础上，根据改革与重建中国社会保障制度的有关问题作些理论探索。

（一）社会保障法律制度应该解决的基本问题

根据社会保障的本质要求和中国近几年社会保障事业的改革发展实践，社会保障法律制度应该解决的基本问题包括：

1. 社会保障事业的性质和职能问题。社会保障事业的性质和职能是关系到这项事业改革与发展的重大原则问题。从当代社会保障的发展过程来看，它源于历史上的政府救灾济贫事业，是国家的一项历史性职责，其性质是社会福利性事业，其职能就是通过有别于按劳分配的社会保障分配渠道来保障国民的基本生活，稳定社会秩序，最终促进整个社会的稳定发展。因此，社会保障法律制度应对此作出明确规范，将其与商业性保险业务严格区分，以确保社会保障作为国家的职责和国民应该享有的权益能得到充分的体现，并为充分发挥其功能提供保证条件。

2. 社会保障的组织形式和地位问题。从社会保障事业发展的客观需要出发，社会保障事务既不能由政府职能部门直接包办，亦不能由企业或单位包办，而是需要有独立的、专门的组织机构，即具有独立的法人地位的机构来具体承办，唯有这样，才能保证其履行社会保障的职能，实现政府的社会保障目标。因此，社会保障法律制度亦应对社会保障事业的组织形式作出原则规范，即机构应独立并网络化，人员应专业化。

3. 社会保障事业管理部门问题。明确社会保障事业的主管部门是保证社会保障事业健康发展的至关重要的条件。在中国，农村社会保障事业一直由民政部管理，城镇社会保障事务则分别由劳动部、人事部等部门管理，对于医疗保障事务则由卫生部主管；在部分地区，地方政府却委托中国人民保险公司或其他部门（机构）管理并经办着项目及范围有限的社会保障事务，使本来就存在的多头管理更加混乱。因此，社会保障法律制度应进一步明确规范。全国的社会保障事务最好是能由一个主管部门即社会保障部（或委员会）或设立并行的社会福利部、社会保险局来承担管理职责。这样，将有利于杜绝政出多门、令行不一的混乱局面，使社会保障事业能够协调地发展。

4. 社会保障事业与有关部门的关系问题。如中央与地方的关系、社会保障与财政补贴的关系、社会保障与企业的关系、社会保障与农村集体经济组织的关系、社会保障与社会成员的关系等，均需要社会保障法律制度予以明确规范。

5. 社会保障基金运用问题。社会保障基金的运用，是社会保障事业的重要组成部分，它是国家运用经济手段来解决各种特定社会问题的重要手段。随着社会保障基金的逐年积累，必然迫切需要通过基金运用来达到保值、增值的目的。但由于社会保障组织承担的是特殊的稳定社会和促进发展的重要职能，其基金的运用又需要特别的审慎。因此，社会保障法律制度应该对社会保障基金的运用作出原则规范，以便社会保障组织在运用基金时有章可循。

此外，社会保障活动中的其他问题，亦需要有专门的法律与法规制度给予规范。例如，对于社会保险实施方式，应规定统一项目、统一标准和强制手段，避免各行其是和保障缺漏；在灾害救助中对灾情应规定不同等级的统一计算标准，以杜绝主观随意性；对挪用、侵占和贪污社会保障资金，应规定行政处罚和刑事处罚责任，以维护这一公共后备基金的安全；等等。

（二）社会保障法律制度的层次

社会保障法律制度是国家整个法律制度的一个重要组成部分，在立法中既要考虑到国家法律制度的整体性，又要考虑与其他法律、法规的协调性以及自身的集约性。按照法律、法规的权威性，社会保障法律制度可分为四个层次：

1. 社会保障法律制度的第一层次主要是现行宪法第 44 条中关于退休养

老制度的规定和第45条中关于公民享有国家或社会物质帮助权以及国家发展社会保险、社会救济、医疗卫生事业、残疾人保障、军人优抚事业等的规定。由于宪法是全国法律体系中至高无上的根本大法，任何法律都不能与宪法精神相抵触，从而理所当然地应列为社会保障法律制度的最高层次。

2. 社会保障法律制度的第二层次是集中立法的社会保障基本法或分散立法的并行的多部社会保障法律。鉴于各项社会保险、社会救助、社会福利、医疗保障、优待抚恤等都具有社会安全保障性、权力公平性和政府福利性的特征，从上述社会保障事业立法的集约化出发，中国应当制定一个高于一般法律中的规定，在社会保障领域里带有综合性和基本法性质的社会保障法，作为对宪法原则的具体化和一切社会保障制度的总纲，并规范和制约着社会保障事业的发展，从而处于社会保障法律制度的第二层次。如果国家不能做到集中立法，而是像日本或台湾地区那样按社会保险、社会福利、社会救助等分别立法，那么，各项社会保障专门立法就处于上承宪法，下启相应的法规、实施细则等的地位，从而亦属于社会保障法律制度中的第二层次。

3. 社会保障法律制度的第三层次是国家为各社会保障子系统乃至若干具体项目规定的单行法规。它作为调整社会保障某一方面的社会经济关系的法律和法规，在不违背高于其地位的法律的原则下是各项具体的社会保障事业的直接法律依据。当然，如果第二层次是采取分散立法的形式，则本层次主要表现为对有关专门立法的实施细则的制定。

4. 社会保障法律制度的第四层次是由其他法律或法规中的有关规定组成的，这些法律或法规中的有关规定仅是适用问题，如民法中的赔偿原则、刑法中对挪用社会保障款物的规定等均适用于社会保障；在其他法规中只要社会保障专门法律、法规中没有规定的，也同样适用于社会保障事业。

值得指出的是，上述法律层次的划分，是以各种法律制度已经形成，国家立法机关已经颁布了上述法律为假设条件的。在现实条件下，仍只能按照全国人大通过的法律、国家权力机关颁布的全国性法规、国家职能部门颁布的行政性法规以及地方立法来划分层次（地方立法亦按国家立法的法律权威性大小来划分）。例如，中国既无社会保障法，社会保险法等亦还在起草之中，如果国务院颁布了有关社会保障某一方面的工作条例，如《军人抚恤优待条例》《农村五保供养工作条例》等，就成为全国实施相应的社会保障事业的法律依据。

（三）社会保障法律制度的体系

撇开社会保障法律制度的其他层次，仅根据社会保障法律制度调整对象的内在联系及近几年全国社会保障事业的改革与发展实践，社会保障法律体系可以由多部法律或法规分别确定。不论采取集中立法还是分散立法的形式，都应体系化，如图 11—1 所示。

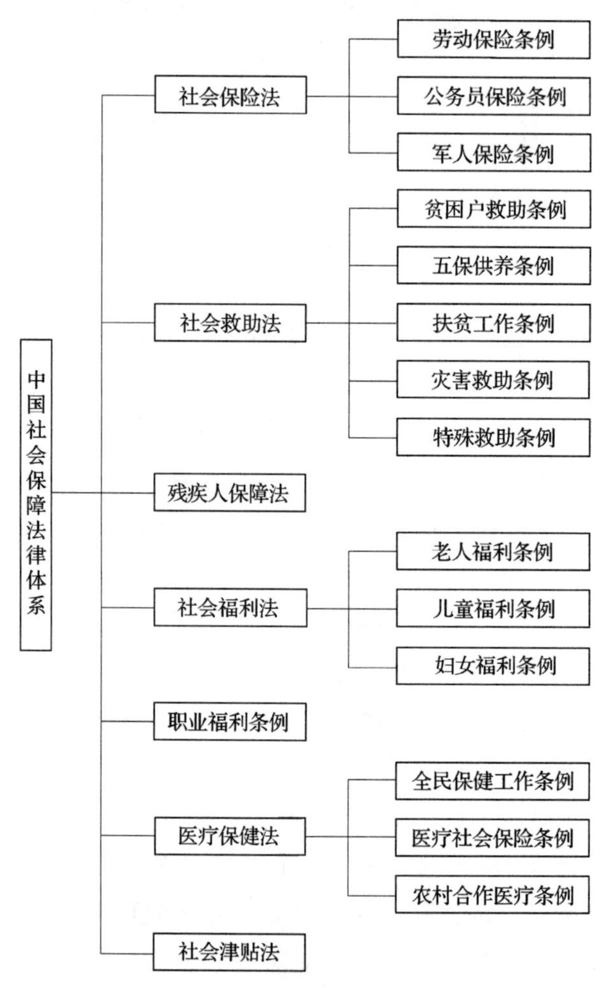

图 11—1　中国社会保障法律体系图

从图11—1可见，中国社会保障法律体系要在现有条件下走向规范化和完备化，就需要制定多部并行的社会保障法律和若干部社会保障法规、条例。值得指出的是，完备的社会保障法律体系还应进一步具体化。如以灾害救助为例，除应制定社会救助法或灾害社会救助法外，对于灾情统计指标体系，查灾、报灾的程序，灾害救助工作的财务会计与统计制度，灾后救助的原则，救灾工作中的争议或纠纷的处理，欺诈或失职行为的制裁等，均需要有明确的、统一的法规或政策规定。

目前，从中国的现实出发，社会保障法律制度还不可能由一部法律予以全面规范，但应努力争取就社会保障的子系统颁布全国性的法律与法规，使社会保障法律制度逐步走向体系化、集约化，以便整个社会保障事业有法可依、有章可循。

（四）社会保障法律制度的发展

法律制度的形成既然是以社会经济为基础并受制于社会经济基础，那么，社会保障法律制度的建立也只能是循序渐进，由低层次向高层次逐步发展。具体而言，建立社会保障法律制度的步骤包括：

1. 在社会保障法律制度的管辖方面，应由地方立法向全国立法发展。即先由改革试点地区如海南省、深圳市等进行地方立法，在成熟的条件下再行制定全国性的法律或法规。这是因为，颁布法律、法规的层次越高，适用范围越广、影响范围就越大，中国的社会保障事业目前只在部分地区进行综合或单项改革试点，还没有在全国范围内建立起新的社会保障体系并普遍推行；同时，只有实行社会保障制度综合或单项改革试点的地区才最了解社会保障事业或某一方面需要法律调整的各种社会经济关系，从而能制定出目的性、针对性强的法规。可见，在现阶段社会保障立法中，改革试点地区的立法应当先行，为全国立法奠定基础。

2. 在社会保障法律制度的体系方面，应由分散立法向集中立法发展。由于社会保障事业的改革与重建尚处于起步阶段，要集中立法即全面建立起全国的社会保障法律体系还较困难，从而只能在现实基础上，根据社会保障事业发展需要的迫切性和立法条件分散立法，再在分散立法的基础上建立相对独立的社会保障法律体系。

3. 在社会保障法律制度的权威性方面，应由行政立法向人大立法发展。

根据法律、法规的权威性，由全国人民代表大会通过的法律、法令具有最高权威性；国家权力机关即中央政府（国务院）颁布的法规（如条例、办法等）的权威次于法律，中央政府职能部门颁布的规则、办法、通知等法规性文件的权威性又次于国家权力机关颁布的法规，上述法律、法规均适用于全国；由于法律的权威性越高，稳定性越强，越要求审慎行事，尤其是法律的颁布，必须在立法条件相对成熟的情况下才能进行。因此，社会保障法律制度的建立，只能先从政府职能部门的行政立法开始，再经过权力机关向人大立法发展。从目前的条件来看，多数社会保障子系统或项目已由政府职能部门或国务院颁行过相应的法规，从而已基本具备了由人大立法的条件，如社会保险法等就应该尽快出台，以便不失时机地推进社会保险制度的改革与重建工作。

总之，社会保障事业，是国家整个社会经济工作的重要组成部分，其特殊的内容和运行方式决定了它是一个完全独立的部门；与此相适应，社会保障法律制度必然是一个独立的法律部门，它在社会主义法律体系中占有十分重要的地位。社会保障法律制度的建立，将使宪法原则落到实处，并保障社会保障事业健康发展。

第十二章 社会保障的改革与发展[①]

一、社会保障制度改革的必要性

中国传统的社会保障制度，是建立在建国数十年来的计划经济基础之上的，它虽然在特定的历史时期起过积极的作用，但其本身归根到底是一种就业保障模式，从而存在着无法克服的内在缺陷，与市场经济的发展更是严重的不适应，笔者在本书第二篇中对社会保障各个子系统的缺陷进行了分析，本章则从总体上对其缺陷进行分析，并探讨其发展规律。概括地讲，中国传统社会保障的缺陷主要表现在社会化程度低、实施范围有限、权利与义务不等、运行模式落后、管理体制不顺、与市场经济改革不配套等方面。

（一）社会化程度低

社会保障的最大特点就是社会化的组织管理，而中国的社会保障制度却以城镇劳动者为核心，除十分有限的社会救助和社会福利外，城镇劳动者的生、老、病、死、残、贫等均由所在单位统包下来；农村在过去则由集体单位保障，现在许多地区亦仿效城镇在乡镇企业由单位统包社会福利等。可见，传统的社会保障制度在实质上不是社会保障而只是一种单位或

① 本章主要参见：郑功成．建立适合国情国力的社会保障制度．湖北社会科学．1990，9：26～31

集体保障。近几年，虽然开展了有关社会保险基金的统筹，但统筹面还不到企业总数的50%，而参加统筹的企业职工仅占全国总人口的8%左右和全国劳动者总数的25%左右，且统筹仍在受区域和行业限制。这一现状导致了各单位经费负担的畸轻畸重，待遇标准不一以及管理漏洞极多的弊端，尤其无法真正造就企业在公平基础上的平等竞争机制，结果必然是财力分散、效率不高，造成城乡壁垒、所有制壁垒和业缘壁垒，最终成为市场经济发展的阻碍因素。

（二）实施范围有限

中国传统的社会保障制度实施对象主要限于国有单位和城镇大集体企业职工，占人口比例80%左右的农村人口和小集体企业及其他非国有经济组织的职工等基本上被排除在社会保障范围之外，许多农村人口甚至连最起码的灾害救助也没有；近几年在某些地方开办了城镇集体所有制工人养老保险和农村养老保险项目，但保障面极小。这一事实表明中国的社会保障制度离社会保障普及到全体社会成员的标准还相距甚远，绝大多数人应该享受的社会保障基本权利无法落到实处。带来的后果便是社会成员之间的不平等：一是人们在观念上认为城市人高于农村人，国有单位职工高于集体单位职工；二是导致人们在行动上由集体单位往国有单位钻，由农村千方百计地往城市跑；而“三资”企业高薪聘人及部分发达农村吸引城镇人则被看成反常现象，受聘在“三资”企业和在农村乡镇企业工作的人员仍在事实上不具有城镇国有单位职工的地位。

（三）权利与义务不等

在传统社会保障制度下，具有劳动能力的人享有社会保障的权利，但没有规定其相应的义务，社会保障资金由国家财政划拨或从企业生产成本中列支，抹杀了个人在社会保障资金筹措中的直接作用，造成享受社会保障的权利与义务不能对等。这一事实表现在：一方面，资金筹集渠道单一化，迄今仍没有完全体现出国家、企业或集体、个人多方负担的原则；另一方面，各人的劳动所得又是作了各种社会扣除后的余额，只能满足家庭及个人日常生活的需要，其扶养能力和后备能力极弱，而在国家机关、企事业单位就业的一部分人的住宅、医疗、养老等个人消费的重要组成部分又全部由国家或单位、企业包下来。

据国家计委经济研究所等单位进行的一次模型测算，中国在职职工与退休职工的比例在 1988 年为 6.4∶1，到 2000 年为 4.3∶1，2030 年为 1.65∶1；职工退休金占工资总额的比重将从 1988 年的 11.6%提高到 2000 年的 14.1%，2010 年的 16.3%，2030 年时将超过 20%①。这一资料表明，在职职工与退休职工的比例变化将导致在职职工的负担日益加重，而国家的财政压力亦会日益加重，既易造成社会成员与政府利益的冲突，又会造成不同年龄层次的社会成员间的矛盾和利益冲突。

（四）运行模式落后

中国社会保障事业采用的仍基本上是现收现付型运行模式。在这种模式下，国家机关、事业单位劳动者的社会保险、职业福利和军人社会保障以及社会救助、社会福利经费由政府财政预算并拨款，实行的是逐年现收现付；企业单位的社会保障、职业福利等经费则列入企业单位当年成本开支，实报实销；从而均无法形成雄厚的公共后备基金。这种运行模式已日益受到人口年龄结构变动（人口老龄化）的强烈影响，将造成国家和企业无力应付未来退休养老金的持续性膨胀；而各单位之间因其经济效益上的差别，又必然导致福利待遇的参差不齐，甚至相差悬殊，从而强化劳动力流动壁垒，阻滞劳动制度的改革，最终不仅不利于经济结构的调整，而且可能激化不同行业或不同单位劳动者之间的矛盾。可以肯定，在没有后备基金积累的条件下，国家将永远无法实现掌握社会保障事业主动权的愿望；而在现阶段若不重视社会保障运行模式的转移——由现收现付型走向基金积累型，中国就将丧失建立雄厚的社会保障后备基金的良好时机，关于这一点，笔者已在本书第十章中予以分析了。

（五）管理体制不合理

社会保障强调国家的统一管理，政令统一、步调一致是社会保障作为强制实施的社会政策的内在要求。然而，中国迄今还没有统一的权威的社会保障管理部门。目前的现状是：民政部管理社会福利、社会救助、

---

① 国家计委经济研究所等：《中国劳动就业与社会养老保障发展战略研究报告》。

优抚安置及农村社会养老保险等，卫生部管理医疗卫生保健，劳动部管理国有企业职工的社会保险，人事部管理国家机关及事业单位的社会保险，工会及企业、单位则管理着职业福利，还有一些地方政府及部门也参与社会保障的管理工作。这种多头管理、政令不一的现状，很不利于社会保障制度的一体化、科学化，它必然带来组织实施机构重叠、盲目攀比、浪费财力、各行其是的混乱局面，甚至激化各部门之间的矛盾。

（六）与市场经济的发展不配套

近十余年改革开放的最大成果之一，就是多种经济形式的并存发展，在市场机制的自发作用下，非国有经济如集体经济、“三资”企业、私营及个体经济得到了蓬勃发展，致使城镇以国家和企业解决就业为条件的社会保障出现了分离；而政企职责分开，所有权与经营权的分离，多种用工制度的改革，劳动力市场的开放和企业破产制度的建立等，又迫切要求建立相应的社会稳定机制。如到 1993 年，城镇私营企业从业人员与个体劳动者应达 1 116 万人，较 1992 年增加 278 万人①，如果加上其家属，将达到近 4 000 万人，占城镇总人口的 9%左右，这些人口再加上其他非国有单位的劳动者及其家属，所占比重会更大，从而迫切需要建立相应的社会保障制度。在农村，实行联产承包责任制已十余年，农村商品经济得到了迅速发展，农村居民原来单纯依赖土地的低水平的集体保障功能大为削弱，收入差距在扩大，经营风险在增加，而传统的社会保障制度根本无法解决这些新问题。

从全国的情况来看，乡镇企业异军突起，非国有经济在不断壮大。以乡镇企业为例，1992 年全国已有乡镇企业 1 900 多万家，职工逾亿人；预计到 2000 年，从业者将达 1.5 亿人以上②。再以城乡个体及私营经济为例，建国初期，城镇有个体劳动者近 90 万人，农村有手工业者、小商贩约 4 000 万人，经过社会主义改造和“文化大革命”，到 1978 年，全国城乡个体劳动者仅剩 14 万人；改革开放后，城乡个体工商业者又迅速增加，到 1988 年即达 1 454.9 万户，从业者 2 304 万人，1989 年整顿后受“左”的

① 国家统计局：《关于 1993 年国民经济和社会发展的统计公报》。

② 《半月谈》编辑部编．时事资料手册（1992）．北京：新华出版社，1993．48

影响有较大幅度下降，但到 1991 年又开始恢复，到 1992 年，全国城乡个体工商户发展到 1 456 万户，从业人员达 2 319 万人；还出现了一批雇工 8 人以上的私营企业 12 万家，从业者 200 多万人①。然而，中国迄今还未建立起乡镇企业、城乡个体工商户及私营企业职工的社会保障制度，从而明显地滞后于市场经济的发展。

二、社会保障发展的原则

改革传统社会保障制度，不是依样画葫芦地只进行方法上的、局部的改进，而是要从根本上、总体上改革，建立新型的社会保障制度，从而实质上是适应社会经济的发展进步对社会主义分配关系和国家、单位、个人之间利益关系的重新调整。在这一项复杂的系统工程中，首要的问题便是正确确定适合中国国情、国力的社会保障原则。笔者认为，中国新型社会保障制度的发展，应该遵循普遍性与选择性相结合、权力平等与待遇差别相结合、保障生活与促进社会经济发展相结合、行政强制性与加强立法相结合的原则。

（一）普遍性与选择性相结合

保障对象普遍化是社会保障的基本特征之一，它要求全体社会成员都能得到社会的物质帮助。然而，从中国现阶段经济发展水平的实际出发，要将社会保障普及到全体社会成员是不可能的，如果不顾可能，不加选择地扩大社会保障项目，提高社会保障水平，必然因开支过巨而影响在职职工的按劳分配和国家建设资金的积累，既不利于扩大社会再生产，又会反过来直接或间接地削弱社会保障进一步发展的后劲，使社会保障陷入与西方国家类似的危机之中。因此，目前的经济发展水平与国家财力决定了中国只能从实际出发，实事求是，因地制宜，有选择地发展社会保障事业，并且要强调选择性原则，即在生产发展的基础上，有选择地调整旧有的社会保障项目，增设新项目，并根据城乡差异、地区差异等制订有区别的发展计划作为过渡。如现阶段就应以尽快建立覆盖城镇全体劳动者的养老保

① 《半月谈》编辑部编．时事资料手册（1992）．北京：新华出版社，1993．51

险、失业保险、工伤保险、医疗保险等社会保险制度为重点；同时在农村加快社会保障制度的建设步伐，让一部分发达地区走上社会保障的良性循环之路，最终向全民普遍化方向发展。

（二）权利平等与待遇差别相结合

一般地说，社会保障与中国“按劳分配”的原则恰恰相反，它是社会成员遇到特殊事件时所发生的收入再分配关系，享受社会保障并不以劳动为前提条件，而是讲机会公平、权利平等，从而实质上是社会主义按劳分配渠道之外的又一个并行的辅助分配渠道。

然而，就中国目前可能提供的社会保障水平而言，还必须在主要的社会保障项目上贯彻权利平等与待遇差别相结合的原则。一方面，用于社会保障分配的基金不是从天上掉下来的，而是劳动者自己在劳动中创造并逐年积累起来的，如果只讲建立在权利平等基础上的社会保障机会平等，就可能超前于经济发展与社会发展水平，陷入平均主义的泥潭，使部分人滋生依赖思想，部分人的劳动积极性受到损害；另一方面，享受社会保障的社会成员存在着年龄、性别、职业以及城乡方面、经济状况等的差异，从而制定出待遇有别的社会保障标准。考虑贡献时最主要的是看劳动者的工龄与保险费的缴纳。

（三）保障生活与促进社会经济发展相结合

社会保障的直接目的是保障社会成员的基本生活不因特殊事件（如伤残、疾病、年老）而受到损害，满足那部分需要国家和社会援助的社会成员的生存与发展需要，从而实现的主要是促进社会发展进步的目标。然而，在中国现阶段生产力水平低下和经济实力薄弱的客观条件下，如果不促进经济的发展，社会保障就会成为无本之木、无源之水。因此，光为保障生活而开办社会保障事业是不妥的，应与促进社会经济发展相结合，即社会保障措施的实施要能推动社会经济的发展。

例如，建立病假补贴制度和失业保险制度，尽快恢复劳动者的劳动能力；保证永久丧失劳动力的人能欢度岁月，促进其家庭中的在职成员安定情绪和充分发挥劳动积极性；扩充和完善非国有单位职工的各种社会保障，促进非国有经济的巩固和发展；建立农村社会保障体系和网络，促进农村经济的改革与发展，等等。以保障生活为直接目的，以促进经济发展为间接目的，将两者协调起来，社会保障就会沿着健康的轨道发展并实现良性循环。

（四）行政强制与加强立法相结合

行政强制性是社会保障的又一个显著特征。它以社会保障立法为前提条件，强制社会成员在享受社会保障时应尽缴费的义务，保证那些有权得到社会保障的人能真正得到国家和社会的援助。然而，现阶段除《宪法》与个别法律（如《残疾人保障法》等）有将社会保障作为公民一项基本权利予以规范外，整个社会保障的立法还十分落后，不是有法难依，就是无法可依。因此，制定并不断健全有关社会保障法律或法规，使社会保障的实施有具体依据已十分迫切了。只有加强社会保障的立法工作，才能使社会保障得到真正有效和合理的贯彻实施。社会保障越发展，立法工作就越重要，法律手段应该成为中国社会保障事业发展的主要管理手段。

此外，在新时期中国社会保障事业发展过程中，还必须坚持权利与义务相结合、原则性与灵活性相结合等原则。

三、社会保障发展的目标

在“七五”期间，国家就提出要“从我国的国情国力出发，按照有利生产、保障生活的原则，逐步建立、改进各种类型的社会保险制度，改进和完善社会福利、社会救济与优抚工作，有步骤地建立起具有中国特色的社会主义的社会保障制度雏形。”① 经过近几年的改革与发展，中国的社会保障事业取得了一定的成绩，但还不能说已建立了新型社会保障制度的雏形，因为现阶段的改革仍基本上建立在就业保障的基础之上，社会保障并未与就业相分离，而作为社会保障核心内容的各项社会保险改革进展不快，既未成体系，亦未打破旧有的壁垒，一些迫切需要用社会保障手段解决市场经济中的问题（如失业、医疗等）仍未建立起相应的保障机制，社会救

---

① 摘自《中华人民共和国国民经济和社会发展第七个五年计划（1985—1990年）》。

助的改革亦未与财政体制改革相配套，等等，由此可见，建立新型的社会保障制度的任务还相当艰巨。在这一阶段，要想少走弯路，国家就要合理地确定社会保障事业的发展目标，并采取法律手段、行政手段、经济手段来确保社会保障发展目标的实现。

（一）社会保障发展目标的选择

从社会保障发展过程来考察，现代社会保障制度的产生主要是资产阶级用来缓和国内阶级矛盾的一个工具，仅对遭遇老年、疾病、生育、残废、死亡等事故时的收入保障和医疗服务负责，其目标在于保障劳动者的最低生活水平；1930年后期，也就是世界经济大危机之后，随着凯恩斯主义和福利经济学的广泛传播以及国家垄断资本的发展，社会保障在越来越多的国家成为政府干预收入再分配、刺激经济增长的重要手段。

目前，世界各国实施社会保障制度的目标可以概括为两种类型：一是以实现社会均等、建立福利国家作为社会保障的实施目标，其特征是高税收、高福利、高消费，如瑞典、英国及北欧一些福利国家等即追求这一目标；二是以经济稳定，均衡发展，实现好的经济效益为追求目标，其特征是在国家进行必要干预的同时，保持经济的一定活力和竞争机制，社会保障的发展以促进经济发展为前提和基础，并充分发挥社会成员在社会保障方面的作用，如美国、新加坡等国家即追求这一目标。从上述两种追求目标的实施效果来看，前者的保障水平很高，但高水平的社会保障在一定程度上是以牺牲效率为代价的；后者在保障程度上不如前者，但能保证经济发展的活力和效率，推动社会的稳定发展。

中国的社会保障发展目标如何确定呢？笔者认为，工业化国家的单一目标均不适合中国国情。例如，中国还是发展中国家，客观上决定了不可能走福利国家的道路，城镇国有单位劳动者的低工资、高福利制已难以为继的事实亦已表明，更不能在全国推而广之；同时，中国的地区发展又不平衡，贫困人口数量庞大，加之社会主义制度的本质要求我们走共同富裕的道路，从而又不可能只考虑经济发展而不顾及国民的福利保障。因此，中国社会保障制度的发展目标，应该是保证机会均等与促进经济发展双重目标的结合，换言之，即社会保障在未来时期的发展应该走兼顾公平与效率的道路。就现阶段而言，因为生产力水平低，发展经济应成为国家发展的中心问题，加之中国的国民收入差距尚不大，以及长期养成的吃“大锅饭”的习惯需要“矫正”，适宜以“效率优先，兼顾公平”为发展目标，而当社会经济发展到一定水平，先富起来的社会成员与后富起来或未富起来的社会成员收入差距继续扩大，以及国民已养成社会保障权利与义务相结合的新型观念时，则应将效率与公平并重，以便能更好地解决社会问题，维护社会主义中国的健康发展。不过，无论经济发展到哪一阶段，中国也不应重走西方福利国家的老路，因为福利国家的发展实践已表明，社会保障的福利刚性特征会损害经济发展，只讲福利而不顾经济发展的后果在一定程度上甚至抵消了社会保障应该发挥的功能，导致巨额的财政危机，这种教训对于人口众多的中国而言，更应该引以为戒。因此，中国社会保障的发展目标在现阶段应该是“效率优先，兼顾公平”，然后再过渡到“效率与公平”的结合，最终促使整个社会经济的协调发展。

（二）实现社会保障发展目标的基本策略

要实现“效率优先，兼顾公平”和“效率与公平”并重发展并最终使整个社会经济协调发展的目标，国家和社会还应该采取适当的策略。笔者认为，宜从以下几方面入手：

1. 管理法制化。社会保障是关系到全体国民切身利益的大事，应该实现管理法制化，即由全国人大制定、颁布社会保障法律或授权国务院制定有关社会保障法规，用法律、法规来统一规范和调控全国的社会保障。管理的法制化，意味着社会保障政策的统一和社会成员享受社会保障权益的机会均等，同时，也为社会保障事务的具体操作提供了法律依据。

2. 实施社会化。即打破官民界限、城乡界限、所有制界限等，将办理社会保障事务的组织实施社会化。如既可以由社会保障管理部门委托专门的官方事业机构承办社会保障事务，也可以由民间志愿机构或公助民办的机构办理社会保障事务。社会保障事务组织实施的社会化，既可以有力维护社区群众的公平保障权益，又能够解脱企业、单位的负担，为经济发展创造条件。因此，社会保障事务的承办机构应该社会化、专门化，成为中国第三产业中的一个重要的、独立的行业。

3. 筹资多渠道化。中国传统社会保障制度的筹资渠道单一，主要是中央政府的拨款和企业筹资。改革这种现状的措施就是筹资多渠道化，即：一是政府补贴或拨款应由中央政府与地方政府分担，因为地方政府在改革开放中获益最多，完全有能力分担一部分社会保障供资之责；二是企业筹资应在科学合理的基础上，建立社会保障（险）税制，并持久地坚持下去，使之成为社会保障基金的主要来源之一；三是个人筹资也应成为主渠道，即个人应缴纳部分社会保障费，随着社会保障面的扩大，个体经营者也要缴纳社会保障税，对农村居民则可以实行现金缴费和实物抵费的方针筹资；四是接受社会捐赠，充实资金；五是独立运用资金创收；六是鼓励志愿人员和志愿机构兴办福利。筹资做到多渠道化，社会保障的公平才会有坚实的经济基础，同时又不损害经济的发展。

4. 基金独立化。社会保障基金虽然在支付前可以作为积累基金用于国民经济建设，在支付后则变成了消费基金用于居民个人消费，但既不能等同于积累基金，又不能等同于消费基金。它实质上是一种有特定来源和特定用途的社会公共后备基金，其存在形态完全独立于积累基金和消费基金之外。因此，笔者主张社会保障基金独立化，即将国民收入划分为积累基金、消费基金和社会保障基金或公共后备基金三大部分。这样，社会保障基金作为独立的部分，就有了充分的自主权，既可以暂时弥补积累之不足，又可以调节适度消费，进而成为整个社会经济的一个强有力的杠杆。更重要的还在于，社会保障基金的独立化，为其独立自主的资金运用创造了条件，为社会保障基金的自身收支平衡创造了条件，避免了社会保障成为经济发展的负担。

5. 保障多层次化。由于幅员辽阔、人口众多，加之历史的原因，造成了中国城乡之间、地区之间的发展极不平衡，不同社会阶层之间（如工农之间、干群之间、国家机关与企业之间等）亦有较大差异，因此，要想实现既不影响效率又能兼顾公平的社会保障发展目标，就只能实行社会保障形式的多层次化。即：一是建立全国性的低收入保障制度，维持家庭或个人的最低生活需要，它可以通过对贫困家庭的社会救助和对城镇居民低收入补贴等措施来实施，普及到全社会。二是建立养老保障制度。鉴于中国人口老化的趋势和计划生育政策的实施，国家必须建立社会化的养老保险制度，城镇人口可在打破所有制的壁垒和改变筹资方式的条件下由政府社会保障机构统筹解决养老保险问题，对农村人口则应倡导富裕地区尽快建立社会化的养老保险，对贫困地区则要给予财政扶持，开展个人积累、集体补助型养老保障，最终朝着全国性的标准有别的养老社会保障制度发展。三是建立强制性的社会化工伤事故保险、生育保险、失业保险制度，将劳动者的意外风险在全社会分散。四是建立企业保障制度，使一般的病假、孕产、丧葬等事件消化在企业保障中，其资金来源就是政策允许的福利费、职工福利基金或公积金。五是建立个人社会保障制度，以解决个体劳动者的生存和养老问题，它应以政府组织、个人缴费为基础。六是建立适用范围不同的全民保健、医疗社会保险和合作医疗保险体系，解决全体国民的医疗保障问题。七是在发展国家举办的社会福利事业的同时，大力发展社区服务，扶助民间志愿机构，以满足不同的社会成员对社会福利的需求。八是扶持互助合作保障方式，挖掘民间潜力。总之，新型的社会保障制度应体现城乡之间、企业之间、劳动者个人收入之间的差异，以及各社会阶层对保障项目和保障标准的不同要求；同时，社会保障的形式、项目及内容也要与中国多层次的经济结构的不同特点相适应。社会保障形式的多层次化，实质上是“效率优先、兼顾公平”地发展社会保障事业的具体体现。

6. 补充保障措施。中国的社会保障改革与重建工作还处在起步阶段，要在短期内追求高度的社会化既不可能也不现实。在目前的发展阶段上，除国家和社会组织的各项社会保障外，还应建立多种补充保障措施。一方面，可以根据不同企业、单位或个人的负担能力，由企业、单位或个人自主缴费投保诸如人寿保险、医疗保险等商业保险，以补充国家社会保障的不足，并拉开社会福利的差距，提高社会保障的水平；另一方面，继续发扬家庭保障的作用，将父母抚养子女（或子女赡养父母）作为父母（或子女）的应尽义务，以此达到稳定家庭这一社会细胞的目标。

中国社会保障制度的改革与重建，必然要涉及国家、企业（集体）、个人三者之间利益分配格局的调整，我们应该兼顾各方的利益，在努力促进发展生产，提高经济效益的基础上，不断扩大社会保障面，提高社会保障的水平，实现现阶段社会保障发展的目标。

四、社会保障发展的管理模式

社会是一个系统，社会保障也是一个复杂的系统，即社会保障是由保障国民的基本生活、促进社会稳定发展的共同目标联系起来的社会保险、社会救助、社会福利、医疗保障、军人社会保障等子系统及其若干具体项目构成的一个有机的统一体。在社会保障运行过程中，既要处理好与整个社会、经济发展的关系，又要处理好各个子系统之间甚至各个具体的社会保障项目之间的关系，因此，建立科学、合理的管理体制是中国社会保障事业健康发展的重要保证条件。

（一）社会保障管理概述

社会保障管理，是指通过一定的机构与程序，采取一定的方式、方法和手段，对社会保险活动进行计划、组织、指挥、协调、控制及监督的过程，它作为有别于生产管理的社会管理，是国家上层建筑的重要组成部分。按管理层次和管理内容划分，它可以分为国家的宏观管理和社会保障经办机构的微观管理。

从理论上讲，社会保障管理受社会生产力和社会经济制度的制约。在封建时代，有救灾济贫等事务，但很难说有现代意义上的社会保障管理，因为在帝王“家天下”的条件下，社会保障事务亦不过是取决于帝王及其私人代表的意志的“家务事”；在计划经济时代，由于国家的社会、经济生活均由高度集中的计划管理所控制，独立的社会保障管理亦变成既不可能也不需要，社会保障管理只能依附于政府有关部门和企业或集体，而不能依靠社会、面向社会。只有在市场经济条件下，随着生产社会化程度的逐步提高，社会保障事业亦日渐成为一个独立、庞大的部门或行业，才会使社会保障管理水平随着经济和社会的发展而不断提高，并走上社会化、专业化、现代化的发展轨道。

随着中国经济体制改革的不断深入和市场经济发展目标的确定，需要建立起与之相适应的社会化的新型社会保障制度，而社会化的社会保障事业又迫切要求建立起科学的、合理的社会化管理制度。正如马克思指出的那样："一个单独的提琴手是自己指挥自己，一个乐队就需要一个乐队指挥。"① 社会化程度越高，表明社会保障内容越丰富、关系越复杂和事业越发达，就越需要"由整个社会来管理，也就是说为了公共的利益按照总的计划和在社会全体成员的参加下来经营"②。

中共中央在关于"七五"计划的建议中指出，"社会保障工作要坚持社会化管理为主的改革方向"，国家在第七个国民经济和社会发展五年计划纲要中亦将建立科学的社会保障管理制度作为建立具有中国特色的社会保障制度雏形的主要政策措施，纲要指出，"改革社会保障管理体制，坚持社会化管理与单位管理相结合，以社会化管理为主。各级政府要有专门机构管理社会保险、社会福利、社会救助和优抚工作，并广泛吸收工会、妇联等团体和群众参加管理建立社会保障号码制度，逐步使社会保障事业的组织管理建立在科学化的基础上"③。1993 年 11 月 14 日，中共中央通过的《关于建立社会主义市场经济体制若干问题的决定》中更是明确提出要"建立统一的社会保障管理机构。提高社会保障事业的管理水平，形成社会保障基金筹集、运营的良性循环机制。社会保障行政管理和社会保险基金经营要分开。社会保障管理机构主要是行使行政管理职能。建立由政府有关部门和社会公众代表参加的社会保险基金监督组织，监督社会保险基金的收支和管理"④。由此可见，党和国家对社会保障事业管理的认识是逐步加深并日益明晰的。

从社会保障发展的角度出发，社会保障管理制度包括：一是根据强制性原则，由国家通过建立社会保障法律制度和有关职能部门对社会保障事务实施统一管理；二是根据政事分开的原则，将政府的社会保障行政管理机构与社会保障事务的具体经办机构分离；三是根据管理社会化原则，广泛吸收政府有关部门和社会各界代表参与社会保障的管理与监督。因此，社会保障管理制度的内容是丰富的，科学、合理、权威的管理是社会保障事业发展的保证。

① 马克思恩格斯全集（第 23 卷）．北京：人民出版社，1972．367

② 马克思恩格斯全集（第 1 卷）．北京：人民出版社，1972．217

③ 摘自《中华人民共和国国民经济和社会发展第七个五年计划（1985—1990）》。

④ 中共中央《关于建立社会主义市场经济体制若干问题的决定》（1993 年 11 月 14 日）。

（二）社会保障管理的职能

社会保障管理的职能，可以概括为下列几种：

1. 计划职能。是指确定社会保障要达到的目标和实现这些目标的途径及措施等具体安排，它应该建立在对整个社会、经济状况以及其发展前景进行详细调整、总结和科学预测的基础之上，是社会保障事业发展的工作指南和奋斗目标。如对未来经济发展速度、经济结构变化、人口老龄化等的调查与预测，就是制定社会保障事业发展计划的基础。

2. 组织职能。是指为了实现社会保障事业的发展目标，使有关各方尤其是社会保障管理机构与经办机构及其内部的有关各方能够有效地开展工作并能充分发挥其人、财、物诸要素的作用而设计和保持的一种组织结构。如管理机构和经办机构的设置、工作人员的选择和配备及其职责等，它是执行其他管理职能的必不可少的前提。组织职能水平的高低，在一定程度上决定着社会保障管理机构与经办机构的工作效率。

3. 指挥职能。社会保障管理的指挥职能，是指为实现社会保障事业的发展目标，通过下达各种行政指示和命令，统一全体工作人员在同一目标下相互协作、密切配合、完成各自的任务，它是在管理政策规范下领导者意志的体现，具有强制性。

4. 协调职能。是指以社会保障事业的发展目标为中心来改善各组织之间的关系，调节和统一各种管理活动，使之与社会保障事业有关的部门及社会保障管理机构与经办机构内部各部门和各环节的活动步调一致，相互配合协调。协调又可分为纵向协调和横向协调、对内协调和对外协调。其中，纵向协调是中央与地方、社会保障管理机构与经办机构、上级与下级之间的协调；横向协调是部门之间的协调。对内协调是社会保障管理机构与经办机构内部的协调；对外协调则是指社会保障管理机构和经办机构与政府其他部门、企业及社会各界的协调。由此可见，协调是一项综合性职能，也是最重要的社会保障管理职能之一。

5. 控制职能。是指在实现社会保障事业发展目标的过程中，对社会保障工作的实际成效进行总结与评价，并及时解决或纠正工作中存在的问题，使社会保障事业沿着正确的道路实现良性发展。

6. 监督职能。是指对社会保障关系中的主体各方尤其是社会保障经办机构和负有供款之责的企业等实施监督，其目的是保证社会保障活动的规范性（合法性）、强制性，使社会保障事业得到健康、正常的发展；其依据是各种社会保障法律、法规、政策和规章制度。

以上是社会保障管理的具体职能，这些职能相互联系，对社会保障管理的研究，主要是研究和实施以上具体职能的理论、原则、制度和方法。国外的社会保障发展实践经验表明，只有加强对社会保障事业的管理，并保障管理工作的科学化、法制化、社会化，社会保障事业才会与整个社会经济一起协调、稳定地向前发展。

（三）社会保障发展的宏观管理

社会保障发展的宏观管理，是从国家和社会的角度出发的管理，应该指出，在宏观上行使社会保障管理职能的是国家。国家对社会保障的管理与监督的必要性在于：一是社会保障是国家社会政策的核心内容，它涉及全体国民的切身利益，从而需要由国家实行统一管理；二是社会保障效果的好坏直接关系到整个社会、经济的发展大局，必然要求国家站在全局的立场上加强管理；三是国家财政承担了社会保障的供款之责，社会保障基金中的大部分实质上是国家财政后备基金的主要组成部分，从而决定了国家必须保证这项资金用于社会保障事业，更好地发挥其作用；四是社会保障涉及中央与地方、政府与企业、个人乃至各方的关系，如果没有国家出面予以调控，就会造成各行其是的混乱局面，不利于社会保障事业的协调发展。因此，国家有责任加强对社会保障事业的宏观管理。

从社会保障宏观管理的手段来看，它主要采用法律手段和行政手段来达到管理目的，同时辅之以经济手段。一方面，社会保障是强制性的社会政策行为，其宏观管理必然需要采用法律、法规对社会保障的职能、项目、内容、对象、标准及资金筹措及运营等作出原则的规范，社会保障行为必须遵循法律、法规所规范的原则，这是一切国家社会保障制度所具有的本质特征，从而使法律手段在社会保障宏观管理中具有特别重要的意义；另一方面，社会保障法律、法规及政策的贯彻实施，还必须依赖于国家职能部门的行政管理，即国家或政府需要有专门的社会保障职能部门，依法专司管理和调控全国或所辖地区社会保障事务的职责，从而使行政手段成为社会保障宏观管理中的经常性的、必不可少的重要手段；此外，还有政府征收社会保障税（费）、给予财政补贴、支付社会保障待遇等多种经济手段。总的来讲，社会保障宏观管理的特点主要体现在法律、法规与政策的制定和管理手段的高度强制性方面，在法律、法规已定的情况下，征收社会保障税（费）、财政预算补贴及支付社会保障待遇等亦会制度化。因此，社会保障的宏观管理更依赖于行政手段，并主要体现在国家社会保障职能部门的管理上。

在本章第一节中，笔者已分析了中国目前社会保障管理现状，多头管理、政出多门、令行不一、标准差异、各行其是的宏观管理体制已被实践证明弊端甚多，既造成了人力、物力、财力的浪费，又极易造成部门之间的相互磨擦及其矛盾。从社会保障现实条件和发展角度出发，笔者认为，中国社会保障的宏观管理模式只能循序渐进地分阶段地由现行的管理体制向统一管理、网络化实施的管理模式发展。

第一阶段：分散管理，分散实施。这种宏观管理模式基本上是中国现行社会保障宏观管理体制的发展，即社会保障事务主要是社会保险事务由多个互不隶属的职能部门管理，不同的部门又分别建立起自己的实施（经办）机构网络。以社会保险为例，劳动部、人事部、卫生部、民政部等各管一部分社会保险，并且纷纷建立彼此独立、自成体系的经办机构，如劳动部为开展劳工社会保险而自上至下建立起社会保险机构，民政部门亦自上至下建立了农村养老保险机构，卫生部门亦在试点地区如深圳设立了医疗保险局等，不仅多套管理机构并存，而且在同一地区多套实施机构并存。这一现象在近年内仍无扭转的可能，机构的重叠与资财的浪费将成为中国社会保障事业向新时期发展的必然代价。

第二阶段：分散管理，相对集中实施。当现行各项社会保障改革试点取得成效，社会保障法律制度已基本确立的时候，从节省人力、物力和财力以及提高社会保障经办机构的工作效率出发，分散实施将走向适当集中实施，即社会保障事务仍由现行各职能部门分工管理（但应取消中国人民保险公司等非政府职能部门及有关行业现有的部分管理职责），但同一地区只按社会保障的子系统来设置相对集中的经办机构，如社会保险的经办机构就可由多家经办变为一家经办，经办机构按不同的业务内容同时接受多个职能管理部门的指令。这种模式虽然没有解决多头管理的弊端，但较分散实施有利于节省人、财、物力和提高工作效率，同时能为社会保险基金的有效运营创造条件。

第三阶段：适当集中管理，相对集中实施。在这种模式下，仍保持第二阶段实施机构，但由国家设立独立的国家社会保险管理总局，统揽全国城乡劳动者各种社会保险事务的管理；换言之，中国社会保障事务的职能管理部门将由现有的多个职能部门变为民政部和国家社会保险管理总局两个职能部门，分工负责，地方各级政府依此类设。这样，将有利于实现社会保险管理的一体化，彻底打破城乡壁垒和不同阶层劳动者的界限，其机构设置可如图12—1。此外，卫生部继续主管全国医疗保健工作。

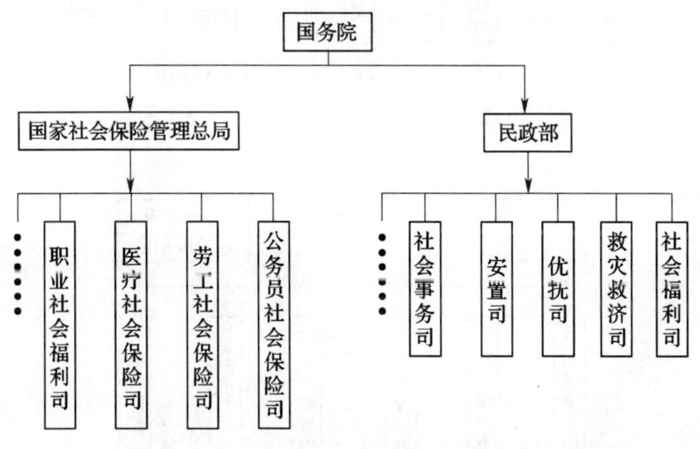

图12—1　国家社会保障行政管理机构图

第四阶段：统一管理，实施机构网络化。这是社会保障宏观管理的最高模式，它强调国家设立一个综合性的、独立的、权威的社会保障部（或委员会，下同），集中管理全国的各种社会保障事务，以确保实现政令统一、社会公平和协调发展的目标。新建立的社会保障部不仅应完全取代过去多部门分工管理社会保障事务的职责，而且应按社会保障子系统设置职能管理机构，不是现有机构的简单合并，而是在新的历史条件下根据国家管理社会保障的职责重新组合的崭新机构。不过，由于社会保障的具体项目性质不一，对象不一，在经办组织方面却不宜追求统一机构实施，如社会保险、社会福利、社会救助、军人保障事务等的具体实施就应在相对集中的原则下由公办、民办公助、民办等多种形式的机构分别实施，并实现网络化。新的社会保障管理机构——社会保障部可以按图12—2设置，社会保障经办机构则可按图12—3设置；地方各级政府依此类设，以确保社会保障的政令畅通。

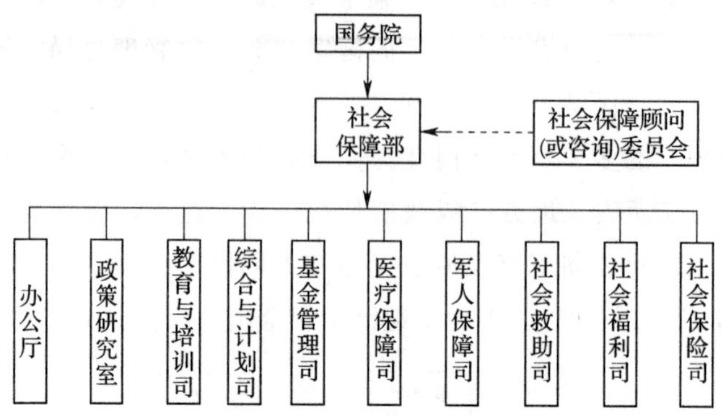

图 12—2　国家社会保障行政管理机构图

注：图中实线表示领导关系，虚线表示咨询关系。

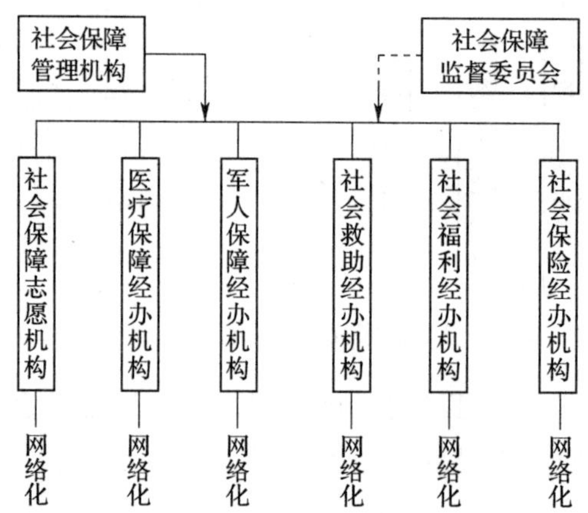

图 12—3　国家社会保障经办机构体系图

注：图中实线表示行政管理关系，虚线表示社会监督关系。

值得指出的是，由于社会保障关系到亿万人民的切身利益，国家社会保障职能管理部门在行使管理职权时，应该设置社会保障顾问或咨询委员会，该委员会可以聘请有关专家、学者和政府部门代表，以及社会保障对象的代表（如劳工代表）等组成，其职责是对国家社会保障事业的管理、实施与发展提出建议，确保社会保障宏观管理的科学化、合理化和高效化。在具体实施方面，经办机构在依法经办社会保障事务的同时，应该接受国家社会保障管理部门的日常管理，并应设立由专家、学者、政府代表、民意代表等成员组成的社会保障监督委员会，以监督社会保障基金的收支和运用，确保社会保障对象的权益。社会保障经办机构（主要是社会保险经办机构）在保证基金正常支付和安全性、流动性的前提下，可依法运用社会保障基金，以确保社会保障基金的保值与增值。

综上所述，社会保障是事关全体国民的大事，必须强化宏观管理。立法先行，政事分开，统一管理，多方参与，网络实施，应该成为中国社会保障宏观管理体制努力追求的目标模式。

（四）社会保障事务的微观管理

社会保障事务的微观管理，是指社会保障经办机构自身的管理，它既是落实国家社会保障宏观管理内容的过程，又是自身高效率工作的保证。

由于不同的社会保障子系统具有不同的服务对象和保障内容，从而需要有不同的经办机构及网络。例如，社会保险经办机构应延伸至市、区、县，社会福利经办机构除集中供养部分外应普及到城乡每一个社区，而军人保障经办机构则可以相对集中，等等。经办机构接受政府社会保障职能部门的管理与有关监督机构的监督，但它们又均是独立的公益事业法人单位，均需要设置业务、财务、文秘等内部组织机构，才能开展社会保障工作，从这一方面讲，任何社会保障经办机构均有独立的业务活动、财务活动和人事组织工作，从而需要建立包括业务工作管理、财务工作管理和组织工作管理在内的微观管理制度。

在业务管理方面，主要是社会保障经办机构依据法律的规范和国家有关社会保障政策、方针以及管理部门的指示等严格按照规定项目和内容开展工作，它需要掌握本地区（或社区）的居民生活状况、人口分布、职业分布、灾情分布等多种有关社会保障对象的信息，依据政策和自身职责为社会保障对象提供物质帮助，保障社会成员的基本生活。在财务管理方面，主要是对社会保障基金的筹集、储存、运用和支付等活动的管理，由于社会保障工作的经办实际上表现为社会保障资金的收付，财务管理就成了社会保障经办机构微观管理中的重要内容，它要求社会保障经办机构认真贯彻执行国家有关社会保障工作的财务制度，维护社会保障基金的安全，保证安全、高效地运用社会保险基金，加快公共后备基金的积累等。在人事组织管理方面，主要是合理设置内部机构和工作岗位，科学划分各部门乃至每个工作人员的职责，制定、健全各种规章制度，考核、招聘各种社会工作人员，协调与有关各方的关系，最大限度地发挥人的积极性。

此外，对于需要建立自上而下的经办机构体系的社会保障系统，还应加强系统管理。例如，社会保险要确保劳动者的自由流动和城乡一体化、全国一体化，就必然要求建立全国性的社会保险经办机构体系，这些机构既可以按政府层级设置，也可以按区域设置，它们自上而下自成体系，统一受国家社会保险法律、法规、政策的规范和国家社会保障管理部门的管理；军人社会保障也是全国性的业务，需要统一政策、统一实施，亦必须有自上而下的经办机构体系；灾害救助的风险需要在全国范围内分担，亦需要建立自上而下的系统经办机构等；而一般社会救助、社会福利尤其是社区福利则可以按社区设置彼此独立的经办机构，它要求网络化，却不必自上而下建立自己的体系。因此，对社会保险、军人社会保障、灾害救助、扶贫工作等需要建立自成体系的经办机构的社会保障工作，还应建立起系统管理制度，其职责主要是上级经办机构对下级经办机构的指导与管理、责任风险的分担、资金的调拨、业务随社会保障对象流动的迁移，等等。

总之，中国现行的社会保障管理体制存在着根本缺陷，社会保障经办机构亦尚未形成体系或网络，但笔者坚信这只是中国社会保障事业发展中的过渡现象。从社会保障事业的特征和复杂性出发，对社会保障事务实施统一管理、网络实施势属必然，国家应该尽快研究社会保障管理体制的改革对策，建立科学、合理的管理机构，并充分运用法律的、行政的、经济的手段来加强对社会保障事务的管理，促进社会保障事业的健康、稳定和持续发展。

五、需要明确的其他理论问题

要完成改革和重建中国社会保障制度的艰巨任务，实现社会保障事业的良性发展，还有必要明确一系列的理论问题。

（一）新型社会保障制度的指导方针

国外的社会保障制度，大多由政府全面负责，并面向全体国民，而中国的实际情况不可能提供达到上述目标的雄厚的经济基础，因此，在确定指导方针时务必摒弃照搬国外的做法，以避免步入歧途和重复国外走过的弯路。建立中国新型社会保障制度应以坚持两分法、审慎处理各种关系为总的指导方针。具体而言，即是：既承认国家在社会保障的组织实施中占有主导地位，负起主要责任，又要注意调动地方政府、各社会群体组织以及家庭在社会保障中的积极性，增强各群体组织、家庭和个人的自我保障责任和能力；既要考虑社会成员直接需求方面的保障，又要考虑其根本利益上的保障；既要保障基本物质生活，又要考虑社会福利服务和精神保障；既要充分发挥社会保障安定社会秩序的功能，又要使其不产生消极后果，有利于生产发展；既要有统一的、强制的、最低限度的社会保障要求，又要允许形式多样、项目不同、标准有别的自愿的水平较高的保障措施存在，以此适应不同地区、不同时期、不同阶层的社会成员的需要；既要考虑到目前财力的有限，从低层次的社会保障起步，又要根据国民经济的发展，有计划地逐步扩大保障面，提高保障水平，实现机会均等。

（二）新型社会保障制度的社会保障观——适度保障

新型的社会保障制度，必定要有新型的社会保障观。如果仍像过去一样，单纯强调“生老病死有保障”是社会主义的优越性，就可能导致福利的全面泛化，如传统社会保障制度下的城镇国有单位就业者，除救助性福利和退休保障外，还有公费医疗、住房、各项政府补贴等数十项福利，而福利的刚性特征又几乎使已有福利没有退步的可能。1985 年的数据资料表明，中国城镇职工各种工资性收入总额为 1 758.85 亿元，而各类非工资性实物消费总额达 1 586.39 亿元，也就是说福利已涨到约相当于工资性收入 90％的水平①；而在职职工的劳保福利费相当于工资总额的比例，亦由 1978 年的 13.7％提高到 1991 年的 32.9％，② 可见涨势强劲。如果不加区别的全面发展下去，不仅导致国家财力不堪负担、单位不堪负担，而且将激化城乡矛盾和职工之间的矛盾。因此，在建立新型社会保障制度时，应从社会成员的实际需要和国家财力及单位财力出发，以适度保障为准则。

① 郑功成．建立适合中国国情国力的社会保障制度．湖北社会科学．1990，9

② 朱庆芳主编．社会保障指标体系．北京：中国社会科学出版社，1993．6

（三）收支平衡问题

社会保障也应讲究收支平衡，因为现阶段的不平衡将导致未来发展中的赤字危机，这是西方国家已有的深刻教训。在中国，实行的是社会主义市场经济与维护社会稳定发展相结合的方针，社会保障必然要与此相适应，不仅要做到现阶段的收支平衡，而且要做到长远的基本平衡。一方面，国家可以根据经济的发展和国民生活水平的提高，在科学预测的前提下，有计划地扩充社会保障基金，实行社会保障基金制。在这方面，按工资总额的一定比例向雇主和个人开征社会保障（险）税就是工业化国家的通例，如最早开征社会保险税的国家——美国，1987 年社会保险税就占整个联邦税收收入的 35.7%，① 1993 年亦达 30%，为 3 300 多亿美元②；瑞典保健保险、养老金保险、工伤事故保险、失业保险等 10 个项目分别按工资的一定比例征收，总额相当于工资总额的 34.45%；荷兰的社会保险税征收比例为 20%③；丹麦则开征老年退休捐助金、疾病补助金等多项社会保障税（费）④，等等。另一方面，抑制福利膨胀和消费膨胀，有计划地调整、充实社会保障项目及内容，完善社会保障体系。虽然讲收支平衡会影响社会保障的发展速度，但有了坚实的基础，就会有长足发展的后劲。因此，在社会保障事业的发展中，应树立收支平衡的新观念，努力实现社会保障基金的保值和增值，惟有这样，才能保证社会保障事业发展的良性循环。

（四）农村社会保障问题

农村人口是中国人口的主体，农村地区亦应该成为中国新型社会保障制度发展的重点所在。过去，农村社会成员主要依赖家庭保障，对社会的依赖性较小；农村责任制的推行，农村社会成员有了享受社会保障的内在要求，而国家和社会也应该担负起这项义务，但对占全国总人口 70%以上的农村人口而言，要实施统一的社会保障在近期内几无可能。因此，农村的社会保障应作为特殊的部分另行解决，笔者个人认为，农村社会保障应该因地制宜，即在落后地区应该是以低保障的社会救助、救灾和扶贫为主，

---

① 美国经济与政府政策．北京：世界知识出版社，1988．116

② 加尔布雷斯．谈美国宏观经济政策．宏观经济管理．1994，2

③④ 国家税务总局政策处编．各国税收考察报告选辑．1986．4、13

逐步发展到政府指导和扶持的农民互助合作式的社会保障，并坚持发挥农村居民家庭的保障作用；在中等地区宜采取传统的社会救助、集体福利及自我积累保障等相结合的办法，逐步实现保障体系化；在发达或富裕地区，则应尽快建立起以养老保险、工伤保险、医疗保险为核心内容的具有一定水平的社会保障体系，发达或富裕地区不能坐失良机。目前，民政部门在农村开展了农民养老保险和救灾合作保险改革试点，并指导、扶持一些地方建立了乡村社会保障制度，效果很好，事实表明了农村不能重走城市社会保障的老路，而应更多的依靠农民自身来解决。实事求是、因地制宜，根据经济发展水平分地区按不同层次推进社会保障制度，最终向全国一体化的保障制度推进，应该成为中国农村社会保障事业努力的方向。

（五）社会保险与人寿保险相结合

笔者一直主张严格从理论上、政策上界定社会保险与商业保险或人寿保险①，以澄清国内商业保险公司与国家有关职能部门争办有关社会保险的混乱局面，目的是希望有关各方各司其职，消除磨擦，协调发展。

从国外的发展实践来看，社会保险与人寿保险是有本质区别的两种业务（见本书导论），但又均是人类抵御市场经济生活中风险的主要手段，两者之间在市场经济条件下不存在完全的替代关系（只有在中国传统的计划经济体制下，国家与企业、集体包揽了个人风险与福利保险，才使人寿保险的需求受到极大抑制甚至消失），它们在局部时间和空间虽然会此消彼长，但两者时刻共存。例如，在美国，就有90%左右的人口购买保险公司的人寿保险作为社会保险的补充，1989年与1991年，全美保险费收入分别为4 532亿美元和4 867.82亿美元，分别占当年国民生产总值的8.78%和8.6%，其中寿险约占41.6%左右，人均寿险保费分别为1 356.8美元和1 370美元②；在日本、西欧各国等，其社会保障水平高，人寿保险也十分发达。因此，社会保险与人寿保险不仅可以协调发展，而且能够相互补充，共同构筑社会稳定发展的基石。

① 参见：郑功成．社会保险与商业保险．湖北日报，1986－09－25；郑功成．社会保险与人寿保险的区别与联系．社会保障报，1987－08－07；郑功成．论救灾保险与商业保险的关系．中国民政．1992，5

② 郑功成．论中国保险业的现状与发展趋势．中国保险学院学报．1994，2

从上述分析可见，在发展中国社会保障事业的过程中，不应排斥人寿保险的发展，应该充分利用人寿保险来为国民造福。当然，国家也不能因为有人寿保险而放弃自己的职责，因为商业保险公司的赢利性决定了其不可能代行政府职责，而只能充当补充工具。因此，从国家的角度出发，对人寿保险一是要发展，二是只能作为社会保障的补充，这是商业保险或人寿保险的内在本质所决定的，也是市场经济与社会发展的要求。

第十三章 新型社会保障体系结构及内容①

现代社会保障以18世纪80年代德国建立劳工社会保险制度为产生标志，以19世纪30年代美国制定《社会保障法》为发展标志，但社会保障在世界范围内的体系化，却是在第二次世界大战以后的事情。当时，随着资本主义国家经济的迅速发展，资本的集中使贫富收入差距悬殊，加剧了社会阶层的两极分化，失业率升高，家庭解体，各种社会问题全面爆发；而发展中国家又均面临着人口增长的巨大压力，加上财富分配上的不平等，出现了粮食、住房的严重不足和教育、医疗需求急剧增长的问题；社会主义国家则需要医治战争创伤、战胜贫困与灾荒，等等；从而不论是经济发达国家还是发展中国家或社会主义国家，在实践中都感到片面追求经济的增长并不能完全促进社会文明的进步，富裕并不等于幸福，各国都在努力寻求如何解决和防止众多的社会问题，探索经济和社会协调发展的道路和对策。因此，社会保障便在世界范围内得到空前的发展，它不再局限于某一个项目的设置或一个方面，而是各国根据自己的具体情况纷纷建立起不同规模的、多种形式的、众多项目组成的社会保障体系，社会保障在绝大多数国家走向体系化。当然，由于各国的经济实力有别、社会政策有别等，

① 本章对新型社会保障体系及其子系统、项目的设计与阐述，纯系作者个人的理论思考，仅供国家、政府及社会各界参考。

社会保障体系的水平在不同的国家亦有差异，如发达国家的社会保障项目齐全、体系完整，发展中国家则项目不齐全、体系尚不完整，等等。不过，社会保障发展的体系化、完整化却是各国追求的共同目标，中国在改革传统社会保障制度和在建立新型社会保障制度时，亦应不断完善自己的社会保障体系，使之趋向完整化。

一、新型社会保障制度的宏观体系及其结构

所谓社会保障体系，是指由多个子系统及其多个具体保障项目组成的、庞大的、独立运行的社会稳定系统，其中社会保障项目设置及其相互协调是核心内容。尽管现阶段中国社会保障制度与发达国家的社会保障制度存在着项目多寡、水平高低、范围宽窄等多方面的差异，但从社会保障制度的改革发展与适应市场经济发展的趋势出发，中国的社会保障体系亦会走向宏观上的体系化与完整化、项目间的协调化。

（一）建立新型社会保障体系的要求

建立和完善新型社会保障体系，既是现阶段社会保障发展面临的艰巨任务，亦是中国社会保障制度发展的长期任务。从社会保障发展必须符合国情和适应市场经济的发展需要原则出发，新型社会保障体系应符合以下要求：

1. 根据中国的具体国情设置社会保障项目。在本书导论中，笔者已指出，社会保障项目的设立，以特定的社会问题存在并且需要国家和社会运用物质帮助或经济援助的手段来加以解决为前提。在当代社会，各国之间的许多社会问题带有共性，如人口老龄化、失业问题、疾病医疗问题、天灾人祸问题、家庭赡养功能弱化等均需要各国建立起相应的社会保障项目，但因国情的差异，各国的具体社会保障项目及实施政策又不可能完全一致。如许多国家的人口增长缓慢，劳动力资源不足，其社会保障制度往往要考虑对多子女家庭的照顾，甚至实施奖励生育的社会保障政策；而中国的人口众多，控制人口数量、提高人口质量将是中国整个社会经济发展中的一项长期的基本的国策，这样，社会保障项目的设置就应该有利于人口的控制，即要求建立起奖励少生、优生的社会福利政策，如实行医疗保健、独

生子女父母养老保险等。再如中国幅员辽阔，地区发展极不平衡，在不同地区建立新型社会保障体系时也只能先根据各地的社会经济发展水平而有不同的侧重点，然后再循序渐进地向全国一体化发展，在城镇与发达的农村地区可以建立以各种社会保险与社会福利制度为核心的新型社会保障体系，在贫困地区则应该从完善社会救助、合作医疗等方面入手，等等。由此可见，中国不可能照搬国外的社会保障体系模式，而必须在总结历史经验教训与充分借鉴、吸收国外经验的基础上，根据中国的具体国情和发展需要建立新型的社会保障体系，走有自己特色的社会保障发展道路。

2. 根据现阶段社会发展的需要和长远利益相结合原则来设立社会保障项目。中国现阶段的社会正处于发展变革之中，原有的社会问题依然存在，新的社会问题如失业、阶层分化、贫困化、老龄化等社会风险在不断增加，人们生活水平的提高又使其对依靠社会保障改善生活质量的需求日益迫切，这一切均要求国家建立完备的全民化的社会保障体系，以便能够解决所有需要社会保障解决的社会问题。然而，不论何种社会保障项目，一经设置，就都具有刚性发展的内在规律，即社会保障项目只能上不能下，只能不断提高保障水平而不能降低保障水平，社会保障项目的这一特点决定了不能只考虑现阶段社会经济发展对社会保障的需求，还必须充分考虑社会保障项目的设置对国家长远利益的影响。因此，中国的社会保障体系也只能走循序渐进的发展道路。

3. 根据市场经济发展的要求设置社会保障项目。一方面，市场经济的发展要求打破城乡界限、所有制界限和业缘界限等，建立一体化的社会保险制度；另一方面，在市场经济的条件下，企业（单位）及家庭的保障功能将逐步削弱，妇、幼、老、弱将更多的依赖社会的帮助，从而使建立专门化的老年人福利、妇女福利、儿童福利、残疾人福利等社会福利制度成为必要，等等。因此，社会保障的项目设置应以全体社会成员可能遇到的同一社会问题为保障对象，努力朝着社会化、一体化的方向发展。

4. 根据层次性和专用性的原则来设置社会保障项目。即每个社会保障项目均只解决一个特定的社会问题，若干个具体的社会保障项目解决一类社会问题，若干类社会保障措施共同构成社会保障体系。如失业保险解决劳动者的失业保障问题，工伤保险解决劳动者的工伤保障问题，养老保险解决劳动者的老年保障问题等，这些项目构成了社会保险体系，并作为整个社会保障体系中的一个重要的子系统发挥作用。若干个个别项目构成一个整体，但个别必须服从整体；同时，项目之间不应存在业务交叉关系。强调社会保障项目设置的层次性和专用性，既有利于理顺关系，保证整个社会保障体系的良性运行，又可避免纠缠不清的混乱局面。

5. 根据独立性和协调性的原则来建立社会保障体系。一般而言，社会保障项目的设置和体系的建立，是通过立法的形式来完成的。在社会保障体系的立法建设方面，国家应走集约立法或单项专门立法的道路，不宜将社会保障事务的立法分散在其他有关立法中，如社会保障立法不应与劳动法混在一起，农村救灾立法不应与农业立法混在一起，立法的独立性是社会保障体系独立运转的重要保证；同时，在社会保障的专门立法工作中，也要注意法规之间的协调性，既要避免因留下遗漏而使社会保障体系残缺不全，又要避免重复规范相互矛盾的现象。

上述要求是对社会保障的项目设置和体系建设的总体要求，国家和社会在建立新型社会保障体系时既要选准突破口，更应通盘考虑，以避免一时失误造成以后工作的被动。

（二）新型社会保障体系的发展目标

我们强调中国社会保障事业的发展必须遵循循序渐进、逐步发展的原则，但这并不意味着可以四平八稳地缓慢发展下去，而是应争取在现有条件下尽一切可能地推进社会保障体系的建立与发展，为此，需要确立新型社会保障体系的发展目标。笔者认为，中国新型社会保障体系的发展目标在总体上应是项目齐全、内容完整、分工负责、协调发展的完备的体系；当然，从不完备到完备，是一个发展过程，现阶段就应朝着发展目标的方向逐步推进。

1. 项目齐全。所谓项目齐全，就是社会保障的项目应该覆盖全体国民，解决一切需要利用社会保障手段解决的社会问题；如社会保障的项目残缺不全，有关社会问题就会恶化，最终损害整个社会经济的健康发展。如人的生、老、病、死、伤、残、失业、灾祸及贫困等问题，就均需要国家和社会设置不同的社会保险、社会福利、社会救助等项目提供有效保障。因此，社会保障体系的发展应以项目齐全为追求目标，努力避免因项目遗漏而导致不良的社会后果。

2. 内容完整。所谓内容完整，是指社会保障应该能为社会成员提供全面的、充分的生活权益保障，它不仅要求每个社会保障项目不能遗漏有关的保障对象和保障责任，而且要求整个社会保障体系能够构成为一个安全网。例如，在现阶段，中国也有社会养老保险，但这种社会保险未包括农村居民；失业保险还未包括非国有单位职工，灾害救助又将城镇居民排除在外，等等。这种现状说明中国社会保障体系中虽有类似项目，但内容并不完整，从而是不发达、不完备的社会保障体系。随着社会经济的发展和社会保障事业的不断发展；国家和社会应该在逐步使社会保障实现项目齐全目标的同时，努力实现社会保障内容的完整。

3. 分工负责。前已述及，社会保障项目应按层次性和专用性的要求设置，每个社会保障子系统乃至每个社会保障项目亦必然按照各自的分工来负责解决某一方面或某个特定的社会问题，如养老保险专门解决国民的养老问题，失业保险专门解决劳动者的失业问题，住房公积金专门解决社会成员的住宅福利保障问题等，系统的分工负责和项目的分工负责，将有助于明确社会保障机构的职责和接受社会各界的监督，有利于有针对性地筹集专项基金、解决专门问题，进而有利于提高社会保障各个子系统和项目的工作效率。

4. 协调发展。国内外社会保障的发展实践表明，完备的社会保障体系，除依靠项目齐全、内容完整以及社会保障子系统乃至各个项目的专用性和分工负责制外，还必须实现协调发展。一方面，社会保障各子系统与各个项目的发展水平应相互协调，不能畸高畸低，造成社会保障对象之间的矛盾，如随着社会经济的发展和人民生活水平的提高，退休养老金待遇标准会相应提高，优抚标准、失业保险乃至社会救助的待遇标准也应相应提高，唯有这样，才能保证社会保障总体上的协调发展。不过，近几年来社会保险与军人保障的待遇标准均有较大幅度的提高，但灾害救助标准却仍几十年一贯制，保障待遇十分低下，等等，就显然未能做到协调发展，这一现象应该加以改变。另一方面，社会保障各个子系统与各个项目在分工负责的同时，还应具有功能上的互补性，如失业保险作为社会保险中的重要项目，按惯例只能承担劳动者失业后在规定期限内的生活保障责任，一旦超过规定期限仍未就业的劳动者就丧失了领取失业保险金的资格，对此，国家就需要在社会救助系统中设立失业救助项目，为超过领取失业保险金期限的失业劳动者提供基本生活救助，两个项目分属社会保障的不同子系统，其水平有高低之别，但均对失业者负责，两者的有机协调将有助于为劳动者的失业风险提供较为全面的保障；再如养老保险与老年社区服务，前者由社会保险机构提供现金帮助，后来由社会福利机构提供劳务帮助，对老年人而言，二者缺一不可，等等。由此可见，社会保障的各个子系统和各个项目之间不仅在水平上应协调发展，而且在功能上应相互补充。唯有如此，才能真正提高整个社会保障体系的水平，保障社会成员的基本生活权益乃至不断改善其生活质量。

（三）新型社会保障的宏观体系结构

根据前述要求与发展目标，中国新型的社会保障体系应该由多个自成体系的子系统和彼此独立的社会保障项目构成。从宏观的角度出发，中国新型社会保障制度的完备体系可如图 13—1 所示。

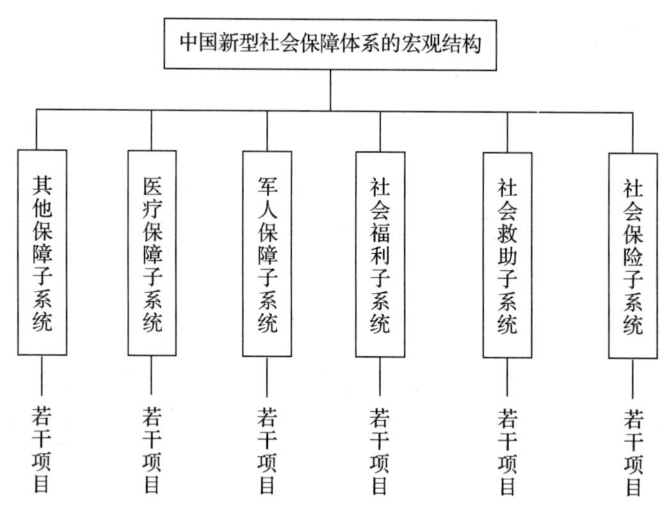

图 13—1　中国新型社会保障体系

由图 13—1 可见，中国新型社会保障体系的宏观结构由六个子系统组成，六个子系统又由若干社会保障项目构成彼此独立、相互协调的小体系，成为社会保障宏观体系中的第二层次，分别承担着不同的社会保障职责。其中：社会保险子系统面向城乡劳动者，提供的主要是收入保障，解决的是劳动者孕产、年老、失业、伤残等后顾之忧；社会救助子系统面向城乡贫困家庭、低收入家庭和遭遇各种天灾人祸的社会成员，解决的是贫困阶层和不幸者的基本生活权益保障问题；社会福利面向全体国民，尤其以老、弱、残、幼、孤等社会成员为重点对象，解决的是社会脆弱群体的生活保障和一般国民的生活质量改善问题；军人保障子系统则面向军人及其家属，解决的是军人的特殊风险（如伤残、死亡、养老等）和后顾之忧；医疗保障子系统以全体国民为保障对象，解决的是全体国民的保健问题和没有医疗社会保险的社会成员的疾病医疗问题；其他保障子系统则主要是前述五个子系统之外的其他各种辅助性保障措施的统称，它主要以个人自愿保障或社会成员互助互济保障为特点，是对国家和社会举办的强制性社会保障项目的必要补充。新型社会保障体系中的各个子系统之间的区别，可以概括为以下几个方面：

1. 地位不同。愈是社会经济落后，整个社会保障的发展及作用就越受到限制，社会救助作为传统保障措施就越是占有重要地位，甚至是核心地位；反之，越是社会经济发达，尤其是在市场经济发达的条件下，社会保障的各个子系统就越是发达，其中社会保险会逐渐占据并最终确立其在社会保障体系中的核心地位，社会福利尤其是各种社区服务将迅猛发展，社会救助、军人社会保障、医疗保障等则会稳步发展。进入 20 世纪 90 年代后期以后，中国的社会保障体系将由以社会救助为核心的残缺体系向以社会保险为核心的完整体系发展。

2. 权利与义务有别。尽管从总体上讲，社会保障基金是取之于民、用之于民，享受社会保障是全体国民的基本权利，但不同的社会保障子系统，政府与受益者的权利与义务关系却有区别。如社会保险强调权利与义务相结合，即受保者必须承担一定的缴费义务，政府与受益者的关系是权利与义务的双向关系；社会救助、军人社会保障等却往往只要求受益者具备一定的法定资格条件即有享受的权利，不需要受益者承担经济上的义务，政府与受益者的关系是单向关系；社会福利、医疗保障等则一般以廉价有偿的公助服务方式出现；其他保障子系统则更多地强调受益者自助。

3. 待遇差异。社会保障以社会公平为基本准则，但在公平的基础上仍然因效率、资格、项目等的差异而存在着待遇差别，并表现为社会保障的一般规律之一。一般而言，社会保险的待遇更为强调效率与公平的结合，其保障水平亦是社会保障体系中较高的，它往往与劳动者的职业、工龄等相联系，而社会救助等则水平较低，至于其他保障则视不同地区、不同社会成员的具体情况而有差异。在同一保障项目中，不同的受益者享受的待遇亦可能有差异。

4. 内容不一。社会保障的各个子系统及其各个具体项目，均是为解决特定社会问题而设立的，从而均具有特定的内容，即受益者必须具备一定的法定条件才能享受，各个项目之间不存在重复交叉现象。当然，对同一受益者而言，可能享受多项社会保障待遇，如退休者既能享受退休金或养老金保障项目的待遇，亦可以享有医疗保健、有关福利及社区服务等社会保障项目待遇；失业者可以在规定期限内享受失业保险金待遇，超过规定期限仍未重新就业者则可以享受一定时期的失业救助待遇等。值得指出的是，这些交叉现象只是表明受益者在不同的条件下可以享受某一项目的保障，而不是社会保障项目之间的内容重复或交叉。

由此可见，新型的社会保障制度作为中国社会经济发展的维系与稳定机制，将是一个庞大而完整的独立体系。在这个体系中，当务之急是大力发展社会保险子系统与社会福利子系统，同时改革社会救助子系统、医疗保障子系统及军人保障子系统，建立并逐步完善其他保障子系统。只有在保障重点的基础上全面、协调地发展，中国的社会保障体系结构才会趋向完备，并在整个社会经济的改革发展中发挥其应有的、整体的重要作用。

二、新型社会保险体系结构及基本内容

（一）新型社会保险体系结构

作为现代社会保障制度的核心内容，新型社会保险制度由国家统一组织，面向城乡劳动者，并兼顾其家属，它对于劳动者工伤、养老、疾病医疗、失业风险等后顾之忧的解除和劳动力素质的提高，以及劳动力市场的形成与开放起重大作用，从而直接推动着市场经济的稳定发展。从市场经济条件下劳动者对社会保险的需求和国外社会保险发展实践来看，社会保险应该是一个项目繁多、内容丰富、自成体系的社会保障子系统，其体系结构可如图 13—2 所示。

（二）新型社会保险体系的基本内容

从图 13—2 可见，社会保险项目主要有养老社会保险、工伤社会保险、失业社会保险、生育社会保险、医疗社会保险、其他社会保险等大项目，在大项目之下又各包括了若干具体项目或保险待遇，其内容覆盖了社会保险网内的劳动者的养老、工伤、失业、生育、医疗、天灾人祸等事件的社会保险问题。

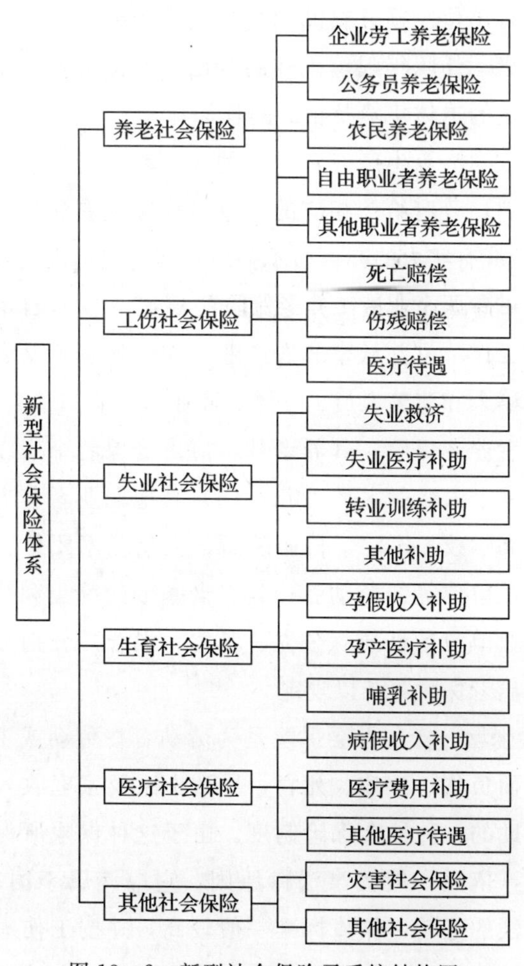

图 13—2　新型社会保险子系统结构图

1. 养老社会保险。养老社会保险，是各国社会保险制度中的主体项目，它可以根据不同职业或不同阶层的劳动者设立企业劳工养老保险、公务员养老保险、农民养老保险、自由职业者养老保险、其他职业者养老保险等具体项目：(1) 企业劳工养老保险，面向在企业工作的全体劳动者，包括国有企业、城镇集体企业、乡镇企业、“三资”企业、私营企业等一切符合国家社会保险法规、政策规范的企业的劳动者，是养老社会保险中的主体业务，其养老基金应通过向企业与劳动者个人征集形成，国家不补贴，其待遇标准应在考虑劳动者的贡献与工龄等条件的基础上有差别性，其享受条件是劳动者达到国家规定的退休年龄及其他有关规定。(2) 公务员养老保险，面向政府所有具有公务员身份的各级各类公务员，其养老基金应由政府（或通过其所在单位）预算补贴和公务员个人缴费组成，待遇标准可在考虑公务员的职级、任职年限等条件的基础上有差别性；享受条件是公务员应达到国家规定的退休年龄及相应的任职年限。(3) 农民养老保险，面向从事个体农林牧副渔等生产经营活动的农业劳动者，其养老基金主要应由劳动者自己缴纳，政府给予相应的优惠（如减免农业税，给予管理费补贴），农村集体经济有实力的亦可给予补贴；其待遇标准可视个人缴费水平而定，享受条件可参照企业劳工养老保险的规定。(4) 自由职业者养老保险，面向无固定工作单位并从事非农产业工作的城乡劳动者，如个体医生和律师、自由撰稿人和演艺人员、个体工商业者等均属于自由职业者范畴，应纳入自由职业者养老保险，其养老基金应由受保者个人缴纳，国家出面组织，待遇标准视个人缴费水平而定。(5) 其他职业者养老保险，面向各级各类事业单位如学校、医院、科研院所、文化艺术团体、新闻出版单位以及其他公益事业单位等的劳动者；其养老基金的筹集和待遇标准、享受条件等可根据事业单位的性质（公立、私立、混合）分别参照公务员养老保险与企业劳工养老保险等予以规定。

2. 工伤社会保险。工伤社会保险是为劳动者在劳动或工作过程中因意外伤害或职业病而负伤、致残、死亡，导致本人及家庭收入中断的条件下为其提供物质帮助的一种社会保险制度。由于这种保险所保障的是劳动者的因工伤亡事件，依照一般民事法律原则，它应该属于国家机关、企业、事业单位责任赔偿的范畴，保障标准一般较高，并按工伤损害的后果分为死亡赔偿（如遗属赔偿、丧葬费补助等）、伤残赔偿（如本人伤残补助、家属补助、生活护理补助等）及医疗待遇（医疗费用、医疗护理、假肢等配置补助等）三种待遇；在基金筹集方面，公务员工伤社会保险基金的筹集应由国家财政供款，在企、事业单位工作的劳动者应由其所在企、事业单位供款，劳动者个人不必缴费。

3. 失业社会保险。在市场经济条件下，失业社会保险亦是社会保险体系中的基本项目，它面向个体农业劳动者和自由职业者以外的一切劳动者，其内容包括失业救济、失业医疗补助、转业培训补助及其他补助等，目的在于帮助失业者渡过困难时期并尽可能早地重新就业，从而是劳动力市场的重要维系机制。失业社会保险的保险基金筹集，主要由企业或单位与个人负责供款，国家给予必要补贴，享受待遇标准统一，享受条件一般为非自愿失业。

4. 生育社会保险。生育社会保险面向育龄妇女，是女职工的一项正当权益，其内容包括孕假收入补助、孕产医疗补助和哺乳期间的相应待遇等。通过建立社会化的生育保险制度，可以分散国家机关、企业、事业单位因女职工生育行为导致的工作或生产、经营中断风险，有利于保障女职工参与社会劳动的公平竞争。

5. 医疗社会保险。劳动者的医疗社会保险主要包括病假收入补助、医疗费用补助和其他医疗待遇，它解决的是劳动者的一般疾病医疗问题，而不包括工伤医疗和职业病医疗。因此，医疗社会保险基金应由劳动者个人和所在单位分担供资之责，国家则给予必要的财政拨款，以维护医疗事业的公益性和福利性。从性质上讲，医疗社会保险作为一个主要的社会保障项目，既可以纳入以劳动者为保障对象的社会保险子系统，又可以纳入到以全体国民为保障对象的医疗保障子系统。

6. 其他社会保险。除上述五个主要的社会保险项目外，国家还可以根据需要设置其他社会保险项目，以社会保险的手段解决其他特定的社会问题。例如，希腊等国就将意外灾害保险纳入社会保险范畴，其特点主要是为社会成员的必要的家庭财产提供基本的社会化的保险，以免其因天灾人祸导致财产的灭失而陷入生存困境；在国内，民政部门在部分地区试办的救灾保险，亦可以纳入到社会保险体系①。当然，由于社会保险项目的设置往往事关全局，需要审慎考虑。

（三）新旧社会保险体系的衔接

新型社会保险体系不可能一蹴而就，而是只能在现有社会保险体系的

① 郑功成著. 中国救灾保险通论. 长沙：湖南出版社，1994

基础上进行改革与重建。因此，在社会保险制度的改革发展中，做好新旧社会保险体系的衔接工作，以确保社会保险政策的延续性十分重要。

从中国社会保险体系的现状出发，笔者认为，向新型的社会保障体系过渡发展应做好以下几方面的工作：

1. 在现有社会保险项目的实施中，根据新型社会保险体系的要求，贯彻国家统一管理和多方筹资的原则，尽快扩大统筹面，提高统筹层次，使社会保险制度真正实现筹资社会化和管理社会化。

2. 将有关社会保险项目并轨。例如，笔者主张公务员社会保障在近阶段应独立运转，但从长远发展来看，公务员的社会保险仍应纳入到整个社会保险体系中；再如现行的工人退休、退职制，国家干部的离休、退休制等，均应统一到养老社会保险的同一轨道上来等。

3. 扩大社会保险的覆盖面。目前，享有养老、工伤、医疗等社会保险的劳动者约占全国社会劳动者总数的20％～25％左右，享有失业社会保险的劳动者占全国劳动者总数的比例不到15％，生育社会保险还有待建立，等等，这一现实表明了扩大社会保险的覆盖面不仅必要，而且有紧迫性。国家应尽快将社会保险覆盖面扩展到城镇所有企事业单位和农村乡镇企业，同时开办个体农业劳动者和城乡自由职业者的养老保险工作。

通过上述工作，加快社会保险的改革与发展步伐，中国新型的社会保险体系就有尽早建立的可能；新型社会保险体系的建立，将有力地促进市场经济的发展和维护劳动者的生活权益。

三、新型社会救助体系结构及基本内容

（一）新型社会救助体系结构

社会救助是传统社会保障制度中的核心内容，它在现代社会保障制度中，虽地位在逐步下降，但因面向全体国民，尤其是能够解决国民在贫困、灾害等袭击下的基本生存保障问题，从而是新型社会保障体系中的一个不可或缺的、基本的子系统，并且仍然具有基础地位。新型社会救助子系统的结构，可如图13—3所示。

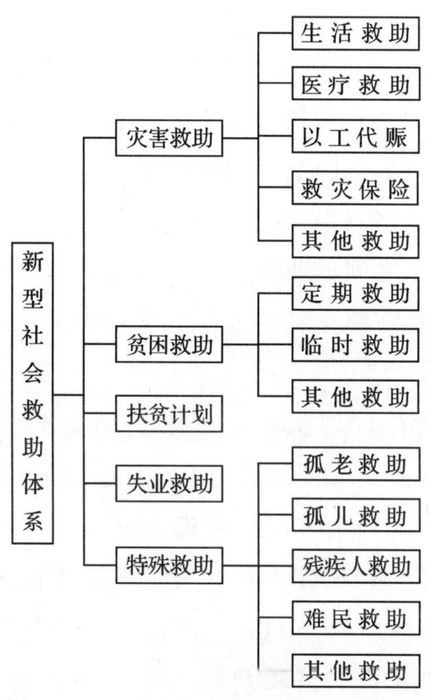

图 13—3　新型社会救助子系统结构图

（二）新型社会救助的基本内容

从图 13—3 中可见，新型社会救助包括灾害救助、贫困救助、扶贫计划、失业救助、特殊救助等大项目，大项目之下一般还包括若干具体项目，它们共同构成了社会救助体系。社会救助的经费来源于国家财政拨款（包括中央财政和地方各级财政），同时需要开辟社会募捐等筹资渠道。在具体实施中，社会救助以无偿救助为基本特征，但各个项目又有自己的侧重点和具体规定。

1. 灾害救助。灾害救助是任何国家任何时代都不可或缺的社会救助项目，它面向全体社会成员，享受条件是社会成员遭受到各种灾祸袭击导致陷入生存困境，且需要国家和社会通过社会救助才能解决。它主要包括生活救助、医疗救助、以工代赈、救灾保险等内容。其中，生活救助与医疗救助是解决灾民临时生活困难和防止疾病蔓延的主要救助手段；以工代赈是自古以来的将社会救助与有关建设相结合的救助措施，它以组织受灾社会成员参加一定的社会劳动为条件，以发放工钱和实物的形式救助灾民为手段；救灾保险则具有社会保险性质，是集多方之力解灾民之困的现代灾害救助措施。

2. 贫困救助。贫困救助是为了解决城乡部分社会成员生活困难的社会救助措施，其经费来源于政府拨款，享受条件是这些社会成员的收入必须低于一定的生活水平（如贫困线），又可以称之为低收入家庭补助。根据救助对象的具体情况，贫困救助又可以分为定期救助、临时救助及其他援助等项目。由于社会成员之间的收入差异和风险差异，贫困救助不仅是社会救助的主要项目，而且在整个社会保障体系中亦是一个长期的、常规的保障项目。

3. 扶贫计划。扶贫计划实质上属于贫困救助的范畴，但因它既面向生活贫困的社会成员，更强调面向贫困地区，即点面结合，以面为主，且大多采用无息或低息有偿的救助方式实施，故而单列为社会救助体系中的主要项目之一。扶贫计划的资金来源于国家财政预算拨款（包括中央政府和地方各级政府）和有关部门及社会的援助，其目的在于改变贫困地区的落后面貌，使贫困户脱贫。扶贫计划与贫困救助相比较，前者是通过扶持贫困地区的生产来实现目的，后者是通过救助贫困人口的生活来达到目标，手段不一，内容亦有差异。由于地区发展的极不平衡，中国的贫困地区仍占全国国土面积的 1/3 以上，农村贫困地区的人口在 8 000 万人以上（详见本书第五章），因此，中国的扶贫计划肩负着十分艰巨的任务。

4. 失业救助。即为丧失享受失业社会保险待遇的失业劳动者提供生活救助的社会救助措施，它是失业社会保障制度的必要补充，也是市场经济条件下对失业机制的完善。失业救助与失业社会保险相比较，前者的资金来源于政府拨款，保障水平较低；后者的资金来源于国家、企业或单位、个人三方，保障水平较高；两者分工负责，相互协调，均是解决失业问题的社会保障措施。

5. 特殊救助。特殊救助主要是指面向社会脆弱群体的一项社会救助措施，保障对象一般为无依无靠、无生活来源的孤老残幼者和战争难民等，由于上述成员在任何社会都会存在，从而使其生存保障问题成了各国共同的社会问题之一。因此，这种救助具有救助长期性、对象相对稳定性的特点，在古今中外及未来社会中均是基本的社会救助项目之一。

（三）新旧社会救助体系的衔接

由于社会救助制度的历史悠久，体系也较为完整，从而在改革发展中比社会保险较易平稳过渡到新型体系。在新旧体系转型中，笔者认为，国家应从以下几方面入手：

1. 灾害救助应由农村扩展到城镇，由自然灾害扩展到各种意外灾祸。在旧的社会救助体系中，民政部门提供的主要是农村自然灾害救助，城镇居民及非自然灾害导致的灾民未能纳入灾害救助的范围。然而，随着城乡社会经济的发展，城镇居民住宅由公有化变为私有化，过去由所在单位承担的住宅损失风险亦要由社会成员自己承担，包括住宅在内的家庭财产私有化，意味着城镇居民与农村居民一样，也需要有灾害救助，即使商业保险十分发达，在大的灾害事故发生时，仍应由国家和社会承担起一定的紧急救助责任；而火灾、爆炸等各种非自然灾害性质的意外灾祸的发生，同样会造成城乡居民的倾家荡产，导致部分社会成员陷入生存困境。因此，灾害救助的对象应包括全体国民，灾害救助的内容包括一切可能导致社会成员陷入生存困境且无法从其他途径得到补偿的意外灾祸。

2. 贫困救助应走向规范化。一方面，应由有关部门合理地确定不同地区的贫困线标准，以贫困线作为划分贫困人口与非贫困人口及实施贫困救助的科学依据；另一方面，将现阶段政策规定的救助对象统一纳入贫困救助范畴，使城乡社会成员贫困救助走向一体化。

3. 完善扶贫计划。在近阶段以“八七扶贫攻坚计划”为指针，加快扶贫工作步伐。从长远的发展来看，国家制定扶贫工作的长远规划，并使之制度化；在具体实施中，除动员中央及地方的财力外，还应开展地区之间、部门之间的对口支持，使扶贫工作走出政府包办的封闭式结构，向扶贫社会化的方向发展。

4. 建立失业救助制度。失业救助制度既为市场经济发展所必要，又是对社会救助制度的完善，因此，从完善社会救助体系的角度出发，国家应根据市场经济发展的需要和失业社会保险的有关政策，按照社会救助的一般规律，设置失业救助项目，为失业劳动者提供更为充分的安全性保障。

5. 社会救助应走分级负责的道路。在新的财税体制下，中央与地方走的是分税制的道路，以财政为经济后盾并作为政府历史职责的社会救助亦应走分级负责的道路。换言之，中央与地方各级政府均应承担起组织、管理社会救助工作的职责，并分担向社会救助机构的供款之责，尽可能地将有关社会问题在本地区内消化，中央政府应扮演着最后出台的角色（如重大灾害的发生等）。

四、新型社会福利体系结构及基本内容

（一）新型社会福利体系结构

社会福利是社会保障体系中内容最为广泛的一个子系统，它面向全体社会成员，并按不同的社会阶层和社会成员设置众多的具体项目；既有社会性的福利补贴，又有职业性的福利待遇；既有国家直接举办的福利项目；又有民间团体和志愿机构举办的福利项目；既有现金、实物援助的福利，又有劳务形态上的福利；既有保障社会成员基本生活的职责，更有改善和提高社会成员生活质量的任务。因此，社会福利是随着社会经济不断发展而发展壮大的社会保障事业，它在现阶段处于仅次于社会保险的地位。但当社会保险制度普遍建立和社会经济进入发达阶段时，社会福利将成为社会成员追求的最高且最后的社会保障目标。新型社会福利体系的结构，可如图 13—4 所示。

（二）新型社会福利体系的基本内容

从图 13—4 可见，新型社会福利子系统应该是一个内容十分广泛的庞大体系，它主要包括残疾人福利、老年人福利、儿童福利、妇女福利、职业福利、住宅福利、教育福利、社会补贴及社区服务等大项目，由众多的具体项目组成。

1. 残疾人福利。该项福利面向全体先天和后天造成的残疾社会成员，在发展各种康复服务事业的同时，对于成年者应强调就业保障，对于未成年者应实施特殊教育，对精神病人强调特别收养与护理。此外，还可以建立一些收养残疾人的社会福利设施。残疾人福利的经费依靠国家财政拨款、社会募捐和有关低费服务项目的收益，以及福利企业收入的弥补等；残疾人福利的实施手段主要是提供各种特殊的福利服务和残疾人工作岗位；残疾人福利的目标是充分保障残疾人的生活、康复、就业权益，解除残疾人

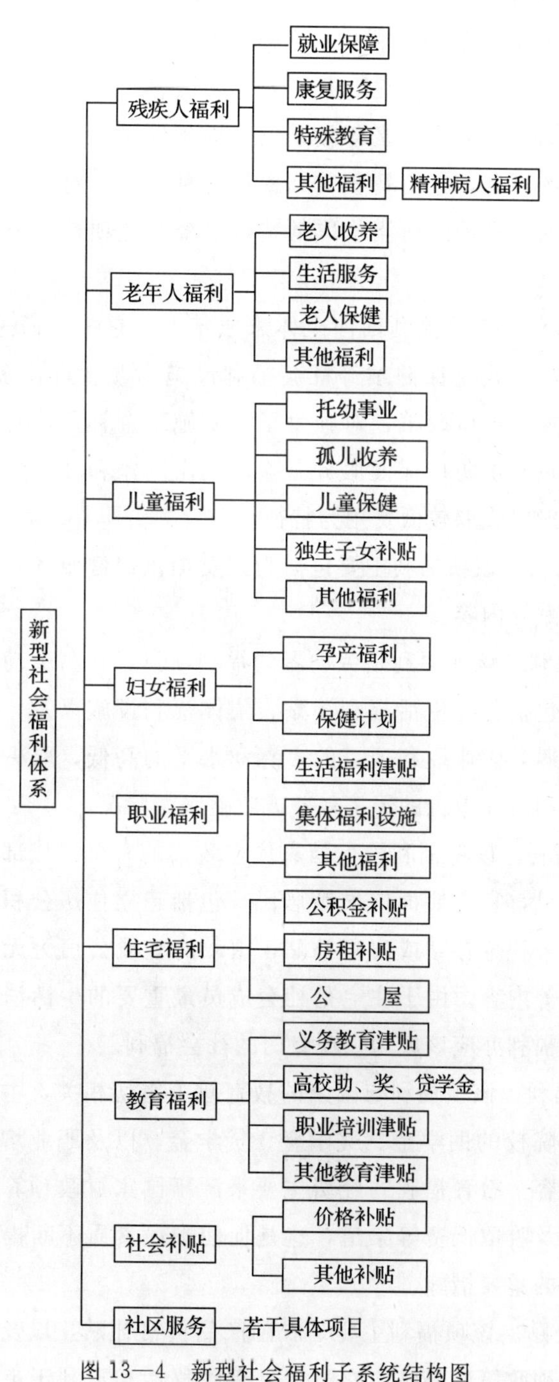

图 13—4　新型社会福利子系统结构图

及其家庭成员的痛苦。

2. 老年人福利。该项福利面向全体老年社会成员，它以提供老人收养服务、生活及护理服务、保健服务等为主要内容。如开办社会福利院、敬老院、老年公寓、托老所、老年活动站、老年保健康复站等。对于无依无靠无生活来源的孤老，应免费收养和提供各种服务；对于有退休金或有生活来源的老年人，则可以适当收取低费，以维持这项社会公益事业的不断发展。

3. 儿童福利。该项福利面向全体未成年人，它主要通过兴办托儿所、幼儿园、孤儿院、儿童保健站等社会福利设施为儿童提供多种福利服务。同时，根据国家的人口政策，对独生子女实施现金补贴，并在国家财政支持下为全体儿童提供防疫保健服务。除孤儿由国家和社会集中供养外，其他儿童福利一般以收取较低费用为特征。

4. 妇女福利。该项福利主要包括为妇女提供保健服务和为育龄妇女提供孕产福利津贴等内容。

5. 职业福利。该项福利是劳动者的福利项目，它与劳动者所从事的职业有关，主要包括各种生活福利津贴、集体福利设施以及休假、免费旅游等多种福利待遇，职业福利项目的多寡和水平的高低，取决于劳动者所从事的职业性质和所在单位的经济效益或收益来源状况。

6. 住宅福利。该项福利既是国家住宅政策的有机组成部分，又是社会福利的基本项目，它主要面向城镇居民，包括建立住房公积金制度，由国家或企业实施公积金补贴或房租补贴，由政府建设公房为无住宅困难居民提供生存空间等内容。由于住宅是社会成员最重要的生活消费品之一和生存场所，住宅福利亦应该成为一项专门的社会福利。

7. 教育福利。该项福利与国家的教育政策密切相关，主要包括义务教育津贴、大专院校的助学金、奖学金、贷学金，以及职业培训津贴、度假优惠购票等内容。教育福利的经费主要来源于国家财政预算拨款、企业和社会捐赠，以及收取低费等渠道，这是促使国民素质不断提高和促进社会文明不断进步的重要措施。

8. 社会补贴。该项福利主要是农副产品价格补贴，以及国家为平抑物价而投入的各种政策性补贴，它虽然具有隐秘性和不利于市场经济条件下价格机制的形成，其重要性会逐步减弱，但在短期内不可能取消，仍将在新型社会福利体系中占有一定的地位。

9. 社区服务。该项福利直接面向本社区全体社会成员，它主要依靠本社区群众的力量，通过提供各种福利服务的形式来实施。由于社区服务的群众性、互助性、功能多、方便居民等众多优点，它在新型社会福利体系中将占有十分重要的地位。社区服务的内容包括老人服务、儿童服务、残疾人服务、优抚对象服务、困难户服务、文化娱乐服务以及其他各种便民服务等。

（三）新旧社会福利体系的衔接

尽管从中国现行社会福利体系来看，基本上包括了前述新型社会福利项目，但迄今仍局限于国家包办和个别特定对象，一些项目设置不能适应社会发展和市场经济的需要等。因此，由现行社会福利体系过渡到新型社会福利体系还需要进行重大改革。笔者认为，国家应从以下几方面入手：

1. 尽快实现社会福利社会化。社会福利对象的广泛性、内容的复杂性、目标的多重性等，决定了仅依靠政府包办是无法解决社会成员对社会福利的多方面需要的。因此，国家在发展社会福利事业时，应努力争取实现服务对象社会化，资金来源社会化，服务实施社会化，服务队伍社会化，以及组织管理的社会化。例如，在经办机构方面，应坚持公办、民办、公助民办等多条腿走路，既要解除企业包办社会福利的负担，又要大力倡导民间兴办社会福利事业；在经费筹集上，既要不断增加财政拨款，更要动员企业及社会各界捐助社会福利事业，组织并扶持志愿机构和志愿服务，并大力发展社区服务，使社会福利机构尽快网络化，等等。惟有如此，社会福利才可能走向社会化，只有社会化的社会福利，才会满足社会成员的多方面福利需求。

2. 改变现行国家举办社会福利的方针，将其变成特定社会群体的普遍性社会福利。例如，现行国家举办的社会福利主要面向无依无靠、无生活来源的孤老残幼，这实际上是为个别社会成员提供收养服务，仍基本上属于历史上的官办慈善事业范畴。对此，应改变现行国家举办社会福利事业的方针，将上述收养性福利事业按不同的社会群体分解并发展成为老年人福利、儿童福利、残疾人福利等，面向全体老年人、儿童及残疾人。同时，国家可以对孤老残幼实施免费服务，对有扶养人或有生活来源的老年人、儿童、残疾人提供低费服务。由孤老残幼收养型福利走向成体系的老年人福利、儿童福利、残疾人福利，是中国社会福利事业由幼稚走向成熟的重要标志。

3. 改造现行职业福利，建立社会化的住宅福利与妇女福利。在现行职业福利中，住宅福利与妇女福利往往与就业结合在一起，成为职业性福利的一部分。然而，市场经济的发展要求建立的是社会化的住宅福利与妇女福利，以确保劳动力的自由流动和上述福利的社会公平性。因此，住宅福利与妇女福利应从现行职业福利中剥离出来，成为社会化福利的专门项目，由政府统一管理、由社会化的经办机构统一组织。住宅福利与妇女福利的社会化，将有利于减轻企事业单位的福利负担，同时保证全体社会成员上述福利权益的实现。

4. 完善社会补贴和教育福利制度。一方面，国家应将社会补贴列入预算定期公布并逐步通过将社会补贴变成工资性补贴等措施来削减社会补贴；另一方面，教育福利应纳入国家新型社会福利体系，使拨款与筹资渠道制度化、福利待遇规范化。总之，社会补贴与教育福利不同于一般的社会福利，它需要国家制定专门的法规与政策来规范与约束。

总之，国民基本生活的保障需要社会福利，人民生活水平的改善与提高离不开社会福利，社会的发展与社会文明的进步更是以社会福利水平为重要标志，国家在将社会保险制度的改革与重建工作作为社会保障事业发展重点的同时，也应该更加重视社会福利事业的改革与发展；中国的社会福利事业应该尽快走上体系化、社会化、网络化和规范化的道路。

五、军人社会保障体系结构及基本内容

（一）军人社会保障子系统结构

军人社会保障，是一个包含了军人社会保险、军人抚恤、军人社会福利与军属社会优待等内容的综合性社会保障子系统。由于职业特殊和任务特殊，军人构成为一个特殊的社会群体，按古今中外的通例，军人的社会保障亦应自成体系，有司专管，有机构专办。从发展的角度出发，军人社会保障体系结构可如图 13—5 所示。

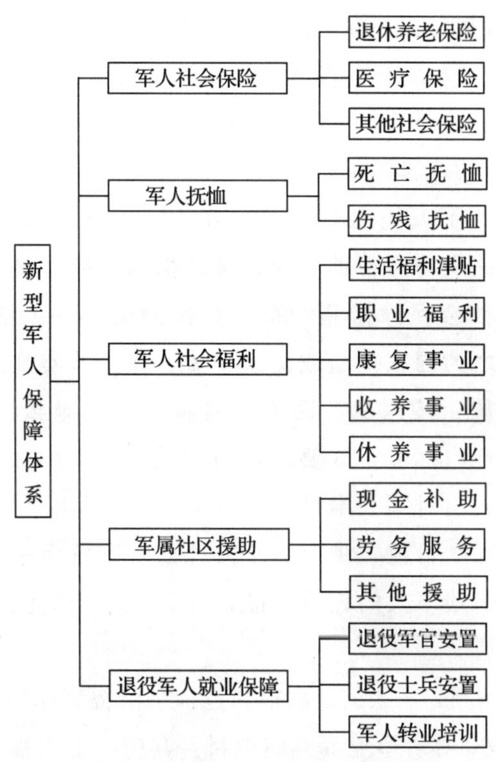

图 13—5　军人社会保障子系统结构图

（二）新型军人社会保障体系的基本内容

从图 13—5 可见，新型的军人社会保障子系统以军人社会保险和军人抚恤为核心，包含了军人社会福利、军属社区援助和退役军人就业保障等内容。与传统的军人优抚制度相比较，新型军人社会保障体系更为完整，既照顾了军人的特殊性（如军属社会优待和退役安置），又保证了能与整个社会保障制度接轨，从而应该成为中国军人社会保障制度的发展方向。

具体而言，新型军人社会保障体系包括如下主要项目及内容：

1. 军人社会保险。军人社会保险包括军人退休养老保险、军人医疗保险等具体项目。其中：退休养老保险面向全体职业军人和符合退休年龄条件的在役军官（在国外还有军龄条件规定），它又可分为养老金、医疗补助及其他退休待遇等；医疗保险面向全体在役军人，解除军人疾病医疗的后顾之忧，并提供相应的保健服务；将军人的养老与医疗问题社会保险化，将有助于使该项制度走上规范化。需要指出的是，军人包括军官、志愿兵等工薪阶层和义务兵阶层，有工薪收入的军人在享受上述社会保险待遇时亦应贯彻权利与义务相结合的原则，即缴纳一部分保险费，但义务兵因服务期短，无工薪收入，从而不存在享受军人养老保险待遇问题，在医疗方面应享受免费医疗的待遇。

2. 军人抚恤。军人抚恤包括军人死亡抚恤和军人伤残抚恤，前者是为军人的家属提供物质帮助的社会保障措施，后者是为伤残军人本人提供物质帮助的社会保障措施。军人抚恤的经费均来源于中央财政拨款，从而可以称之为国家抚恤或国家保障。在集体实施中，应分清军人的伤残、死亡性质，按因战、因公、因病等原因导致的死亡和伤残程度，制定不同的抚恤标准，既要保障伤残军人和死亡军人的家属的基本生活，又要能体现出对军人奉献精神的褒扬。虽然它与工伤社会保险类似，但却不能等同。目前，中国的军人抚恤制度较为完整，可以在此基础上进一步完善伤残军人的评价标准，并确保军人抚恤待遇高于地方工伤社会保险的待遇。

3. 军人社会福利。军人的社会福利包括生活福利津贴、职业福利、康复事业、收养事业、休养事业等具体项目。其中：生活福利津贴面向所有现役军人和退休军人，是军人收入的有机组成部分；职业福利主要面向现役军人，如集体托幼事业、公共食堂、俱乐部活动以及所在部队根据其创收情况实施的其他福利等；康复事业则面向伤残军人，主要提供治疗服务。在管理上亦可归属于残疾人福利事业；收养事业面向重残军人和孤老军人，其形式是集中供养和生活护理照顾；休养事业则是为满足军人度假休息和保健需要而开办的事业，等等。军人的社会福利与地方的社会福利相比较，具有形式多样，内容丰富、组织灵活的共性，但又具有对象专一、免费享受等个性，从而需要由国家设置专门的福利设施、提供专项经费拨款。

4. 军属社区援助。军属社区援助面向军人家属，它主要依靠社区群众的力量，为军属提供现金帮助和劳务服务。例如，根据国家的政策规定，义务兵服役期间，其家属每年可获得一定数额的现金补助；现役军人的家属在住宅分配等方面享有优惠权益，其责任田可由社区群众代耕，等等。军属社区援助制度与建国后形成的社会优待制度的内容基本一致，它作为军人社会保障体系中的主要项目之一，在国家整个社会保障制度中亦具有特殊地位，它不仅是联结军民关系的纽带，也是解除军人后顾之忧的重要保证措施。

5. 退役军人就业保障。为保持军队的战斗力，军人要不断流动，除少数职业军人外，大多数军人均要经历一个从参军到服役到退役的过程。退役军人安置主要包括退役军官就业安置和退役士兵就业安置，前者一般由地方有关职能部门按一定的组织程序安排重新就业，后者则视具体情况而安排工作。从市场经济发展的角度出发，军人到地方工作均是职业与角色的转换，少数技术性军人（如司机等）对地方工作适应性强，但多数军人尚需经过一个转业培训阶段才能适应地方工作，这样，退役军人的就业安置和转业培训就构成了国家和社会对军人退役后的就业保障机制，其经费由国家财政负担，因而亦是军人社会保障体系中的特殊项目和重要内容。

（三）新旧军人保障体系的衔接

一般而言，在传统社会保障制度下，军人社会保障制度是比较健全的，如立法比较规范，强制性强，保障水平较高等。然而，与社会发展和市场经济的需求亦还有相当差距。因此，军人保障制度依然存在着向新型体系发展的问题。

1. 突破军人优抚制度的局限，代之以军人社会保障体系。现行的军人保障制度被称为优抚制度，这有许多不妥之处：一是优抚是一个历史名词，与现代社会保障制度不能相提并论；二是优抚制度排除了军人的有关福利保障与就业保障等内容，反映的不是军人保障体系的整体而是局部；三是优抚带有恩赐、怜悯的不平等色彩，与现代社会保障讲求受益者权益格格不入。因此，突破军人优抚制度的传统观念，树立军人社会保障体系的整体观念，并使军人社会保障体系化、制度化是新旧军人保障体系转轨的首要条件。

2. 将军人离休、退休制度并轨，建立与公务员、劳工养老保险性质一致的军人养老保险制度。从理论上讲，军官离休制度的存在只是一种暂时过渡现象，而军人退休制度则将是一项长期的制度，目前就应逐步将军人离休制度纳入军人退休制度。同时，在市场经济的条件下，军人退休养老保险因面向的是有工薪收入的军人，亦应由受保者缴纳一定的保险费，以使其实现权利与义务的结合，让军人养老保险与公务员养老保险、劳工养老保险等走向一体化，最终促进整个社会保障制度的协调发展。

3. 保证军人社会保障的水平高于地方。由于军人保障的是国家利益，军人的奉献多于一般国民的奉献，国家在建立和完善军人社会保障体系的过程中，应坚持在同等条件下军人的社会保障待遇高于地方待遇标准的原则。如军队与地方同一级别的干部退休养老，军队退休者的养老金应高于地方干部的退休养老金。这一原则应通过有关法规、政策具体体现到军人社会保障体系中的每个项目中；尤其值得指出的是，社区援助（现行社会优待）应该制度化。

4. 重视退役军人的转业培训。在计划经济条件下，社会对退役军人的素质要求不高，往往是退役军人可以被安排到任何部门、企业工作。但在市场经济条件下，政府机关实行公务员制，只有符合条件的退役军人并经过严格考核才能进入，企业更是有自己的经济利益，需要的是熟知有关专业技术或经济知识的劳动者。经济体制的转换显然对退役军人的就业安置造成不利影响，对此，仅有强制接收、指令分派的政策是不能改变退役军人的不利地位的，只有通过加强转业培训，并让退役军人尽可能在短期内转换角色、掌握新的技能的途径，才能为退役军人提供平等的择业机会和公平的社会环境，使军人就业保障制度真正解除军人退役的就业风险。因此，国家应高度重视退役军人的转业培训工作，并把它作为军人就业保障机制中的主要内容采取得力措施予以实施。

六、医疗保障体系结构及基本内容

（一）医疗保障子系统结构

医疗保障是国家和社会为国民的健康和疾病医疗提供经济补助和防疫、保健及医疗服务的一种社会保障制度。由于每个人从生到死均可能遇到来自外界和身体内部的原因导致的健康障碍，医疗保障便成了全体社会成员均迫切需要的保障措施，从而在整个社会保障体系中具有十分重要的地位。作为中国新型社会保障制度中的一个重要子系统，医疗保障应由国家卫生行政部门或国家社会保障部门统一管理，其发展受人口及年龄的构成、国民生活状况、医疗技术水平及社会经济发展的影响，表现为保障对象不断增加、医疗水平不断提高、经费开支越来越大等趋势。如老龄化国家要求的医疗保障代价就比年轻型或成年型国家要大得多，等等。中国新型的医疗保障体系可如图 13—6 所示。

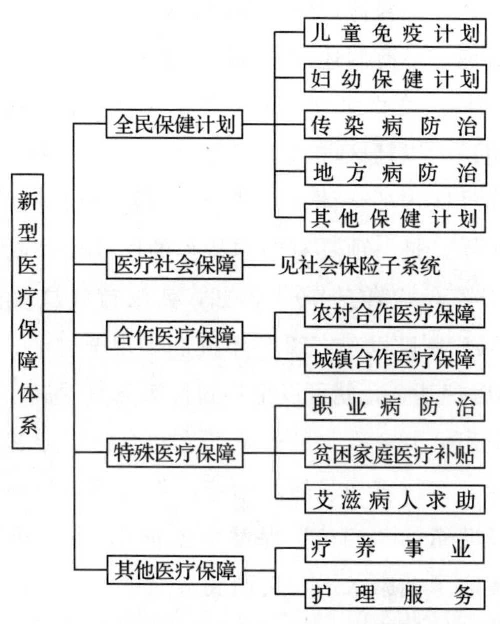

图 13—6 医疗保障子系统结构图

（二）新型医疗保障体系的基本内容

从图 13—6 可见，新型的医疗保障子系统包含了全民保健计划、医疗社会保险、合作医疗保障、特殊医疗保障及其他医疗服务等大项目，这些大项目又分别包括若干具体项目，它们共同构成了医疗保障体系。值得指出的是，商业性的医疗保险和社会成员的自费医疗虽然亦解决了部分国民的健康保障问题，但因不具有社会保障性质，从而不宜列入新型医疗保障体系，因此，新型医疗保障体系的基本内容包括：

1. 全民保健计划。该项计划面向全体国民，它主要包括儿童免疫计划、妇幼保健计划、传染病防治、地方病防治及其他保健计划等项目，其经费主要来源于中央与地方政府的财政拨款补贴和部分项目的收益，是一项全民化的公益事业和医疗福利保障措施。实践证明，全民保健计划的实施，是中国国民健康素质提高和整个医疗保健制度的基础所在。

2. 医疗社会保险。医疗社会保险作为医疗保障子系统的主体项目之一，也是社会保险子系统的重要项目，由于它只面向符合国家社会保险政策规定条件的劳动者，在实施中既可纳入医疗保障体系，亦可纳入社会保险体系，它对于提高劳动者的身体素质、维护劳动者的健康权益具有重要意义。本章第二节中对其内容已有阐述，本节不再重复。

3. 合作医疗保障。合作医疗保障一般由农村乡镇、村、城镇街道、居委会或社区出面组织，以社区群众集资与政府（或集体）补贴相结合的手段筹集资金，面向社区内的全体社会成员，与社会成员的年龄、性别及就业与否没有直接关系，是一项具有中国特色的医疗保障制度（合作医疗保障的形式详见本书第八章第五节）。例如，武汉市武昌县流芳镇大邱村自1971年建立合作医疗制度以来，22年不间断，现全村2 500余人，每人每年只交10元合作医疗基金，就可以全年到村医务室看病；村里每年从村办企业上缴利润中拨出2万余元弥补药费开支和合作医疗基金的不足；凡享受合作医疗的群众，在村看病或转院治疗，都有不同的补助；孤寡老人和独生子女的药费及儿童的“四苗”保健均免费①，村民小病不出村，大病有保障，既大大提高了健康水平，又彻底解除了村民的后顾之忧，实践证明是一条适合中国国情的医疗保障之路。

4. 特殊医疗保障。该项保障主要包括职业病防治、贫困家庭医疗补助和艾滋病人求助等内容，其中：职业病防治面向容易导致职业病的行业和患上职业病的劳动者，它可以与劳动者的医疗社会保险和工伤社会保险相结合；贫困家庭医疗补助面向无力治病的贫困家庭，适宜的方式应是由政府举办若干免费或低费公立医疗机构，其经费由财政补贴和社会各界捐助，专门收治那些因生活贫困而有病无治者，它作为笔者设计的新型医疗保障体系中特殊医疗保障的一个项目，在市场经济条件下随着贫富收入差距的扩大，应该引起国家和社会的重视；此外，艾滋病作为本世纪出现的新型“瘟疫”，在中国亦已发现1 000多例，并正在扩散，鉴于这种病的传染性和危害性，国家和社会亦应遵循国际惯例设立专门的特殊救助项目，为艾滋病患者提供特殊医疗保障，等等。

5. 其他医疗服务。除前述各项目外，疗养事业与护理服务等亦属于医疗保障的范畴，它们以提供相应的医疗服务或劳务服务为手段，能够满足一些社会成员的保健需要。

上述项目构成了新型医疗保障子系统的完整体系，它以全民保健计划

---

① 长江日报，1994－05－03

的实施为基础，以医疗社会保险与合作医疗保障为两翼，以特殊医疗保障与其他医疗服务为补充，组成了一个全民健康保障网。

（三）新旧医疗保障体系的衔接

建国以来，中国的医疗保障制度被誉为发展中国家的典范，取得了巨大的成功。但时代发展到今天，旧的医疗保障制度已部分瓦解、残缺不全。例如，城镇中的劳保医疗与公费医疗制度已难以为继，农村中的合作医疗制度在大部分地区已遭瓦解，绝大部分社会成员事实上处于劳保医疗、公费医疗与合作医疗的保障之外，疾病医疗问题正在困扰着许多社会成员，这一现状表明了适应市场经济的发展建立新型的医疗保障体系不仅必要，而且具有迫切性。

在新旧制度转轨中，笔者认为，应重视做好下列工作：

1. 建立适用于城镇公务员、企事业单位劳动者的一体化的医疗社会保险制度。在这方面，应逐步将公费医疗与劳保医疗并轨，并逐步扩展到其他所有制单位的职工；在继续保持国家财政补贴和企事业单位供款的同时，由接受医疗服务者承担一定的缴费义务或分担一定比例的医药费用；公务员与保险范围内的劳动者因工伤医疗，可免除个人缴费或分担医药费的义务，但须由所在单位承担其相应的义务。医疗社会保险的一体化不仅有利于扩充经费来源，树立新的医疗社会保险观念，完善医疗保障制度，走出目前医疗保障制度所陷入的困境，而且有助于劳动力市场的形成和充分保障劳动者的健康权益，从而应该成为城镇医疗保障制度改革的突破口。

2. 尽快重建农村合作医疗制度并向城镇扩展。合作医疗保障虽不如医疗社会保险发达，但能解决社会成员一般保健和疾病医疗问题。在新的历史条件下，简单恢复农村的合作医疗保障制度已非可能，但应遵循合作医疗的基本原则，使合作医疗重新成为中国农村亿万人民的健康保障机制。同时，随着城镇经济结构的发展变化，城镇劳动者的就业结构亦在发生变化，一部分劳动者因进入“三资”企业与私营企业、集体企业等而丧失了原有的公费医疗或劳保医疗保障，即使有公费医疗或劳保医疗的劳动者，其家属亦往往保障不足（如有的单位仅保障25％～50％等），较为适合的方式就是以社区为单位，建立起城镇合作医疗保健制度。值得指出的是，从发展的角度出发，因合作医疗保健对疾病医疗的风险分散有限，只能与全民保健计划一样作为整个医疗保障制度的基础，社会成员的大病或特殊病例仍应走社会化程度更高的医疗保险道路。

3. 理顺管理体制。在现行的医疗保障制度下，全民保健计划、公费医疗等均由国家卫生部门负责，而卫生部门又直接掌握着政府办的医院，劳动者的劳保医疗却由劳动部门负责，这种政事不分和卫生、劳动分离的现状显然不利于新型医疗保障体系的形成与发展。因此，理顺管理体制应该成为改革与重建中国医疗保障制度的重点。对此，笔者认为有两个方案可供选择：一是将医疗社会保险从整个医疗保障子系统中剥离出来，并入社会保险体系，由社会保险机构管理与经办，全民保健计划、合作医疗保障等仍由国家卫生行政部门负责管理；二是将医疗社会保险从整个社会保险体系中剥离出来，并入医疗保健体系，统一由国家卫生行政部门或新设置社会保障部的医疗保障司负责管理。不论选择何种方案，均应做到医疗保障管理机构与基金经办机构分离，以及医疗社会保险的一体化。

此外，国家还应根据新的医疗社会问题的出现如艾滋病等而设立新的医疗保障项目，并大力发展以改善社会成员（主要是劳动者）的保健水平为内容的各种公益性医疗服务。现行的医疗保障制度为新中国甩掉“东亚病夫”的耻辱并进入中等以上健康水平的国家写下了光辉的一页，在新的历史条件下，应该尽快建立与之相适应的新型医疗保障体系，以巩固并促进国民健康水平的不断提高。

七、其他社会保障体系及其基本内容

（一）其他社会保障子系统结构

所谓其他社会保障子系统，是除社会保险、社会救助、社会福利、军人保障、医疗保障五个子系统之外的有关社会保障项目的统称，它以社会成员的自助或互助为基本特征，既保障人又保障物，项目分散，水平不一，实质上是国家和社会设立或倡导设立的社会保障补充措施。如中共中央在《关于建立社会主义市场经济体制若干问题的决定》中就将社会互助、个人储蓄积累保障纳入了社会保障体系，并提倡社会互助。

从发展的角度出发，其他社会保障子系统的结构可如图 13—7 所示。

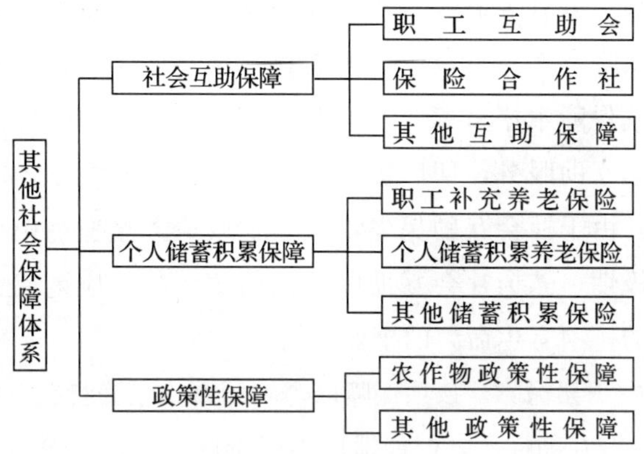

图 13—7　其他社会保障子系统结构图

（二）其他社会保障体系的基本内容

由于项目性质及内容的不同，其他社会保障在严格意义上难以构成一个体系，不过，从社会保障其他子系统的排斥角度来看，它们又可以在事实上构成为社会保障的一个子系统，并可以概括为社会互助保障、个人储蓄积累保障及国家有关政策性保障三个大的项目和若干具体项目，其具体内容包括：

1. 社会互助保障。社会互助保障以社会互助即社会成员的互助互济为特征，它由有关社会团体或群众自发组织（政府引导、指导），主要包括职工互助会、社会保障互助会、保险合作社及其他互助保障等项目。其经费来源于每个参与的社会成员，既有对人的老年互助保障，又有对人的医疗互助保障；既有有偿帮助，又有无偿帮助。（1）职工互助会。它由各级工会倡导组织，面向城镇就业者，到 1992 年年底全国已有职工互助组织 4.3 万多个，参加互助的职工达 870 多万人，其中：养老互助组织 1 万多个，参加者 139 万人；医疗互助组织 5 100 多个，参加者 80 多万人；死亡丧葬互助组织 9 000 多个，参加者 276 万多人；综合或其他类型的互助组织 1.8 万多个，参加者 327 万人①。（2）社会保障互助会。它由中国社会保障互助会组织，是于 1989 年 11 月在北京成立的一个全国性互助组织，旨在帮助涉

① 报刊文摘，1993－08－26

外科技人员和其他非国有单位编制职工，提供养老、失业、医疗、伤残、身亡等互助保障，据有关资料，到1990年年底，参加该互助会的会员已达万人①。(3) 保险合作社。该组织由农村居民自觉组织，其经费应来源于合作社社员，其保障水平较低，但可以为社员提供多方面的保障。此外，倡导民间的志愿互助服务，即以提供劳务的形式互相帮助，亦可以起到互助保障的作用。由于社会互助保障不会增加政府和企业的财政压力，又能调动民间的积极性，弘扬社会互助的传统美德，从而应该成为中国新型社会保障制度中的一项有生命力的事业。

2. 个人储蓄积累保障。该项保障以个人储蓄积累为特征，实行个人账户制，它不具有社会互助性质，但能适应不同阶层社会成员的需要，补充社会保障的不足，确保社会成员的生活得到更好的改善。在这方面，主要包括：(1) 职工补充养老保险，即企业可以根据自己的经济效益和职工工薪收入状况，组织职工补充养老保险，它由职工个人缴费，企业可适当补贴，可以由社会保险机构经办，其目的在于提高劳动者的退休养老水平，并刺激企业提高经济效益和职工福利；(2) 个人储蓄积累养老保险，它可以纳入养老社会保险体系，但由社会成员承担全部费用，如一些地区的个体工商户和个体农民，在没有国家补贴和单位（或集体）经济扶持的条件下，要想解决养老保障问题，现阶段就只能通过将自己平时劳动所得中的一部分交给社会保险机构储存积累起来，到年老之时再行使用，等等。在国家财力有限的条件下，个人储蓄积累保障应大力倡导，并应有组织地实施。

3. 政策性保障。既国家为实施某项社会经济政策而实施的保障性措施，它虽然直接目的不在于社会保障，但客观上能起到社会保障的作用，并具有公益性。如实施农作物政策性保险就在许多国家成为通例，它由农户缴费，政府给予财政补贴或保险费分担，既能促进农业生产的发展，又能保障农户的基本生活和维持其简单再生产，等等。

（三）对发展其他社会保障体系的建议

尽管其他社会保障子系统难以像社会保险等子系统那样发展，但正因为它具有群众性、社会性、公益性，政府所费甚少而解决的社会问题甚多，

---

① 人民日报，1990—12—27

因而在中国新型社会保障制度的发展中不容忽视。笔者认为，在发展其他社会保障体系时，应注重做好以下几方面的工作：

1. 尽可能将其他社会保障体系的建设规范化。国家不可能强迫社会成员开展社会互助和个人储蓄积累保障，但可以在政策上加以引导，并在原则上加以规范，如各种互助会、社会保障基金会的成立条件、运作规则、财务监督、社会管理等均需要制定相应的政策才能走向规范化；再如个人储蓄积累保障亦应该确定经办机构并确保其资金不断增值，避免给社会成员造成经济利益上的损失，等等。只有在政策上加以引导并实行原则规范化、机构管理规范化，才能促进上述保障事业不断发展。

2. 政府应给予必要的扶持。从现实出发，互助会、保险合作社等互助保障、个人储蓄积累保障事业还基本上处于自生自灭阶段，由于经办机构经费无着、资金运营不力，造成了对参加者所缴经费的非保障性侵蚀，损害了社会成员参与的积极性。国内外的经验教训表明，民间解决不了的社会问题越多，政府和社会承担的责任就越重。因此，国家和社会对此不应袖手旁观，而宜采用适当扶持的政策来推动其发展，如补助经办机构的管理费用或充分利用现有机构开展上述工作，确保社会成员的缴费全部用于其社会保障事业。同时，集中运营资金，确保其不断增值，免除社会成员承担的因物价上涨和货币贬值而导致的利益损失。政府的必要扶助将有力地推动这项民间社会保障事业的发展，同时使某些社会问题的解决收到事半功倍的效果。

3. 增设政策性保障项目。如开办农作物政策性保险项目等。

总之，其他社会保障子系统能够充分利用社会成员自己的力量，调动民间力量来解决社会问题，国家在发展社会保障事业时应给其应有的地位，并将其与促进现代社会的文明进步结合起来，确保其健康发展下去。

第四编

港澳台篇

众所周知，香港、澳门和台湾自古以来就是中国不可分割的领土，只是由于历史的原因，才造成它们或孤悬海外，或处于英、葡殖民统治之下，使其包括社会保障制度在内的整个社会、经济制度与中国大陆的社会、经济制度存在着巨大的差异。然而，民族的团结，国家的统一，已不仅仅是海内外华人的共识，而且正在逐步变成现实，如香港将在 1997 年收回，澳门将在 1999 年收回，海峡两岸的统一亦已提上议事日程。可见，无论是从历史的角度还是从现实及未来的角度出发，研究当代中国的社会保障制度，均不可能舍弃对香港、澳门、台湾地区的研究。同时，因上述地区的社会保障制度与大陆有巨大差异，不可能归入中国大陆的社会保障体系，从而有着较高的独立研究价值。因此，本书单独设篇，专门研讨香港、澳门、台湾地区的社会保障制度。

尽管香港、澳门和台湾地区都实行资本主义制度，经济比大陆发达，社会保障水平比大陆高，且均受中华民族传统文化的影响，但具体而言，香港、澳门分别受英国、葡萄牙的殖民统治，社会保险反不如公共援助，从而不如台湾完备；台湾的社会保障是在继承民国时期社会保障制度基础上走向以社会保险为核心内容的较完整体系的。上述地区作为当代中国的特殊区域，相互之间在社会保障水平、项目及内容上均有区别，且均面临着改革、完善的任务。

由此可见，香港、澳门和台湾的社会保障制度既是当代中国广义社会保障制度的重要组成部分，又是各自独成体系、独具特色的社会保障制度，研究其发展规律，总结其经验教训，有着重要的理论与现实意义。

第十四章 香港地区的社会保障制度

一、香港地区社会保障制度的发展

（一）传统的民间救助时期

从鸦片战争后，香港沦为英国殖民地开始，伴随而来的就是外来劳工的疾病、人贩拐卖妇女和儿童、妇沦为娼、弃孤无人养等一系列社会问题，香港地区依赖当地商绅名流和海外华人的捐助，出现了一批民间救济或福利设施，如最早开办的两间福利设施就是东华医院（现在的东华三院）和保良局，前者当时主要为贫困者提供最简单的医疗服务，后者当时主要为妇孺提供简单的食宿收养和遣送服务。此外，还有一些诸如“同乡会”“会馆”等和宗教组织举办的救济、福利机构开展救济与福利服务等事务，这种状况一直延续到20世纪40年代，规模十分有限。

第二次世界大战结束后，香港人口大量外流，仅剩60万人口；而1949年国民党政府败离大陆后，大量大陆移民又涌入香港，人口迅速增加到200万，港英当局不得不采取一些紧急救助措施，但众多需要社会帮助的人口仍依赖当地及大陆迁港的民间慈善团体、宗教团体来办理各种救济、福利事务。不过，联合国及国际资本主义社会出于深恐香港出现革命，亦在人力、物力及资金等方面给予了支持，台港当局亦专门对迁港等地的大陆人实行一些接济。

到20世纪50年代初期，港英政府一方面从法律上、组织上开始介入社会保障事务，举办个别社会保障项目，如1953年建立强制的雇主责任制度，实施雇主责任强制保险等，另一方面亦对民间社会救济、社会福利机构给予资助。然而，20世纪50年代初期，在包括香港在内的英国所有的殖民地建立中央福利基金的提案却不幸被否决了，港英当局当时对实行缴纳保险费的社会保障方案仍抱敌对态度。因此，20世纪60年代以前的香港地区，并未建立过通常意义上的、由政府举办的、成体系的社会保障制度，这一时期仍主要依靠民间、宗教力量办理救灾、济贫事业，并采用实物援助的方式，即向有关社会成员发放食品、干粮以及提供有关社会服务等，实施范围主要是老、弱、伤、残和极少数贫困家庭。

这一段历史表明，社会保障在香港地区起步较晚，阻碍其发展的主要因素并非出于经济上的原因，而是港英政府只将社会保障视为对社会起修补作用的无足轻重的工具，并未将社会保障看成为建设一个更公平、更合理、更崇高的社会的手段。因此，我们尽管可以认定社会保障的推行对各国社会经济的发展起过或正在起着重大的促进作用，但这种作用在香港地区的经济发展中却不能过高评价，至少在20世纪60年代以前是如此。

(二) 社会保障事业的建立与发展过程

20世纪60年代中期，受内地“文化大革命”的影响，1966年和1967年，香港地区两次出现较大规模的工人罢工与学生游行反对政府的运动(在香港被称为“暴乱”)，虽然罢工更多的原因是政治因素引起，但亦包含了劳资关系、劳工权益保障问题，从而严重地震撼了雇主阶层和港英政府，使港英当局和社会各界不得不重新认识和评估社会保障对殖民地社会的经济发展的影响和作用。如当年一个官方调查委员会在《考虑社会保障某些方面的部门间专题调查委员会报告》(香港，1968年)中就指出“尽管香港在其他方面有了显著进展，在社会保障领域内却以几乎完全没有发展而引人注意……这个经济那么依赖制造业和再出口，并且缺乏自然资源的稳定性，对于可能危及经济发展的任何事情就不愿去做……”①，港英政府作出大量努力的仅限于住房建筑和政府医院、诊所提供免费或廉价医疗，至于

---

① [英] 乔·英格兰，约翰·里尔著. 香港的劳资关系与法律. 上海：上海翻译出版公司，1984. 23

社会保障的其他方面，实际上事事都依靠非官方机构。许多劳动人民的生活仍然贫困、艰苦和无保障。对此，港英当局开始制定以提供津贴为主要形式，以志愿机构为主要力量，以提供各种社会福利为主要内容的社会保障制度。如 1968 年，港英当局即在旧的雇主责任制基础上，就雇主对雇员应负的疾病与生命保障及福利之责作了法律规定等。

香港地区社会保障制度的真正建立，则是在 1971 年麦理浩爵士被任命为新总督以后，这一时期虽没有接受政府管理的全面分担保险的社会保障观念，但当局的政策在事实上自 20 世纪 70 年代开始，向社会保障和收益分配作出了重要转折，并一直至今。例如，1970 年，港英当局开始就儿童福利问题立法；1971 年，开始就失业问题制定政策，并实行现金公共援助方案；1973 年，建立了普遍老年津贴和残疾津贴制度；1977 年，实行新的失业保险政策，根据某些条件为失业者提供现金援助，并建立免费的公共职业介绍所制度；1978 年，建立了老年经济状况调查补贴与残疾补贴制度，同年还颁发了一个交通意外被害人（援助基金）条例，并从 1979 年 5 月施行。进入 20 世纪 80 年代后，港英当局又对其社会保障制度进行了一些修订或补充，如 1986 年就先后订立了伤残者的特殊交通政策和有关成年弱智者、精神病患者监护权的法例，以及精神健康修订法案等，对贫穷、失业、年老、残疾的人的现金帮助，对儿童的保护，对受伤者的赔偿，对住宅、医疗、教育等问题的解决均有了改进。可以这样说，20 世纪七八十年代是香港建立和发展其社会保障事业的重要时期。

（三）香港地区现行社会保障制度的结构

目前，香港地区的社会保障制度可以概括为社会保障援助、社会福利与保障服务、公务员保障、雇主责任制及其他一些项目，其中由港英当局专司社会保障事务的社会福利署直接负责的，主要有公共援助、特别需要津贴、暴力及执法伤亡赔偿、交通意外伤害援助、紧急救济，以及社会福利与保障服务等项目，老、幼、伤、残、弱智者备受关注。此外，1993 年 10 月，香港开始实施《职业退休保障条例》，亦表明其在老年保障方面正在变革或改进。在社会保障实施方式方面，香港地区采取的是公办、民办公助、民办等多种形式并存发展的方式；在给付手段上，1971 年开始以现金援助（少数项目仍提供直接服务）取代实物援助，援助金额随保障项目的增加、受保者人数的剧增及援助标准的上升而相应提高。

综上可见，香港地区的社会保障制度形成时间较晚，虽然取得了巨大的成绩，但迄今仍不如西方工业化国家发达，而且也不如台湾地区全面，还面临着改革与完善的任务。当然，与内地相比，香港地区因人口不多，经济基础好，社会保障水平在总体上要高得多，这是毋庸置疑的。

二、香港地区的社会保障援助

社会保障援助是香港地区社会保障制度中的主体，它由港英当局的社会福利署统一管理，包括公共援助、特殊需要津贴、暴力及执法伤亡赔偿、交通意外伤亡援助、紧急救济基金、长期服务金、失业津贴等若干具体项目。其中公共援助中的老年补贴与特别需要津贴中的高龄津贴构成了对老年人的保障，公共援助中的伤残补贴与特别需要津贴中的伤残津贴构成了对伤残人士的经济保障。

（一）公共援助

公共援助，是面向全港居民的一种综合性救助、保障制度。由于香港地区没有其他缴纳保险费的社会保险保障，公共援助就成了对贫困、残疾等社会成员起保护作用的第一条也是最后一条防线，从而一直被称为香港社会保障制度的重要支柱。公共援助的经费全部来源于政府拨款，雇主及受益者均不需缴费；公共援助的内容包括基本援助金、老人补助金、伤残补助金和长期个案补助金，以及有关租金、学费、膳食等特别开支的补助等具体项目。

根据现行规定，公共援助面向全港居民，申请公共援助的条件是必须在港住满一年，并接受社会保障机构对其经济状况的调查，在符合上述条件的前提下，具备下列条件之一者即可获得有关援助金：一是15岁以下和59岁以上的幼老；二是由官方医生检查并证明有疾病而无法工作以及未获得职业的失业者；三是收入低微而无法维持生活者；四是15～59岁之间身体健康人士，因照顾老、弱、伤、残亲属等原因而未参加工作者。

在20世纪80年代中、后期，符合条件的单身人士每月可领取510港元的援助金；年龄在60岁以上，没有接受特别需要津贴或伤残补助的老人则可以每月再领取 255 港元的老人补助金；部分弱能、已丧失一半工作能力而接受公共援助者，如没有领取老人补助金及特别需要津贴，每月可领取 255 港元的伤残补助金；全年 12 个月均需公共援助的家庭则每年还可领取 1 290 港元（单身为 645 港元）的补助金①，等等。据统计，80 年代领取该项援助现金的人士年均约 6 万人左右，金额为 5 亿港元左右。

（二）特殊社会保障援助

所谓特殊社会保障援助，是作者对香港地区目前实施的有关特殊社会保障项目的统称，其特点是与特殊事件相关联，受益对象并非公众而是特殊的对象。它主要包括以下几种：

1. 特殊需要津贴。主要包括高龄津贴和伤残津贴，由政府负担全部费用。其中：高龄津贴的实施范围是年龄在 70 岁以上且在香港地区连续住满 5 年的老人，不论其经济情况如何均可申请高龄津贴，其标准为每月 255 港元；伤残津贴则无论年龄大小，只要在香港地区连续住满 1 年以上的严重伤残者，均可申请，每月补助标准为现金 510 港元。1984 年，全港接受该两项援助的人士为 25.5 万余人，总开支为 7.92 亿港元②。

2. 交通意外伤亡援助。这是根据港英当局 1978 年通过的《交通意外被害人〈援助基金〉条例》，为因交通事故意外受害者或死者家属提供的现金援助，其执行的是无过失原则，即只要不是受害人自己故意行为所致的交通事故伤害，均可从社会保障机构获得现金援助，并不必接受经济情况调查，但须向警方报案，并于事故发生后半年内提出申请。

3. 暴力及执法伤亡赔偿。这是为暴力行为的受害者以及因履行公务而遭意外伤害的执法人员以及死者遗属提供的专项经济援助，仍采取现金给付的方式。

4. 紧急救济基金。该项基金是专为遭受水灾、火灾及其他灾害打击的受灾人士提供紧急救济而设立的，主要是为灾民提供饭菜、衣物、毛毯等生活必需品以及救济金。如九龙深水埗的九龙厨房就是香港地区社会保障部门专为灾、难民免费提供膳食服务的单位。

---

①② 郑德良. 现代香港经济. 北京：中国财经出版社，1987. 82

（三）失业津贴与长期服务金

失业津贴与长期服务金，均是面向雇员的社会保障援助项目，它的实施，在一定程度上弥补了香港地区没有失业保险制度的缺陷，使雇员在生存权益保障方面的状况有所好转。

1. 失业津贴。失业津贴亦属公共援助范围，其经费仍由政府负全责，它的实施范围是年龄在15～59岁且收入有限的香港地区居民，其首次立法为1971年，现行立法则是1977年。根据现行法规，领取该项津贴的条件是居住1年以上并已登记失业，同时接受社会保障机构的经济状况调查，其标准为：独身者，1月为510港元；符合条件的家庭成员第1～3人每人每月为370港元，第4～6人每人每月为315港元，第7～8人每人每月为245港元，由社会福利署和劳工处共同管理。一般而言，香港地区的失业率是较低的，如从1977—1985年间，失业率最高的一年为4.3％（1980年），最低的一年为2.7％（1978年），年均为3.8％，但绝对数最高的一年仍达1万余人①，如果再加上其家属，则受影响的人口会更多。因此，在香港地区建立健全的失业保险制度并非没有必要。

2. 长期服务金。这是根据1986年1月开始实施的《长期服务金法案》而增设的社会援助项目，其内容是：凡符合有关年龄和年资条件的雇员，并属下列情况者，均可领取长期服务金：被雇主在无“合理理由”下解雇，雇主在约满后不再按同一契约或在雇员同意下与其续订新约、或因雇主苛待健康受害等而自动终止契约的雇员。这项法案实施的目的是减少雇员的流动性，并使工龄长的职工得到一定的保障，因此，年轻劳工未能受惠。

三、香港地区的社会福利

（一）社会福利的发展简况

香港地区的社会福利，实质上包括了直接的社会福利待遇和社会服务，它在20世纪60年代以前一直是由民间志愿机构办理的。60年代后，港英政府才真正开始承担策划全港社会福利事务的责任；到了70年代，政府则

① 根据香港《经济概况》（1977—1985年）资料换算。

积极地为志愿机构提供经济资助，不仅与志愿机构结成了亲密的“伙伴关系”，而且亦直接办理一些社会福利事务。在社会福利立法方面，香港地区颁发过有关儿童福利、妇女福利、贫困与疾病对策、对不良行为的预防与监护等方面的法规。此外，还于1970年制定了儿童养护设施标准，1973年制定了保育所标准，1973年制定了家庭服务机构标准等。为做好社会福利工作，香港在社会福利署之外还专门设立了社会福利咨询委员会，该机构的任务就是评价并监督有关福利政策的实施，向各个设施发放补助金，同时起草有关福利设施标准的草案，其评价机构如图14—1所示。

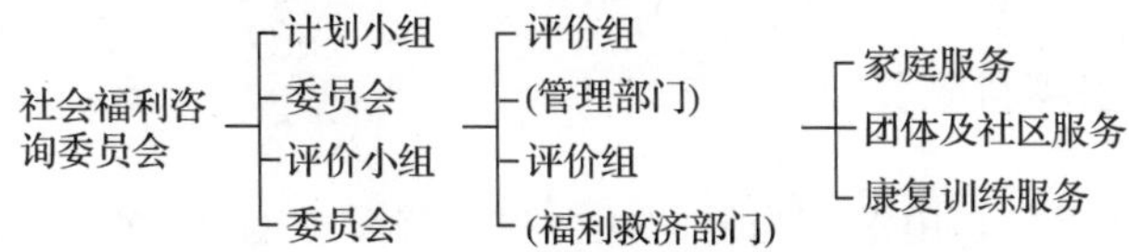

图14—1　香港社会福利设施标准的评价机构①

从香港地区现行的社会福利情况来看，它主要以免费或廉价的社会服务方式为主，辅之以少量现金补助；其实施者包括公办、民办、公助民办三种设施，工作人员约12 000人。香港地区社会福利的具体项目名目繁多，但主要可以概括为儿童福利、家庭福利、残疾人福利、老人服务、青少年服务、医疗服务等类型（公务员福利将另行阐述）。仅在政府社会福利补贴志愿机构支出方面，1985—1986年为4.485亿港元，1986—1987年为5.044亿港元，1987—1988年度为6.371亿港元，1988—1989年度为7.764亿港元，1989—1990年度为9.542亿港元，1990—1991年度为12.53亿港元，1991—1992年度为15.876亿港元，7年间就增长了2.54倍②。

（二）儿童福利

香港地区的儿童福利包括下列三种：

1. 由社会福利署设立的专门的儿童院，收容被人遗弃在街头流浪需要保护的儿童，为其提供生存条件和安全保护。

2. 提供免费的或视家庭情况象征性收费的儿童保护照顾服务，如设立儿童院、男童院、女童院、未婚母亲院舍、小型儿童之家及寄养服务，对

① ［日］国际社会福利协会日本国委员会．各国的社会福利．北京：华夏出版社，1988．236

② 中国统计年鉴（1993）．867

象是缺乏适当家庭照顾、或有轻微行为问题需要特别照顾的儿童、青少年，通过保护性的照顾，使他们能过家庭环境中的正常生活，服务形式分为住院和非住院照顾、学校课程教育、职业先修训练、社会工作辅导、康乐、体育、医疗等。

3. 幼儿园服务，主要为零岁至 6 岁的儿童服务，包括部分伤残、弱智儿童，或家庭破碎儿童，服务方式有日托、全托，按政府规定收费。

此外，港英政府还于 1985 年设立中央虐儿档案室，以便有关机构查询和关注，更好地保护儿童。

（三）家庭福利服务

家庭福利服务，由港英当局的社会福利署设立的 20 多个家庭服务中心和许多志愿机构提供。其服务范围包括：私人及家庭问题的咨询辅导，失业、入狱、遗弃、患病或死亡造成的困难，严重身心缺陷、弱智或年老者的照顾扶助，以及料理家务、护送服务（去医院、学校）、膳食服务（购物、送饭、上门煮食）等。

在上述服务中，辅导服务、家庭生活教育等均免费，家务助理则低收费。此外，还履行保护妇孺人身不受侵犯、婚姻诉讼及未成年人监护等职责。

（四）残疾人福利

残疾人福利的实施范围是香港地区通常所说的五种先天或后天造成的伤残人：一是盲人及弱视者；二是聋人及弱听者；三是肢体残缺者；四是弱智者；五是精神病患者。以需要特殊教育的残疾儿童为例，1994 年春就有 8 000 多人，其中生理伤残者约 3 000 人，弱智者达 5 000 多人，与 1983 年相比，前者下降了 2%，后者却上升了 24%①；如果再加上先天或后天残疾的成年人，香港地区的残疾人要占总人口的 4%以上，从而构成了一个需要社会特殊照顾和帮助的阶层。

残疾人的福利，包括以下四个方面的具体内容：

1. 识别和诊断服务，如眼科诊所、聋度检查、智商检查等。

2. 开办各类盲校、聋校、弱能学校，为各种伤残儿童、青少年服务，

---

① 长江日报，1994－03－22

将特殊教育与康复工作相结合。

3. 开办少量收费的康复服务，主要为失明、伤残、弱智及精神病患者提供康复服务，全港设有约90个规模不等的康复中心和院舍。如戴麟趾夫人康复院，就是著名的专为因工伤、交通等各种事故受伤致残者提供治疗、康复服务的，它设有物理治疗部、职业治疗部、义肢矫形部、社会工作部等部门，工作人员有医师、物理治疗师、教育心理学家、假肢技师等。再如盲人辅导会康复训练中心，主要是为16岁以上的盲人教授文化、打字、电话接线、剪缝、家政等内容的场所。

4. 为残疾人提供经济援助、体恤安置、庇护工场等。如全港伤残人士不论有无职业和贫富程度，均发给伤残津贴。盲人辅导会属下的盲人工厂，伤残人占比例高达83%以上，该会还为社会盲人提供短期居停场所；香港康复会专设“康复巴士”为伤残人士服务。

（五）老人福利服务

香港地区的老人福利服务，主要面向60岁以上的老年人提供福利，或根据个别需要提供各类老人宿舍和安老院这种收养性的住舍住院照顾。一般而言，老人社会福利服务除有关津贴由社会保障机构直接支付外，主要通过建立各种民办公助性质的安老院等机构提供，其经费的80%由社会福利署供给，20%由各种福利机构自筹或募捐解决。具体而言，香港地区的老人福利和服务主要有：

1. 公共援助中的老人现金补贴以及老龄津贴、伤残津贴等覆盖了全港老年人（前已述及）。

2. 社区支援服务。如老人中心（按每3万人口社区设置一个）、老人社区服务中心（按20万人口社区设置一个）、日间护理中心、老人日托中心等为老人提供着各种文娱、技能、康乐、社交活动，以及日间饮食护理照顾，膳食服务、洗衣服务、浴室服务、探访服务、家务助理服务等。

3. 院舍服务。如设立老人宿舍、护理安老院、为老人提供综合服务。

4. 医疗服务。如政府办的诊所为老人提供优先门诊服务、安排护士到老人家中为其提供社康护理服务及老人保健服务。

5. 提供交通服务、老人就业辅导服务，以及为贫困者提供的免费殡葬服务等。

（六）其他社会福利

除了上述面向儿童、家庭、残疾人、老年人的社会福利或保障服务外，香港地区的居民还可根据自身情况享受有关青少年活动服务、医疗服务、住宅福利、教育福利等，这些项目与儿童福利、家庭福利、残疾人福利、老年人福利共同构成了香港地区社会福利体系。

1. 青少年活动服务。它面向6～24岁的儿童和青少年，旨在通过各种训练、社交活动、康乐活动，发展青少年的个性、才能与公民责任感，使之健康成长，其项目有设立儿童中心、青年中心、图书馆以及社团活动等。目前，社会保障署在全港设有130余间儿童中心、150间青年中心和90间儿童及青少年中心，为青少年提供各种健康的活动场所及各项设施服务。

2. 医疗社会服务。香港还尚未建立社会化的医疗保障体系，但通过政府公立医院或政府资助的医院实行收费标准低廉的医疗照顾。公立医院的职责就是为港人提供公共卫生和疾病预防服务以及意外和急诊服务，治疗工伤及灾难性疾病，协助病人重新适应社会环境。其医疗保健事业支出在1975/1976年度为5.65亿港元，1985/1986年度上升到40.02亿港元，增长18.5%，在1992—1993年度，港府安排公共机构补助费为123.68亿港元，到1993—1994年度，该项补助费达146.56亿港元，其中绝大部分就用于医疗方面①。因此，一方面，香港医疗保健的支出仍在直线上升；另一方面，却又未能形成全民医疗保险制度。

3. 住宅福利。它主要通过当局投资建设公屋的途径为居民提供廉价屋、廉租屋，有的还可享受住房津贴；港英当局投入房屋建设的资金在1975—1976年度为6.65亿港元，到1985—1986年度达62.21亿港元。住在政府兴建的廉价屋、廉租屋中的香港居民约占全港人口的45%以上。

4. 教育福利。在教育方面，香港地区从1978年9月开始，实施9年免费强迫普及教育，公立学校或部分私立学校直接接受政府的专项资助，如1986年用于教育的各项经费达44.86亿港元，占港英政府年度总支出的13.54%。此外，还为伤残、弱智人员开办特殊学校70余间，均由政府设立或给予资助。

---

① 香港．经济导报，1933，8：13

四、香港地区的公务员保障

公务员是香港社会的一个特殊组成部分，其范围比较广泛，政府机关以外的公共服务部门的员工也被列入公务员队伍。据 1991 年统计，香港地区有公务员 19 万余人，占总人口的 3.2%，其中本地雇员占 98.7%；海外雇员占 1.3%①。由于港英政府对公务员实行高薪酬、高福利、职业有保障的政策，公务员被港人誉为“金饭碗”。

香港地区公务员制度的特点，首先在于职业有保障和薪酬高，如在香港政府的财政总支出中，用于公务员薪俸的支出要占到 25%～37%。在香港地区公务员的社会保障，主要有各种津贴和各种福利，以及退休、抚恤制度。

（一）公务员的津贴制度

香港地区公务员的津贴多达 10 多种，津贴项目与金额与职级高低成正相关，即职级越高，津贴就越多；外籍公务员的津贴待遇比本地公务员的津贴还要高。据统计，香港公务员的津贴总额占其年薪总额的 40%以上，首长级官员每年可获得各项津贴高达 30 万港元，为其年薪的 85%。具体而言，公务员的津贴主要有以下项目：

1. 额外职务津贴。即公务员执行额外的公务可获该项津贴，津贴标准视职务和难度而异。

2. 辛劳津贴。公务员如需执行“性质特别令人讨厌的职务”，或曾在危险情况下执行任务，可获得该项津贴。

3. 超时工作津贴。凡超时工作又未补假的公务员，可获该项津贴。

4. 轮班工作津贴。节假日轮班可获该津贴。

5. 制服及用具津贴。公务员因职责关系负担较大的衣着支出，可获该项津贴。

6. 子女教育津贴。包括本地教育津贴和海外教育津贴两种。本地教育津贴按学年根据小学 8 475 港元、中学 1～3 年级 14 625 港元、中学 4 年级

① 张金龄．海外公务员工资福利制度．北京：人民出版社，1993．279

以上 14 100 港元的标准计付，海外教育津贴则视国家和子女的大小而有差异，公务员最多可同时为 4 名子女申请这项津贴。此外，公务员还可根据有关条件享受预支薪金、署理津贴、膳宿津贴、上班候命津贴、飓风值班津贴；而首长级的公务员还有娱乐津贴、度假津贴、私车津贴等福利性津贴。

（二）公务员的福利待遇

公务员享受的福利待遇一般比私营机构职工高，职级越高，福利越优厚。主要包括：

1. 住房福利。房屋委员会每年拨出 1 700 多个公共屋村单位分配给低级公务员，对海外雇员给予自行租房津贴，资助公务员自置居所，给予优惠购房贷款等，均对公务员的居住环境起到了改善作用；如从 1990 年 10 月起，对符合条件的公务员自置居所的津贴额每月达 13 000～36 000 港元，为期 10 年。

2. 医疗待遇。公务员患病，按年资可享有全薪病假及半薪病假各 91 天或 182 天。如果是难愈疾病，假期可以延长，超过规定假期则停薪留职或提前退休。女公务员还可按规定享受全薪分娩假期；公务员及其配偶和子女有资格在政府诊所及医院获得免费医疗；公务员因伤致残而该退休的，可发给伤残津贴；退休公务员及其供养的亲属享受与在职公务员相同的医疗待遇。

3. 其他福利。如子女教育福利，就是面向每学期的本地公务员子女和海外雇员在原居地受教育子女的，海外就学的子女可每年免费回港两次等。此外，还有免费旅游等福利待遇。

（三）退休抚恤制度

在退休制度方面，公务员的退休年龄为 60 岁，特殊岗位公务员可在 55～60 岁之间退休。根据现行规定，退休金按公务员的类别和连续服务年限分为长俸退休金和一次退休金，凡连续服务在 10 年以上的公务员可享受长俸退休金，计算公式为：长俸额＝1/675×服务月数×年薪，按年记取；凡连续服务不满 10 年的公务员可获得一次退休金，其数额相当于该公务员应得退休金的 5 倍，一次性支付。从发展情势看，因为退休人数增加和标准提高等原因，香港地区的公务员退休金在近几年增长较快，如1985—1986年度，在香港政府财政支出中，公务员退休金达12.3亿港元；1986—1987年度为12.9亿港元；1987—1988年度为13.5亿港元；1988—1989年度为16.1亿港元；1989—1990年度为19.5亿港元；1990—1991年度为25.4亿港元；1991—1992年度为35.2亿港元；到1993—1994年度却增长到49.23亿港元（预算）。9年间退休金增长3倍①，每3年增长1倍，可见增长势头甚猛。

在公务员抚恤制度方面，视已故公务员薪金、年资以及是否在职或退休后死亡而定，如现职人员（包括合约雇员）因公受伤致死，除可获丧葬费23 300港元外，其遗属还可获得如下待遇：配偶和父母每年可获得公务员年薪1/6或12 000港元；子女每名的恩俸额是配偶所得的12.5%～25%，每年最少为6 000港元。②

五、香港地区的雇主责任制

在各国的工业化进程中，劳工社会保险尤其是工伤保险等往往是被最先考虑的。然而，在香港地区，却由于政府不愿承担这种责任，迄今未能建立完整的劳工社会保险制度，该地区的劳工在年老、贫困、遭灾等情况下往往依靠全民化的公共援助、社会福利给予保障，在工伤、疾病、生育等方面，则依靠雇主责任制提供保障。所谓雇主责任制，就是根据香港地区1953年颁行并于1980年修订的劳工赔偿条例和1968年颁行的雇员疾病与生育补助条例举办的社会保障项目，它由港英当局卫生福利司劳工处管理，由有关保险机构承办，所需经费全部由雇主承担，政府不补贴，受保人亦不需缴费，从而相当于西方工业化国家的工伤、残疾保险等。

（一）工伤赔偿制

工伤赔偿制，是面向所有工资收入者和薪金雇员的一种工伤社会保障

① 中国统计年鉴（1993）. 北京：中国统计出版社，1993. 867；香港. 经济导报，1993，813

② 张金龄. 海外公务员工资福利制度. 北京：人民出版社，1993. 296

制度。享受工伤补助条件无最低合格期限规定，并适用于绝对责任原则，即受保人只要不是自己故意伤害自己，一旦伤残或死亡，就可获得工伤补助。具体而言，工伤补助又分为：

1. 遗属保险金。凡雇员因工伤而死亡并有需抚养家属的，按死者年龄的不同而确定保险金，40 岁以下者支付遗属相当于死者 84 个月收入（包括工资、补助、津贴等，下同）的保险金，40～56 岁者支付遗属 60 个月收入，56 岁以上者支付遗属 36 个月收入，最高标准 24.2 万港元，最低标准为 8.1 万港元①。此外，无遗属者给付丧葬费 3 000 港元。

2. 伤残保险。雇员因伤而致永久完全残废的，根据雇员的年龄一次性支付 48～96 个月的收入，最高为 27.6 万港元，最低为 9.2 万港元，另外再一次或定期支付至多 2 年、最高为 11.1 万港元的经常护理补贴。雇员因伤而致永久部分残疾的，根据受保人的残疾程度，按发给全额保险金的一定比例支付伤残保险金（有明细标准），如两肢残废或双目失明，按全额保险金给付，一肢残废或一目失明则按全额保险金的 30%～65%给付。

3. 工伤补助。该项补助面向那些遭受工伤但并未致成永久完全或部分残废的雇员，其待遇为：根据具体情况按受保人负伤前后收入差额的 2/3（部分残疾按比例减发）标准支付，支付时间为工伤 3 天等待期后支付，至多为 24 个月。

此外，对于工伤受害雇员，还有专门的医疗补助，主要用于医疗检查、治疗和辅助器具。

（二）疾病与生育保障

雇员的疾病与生育保障制度②，是根据 1968 年的有关法规建立起来的，其实施方式是现金补助，实施范围是每月收入为 9 500 港元或以下的雇员以及所有体力劳动者。该项保障由劳工处负责管理，政府不负担，受保人不缴纳，全部经费均由雇主缴纳。其内容包括：

1. 疾病现金补助。享受条件为连续就业 1 个月及以上者，患病后经 3 天等待期即可领取该项补助金，其标准相当于受保人患病前后工资收入的 2/3。

---

① 郑功成著．责任保险理论与经营实务．北京：中国金融出版社，1991．163～164

② 美国社会保障总署编．全球社会保障制度．北京：华夏出版社，1989．306～307

2. 生育现金补助。凡连续就业 40 周的妇女，可享受生育现金补助待遇。生育补助的时间从产前 4 周到产后 6 周，标准相当于受保人工资收入的 2/3。

除上述保障外，香港对雇员并无专门的医疗补助，而是通过公立医院提供医疗照顾，雇员可享受收费标准较低的待遇。

六、香港地区社会保障制度的特点

香港地区的社会保障制度，自 70 年代以来，取得了很大的成就，同时也形成了自己的特色。

（一）社会保障体系独特

香港是华人的世界，是中国的一部分，必然具有深厚的民族传统，养老、抚幼、照顾残疾人等数千年来一直是中国家庭的功能，这一观念抑制了香港居民对类似西方工业国家的社会保险及高福利保障的需求。同时，香港受英国的殖民统治近百年，实行的又是自由的资本主义经济，也必然深受西方文化观念和社会习惯的影响，进而逐渐接受并要求建立社会化的保障体系；依赖家庭与依赖社会两种相对立的观念均对香港地区居民及当局的思想与行动产生影响。由于百姓不是像西方国家国民那样，视政府提供社会保障为天经地义，加之许多慈善机构提供的救助对当局社会保障的不足起到了缓冲作用，港英当局亦将收入保障、老年保障等看成是个人的责任。是故，港英当局一方面迄今把实施缴纳保险费的社会保障方案看成是有碍香港经济增长的因素，拒绝建立西方式的社会保险制度和新加坡式的中央公积金制度；另一方面又不得不根据实际情况和世界潮流，将帮助那些不能照顾自己的人即老年人、残疾人、贫困者等脆弱群体放到重要位置上，并普遍建立起公共援助制度和类似西方的公务员高福利制度等，以使全体社会成员均能得到基本生活标准的保障。因此，香港地区的社会保障体系既非西方式，亦非东方式，而是东、西方观念相结合下的产物。香港地区作为英国的殖民地长达 90 余年，却始终未接受“福利国家”的社会保障制度，而是建立起包括政府独立负担的公共援助制度和公务员保障制度、政府与民间共同负担的社会福利制度，以及由雇主独自负担的雇主责任制在内的独特社会保障体系，不能不说是当代世界社会保障制度的一个特别的例外。

（二）组织管理体制健全

香港社会保障立法事务由其立法局管理，但社会保障事务的具体实施却以香港政府的社会福利署为主管理。此外，卫生福利司的劳工处负责劳工工伤保障和疾病、生育补助的管理，医疗处负责部分医疗保障事务，房屋司、教育司等亦参与有关社会保障项目的管理。从社会保障署的机构设置来看，它设有秘书处和发展部、补助部、社会保障部（管理各项津贴、援助等）、执行部等四个职能部门，同时实行分区管理制度，将全港分为香港区、东九龙区、西九龙区及新界区，每区设福利专员，专员以下则按区域大小而设正、副区主任，然后再根据需要设立联络员和工作员等。具体而言，香港政府社会福利署的行政组织结构可见图 14—2。

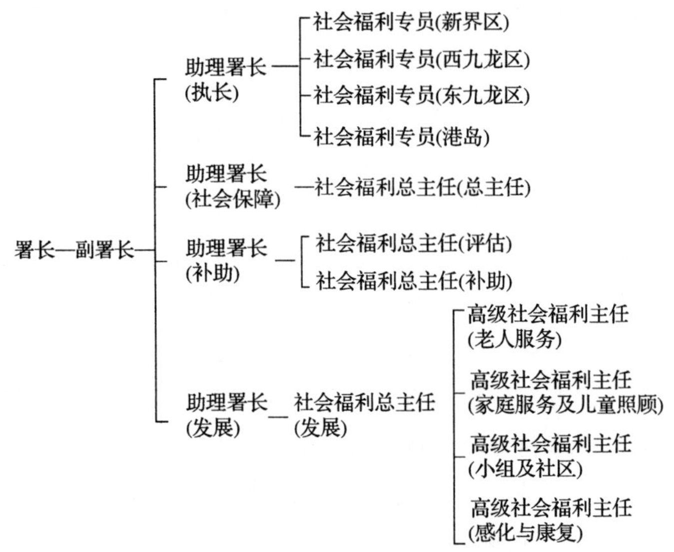

图 14—2　香港政府社会福利署行政组织图

由上图可见，社会福利署的行政组织机构是健全的，这是香港地区现行社会保障制度实施中具有高效率的重要保证。此外，自 1984 年年底开始，香港各级社会保障机构（包括社会福利署系统、劳工处等）均实行了管理电脑化，使各项社会保障计划改以电脑系统处理，从而节省了人力和时间，保证了各项社会保障金额发放的准确性。在政府的管理之外，香港还有一些有影响的咨询机构或协调机构，如社会福利咨询委员会（见图 14—1）、社会服务联会等。

以社会服务联会为例，它是 1947 年创立、1949 年注册、1951 年成为法人团体的一个由各志愿机构组成的较大的松散型协调组织，其经费的 91.3%来自政府，5.3%靠公益金拨款，3.4%来自会员会费及捐助①，但社会服务联会的政策不受经费来源所左右，而是以香港地区社会保障事务中的协调者的身份出现。该会共有会员机构 160 多家，在联会下设有儿童及青年部、家庭及儿童服务部、复康部、社区发展部、安老服务部及服务工作、发展（即研究、训练工作）、国际及地区事务、新闻联络、行政等 10 个工作部门，有职员约 400 人。该会的作用在于两方面：一是对外代表社会福利志愿机构，面向政府和社会各界提出要求、建议，推动社会保障政策的改进和福利事业的发展；二是对内面向各志愿机构，协调工作，并担负某些制度、政策的研究等。

立法局管立法，社会福利署等职能机构管实施，民间团体参与协调，构成了香港地区社会保障事务的组织管理体制。

（三）志愿机构是一支重要力量

在香港政府还未介入社会福利事务之前，民间的福利工作就是由一些热心公益的人士、社团或宗教团体本着慈善为怀的精神，出钱出力组成志愿机构，担当救灾济贫的道义责任。有几家著名的志愿机构早在 19 世纪末就开始为港人服务，而大部分志愿机构则是在第二次世界大战以后相继成立的。在 20 世纪 60 年代以前，志愿机构一直是香港地区社会保障事务的实践者和主力军，到 70 年代以后，随着港府公共援助、公务员保障、雇主责任制度的建立和实施，志愿机构在全港社会保障事务中的作用才逐渐减弱，但迄今仍是香港地区实施社会保障制度的主要力量，尤其是在社会福利方面，更是占据着主体地位。志愿机构的服务已经不是以救济为主，而是以预防社会问题的发生以及发展新的社会服务为主。据统计，在全港的

---

① 高振荣．策划者，实践者，协调者．中国社会报，1988－01－08

社会福利工作中，志愿机构承担着2/3以上的工作量；在全港的社会福利工作队伍中，志愿机构的工作人员达8 000多人，而社会福利署系统仅3 500余人，志愿机构的工作人员数占社会福利工作人员总数的70%。

例如，作为香港最大的民间社会福利团体之一的东华三院（即广华医院、东华医院、东华东院），就具有百年的历史，设有医务部和行政部，共有员工6 000多人，其服务范围包括：一是提供免费医疗服务，三院设有5 000多张病床，占全港病床的20%，医务人员达3 700多人；二是办有小学8所、中学8所、幼稚园2所、特殊学校和职业先修学校各1所，为全港市民提供着2.4万个入学名额；三是办有安老院及老人宿舍6个、托儿所7个、儿童及青年活动中心4个，以及殡仪馆2个、骨灰安放所2个等，为市民提供着多种免费或减费的社会服务。

志愿机构与政府的关系被称之为“伙伴关系”，其实质是互相配合、支持，互相要求、制约，但又不相互包揽取替；政府管宏观，志愿机构管微观；政府管策划，志愿机构管实施。志愿机构的经费来源，一般由政府津贴80%，自筹20%，其自筹经费主要通过社会各界捐赠、实业收费、服务部分收费以及志愿机构负责人的年捐等。目前，志愿机构的服务网点遍布香港、九龙、新界各地，甚至边远的小海岛，形成了一个社会化的、社区性的、民间性的社会福利保障和服务网络，它不仅直接减轻了政府的财政压力和社会保障工作压力，更重要的在于为香港地区社会经济的稳定发展作出了重要的贡献。

（四）发展有其自身规律

对香港地区的社会保障制度，在港人心中有广义与狭义的理解：前者认为该地区的公立医院和民办公助医疗改革、房屋政策及教育政策应该与社会福利署及劳工处管理的社会保障事务一样，视为社会保障体系的组成部分；后者则认为社会福利署与劳工处目前负责的范围才是真正的社会保障，港英政府持的即是广义社会保障观点，在其政府开支中亦将教育开支、医疗开支、房屋开支、社会福利开支、劳工开支等统称为社会服务开支。对此，作者认为，除目前公认的社会保障项目外，政府投资于医院、房屋及教育等方面资金中的一部分实质上是用于港人福利的，但这些投资中的绝大部分并非为港人福利性地享有，而要明确从经费上界定又显得十分困难。不过，从香港政府有关社会服务的综合账目开支（见表 14—1）中仍可窥其一般性的发展规律。

表 14—1　　香港地区部分年度社会服务开支情况表　　单位：百万港元

项目	1975/1976 年		1979/1980 年		1983/1984 年		1985/1986 年	
	社会服务支出额	占港府总支出%	社会服务支出额	占港府总支出%	社会服务支出额	占港府总支出%	社会服务支出额	占港府总支出%
教育	1 263	19.2	2 438	15.6	5 105	14.3	7 807	17.1
医疗	566	8.6	1 229	7.9	2 665	7.4	4 002	8.7
房屋	665	10.1	2 376	15.2	4 919	13.8	6 221	13.6
社会福利	359	5.5	719	4.6	1 710	4.8	2 534	5.6
劳工	21	0.3	45	0.3	95	0.3	135	0.3
合计	2 873	43.7	6 807	43.6	14 494	40.6	20 699	45.3

资料来源：郑德良. 现代香港经济. 北京：中国财经出版社，1987. 611～612

由上表资料可见，被港府一并圈入带有社会保障性质的社会服务范围的项目有着如下发展规律：（1）社会服务开支在港府的总开支中所占比重甚大，保持在 40%～45%以上。（2）从结构上看，政府注重的是教育、医疗、房屋，而对社会福利、劳工等未能给予足够重视，这是因为教育、医疗、房屋是被当作促进经济发展的重要保障手段的，而直接的社会保障项目却仅被看成是对脆弱群体的照顾，这是自 50 年代以来就形成的规律之一。（3）随着 80 年代以来社会保障范围的扩大、项目的增加和老年人的增加，社会福利（保障）的支出比例亦有所提高，其绝对值上升较快，如 1985—1986 年度仅社会福利就开支 25.34 亿港元，比上一年度增长 48%；1987—1988 年度，该项开支又达 28 亿港元，其中 6.25 亿港元被用于津贴志愿机构；1992—1993 年度，该项开支为 61.4 亿港元，1993—1994 年度，该项开支又上升到 74.09 亿港元，增幅达 20.6%。① 所有这些，都表明了虽然香港地区的社会保障事业有较大的发展，但香港政府的出发点仍然是与经济发展有直接关系的问题，如教育可以培养香港居民专业化的新兴技能，低费医疗为就业的劳动者提供一定的保护，而近 20 年来推行的“居者

① 经济导报（香港）. 1993，8：13

有其屋”计划亦是为了满足劳动力的需要的。这种指导思想影响了社会保障制度的全面发展。

七、香港地区社会保障制度面临的问题

由于香港政府尚未把建立缴费的、全面的社会保障制度当成政府的职责，所以香港地区的社会保障虽已经历了20世纪70年代以来的发展，却迄今仍未形成完整的、现代化的社会保障体系，在近阶段亦难以断定其会得到迅速的发展与完善。不仅如此，其现行的社会保障制度正面临着多种问题。

（一）保障不足问题

从香港地区近几年的民众呼声来看，保障不足问题已成为其社会保障制度面临的重要问题。具体而言，香港地区社会保障制度的保障不足主要表现在以下几方面：

1. 对老年人保障不足。香港迄今实行的只是自愿性质的私人退休保障制度，因而事实上并未建立起老年年金制度，虽然在公共援助中有老年补助，并对70岁以上的居民实行普惠性的高龄津贴，但并不足以保障老年人的生活。对此，香港政府曾在1993年费时10个月研究强制性退休保障（社会保险）计划，但因恐政府承担的风险增加，最后仍决定维持现行自愿性质的私人退休保障制度，政府只对其起监管作用。此后，香港政府又提出过强制供款的全民老年退休金制度，但据当局声称①，该制度仍困难重重，且时间将跨越1997年，还应咨询中国政府意见。因此，时至今日，香港地区的老年人保障问题仍未有解决的具体时间表。

2. 对伤残人士及遗属保障不足。一方面，一次性支付的伤残补助或保险金，往往难以保障伤残人士的生活；另一方面，因为尚未实行普通老年年金制度，故遇到死亡或丧失工作能力时，对遗属和供养亲属的供养就不充分。

3. 对失业者保障不足。尽管香港地区的失业率不高，但每年仍有3%以上的劳动力处于失业状态，劳动者一旦失业，本人及其家属就会陷入生

① 快报（香港），1993—12—16；香港. 经济导报，1993，50：21

活困境，而香港迄今只有水平甚低的失业津贴，尚未建立起健全的失业保险与之相配套，以至出现对失业者保障不足的现象。

此外，除了上述保障不足的表现外，公共援助也多是帮助市民渡过一般困难时期，而不可能成为长期的收入保护措施。可见，香港地区的社会保障水平与其发达的经济相比较，显然要滞后得多。

（二）贫富差别巨大

社会保障的重要功能之一，就是根据社会成员的社会需要起收入再分配的作用，以在一定程度上缩小贫富差别，促使社会公平、健康的发展。然而，在香港，既未开征社会保障税来调整富裕阶层的收入，又未建立起与其经济水平相适应的社会保险制度，社会保障的收入再分配功能就不可能充分发挥，现代与落后并存及巨大的贫富差距正在给香港地区制造社会紧张，进而形成棘手的政治难题。

造成贫富差别悬殊的根本原因在于资本主义制度，但具体而言，又主要受下列因素的影响：

1. 劳动者收入水平相差悬殊。例如，据 1993 年的资料，全港 280 万就业人口的平均月工资为 6 500 港元，而香港政府的第四级的主管月收入即有 11 万多港元，一般劳工的月收入却在 6 000 港元以下，二者相差达 18 倍以上，到香港打工的菲律宾女佣更是月收入不到 3 000 港元；在调薪方面，金融服务业、商业等的薪酬上升幅度达 65%，而一般劳工则只有 10%；再加上不动产、股票升值高，物价升幅达 10%以上，存款利率却下降，多数人无力置买不动产和股票，更使富者越富，贫者越贫。

2. 税制缺陷。在香港，薪资所得者采用累进税率，最高到 17%，而营利事业所得税的税率却固定在 15%～17.5%；港人说，香港的大老板，可以安排所得为零，致使有钱人交税很少。另外，香港政府迄今仍拒绝采用缴费式的社会保障方案，既阻滞了社会保障事业的发展，亦使贫富差别越来越大。

3. 社会保障不公平。如受雇于香港政府者，或者港府资助的公立机构，享有较完善的保障，退休后生活有保障；而私人企业却没有退休保障，多数港人老年退休后的生活缺乏保障，使穷人的生活水平更为低下。

上述制度及政策上的缺陷，使得香港地区成为现代与落后、富裕与贫困并存的地区，香港岛的金钟、中环、九龙的尖沙咀，到处是高耸入云的大楼和衣着光艳入时的人群，港九的边缘地区则是低矮破败的笼屋、木屋，以及狭小拥挤的公屋和屋外蹲踞着席地吃饭的人们。据有关人士统计，在香港 600 万人口中，有一半人口住公屋，甚至还有 5 000 多人因租住铁笼子而成为“笼民”①。而根据港府采用相对标准法确定贫困的调查，香港地区约有 10%以上的家庭生活在贫困之中。

（三）医疗保障亟待社会化

自 80 年代后期开始，尽管英港政府用于医疗保健方面的开支直线上升，但香港医务界和居民却普遍认为，香港在实施社会保障制度方面，居民的医疗保障是较差的。原因在于：

1. 政府医院过少，病床严重不足，加之管理不善，满足不了居民对医疗保障服务的需要。

2. 由于政府医院和补助医院的医务人员流失现象多，导致了医务人员紧张，严重地影响了政府医疗服务计划的实施。

3. 私人诊所收费昂贵。由于公立医院不能满足患者需求，一些人只有到私人诊所求治，而在私立医院，一项检验费往往需要数百港元，昂贵的收费使许多病人望而却步。

4. 政府在医疗保障方面，只是提供有关津贴和医疗服务，并指定由政府或补助医院实施，缺乏全面的医疗保险制度。

有鉴于此，香港地区各界对实行医疗保障社会化的呼声甚高，要求港府建立全港的医疗保险制度，以改变政府医疗服务供应紧张、私人诊所收费昂贵的现状。而香港政府亦在 1993 年下半年提出了五种改革方案供公众咨询并参考选择，总的精神是要相对减少政府资助、调整即提高对市民的收费，对于真正陷入困境的人士和低收入、接受公共援助的人士等则给予豁免。但据计算，现在公营医院普通病房病床的收费标准为 43 港元，只相当于经营成本总额 2 105 港元的 2%，换言之，政府资助达 98%；而按政府改革方案若只资助 95%，则病人要交 105 港元②。因此，新的改革方案亦未必可行。

---

① 香港联合报，1993—09—23

② 见 1993 年第 37 期香港《经济导报》社论。

第十五章 澳门地区的社会保障制度

澳门是中国领土的组成部分，它位于中国南部珠江口的西南岸，与珠海经济特区相毗连，其面积包括澳门半岛及凼仔岛、路环岛在内约16平方公里，人口约45万余人（其中华人占96%以上，葡萄牙人占3%）①。由于历史的原因，澳门被葡萄牙占领达一百余年之久。1987年中葡两国政府正式签署了关于澳门问题的联合声明，葡萄牙政府于1999年12月20日向中国政府移交澳门地区主权，澳门地区和香港地区一样，依照“一国两制”的原则在20世纪末回到祖国的怀抱。

一、澳门地区社会保障制度的发展

澳门今天的社会保障事业始于1930年以前慈善团体举办的慈善事业②。成立于1871年的镜湖医院慈善会和土生葡萄牙人组成的仁慈堂，以及成立于1892年的同善堂等，在当时承担着全澳居民的医疗、安老、廉租房屋等服务以及施粥济贫、免费医疗、免费小学教育及收费低廉的托儿教育等。那时，澳门地区的人口约6万人，1910年上升到7.48万人，1927年达15.7万人，而出资举办澳门地区慈善福利事业的则是该地区的部分商绅、上层人士和天主教会。因此，在20世纪30年代以前，澳门的福利事业即

① 中国地图册．北京：中国地图出版社，1993．230

② 郑功成．国际社会保障问题研究．武汉：武汉大学出版社，1991．214

是民间与教会的慈善事业，它与中华民族救灾济贫的传统美德和天主教会的宗教精神有着密切关系。换言之，这一时期，澳门地区作为葡萄牙的殖民地，澳葡当局并未履行一点社会保障的职责。

1930 年，澳门政府颁布第 140 号立法条例，发行了慈善印发税，开始对民间慈善社团及志愿机构给予财政上的支持，并开始了社会福利方面的立法工作，这是澳门政府干预社会慈善事务并推动其向社会保障发展的起始标志。20 世纪 30 年代日本侵略中国后，大量难民逃入澳门地区，1939 年澳门地区的人口就增至 24.5 万人，因此，40 年代的澳门地区是难民的世界，许多人士需要社会的帮助。有鉴于此，1947 年，澳门地区成立了公共救济总会，该救济总会由澳门当局的官员、教会代表、慈善机构代表共同组成，政府通过该机构对各慈善机构给予财政上的资助和管理中的协调，其目的在于加强慈善救济事业的效力，把该地区所有慈善机构的力量集中起来，并加以调整，澳门地区的福利事业自此开始由政府与各传统的民间机构合力推动。不过，当时的福利项目，仍然限于为贫苦居民、灾民提供诸如派米、发放寒衣等的实物救济，以及提供孤儿院、济贫院等社会服务。由此可见，在 30 年代至 50 年代间，由于民间的推动和社会成员结构的变化，澳门地区政府开始在立法、财政、行政上逐步介入社会保障事务。

在 20 世纪 40 年代末期到 50 年代，随着国民党政权在大陆的彻底崩溃，一些内地居民及天主教的神职人员纷纷流入澳门地区，同时一些澳门华人又返回内地。根据当时的情势，许多居民尤其是内地入澳人士需要社会提供帮助，于是，澳门地区遂成立了教区社会福利秘书处，并凭藉着利玛窦社会福利服务中心（即现在的明爱社会服务中心）为居澳人士提供着多种福利服务，如安老院、孤儿院、托儿所、医疗服务等各种类型的服务。此后，在澳门地区社会神职人员的推动下，于 20 世纪五六十年代间又不断开办了各种福利设施，收容了许多以前无人照顾的孤寡老人、弱智者、伤残者及精神病患者，并同时为部分贫苦百姓提供救助。

从 60 年代开始，由于中国国内“文化大革命”的原因，内地居民又一次大量迁入澳门，加之东南亚及美洲华侨来澳定居者增多，从 1960—1970 年 10 年间，澳门地区的人口就净增 7.9 万人①，许多社会问题不断出现，

---

① 顾广编．澳门经济与金融．北京：中国地质大学出版社，1989．7

澳门政府不得不采取一些社会措施。1967 年，公共救济总会被改组为救济会；次年，更名为社会福利处，正式列入澳门地方政府的序列，成为澳门政府掌管社会保障事务的职能部门，随后社会福利处定名为澳门社会工作处，负责全港社会保障事务的管理①。1977 年，澳门天主教会还专门成立了一所社会工作学院，培养社会保障工作的专门人才。所有这些，为 80 年代社会保障的发展奠下了基础。

进入 20 世纪 80 年代以后，澳门地区的人口增加更快，1980 年为 26.83 万人，1985 年为 40.85 万人，1993 年达 45 万多人，澳门政府亦更加重视社会保障事务的发展，新的福利社团和志愿机构不断涌现。如 1985 年颁行《公职人员退休基金法令》，确立公务员退休实行公积金形式的管理；尤其是 1989 年当局颁布的《社会保障基金法》，从 1990 年 1 月 1 日起实施，使全澳的社会保障事业的实施和发展有了基本的法律依据。至此，澳门的社会保障制度经历了民间自办、政府介入、公私合办等阶段后，开始步入法制化、社会化以及社会工作专业化的比较成熟的阶段。

二、澳门地区社会保障制度的项目和内容

从澳门地区现行的社会保障制度来看，它主要包括社会保险、社会救济、社会福利、公务员保障、国民教育与医疗保健等类别。

（一）社会保险

1. 养老金。根据澳门地区《社会保障法令》规定，凡年满 65 周岁，在澳门地区居住 7 年以上，并为社会保障基金供款 5 年及以上，且不再领取工作报酬或薪金的澳门居民（公务员另行立法规范），有权领取养老金。如果受保人无任何收入来源，经过社会保障机构的调查属实，还可以不受向社会保障基金供款年限的限制。凡符合领取养老金条件者，根据不同的标准按月领取养老金。

2. 丧失工作能力金。丧失工作能力金的实施范围为 18 岁以上、在澳门地区居住 7 年以上的劳工及其他工作人员，享受条件是永久全部或部分丧

① 郑功成. 国际社会保障问题研究. 武汉：武汉大学出版社，1991. 215

失工作能力，有资格者，可按月领取该项保障金。

3. 职业病赔偿金。根据《社会保障基金法》，对于因患肺吸尘病而丧失工作能力或因职业病而死亡的工人，以及因患职业病不能工作而被资方解雇的工人，社会保障机构均给予一定的赔偿。

4. 工伤赔偿金。凡因意外工伤事故致伤、致残不能工作而被资方解雇的工人，由社会保障机构给予赔偿。

（二）社会救济

澳门地区的社会救济，主要有以下三种：

1. 贫困救济。凡贫困家庭及需要特殊照顾的澳门居民，可以根据有关法规申请救济，贫困救济的方式既有实物救济，亦有现金救济。

2. 失业救济。它发放给非自愿失业者。根据澳门政府的有关统计，该地区的劳动人口就业率高达98%左右，但失业者及其眷属仍构成为一个小阶层，需要社会帮助。根据现行法令规定，申请失业救济金的条件是：(1) 在澳门地区居住7年以上；(2) 已在劳工及就业司下设的就业辅导中心登记；(3) 在申请前12个月曾有工作；(4) 现无生活来源。申请人在被证实失业后的第二天，只发给失业者失业救济金一次，经当事人申请及证实缺乏维持生活的基本收入时，失业救济金最多连续发两次。对于因工厂关闭或改变营业性质而致工人失业的，当事人亦可领取一笔失业补助金。

（三）社会福利与福利服务

澳门地区的社会福利，由澳门政府给予资助，并由其社会工作司负管理之责，天主教会社会团体和公司企业共同推动；特别是福利服务方面，绝大部分皆由天主教会所承担。不过，公司企业中，除中资机构有比较健全的福利制度外，其他私人企业的社会福利十分薄弱，有的甚至还是空白。

从澳门地区的社会福利内容来看，它主要是通过多种服务方式提供，具体项目有家庭服务、儿童服务、青年服务、老人服务、康复服务及社区服务等。

（四）公务员保障

澳门地区的公务员队伍在1965年大约有2 000人，但到1985年，增至8 000多人，近几年又有所膨胀，几乎平均每40多个澳门居民中便有一个公务员；不过，上层公务员多为葡人占居，华人公务员多为中下层公务员。在公务员社会保障方面，澳门政府是十分重视的，不仅福利待遇颇为优厚，而且建立了专门的退休、抚恤制度。

1. 公务员津贴。澳门地区的公务员过去就有较优厚的津贴待遇，而根据1992年12月澳门立法会通过的有关修改公务员津贴的法案，实施后的公务员津贴又有较大幅度的提高。公务员津贴项目有：(1) 年资奖金为190元，与旧有金额维持不变；(2) 家庭津贴（亲属及配偶）为140元，增幅为40%；(3) 子女津贴为190元，增幅为26%；(4) 房屋津贴由过去的700元增加到900元，增幅为28.6%；(5) 结婚津贴为2 000元，增幅达33%；(6) 出生津贴为2 000元，增幅为11%；(7) 丧葬津贴为2 200元，增幅为22%①。由此可见，澳门地区的公务员津贴名目甚多，且待遇甚高，绝非一般劳工可以比拟。澳门政府仅为增加公务员津贴就每年要增加3 600万元的财政负担。

2. 退休制度。澳门地区的公务人员按编制划分为两大类，凡确定性委任、暂时性委任、定期委任的人员和编制内散工属于实位编制，凡编制外合约人员和合约散工属编制外人员，只有实位编制内的公务人员且其年龄允许工作至少15年才到法定退休年龄者，才能在退休基金委员会注册，并向基金会供款，然后才能享受领取退休金的权利。澳门地区现行公务员退休制度是根据澳门当局1985年颁行的有关法令实施的，1986年1月成立退休基金会，对公务员退休问题采用公积金式管理。公务人员的供款金额为每月薪俸加年资奖金的24%，其中由公务员自供8%（每月从其薪金中直接扣除），所属部门在有关款项中拨补16%②。公务员退休分为自愿退休和绝对退休两种情况：前者是指工作已有30年且年满55岁可申请自愿退休（但工作已满30年而未到55岁者则须经有关部门批准）；后者指年龄满60

① 澳门日报，1992－12－16

② 星岛日报（香港），1993－08－05

岁（可延至65岁）或工作已满15年且被卫生当局宣告长期、绝对丧失工作能力者，以及因工作意外或因出任公职致病、或因作出人道行为或对社会尽忠而致长期、绝对丧失任职能力而被确认者，均依法或由有关部门强制退休。在领取退休金方面，分为按月领取和一次性领取两种方式：(1) 按月领取。首先计算退休者的基础薪俸，若工作已满40年或因特殊情况依法强制退休者，其基础薪俸就是退休离职时的薪俸；若是其他情况退休的，其基础薪俸则是离职前36个月的薪俸之和除以36，再乘以90%，然后再以基础薪俸乘以1/40，再乘以工作年限，若是被依法强制退休的则工作年数一律乘以40。(2) 一次性领取。即按退休者的基础薪俸乘2，再乘以工作年数。

3. 抚恤制度。澳门地区公务员抚恤制度既覆盖了在职公务员，亦包含了退休公务员。根据抚恤金制度规定，编制内的公务员参加该制度，每月要承担缴费的责任，标准为每月薪俸加年资奖金的3%，由个人负担1%、所属行政部门负担2%。如果公务员在职死亡的，其合法继承人可选择一次性领取抚恤金，其金额相当于死者一次性领取退休金的50%；如果公务员工作未满15年而死亡，其合法继承人有权领取相当于死者生前作抚恤借款的加倍金额；如果已退休公务员死亡，其配偶及胎儿、有条件享有家庭津贴的其他继承人，以及长期及完全丧失工作能力的子女，均可依法申请领取抚恤金，抚恤金标准相当于退休金的50%；如果死者系因公差、职业病、人道行为及对社会尽忠而致死的，经澳督批准，其抚恤金可达到退休金的70%；倘若合格领取同一死者的抚恤金超过一人，抚恤金则平均分配。

4. 澳门公务员纳入葡国编制问题。随着澳门地区回归祖国的日期临近，一部分葡萄牙藉公务员根据葡萄牙总统于1993年9月29日颁布的法令可列入葡国公务员编制，凡符合列入葡国编制且具备于1999年12月19日前退休条件的公务员，可以申请将有关退休金及抚恤金之责任转移给葡萄牙政府的退休事务管理局①，以保障这些公务员退休保障权益政策的延续性。

① 华侨报（澳门），1993－10－26

（五）其他社会保障

除前述社会保险、社会救济、社会福利及公务员保障制度外，澳门地区的社会保障事实上还在国民教育、医疗保健及社会房屋政策方面有体现。

1. 国民教育。在国民教育方面，澳门地区虽未实行免费教育，但设有私立学校津贴、师资津贴、奖学金，以及对贫困家庭子女的学费资助如助学金、助学元息贷款等项目，政府在这方面支出的财力具有社会保障性质。

2. 医疗保健。在医疗保健方面，澳门政府过去一般通过对一般社团的慈善诊所进行经济资助来体现对市民的福利，后设有政府医院，并设立卫生司负责这方面事务。目前，全澳门地区有两家公共医院、两家专科医院、一家专科医疗所、一家复原所，以及其他 20 多家公司诊所和为数众多的私人诊所。

3. 社会房屋。澳门政府早在 20 世纪 30 年代就着手建筑平民屋，廉价出租；进入 80 年代后，致力推行经济房屋计划，促进了市民居住条件的改善。而直接体现社会保障性质的则是给特定对象提供临时住房或租房等福利。

三、澳门地区社会保障的管理

澳门地区政府对社会保障事务的管理始于 1947 年成立的官民结合的公共救济总会。迄今 40 余年来，政府对社会保障事务的管理日趋重视，并主要体现在其社会工作机构的发展方面，形成了自己的一套管理体制①。

（一）1947—1967 年为第一阶段

1947 年，澳门地区成立了官民结合的公共救济总会，标志着政府不仅在立法与财政上支持社会保障事务，而且在行政上亦正式介入。该救济总会的成员包括财政总局副局长、卫生分局局长、仁慈堂代表、天主教会代表、市行政局长（总会主席）、总会主任、议事公局代表、华侨代表、海岛代表及书记兼财政等人，这一体制维持到 1967 年，澳门政府才将公共救济

① 郑功成. 国际社会保障问题研究. 武汉：武汉大学出版社，1991. 217～219

总会改名为救济会。可见，从1947—1967年的20余年间，澳门政府只是站在慈善机构上进行资助与协调，并未充当主体角色，这一时期的社会保障仍带有传统的民间救济性质。

（二）1968—1978年为第二阶段

1968年，澳门当局设置社会福利处，专事社会保障事务的管理职责，表明了政府对社会保障事务的干预通过这一职能部门的管理得到了加强，对民间福利事业的管理与协调能力逐渐提高，并逐步充当重要角色，但社会福利处仍属于最简单的机构，社会保障范围亦较小。

（三）1979—1983为第三阶段

在这一时期，澳门地区对社会保障事务的管理以1979年将社会福利处改为社会工作处为标志，组织机构由以前的简单模式转变为较复杂的行政模式。在社会工作处内，设有处长1人，分社会服务厅和行政服务厅。各项行政及财政的决策，由其行政委员会负责，委员包括行政服务厅长、社会服务厅长、一位社会工作代表及一位财政厅代表共4人组成，后二位代表要求是二等或以上技术员级别人士充任。

（四）1984年以后为第四阶段

这一阶段主要围绕着社会工作司的改组和设立退休基金会等来加强对社会保障事务的管理。

1.1984年，澳门政府将社会工作处升格为社会工作司，统一负责全澳的社会公共福利和救济等社会保障事务，其行政结构如图15—1所示。

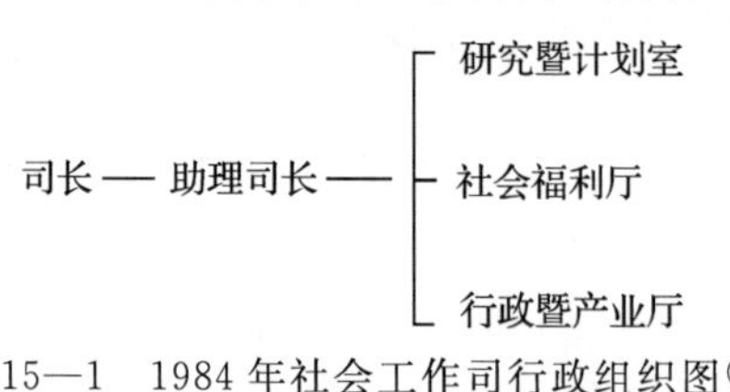

图15—1　1984年社会工作司行政组织图①

2.1986年，澳门政府除在财政司下成立退休基金会，独立行使对公务

① 社会工作行政组织图15—1至15—3，均来自《澳门研究》第71～73页，1988年创刊号。

员退休、抚恤等社会保障事务的管理职责外，同时对社会工作司进行了改组，将其行政机构扩大如图 15—2 所示。

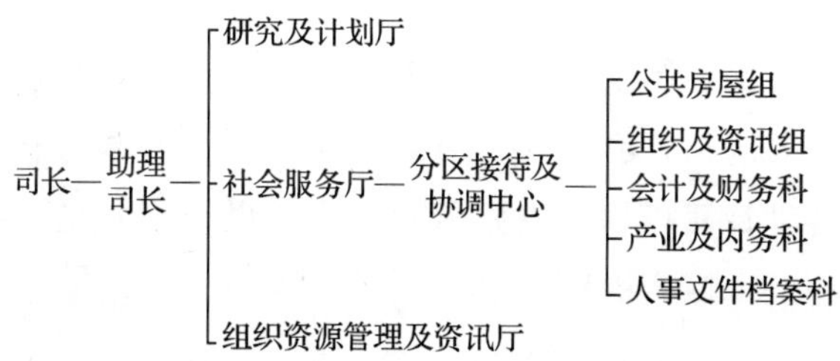

图 15—2 1986 年社会工作司行政组织图

3. 1987 年，澳门当局重组退休基金会，使之脱离财政司而成为一个由澳督控制，具有行政、财政、公产自治权的相当于司级的独立行政机构，其主要职权是管理退休基金和发放退休金及抚恤金。同时，当局又进一步完善了社会工作司这一主管机构。根据法令，新的社会工作司机构如图 15—3 所示。

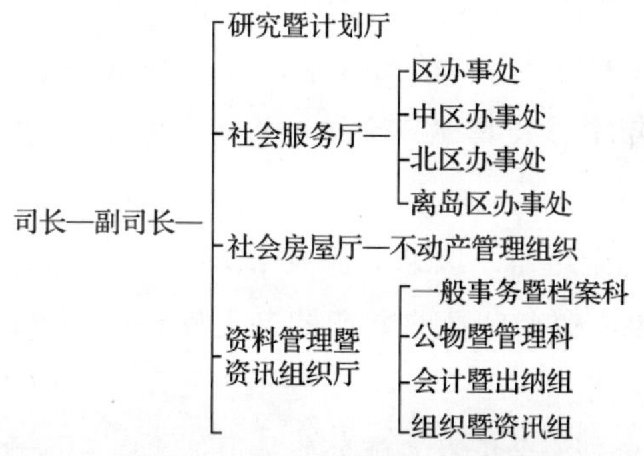

图 15—3 1987 年以来社会工作司行政组织图

至此，澳门地区社会保障事务的政府管理机构趋于完善。值得指出的是，除社会工作司和退休基金会外，同时参与社会保障部分项目管理或兼有部分管理职责的政府机构还有卫生司、教育司、劳工及就业司等。如卫生司在近几年承担着对全澳居民医疗保健事业的管理职责；教育司接纳了有关教育津贴及教育方面社会福利的部分管理职责；劳工及就业司对失业救济等事务起监督作用。不过，在社会保障管理方面，起决定作用的还是社会工作司。社会工作司为主，退休基金会、卫生司、教育司、劳工及就业司等为辅，构成了澳门地区社会保障事务的政府管理与监督模式。

四、澳门地区社会保障的实施

澳门地区社会保障制度的实施，可以分为官方机构与社团机构两大系统，官方机构主要承担社会保险、公务员保障及一些社会福利工作，社团机构（主要是各种社团机构）主要承担社会服务及有关社会福利工作，此外，还有一些协调、联系机构。

（一）官方机构

澳门政府在实施社会保障制度时，除给予非官方机构以资助外，还通过官办的机构或设施来直接实施有关社会保障项目。

1. 社会工作司系统。一方面，该司的分区机构肩负着一些诸如救济等保障事务的实施，另一方面，通过设立有关设施来开展政府公共福利工作。据统计，到20世纪80年代中期，社会工作司下有87个福利单位：17家托儿所，9个儿童及青少年之家，10个老人之家，7个伤残人士之家，8个耆康中心，7个复原中心，5个学校食堂，11个灾民收容所，10个医疗所，10个儿童及青少年中心及其他3个单位①。由此可见，官办福利设施有相当规模。

2. 社会保障基金组织。该组织是根据澳门《社会保障基金法》成立的法定公共事业机构，拥有自身的财产及自主权，负责澳门地区社会保险等社会保障事务的实施。

3. 退休基金会。该会负责实施公务员退休事务和抚恤事务。

4. 公立医院。如澳门政府设立的仁伯爵医院等，就直接为市民提供着卫生医疗保健福利服务。此外还有凼仔岛精神病院、路环麻风病院、防痨医疗所、社会复原所等，均为有关人士提供福利与服务。

5. 公立学校和公制学校。亦肩负着部分教育福利的实施任务。

（二）社团机构

在社团机构方面，属于民间团体经办并接受政府资助的各种福利机构，

---

① 顾广编著．澳门经济与金融．北京：中国地质大学出版社，1989．21

是澳门地区实施社会保障事务过程中的一支十分重要的力量。如 1892 年成立的同善堂，所举办的社会福利项目几乎无所不包。具体而言，社团机构办理的社会保障项目及其实施者主要有：

1. 社会援助。它由《澳门日报》读者公益基金会等举办，经费来源于募捐和政府补助，对澳门地区的贫民、灾民等提供社会援助。

2. 医疗保健。私立镜湖医院慈善会、仁慈堂等均举办福利性的医疗保健服务。以镜湖医院为例，其作为澳门地区医疗服务的主要提供者之一，创立已逾百年，一直以救死扶伤、济世为怀，为澳门市民健康作出了重大贡献。据统计，近 30 年来，该院门诊诊治病人达 1 463 万余人次，其中门诊赠医病人达 324 万人次，占门诊总量的 22%；留院出院病人达 309 万余人次，其中三等免费出院病人 129 万余人次，占 42%，二等（低收费）出院病人 156 万余人次，占 50%，头等私家房病人 23 万人次，仅占 8%①；在 1992 年，镜湖医院门诊治病总人数为 48.5 万余人次，即澳门地区居民年均每人去看病 1 次以上，其中三等免费病人有 7 041 人，占 47.8%，二等低收费病人有 5 807 人，占 39.4%，余下为私家病房（正常收费）病人，占 12.8%②。由此可见，镜湖医院在澳门地区对实施医疗保健的重要性和福利性。

3. 家庭服务。如公教婚姻辅导会等。

4. 儿童服务。如教宗若望社会服务中心等。

5. 青年服务。如明爱生命线电话辅导中心、街总青年中心等。

6. 老人服务。如澳门半岛、凼仔岛、路环岛三区的老人中心，共有 10 余个。

7. 康复服务。如伤残人士体育协会、特殊奥运会、伤残人士社会服务中心，以及庇护工伤、弱智人士服务协会等。

8. 社区服务。如黑沙环天主教牧民中心社区发展研究社等。

由此可见，澳门地区社会保障制度的实施，拥有广泛的群众性，共同承担社会福利与社会服务的做法已深入人心。

（三）协调、联系机构

在社会保障事务实施过程中，除官方机构与社团机构分别从事着具体

①② 澳门日报，1993－09－30

的社会保障工作外，还有一些以协调与联系人的身份推动澳门地区社会福利事业发展的社会团体。这些团体包括澳门街坊会联合总会、社会工作人员协进会、义务工作者协会、辅导协会等，以及于1987年与澳门建立伙伴关系的国际社会福利协会、国际社会工作者协会，它们虽然并不提供固定及长期性质的社会服务，但通过它们的活动，对澳门地区社会保障事业尤其是社会福利服务的发展，在内容上、质量上及市民参与的层面上均起了很大的促进作用。

五、澳门地区社会保障制度的特征

概括地讲，澳门地区社会保障制度具有政府干预渐进式、本土味道浓厚、经费来源渠道多及民间机构作用大等特征。

（一）政府干预是渐进型

从前述澳门地区社会保障管理的发展过程中，我们不难发现澳门政府在社会保障中的作用是以逐渐介入民间福利机构的方式体现，并最终承担起主要职责的。

20世纪30至70年代，澳门政府在社会保障事务中的作用不大，但随着对社会保障事务给予财政上的支持和管理机构的建立与发展，其干预日渐加强，影响日渐扩大；到80年代以后，澳门政府便责无旁贷地担负起社会保障制度的制定、组织、管理和实施的主要责任。

澳门政府对社会保障事务的渐进式干预，明显地有别于内地及台湾地区政府对社会保障事务的管理，也不同于香港地区。如内地与台湾地区，从20世纪50年代起建立的就是官方社会保障制度，尤其是内地，几乎无民间力量参与，这种现象迄今仍未有改变。

（二）本土味道浓厚

澳门地区虽为葡萄牙殖民地区已达百余年之久，但其社会保障制度却较少受西方的影响，而是本土味道浓厚。在过去，澳门一直以民间慈善事业为主，且慈善福利机构的经费绝大部分皆来自本地商绅、居民和政府，除教会外，国际有关的社会发展基金流入极少，社会保障政策方针也极少受到外国观念的影响。因此，澳门地区的社会保障事务很长时期内都带有慈善性的传统色彩，受当地上层人士的影响极大，这一特点使社会保障制度难以建立，从而从另一个侧面反映了政府在制定和实施社会保障制度时具有较多的保守性。

（三）经费来源多渠道

《社会保障基金法》的颁布实施，目的就是从 1990 年起建立社会保障基金，使所有澳门工人能根据不同情况享受到社会保障待遇。根据这一法令，澳门地区社会保障基金的筹集渠道有政府拨款、资方缴纳以及受保障者个人缴费三个方面。其中，澳门政府每年将从财政收入中拨出不少于 1% 的款项（1993 年澳门财政预算收入为 99.7 亿澳门元[①]）充实社会保障基金，这还不包括有关救济及保健、教育等补贴。至于劳资双方如何为社会保障基金借款，由两名劳资双方的代表和政府三名官员代表组成的行政委员会研究和制定具体的缴费标准。对公务员的保障，亦由政府机构与公务员分担。

除了上述筹资渠道，还有以下渠道：一是民间及企业援助；二是社团机构募捐，如《澳门日报》读者公益基金会从 1983 年起就开始了每年一度的公益金百万行大型慈善活动。1993 年募集资金达 500 多万澳门元（其中的 1/3 还被拨给内地帮助减灾扶贫）[②]；三是服务收费，即某些服务机构根据不同对象的具体情况酌量收费，以充实社会保障资金，如镜湖医院对待不同的患者就分为免费、低费和全费三种待遇；四是资金营运收益。

政府拨款、雇主或单位供款、个人缴费、民间援助、社会募捐、服务创收、基金营运收益等构成了澳门地区社会保障经费的来源渠道，充分利用民间力量，多渠道地筹集资金，不仅有力地减轻了政府的财政压力，而且弘扬了互助互济的传统美德。

（四）民间社团机构作用巨大

澳门地区的民间社团机构在其社会保障中一直发挥着十分重要的作用，

---

① 经济导报（香港），1993，1～2：50

② 长江日报，1993－12－13

尽管现在的澳门政府已担负起社会保障的主要责任，但民间社团机构不仅未见萎缩，反而越来越活跃，许多新的民间社团机构的出现亦已取代了过去天主教会作为支柱的时代。如1980—1987年间，澳门地区就涌现出30个民间社团机构，在全澳提供着多种社会服务和社会援助，在30个民间社团机构中，天主教会占7个，传统社团机构如街坊会占6个，其余一半以上则是由一些受过社会工作训练的或热心社会公益事业的人士组成。此外，1981年以来，澳门地区还掀起了义工服务的浪潮，许多青年人义务加入社会服务的行列，进一步促进了澳门地区社会福利与福利服务事业的发展。可以肯定，民间社团机构在澳门地区未来的社会保障发展中仍将继续发挥巨大的作用。

（五）社会保障体系在发展和完善中分解

过去，澳门地区的社会保障事务统由其社会工作司管理和组织实施。然而，进入20世纪80年代以后，为确保居民基本需求的满足，国民教育与医疗保健制度已经独自形成体系，并分别由教育司、卫生司管理，有关教育、医疗方面的保障事务亦由教育、卫生管理部门参与管理并组织实施，加之退休基金会等机构的成立，均标志着澳门地区社会保障体系在发展和完善中正在走向分解。这种趋势是否有利于澳门地区社会保障制度的统一化、全面化，目前还难以确定。

六、澳门地区社会保障制度实施中的问题

尽管澳门地区的社会保障历史（包括民办和官办）不算短，近十余年来又作了很大的努力，但就其整个社会保障制度的现状而言，仍存在着许多问题有待完善。

（一）体系还不完整

在澳门地区的社会保障制度中，精神病患者的家属照顾、释囚人士如何适应新的社会、弱智人士的就业等社会服务均显缺乏；在老人服务中，多以安老院及老人中心方式集中提供服务，对于行动不便且单身独居的老人，缺乏相应的家居福利服务；此外，在社会救济方面，对低收入家庭或

贫困户的援助不够，未有健全的制度，等等。因此，澳门地区的社会保障体系还有缺口，从而有必要进一步完善。

（二）保障有欠公平

从澳门地区现行的社会保障总体情况来看，政府对公务人员的社会保障是十分注重的，不仅为公务员提供丰厚的津贴，而且有专门的退休制度和抚恤制度等。然而，在企业方面，除中资机构有比较健全的福利制度外，其他私人企业对雇员几无任何福利可言，而澳门地区的劳工工资水平又一向偏低，同香港地区相比较，要低30％～50％，尤其是制造行业雇员的工资更低，对此，澳门当局并未给予应有的关注，亦未从社会保障的角度加以解决。因此，对不同阶层的澳门地区居民而言，保障是有欠公平的，一般居民的社会保障问题应更加引起政府的重视。

（三）政府与民间尚缺沟通

在澳门地区社会保障制度的实施中，政府与民间机构及社团之间，以及民间机构及社团内部，还缺乏沟通与合作。一方面，政府与民间机构及社团之间虽有沟通，但尚未取得应有的效果，如民间机构如何接受政府的财政资助就无章可循，民间机构最了解一般市民的社会福利与社会服务需要的优势亦未被政府充分利用；另一方面，民间机构及社团众多，虽然有些团体充当着协调者的角色，但从总体上看，民间机构彼此独立，沟通与合作仍很不够，造成了社会服务的重复现象和不协调现象，从而有碍于社会保障向深层发展，客观上影响了社会服务工作的整体效果。

（四）社会统计资料缺乏

社会统计资料缺乏，是导致澳门地区社会保障项目及服务中的不平衡与不协调的重要原因。在澳门，基本的人口普查资料也没有，1988年，澳门政府曾坦率地承认缺乏有关资料。虽然有一些社会福利机构做过部分社会调查工作，但都不可能获得全面的第一手资料，因而均是零星资料且散落在各社团机构之手，政府无法利用其为建立完整的社会保障体系服务。没有全面而科学的社会统计资料（如人口数量、年龄构成、职业结构、收入水平、生活状况等），政府的社会保障政策就失去了可靠的依据，即使制定了法令或政策，在实施中也极易造成不平衡性。

综观澳门地区的社会保障制度，有其特色与经验，也有不少问题有待解决，澳门地区政府应该正视这一点，并依靠其雄厚的经济基础加强政府的主导作用，更好地为市民提供生活保障与社会服务。澳门地区的社会保障制度应该朝着社会化、全面化、科学化的方向发展。

第十八章 台湾地区的社会保障制度

一、台湾地区社会保障制度的形成与发展

台湾的社会保障制度，就其形成的历史而言，可以分为三个时期：民国时期，20 世纪 50 至 70 年代及 70 年代以后。

在民国时期，国民党政府统治着全中国，其继承了中国历代政府曾实行过的一些社会保障措施，如赈贷救灾、施粥、居养及军人优抚制度等，亦制定过一些诸如矿工抚恤、奖助社会福利事业的政策，公布过《工厂法》《工会法》及《工作伤害保险法》等，但整个社会保障依然停留在传统的社会救济阶段，即政府承担的社会保障职责主要通过极为有限的社会救济来体现，从而未真正形成过统一的社会保障制度，劳动人民的基本生存条件亦不可能得到保障。当然，这一阶段的社会保障在救济方面的规模还是较大的。以 1931 年江淮大水灾为例，国民党政府特设救济水灾委员会，专门负责救济灾民事务，并按各河系范围之大小与灾情轻重分区设立工赈局，以灾民充工役，以小麦等粮食充工资，规模甚大①；在施粥方面，民国时期沿袭清朝旧例，设立过许多粥厂赈济饥民；在居养方面，国民政府内政部曾颁发过《救济院规则》，该法规规定救济院分设养老所、孤儿所、残废所、育婴所、施医所、贷款所等，救济院实际上成了一个功能较全的社会保障机构，据 1930 年统计，全国当时共有 830 余所救济院，收养者约 10

① 邓云特．中国救荒史．北京：商务印书馆，1993．285～296、335

余万人[①]，可见，救济院虽遍布各地，但数量有限，收养老弱病残孤幼者亦为数甚少，它从一个侧面反映了这一时期的社会保障的层次极低，功能与影响十分有限。此外，这一时期还实施过有限的工伤保险办法、军人抚恤办法及文官俸给福利办法，但最终未能形成社会保险制度。尤其是进入抗日战争以后，八年抗战，三年内战，民不聊生，社会保障措施因政治腐败、贪污盛行、战乱不断而几乎处于废弛状态。因此，自民国建立到 1949 年，整个中国的社会保障制度是社会救济型，台湾地区作为中国的一部分，情势亦是如此。值得指出的是，国民党政府统治全国时毕竟颁发过一些社会保障法规，初步建立过文官福利制度、军人抚恤制度及社会救济制度等，所有这些，都为其在台湾地区建立较完整的社会保障制度打下了一定的基础。

1950 年，台湾当局开始重建社会保障制度，并进入了以社会保险为核心内容的现代社会保障阶段。在这一阶段，除继承此前的一些救灾、救济等政策外，最重要的是建立了现代社会保险制度。1950 年，台湾省政府颁布并实施了《劳工保险条例》[②]，从法律上规范了产业工人的社会保险问题，但当时因台湾的工业发展处于起步阶段而仅仅覆盖了少数职业，随后才逐渐扩大了范围与规模；如 1951 年 9 月实施职业工人社会保险，1953 年 3 月公布并实施《台湾渔民保险办法》，开办渔民社会保险，1956 年 7 月又依照《劳工保险条例》开办蔗农社会保险；1956 年，台湾当局在境内颁布了统一的《劳工保险条例》，将以前产业、职业、渔民等的社会保险融为一体，建立了统一的劳工社会保险制度[③]。

1953 年，台湾当局公布并实施了《陆海空军人保险条例》，军人社会保险开始取代传统的军人优抚制度；1960 年立法院对该条例又作了修订，改为《军人保险条例》，实施范围扩展到全体官兵。1958 年，台湾当局公布并实施了《公务员保险法》，公务人员社会保险制度取代了旧时代的文官俸薪福利制度；1964 年，又制定了《退休人员保险法》等。至此，台湾的社会保障制度走向了以劳工社会保险、公务人员社会保险和军人社会保险等为核心内容的现代社会保障体系。

1973 年，台湾当局颁布了《儿童福利法》，标志着社会福利问题引起了

---

①②③ 刘脩如. 社会政策与社会立法. 台北：台湾五南图书出版公司，1984. 686～687

政府的重视。1980 年，台湾当局又颁布了《老人福利法》及其实施细则，并同期颁行《私立学校教职员保险条例》；1981 年，颁布《残障福利法》等，社会福利制度走上了法制化的轨道，并成为台湾社会保障制度发展的一个新的标志。

进入 20 世纪 80 年代以后，台湾当局在成立专门机构调查研究数年的基础上，对社会保障制度开始改革。如 1982 年实施公务人员眷属疾病社会保险；1986 年对公务员制度进行改革；1988 年，在 1979 年对《劳工保险条例》修订的基础上再次对该条例作了重大修订，等等。可以肯定，台湾地区的社会保障水平是较高的，立法是较完备的，它比香港地区、澳门地区及大陆的社会保障制度要发达。

近年来，台湾地区的社会保障事业还在发展。如在社会保险方面，全民健康计划经多年努力将于 1994 年底开始实施，国民年金制度亦在规划；在社会福利方面，台湾当局正在研拟妇女福利法等。在 1993 年举行的国民党“十四大”通过的政治纲领中，专门论及“尽速修订《公务人员保险法》《劳工保险条例》《农民健康保险条例》，并制定《全民健康法》，促成于 1994 年实施全民健康保险；推动‘农民年金制’……积极增进农民、劳工、渔民及受薪者之福祉与权益；修订《老人福利法》，推动老人年金制度，广设老人休闲、安养、疗养设施，增进老人福利与照顾……全面建立儿童保护制度……”① 等，由此可知台湾地区的社会保障制度仍在不断修订中走向发展。

目前，社会保障已成台湾当局的重要职责和台湾地区国民不可或缺的、必要的保障机制，它对台湾经济及社会的影响不仅十分广泛，而且日益深远。

二、台湾地区的社会保险

社会保险，是台湾地区社会保障制度的核心体系，它主要可以分为劳工社会保险、公务员社会保险、军人社会保险、私立学校教职员社会保险等项日，业务范围覆盖了台湾的全体劳工、公务员、军人、私立学校教职

① 中国国民党政纲．联合报（台湾），1993－08－21

员工乃至其家属，具有普遍性、分工而治及水平较高的特点。

（一）劳工社会保险

劳工社会保险，是台湾社会保障制度中的主要项目之一。它由台湾当局的内政部通过其社会司主管，在地方则由地方各级政府主管，并设立专门的劳工保险局办理劳工保险业务；同时，为监督劳工保险业务及解决争议问题，还依法设有由政府代表、劳资双方及专家各占 1/4 人数组成的劳工保险监理委员会。从台湾劳工社会保险的发展来看，最早的立法是国民党政府由大陆迁台后由台湾省政府公布的《台湾省劳工保险办法》，现行法律依据则是 1958 年由台湾当局立法院通过的《劳工保险条例》，该法先后于 1968 年、1973 年、1979 年、1988 年被修正。

根据现行法规规定，劳工社会保险的对象是台湾境内年满 15 岁以上、60 岁以下的全体劳工，其中有 5 名以上工人的工业、矿业公司和种植园的雇员、挣工资的政府雇员、公用事业雇员、渔民等为法定强制保障对象，蔗农和领薪政府雇员则另有专门法规规范，而上述行业以外的其他所有单位的劳动者等则是自愿保障对象。可见，台湾的劳工社会保险覆盖面较宽。

从台湾劳工社会保险的保障方式来看，它分为普通事故保险和职业灾害保险两类，前者分生育、伤病、医疗、残废、老年及死亡给付六种待遇，后者分伤病、医疗、残废及死亡四种给付。从基金筹集来看，它来源于政府拨款、保险费收入和基金运用之收益，以及保险费滞纳金等。在保险费负担方面，普通事故保险费率一般由主管机关按受保人当月之薪资的 6%～8%拟定，其中由受保人缴付 20%，雇主负担 80%；职业灾害保险的保险费率则由主管机关拟订后全部由雇主负担，并保证每三年调整一次；此外，对于无一定雇主的独立劳动者，则由地方政府补贴保险费的 40%，受保人缴纳 60%；劳工社会保险的管理费用由政府承担①。

从劳工社会保险给付方式来看，它虽然在立法中分得甚为详细，但按国际通行标准，亦可概括为以下三类②：

1. 老年、伤残、死亡保险金（或津贴）。享受老年给付者必须符合男满

---

① 刘脩如. 社会政策与社会立法. 台北：台湾五南图书出版公司，1984. 690～692

② 美国社会保障署. 全球社会保障制度. 北京：华夏出版社，1989. 616～617

60 岁、妇女和矿工 55 岁，且受保 10 年以上并从受保职业退休的条件；享受伤残给付者必须是永久完全或部分残废，并缴纳过若干保险费；享受死亡给付（含遗属津贴和丧葬费）者则只要求缴过保险费。在待遇方面，老年给付为一次性支付，标准以受保人退休前 36 个月期间的月均收入为基础，最高为 45 个月的收入，如果退休留用，再按留用年限增发 1 月收入，提前退休则每年减发 4%，但增减年限均不超过 5 年；伤残给付中，凡永久完全残废者，按其伤残前 6 个月的月均收入为标准计发相当于 40 个月的收入，部分伤残者则视失能程度而异；在死亡给付中，凡受保人死亡，其遗属依法领取遗属津贴和丧葬费，其标准按受保人参加保险的年资年限而定；如果受保人的配偶、父母及子女死亡，受保人亦可从劳工保险机构领取丧葬费补助金，其标准视配偶、父母与子女而定。

2. 疾病、生育保险金（或称给付）。该项社会保险待遇分为疾病现金补助、生育现金补助及医疗补助三种。享受疾病现金补助者，仅限于非职业事故和疾病的受保劳工，患者经 3 天等待期后由劳工保险机构支付，标准相当于受保者收入的 50%，但有期间限制；生育津贴则只要是怀孕前缴纳了保险费 10 个月，就可以享受一次支付相当于受保人 2 个月收入的现金补助待遇；在医疗过程中，医疗补助是通过由签订合同的公立和私立医院提供免费医疗来实施的，包括门诊和住院治疗、外科及药品费用，均由劳工保险局直接支付，且无最高补助期限的限制。

3. 工伤保险。该项保险由雇主按风险程度缴纳保险费，负担全部费用，政府与劳工个人不承担供资责任，因而实质上是一种强制性的法定雇主责任保险。凡在劳工保险条例规范内的劳工，只要在工作中受到伤害（除非自己故意），均有权获取工伤社会保险待遇。其中：临时残疾补助最长可补助 24 个月，前 12 个月的标准为受保者平时月收入的 70%，此后为 50%；永久残疾补助中的完全残疾者为一次性支付相当于受保者 60 个月收入的现金补助，部分残疾者则按残疾程度一次支付 1.5～50 个月的收入；工伤医疗补助包括门诊与住院治疗、外科和药品等的费用支付；如果劳工因工伤致死，遗属可获得一次性支付相当于受保人 40 个月收入的补助和相当于 5 个月收入的丧葬费补助待遇。

（二）台湾的公务员社会保险

台湾于 50 年代建立公务员制度，在 60 年代又借鉴美国公务员制度的经验进行了重大改革，公务员的社会保障制度亦在旧中国文官俸给福利制度基础上经多次改革而走向完善。1958年，台湾当局颁布实施了《公务人员保险法》，建立了公务员社会保险制度；此后，还颁布实施了《公务人员抚恤法》《公务人员退休法》等法律，为公务员社会保障制度的完善奠定了良好的法律基础。

根据现行法规，公务员社会保险既是台湾整个社会保险制度的主要项目之一，又是公务员整个社会保障的核心内容。就该项社会保险的对象而言，它可以分为四类：一是法定机关编制内的一般有薪人员；二是法定机关编制内的公职人员；三是公务人员的配偶及其直系亲属；四是曾参加该项社会保险的离退休公务人员。所谓法定机关，是指《公务人员保险法实施细则》规定中的政府系统所属机关、地方行政机关、公立学校及教育文化机关、公立卫生医疗机关、公营事业机关和其他依法组织成立的机关等。

在基金筹集方面，由台湾行政院会同考试院厘定费率，按公务员每月俸给的7%～9%计算保险费，政府负担65%，个人负担35%，按月缴纳；若公务员应征服役保留原职时，服役期间的保险费全部由政府承担；受保人缴费满30年后，可不再缴费。但可享受其应享受的社会保险待遇。根据台湾现行的《公务人员俸给法》(1986年颁布)，公务员的俸给由本俸和年功俸两部分组成，在俸给表中，本俸分为14等，1等最低，14等最高，每等又分为若干级，共43级①，可见，不同等、级的公务员缴费标准也是不同的。值得指出的是，公务员社会保险的管理机关是台湾当局的铨叙部，而负具体组织实施之责的则是“中央信托局”公务员保险处，且由其自负盈亏。

台湾公务员社会保险的具体项目及内容，主要可以分为以下几种：

1. 退休金。根据台湾地区《公务员退休法》，公务员退休分为自愿退休和命令退休两类，前者的条件是：担任危险工作年满50岁的，任职5年以上年满60岁的，任职25年以上的，均可自愿退休；后者的条件是：任职5年以上丧失劳动能力的，或者年满65岁者。不论自愿退休还是命令退休，均按规定发给退休金。退休金有三种计发标准②：(1) 一次性退休金，以

---

① 黄达强. 各国公务员制度比较研究. 北京：中国人民大学出版社，1990. 373

② 张金龄. 海外公务员工资福利制度. 北京：人民出版社，1993. 271

退休者最后在职之月的俸额及本人实物代金为基数，任职满5年者，给予9个基数，每增加半年加给一个基数，满15年后另行一次加发两个基数，但最高以61个基数为限；（2）月退休金，即按月发放，凡任职满15年者按在职之同职等级公务员月俸额75％发放，以后每增加1年工龄加发1％，但最高以90％为限；（3）兼领一次退休金与月退休金的一定比例，它又具体分为1/2、1/3、1/4的一次退休金与1/2、2/3、3/4的月退休金对应组合成不同比例的三组，任何一组均按一次性退休金与月退休金的计算办法计算发放，凡任职满15年者可以任选一种（组），但未满15年者却只能给予一次性退休金。此外，因公伤病退休者，月退休金一律按在职之同职等级公务员月俸给额的90％计发。

2. 残废补助金。公务员因执行公务或在服兵役期间（保留公职者）致成残疾者，可依法享受残废补助金的待遇。其补助标准按残废程度的轻重分别计发。

3. 抚恤金。公务员死亡，按任职年限长短支付抚恤金，并按不同职务支付丧葬费；因公死亡的公务员，按规定加发抚恤金。

4. 医疗保险。台湾地区的公务员均可享受免费医疗待遇；公务员的父母、配偶及子女有严重疾病的，按其实际支出报销总额的70％，但每年不得超过1.5万元台币①。对于一年以内仍无康复希望的病残公务人员，则不再保留职位，但康复后仍可领取原职级工资。

此外，还有公务人员眷属疾病社会保险、退休人员社会保险等公务员社会保险项目。

（三）台湾的军人社会保险

军人社会保险，是台湾社会保障制度中独成体系的重要组成部分，它由台湾当局的国防部主管，由“中央信托局”办理具体业务，实施范围为台湾地区军方的全体官兵。

就台湾军人社会保险的发展过程来看，它是在旧中国国民党政府的军人优抚制度上发展起来的。国民党政府统治大陆的时期，曾实行过军人优抚制度。如在十年内战时期，1928—1930年间国民政府先后公布过《陆海

① 黄达强．各国公务员制度比较研究．北京：中国人民大学出版社．1990．396

空军平时抚恤暂行条例》《陆海空军战时抚恤暂行条例》《平战时伤亡抚恤划分标准》等法令；抗日战争时期，又先后颁布过《中华民国战时军律》《陆军抚恤条例》《海军抚恤条例》及《空军抚恤条例》等①，所有这些，均为台湾军人社会保险的发展打下了一定的基础。1950 年 4 月，蒋介石批准《军人保险计划纲要》，交由其联勤总部与“中央信托局”筹办，旋即设立军人保险管理委员会负决策监督之责，并于同期开办了军官社会保险，这一阶段可谓军官社会保险与士兵优抚制度并存时期。到 1953 年，台湾当局的立法院通过《陆海空军人保险条例》，军人社会保险不仅步入法制化轨道，而且实施范围很快扩展到全体士兵；1970 年，该条例经修订后定名为《军人保险条例》，即为现行军人社会保险之法律依据。

根据台湾的《军人保险条例》②，军人社会保险由受保人所在的军事单位（陆军以师及独立团为单位、海军以舰队为单位、空军以大队或相当单位为单位）统一入保，保障对象包括各种军事单位的现役军官、士官、军用文官、在营士兵以及编制内的聘用人员、雇员、技工、军校学生等，被派遣在非军事单位服务的现役军人亦属军人社会保险的保障对象。

军人社会保险建立专门的基金，除保险费筹措外，还有基金运用收益及国库拨充。在保险费方面，以受保人保险基数金额为计算标准，每年按 3%～8%缴纳，其中：军官的保险费由政府补助 50%～70%，士官及士兵的保险费全部由政府负担，政府补助及负担的部分列入年度预算，然后由军方根据预算通知向当局请领并拨付给“中央信托局”，军官自缴部分则由发薪单位扣交“中央信托局”。

军人社会保险的待遇，主要有死亡给付、残废给付、退休给付三种。其中，凡受保人阵亡和因公死亡，分别按其保险基数标准支付 48 个基数和 42 个基数；若受保人因病或意外伤害致死，则只能享受 36 个基数。残废给付视受保人的伤残性质和伤残程度按不同标准计发，伤残性质分为作战致残、因公致残、因病或意外致残，残废程度分为一等、二等、三等及重机障四种，其最高给付额为 40 个基数，最低为 6 个基数。退休给付视保险年限而定，凡保险满 5 年者，可领取 5 个基数，随年限增加而增加，最高为

① 敖文蔚. 中国近现代社会与民政. 武汉：武汉大学出版社，1992. 113、120

② 刘脩如. 社会政策与社会立法. 台北：台湾五南图书出版公司，1984. 705～709

40 个基数，但不满 5 年者却只能退回其自付保险费。对于非因公自杀致死、致残或重机障者及犯罪被处决者、犯叛乱罪者，均不享受上述社会保险待遇。

除军人社会保险外，对军人家属还有一些具体的优待保障措施，不一一赘述。

（四）私立学校教职员社会保险

私立学校教职员社会保险，是依照台湾当局 1980 后公布的《私立学校教职员保险条例》而开办的社会保险项目，其实施范围是符合规定条件的各种私立学校编制内的教职员工，其中教师应是符合教师资格条件者，职员则须是报经教育部门审核备案者。其主管部门为台湾当局的铨叙部和教育部，具体承办者则是“中央信托局”。

在该项社会保险中，保险费由受保人缴纳 35%，按月缴纳，学校负担 32.5%，政府补助 32.5%；如果该项社会保险经营发生亏损，由财政审核，从国库拨补。

由此可见，台湾的社会保险覆盖了劳工、公务员、军人及私立学校教职员工等，确实是一个具有全民性的庞大保障系统。

三、台湾地区的社会救助

台湾的社会救助事业直接源于台湾当局统治全国时的社会救济事业，迄今亦已经历了民国时期、20 世纪 50 至 70 年代、80 年代以来三个阶段。在 1980 年以前，社会救济事务一直受其在 1943 年颁布的《社会救济法》规范，期间不过颁行过一些单行法规等。因此，台湾的社会救助与台湾当局统治全国时的社会救济是一体的，只不过是随着该地区社会经济的发展，社会保险与社会福利日渐在社会保障中占据核心地位，以救灾济贫为主体的社会救助反倒居于社会保障体系中的配角地位了。

（一）民国时期的社会救济

在民国时期，当时的社会救济主要包括灾害救济与贫民、难民救济①。

① 参见《中华民国法规大全》（商务印书馆，1936 年版）等书

在灾害救济方面，国民政府于1928年公布过《勘报灾歉条例》，内政部颁布了《义仓管理规则》；1929年成立赈灾委员会，专司救灾之职责；1930年公布《救灾准备金法》，建立了中央、省、市、县级救灾准备金，同期发行过两次赈灾公债；1931年又特设救济水灾委员会，施行工赈之法；1933年公布《灾区农田出卖救济办法令》；1936年行政院又颁行《各地方建仓积谷办法大纲》，对仓储后备这一古老的救灾措施作了规范；抗战期间及抗战以后，国民政府亦颁行过一些救灾法规。尽管如此，由于救灾经费极度短缺，政府腐败，灾民的处境仍甚为悲惨。据1927—1936年间的不完全统计，全国因灾荒死亡1 853万余人①，30年代初期，河南重灾区的青年妇女论斤出售，每斤约值2角，全家投井、夫妻投环之事不乏罕见，更有甚者，陕、甘地区还出现了啖尸食人的惨剧。抗战以后，救灾工作更见废弛，灾民死亡、流浪者无计其数。

在社会救济方面，国民政府1929年颁布《监督慈善团体法》；1937年行政院通过《非常时期救济难民办法大纲》，并成立了非常时期救济难民委员会，救济经费由政府拨款；抗战初期，曾颁行过《抗战建国时期难童救济教养实施方案》《救济特捐办法》《各地方救济院规则》；1943年，国民政府颁行《社会救济法》。但因战争不断，官场腐败，上述法规往往成为一纸空文，国民党政府与广大人民的矛盾亦日益激化，灾民、贫民、难民为了自己的生存而不得不群起反抗，这也是国民党政府在大陆覆灭的重要原因。

（二）20世纪50至70年代的社会救济

在20世纪50至70年代，台湾地区的社会救济工作得到了一定的发展，但仍属传统型，并未形成体系。具体而论，这一时期的社会救济主要有：

1. 救济大陆人。从1949年开始，随着国民党政权在大陆的覆灭，大批的大陆人口（主要是为旧政权服务者及其眷属）迁台或流亡海外，台湾当局迁台后首先重视的也是对上述人口的救济事务，故于1950年成立“中国大陆灾胞救济委员总会”，该会受政府委托承办上述救济事务，经费来源于

---

① 邓云特. 中国救荒史. 北京：商务印书馆，1993. 143

政府拨款和海内外的募捐收入及国际援助等。

2. 台湾地区的救济事务。它由台湾省订立的《台湾省防救天然灾害及善后处理办法》《社会救济调查办法》等规范，由乡、镇、市、区公所主办灾害救济事务，由卫生所主办灾民医疗保障事务，并设立了临时灾民收容所，同时也进行贫民收入调查，对贫困户给予援助。1978 年，台湾省政府将《社会救济调查办法》修订为《社会救助调查办法》，社会救济开始向社会救助转化。

3. 社会救济设施。在社会救济设施方面，仍依 1943 年颁行的《社会救济法》之规定，同时在 1964 年由台湾行政院公布《私立救助设施管理规则》等，由政府主管机构对其实施监督管理之职责，同时承担对公立救助机构的拨款和对私立救济机构的奖助义务。

4. 实施小康计划。该计划以救助、安置、生产、就业及教育训练为消灭贫穷的根本措施，即采取救济与扶助的方式帮助贫民脱贫等。

（三）现行社会救助制度及内容

1980 年 6 月，台湾公布并实施《社会救助法》，同时废止了施行 37 年之久的《社会救济法》，它标志着台湾社会救助制度的形成，并由此步入统一规范化。

根据台湾的《社会救助法》[①]，其社会救助作为社会保障制度的组成部分，主要承担着照顾生活贫困者和救助遭受紧急患难或非常灾害者的任务，它由台湾当局的内政部及省（市）社会处、县（市）政府分级主管，其经费由各级政府分别编列预算由财政拨付，并向社会各界募捐。具体而言，台湾的社会救助包括下列项目及内容：

1. 生活扶助。生活扶助的对象是低收入家庭，而低收入的标准是由省（市）政府视当地最低生活所需费用逐年制定公告的，凡家庭年总收入及人均年收入低于所定标准者，可向户口所在地主管机构申请生活扶助，主管机关审定后以现金支付为扶助方式，具体的扶助标准视申请者的收入水平而分等级，并视其收入水平上升则减少或取消扶助。此外，还辅之以就业训练或以工代赈等方式助其自立，拒绝就业者则不予

---

① 刘脩如．社会政策与社会立法．台北：台湾五南图书出版公司，1984．754～757

扶助。从有关资料的统计来看，1967 年台湾地区的贫困者（政府划定的贫困线以下）占总人口的 54.1%，到 1976 年却下降到 6.1%①，20 世纪 80 年代以来又有所下降，90 年代初实际受救助者只占总人口的 0.5%左右，表明其贫困者所占比例很小，不过，贫困线却是定在仅够维持生活水平的标准上。

2. 医疗补助。该项目实施范围为低收入的伤病患者、救助设施所收容的伤病患者、患严重伤病所需医疗费用非本人或扶养义务人所能负担者，但属于各种社会保险范围的受保人不得享受该项保障，因为社会保险中已包括了医疗补助在内。

3. 急难救助。凡家庭主要劳动者因长期患病或遭遇意外伤亡或其他原因而致家庭生活陷入困境者，可向户口所在地主管机关申请紧急救助，该项目以现金支付为救助方式，标准由各地主管机关拟订。

4. 灾害救助。凡遭遇水、火、风、雹、旱、地震等灾害，且损害后果严重影响生活者可以申请灾害救助，该项目由地方政府视灾情需要依下列规定实施：一是协助抢救及善后处理；二是临时收容供应膳食口粮；三是给与伤亡或失踪救济；四是辅导修建房舍；五是其他必要的救助。

5. 救助设施。即除支付现金外，政府还充分利用各种社会福利设施，视情况建立有关救助设施，如设立习艺场所、临时灾害收容所等。凡社会福利设施办理社会救助事务者，由社会救助主管机关予以补助或扶助。

由上可见，台湾的社会救助已不单纯是旧时代的社会救济，而是增加了医疗保健、就业训练等新内容，从而较单纯的社会救济更具积极性，符合条件的社会成员均可享受，救助金额亦凭藉其高度发达的经济而具较高水平。

四、台湾地区的社会福利

社会福利，是台湾地区社会保障体系中仅次于社会保险的重要组成部

---

① 国际社会保障协会. 国际社会保障评论. 1986

分。经过半个多世纪的发展，尤其是自20世纪70年代《儿童福利法》及80年代初期一系列福利法的颁布、实施，台湾的社会福利获得了全面的发展。

（一）民国时期的社会福利

民国时期，台湾当局统治全国，曾建立过一些社会福利制度。如1928年由内政部颁行过《各地方救济院规则》，各地的救济院即具有社会福利的一些特点；从民国初期到1940年，一直由内政部通过民政司掌管社会福利事务。1940年，国民政府设立社会部，原内政部民政司管理的社会福利事务亦划归社会部，专设社会福利司掌理农工福利、儿童福利及社会救济等事项①，社会福利工作稍有起色；1941年，社会部颁布《资助社会福利事业暂行办法》，对公私主办社会福利成绩突出者实施资助政策；据1943年上半年统计，国统区各省市福利事业设施共560多所。抗战胜利后，宋庆龄还将“保卫中国同盟”改名为“中国福利基金会”，为国统区和解放区的福利事业做贡献。但总的而言，这一时期的社会福利措施因经费奇缺、营私舞弊等，相对无以计数的需要社会帮助的人民而言，实在是杯水车薪；更有甚者，有些社会福利场所还成为极不人道的场所。如武昌花园山育婴堂1946年7月至1950年6月的四年中，共收婴757名，死亡718名，死亡率高达94.8%②，由此可窥民国时期社会福利事业的成败。

（二）20世纪50至70年代的社会福利

国民党政权败退台湾后，除继续执行其原有社会福利政策外，还推行过一些新的社会福利政策。如1952年国民党“七大”将“扩展社会福利设施”列入其政治纲领，1957年国民党“八大”将“推行公共福利”列入政治纲领，此后又在国民党“九大”“十大”“十一大”“十二大”“十三大”“十四大”的政治纲领中论及社会福利，并逐步将有关措施具体化③。

---

① 敖文蔚．中国近现代社会与民政．武汉：武汉大学出版社，1992．66～68

② 武汉市民政志编纂办公室．武汉民政．编印，1987．264

③ 刘脩如．社会福利行政（台湾版）．106～110

在实施方式方面，台湾一直采取公办（公共服务）与私办（志愿服务）社会福利并举的方针，此外还有单位举办的各种福利项目，既有无偿的社会福利待遇，又有廉价的社会福利服务，其对于安定台湾地区社会成员的生活、解决特定的社会问题起到了一定的作用，但这一时期因台湾当局将发展社会保障事业的重点放在社会保险制度的建立与发展上，社会福利的发展显得比较缓慢，未能走上法制化、规范化的道路，因而可视为台湾现行社会福利制度的发展过渡时期。

（三）现行社会福利制度及其内容

台湾现行的社会福利制度是通过 20 世纪 70 年代以后一系列社会福利法的颁布实施建立起来的，它主要包括儿童福利、老人福利、残障福利、劳工福利、公务员福利等项目，是台湾地区社会保障制度中仅次于社会保险的第二大系统，迄今已臻成熟。

1. 儿童福利。现行儿童福利的法律依据是 1973 年台湾当局公布的《儿童福利法》和内政部同年颁行的《儿童福利法实施细则》，以及 1981 年第三次修订的《托儿所设置办法》等①。台湾儿童福利的实施范围是 12 岁以下的儿童，它由内政部主管并制定具体政策，地方政府则负责筹办儿童社会福利设施、训练托儿所保育人员、调查儿童状态等。儿童社会福利的内容包括：安置弃婴和无依儿童，对于无力抚育其 14 岁以下之子女者给予家庭补助，兴办托儿所、儿童乐园、儿童及孕妇医院、儿童社会问题咨询所、儿童康复中心以及育幼院、育婴院、教养院、低能儿童教养院、伤残儿童重建院、精神病儿童保育院及其他儿童社会福利设施；此外，还提供儿童领养、寄养、保护等服务，禁止虐待儿童，严厉打击拐骗、买卖儿童或利用儿童犯罪等。可见，台湾儿童福利实施范围已由传统所指的失依、残疾、低能、或行为不良等的“特殊儿童”，扩展到对一般儿童的教育、健康、卫生、医药、康乐等福利服务。

2. 老人福利。台湾地区老人福利的现行法律依据是台湾当局于 1980 年颁布的《老人福利法》及内政部同年颁行的《老人福利法实施细则》（该细则在 1982 年又经修订），老人福利的实施与社会保险中的老年给付、公费

① 徐震，林万亿. 当代社会工作. 台北：台湾五南图书出版公司，1986. 512

医疗等相结合，共同构成了台湾地区的老人保障系统。老人福利的对象是年满 70 岁以上且具备规定条件的老年人，由政府设立或奖助私人设立的以下福利设施为老年人服务：一是老年人扶养机构，留养无依老人或扶养义务亲属无力扶养的老人；二是老年人疗养机构，以疗养罹患长期慢性疾病或瘫痪老人；三是休养机构，以为老年人提供休闲、康乐及联谊活动场所；四是服务机构，提供老人综合性福利服务。此外，还规定对老人伤、病的医疗费用给予优待或视情况给予医疗补助，老年人乘坐各种交通工具进入康乐场所及参观文教设施时享受半费优待，对老人福利事业给予免税等待遇。

3. 残障福利。台湾的残障福利源于 20 世纪 40 年代，但 80 年代以前并未法制化。1980 年，台湾当局公布《残障福利法》共 26 条①，另年由内政部颁行实施细则，残障福利始入规范化。根据该法，残障福利的实施对象包括各种先天或后天形成的残疾者（但残障及残障程度均须由有关机构认定），法律保护残疾人不受歧视，并由地方政府设立或奖助私人设立盲人教养机构、聋哑教养机构、肢残教养机构、智能不足者教养机构、义肢制造装配所、伤残重建及养护机构、盲人读物出版社及图书馆等设施，为残疾人提供廉价的福利服务，并开办福利企业安置残疾人就业，但对于属于社会保险、社会救助范围的残障者，则只给予酌情补助。此外，对残疾人乘坐交通工具实行半费优惠，等等。不过，由于部分规定缺乏强有力的措施，残障福利问题早已引起台湾学术界的批评，台湾当局的内政部亦于 80 年代中期开始修订有关条文。据统计，到 20 世纪 80 年代中期，台湾地区较大的关于残障福利的公、私立设施共有 30 余所，最有名的当推振兴复健医学中心、荣民总院伤残重建中心、台湾盲人重建院、广慈博爱院残疾儿童教养所、台北盲聋学校、台湾启聪学校及花莲玉里精神病养护所等②。

4. 劳工福利。劳工福利是历史最为悠久的福利项目。台湾现行劳工福利制度分为职工福利、矿工福利与盐工福利三种。（1）职工福利。职工福利的法律规范最早见于 1919 年国民政府颁布的《工厂法》（1931 年施行，

---

① 刘脩如．社会政策与社会立法．台北：台湾五南图书出版公司，1984．798～802

② 刘脩如．社会政策与社会立法．台北：台湾五南图书出版公司，1984．797

1932 年、1975 年二度修订)[①] 和《工会法》(1931 年、1932 年、1937 年、1943 年、1947 年、1949 年、1975 年七次修订)[②] 中。1943 年国民政府颁布《职工福利金条例》及其实施细则，台湾现行职工福利制度的法律依据即是在此基础上经 1951 年修订后颁布的《职工福利金条例》及其实施细则[③]，该条例规定了职工的福利金筹集、保管及运用，由单位福利委员会办理。(2) 矿工福利。台湾地区有矿工 5 万多人，加上家属达 20 多万人，因工作环境恶劣尤需福利保障，所以从 1951 年起组织了台湾省矿工福利委员会，专门从煤炭产销双方各扣新台币 0.5 元充作矿工福利基金，并在基隆设立了矿工医院，建造了一批矿工住宅分配给矿工。(3) 盐工福利。亦由制盐厂组设盐工福利委员会，从内销公盐内每斤加价 0.1 元作福利专款，以兴建盐工宿舍，供应盐区淡水，充实医疗设施，设置盐工子女奖学金，办理盐工补习教育，等等。上述福利均是由政府监督、单位举办的，对维护广大劳工的权益起到了积极作用。

5. 公务员社会福利。台湾的公务员社会福利是依照其《职工福利金条例》实施的，公务员可享受房租津贴或辅购住宅权益，以及医疗补助、结婚或分娩补助、子女教育补助和休假待遇、免费旅游等福利；此外，还由单位设立福利委员会，开展民办公助的福利互助等[④]。

6. 渔民福利。台湾四面环海，渔民是台湾社会的一个特殊的重要组成部分，其生活比劳工、农民尤苦。台湾当局在实施渔民社会保险政策的同时，也建立了渔民福利制度，它由渔会办理，主要有举办渔会医疗所、渔村托儿所、淡水供应站、平粜米供应、渔民住宅、渔民保险以及提供扶贫贷款、屏除中间剥削等[⑤]。

7. 退役军人福利。1952 年，台湾当局设立退役军人辅导委员会，1964 年制订了《军人退役辅导条例》，旨在保障退役军人及其子女。该会的业务分为就学、就业、就医、就养四个部门，其中：就学是为年轻退役军人提供深造机会，可优待上学，补助学费或出国留学旅费；就业是为退役军人创造就业机会或介绍就业；就医是为退役军人免费提供医疗

①② 刘脩如．社会政策与社会立法．台北：台湾五南图书出版公司，1984．797、523、530

③ 陶百川．最新六法全书．台北：台湾三民书局，1987．1 535～1 536

④ 张金龄．海外公务员工资福利制度．北京：人民出版社，1993．269～270

⑤ 刘脩如．社会政策与社会立法．台北：台湾五南图书出版公司，1984．811～812

服务，并对其家属优待，台湾各地建有综合性的就医机构10余所，尤其是荣民总医院最为著名；就养是负责安养退役军人中的老残无力工作者及其家属。

8. 志愿服务。台湾的志愿服务甚为发达，它由民间人士志愿组成福利服务团体，政府给予必要的扶助，为社会成员提供多种服务，如台湾的狮子会、扶轮社、青年商会、崇她社、国际妇女会、基督教福利会、基督教儿童福利会、大陆灾胞救济总会、高雄市福泽福利服务中心等均很有名。对于捐资兴办社会福利事业者，政府则给予减免税的待遇。

由上可见，台湾的社会福利事业是较发达的，其立法完备，公办与民办相辅相成，几十年来取得了较大的成效。当然，就台湾的整个社会福利制度而言，仍然存在着缺陷，在这一方面，台湾地区的学者如刘脩如、徐震等人有过议论，台湾当局的内政部也多次研讨过修正办法，台湾的社会福利事业还在不断发展。

五、台湾地区社会保障制度的特点

从总体上看，台湾的社会保障制度比大陆及香港、澳门地区的社会保障均要发达，它在发展过程中形成既有别于其他国家，也有别于大陆、香港、澳门地区社会保障制度的特色。具体而言，台湾的社会保障制度呈现出发展较快、立法详尽、水平较高、社会保险居主体地位以及分工而治、重视民间力量等特点。

（一）经济基础好，社会保障发展快

社会保障作为社会公益事业，必然要具备一定的经济基础，经济基础是决定一个国家或地区社会保障发展水平的关键因素。从台湾地区的情况来看，其在20世纪50年代就迅速进入工业化时期，到80年代即成为举世瞩目的亚洲“四小龙”之一，经济的高速发展为其社会保障制度的建立与发展奠定了良好的基础。当然，台湾经济的高速发展有其特定的历史背景和条件，一方面，自1895年中日甲午战争后，台湾成为日本帝国的一部分达50年之久，在此期间，随着日本殖民统治对台攫取利润和农产品的需要，带来了物质技术、人力资本和先进技术，使台

湾地区的交通运输业、金融事业、工矿业以及水浇农业等得到了较快的发展，抗战胜利后，台湾当局接收台湾，继承了日本人在台湾的这笔“历史遗产”，其中仅工矿企业就达 1 200 多家；另一方面，国民党政权从大陆溃逃时，带走了大陆大约 277.5 万两黄金、3 526.9 万元银元，以及国库中无以计算的白银、珍宝、外币，并裹胁了大批民族资本（主要是上海部分纺织业）的资金、设备及其他管理人员、技术人员①，使台湾集中了当时中国的多数财富，而将贫穷的大陆留给了共产党政府。此外，从 20 世纪 50 年代起，美国对台湾的经济援助年均达 1.1 亿美元，从 1951—1962 年间台湾财政赤字约 13 亿美元，其中就有 11 亿由美援弥补，当时岛内资本总构成中美援筹措的几乎占 40%②；而在 1963—1980 年间，美国的直接投资高达 80 亿美元，年均达 3 亿美元。不仅如此，美国还为台湾的经济发展提供了政策性指导，对台湾经济的发展起了重大促进作用。日本人的“遗产”、大陆的财富及巨额的美援构成为台湾经济高速增长的三大要素，其经济增长速度在 60 年代为 13.5%，70 年代为 18%，进入 80 年代至 90 年代仍高达 10%左右，其国民生产总值按现行价新台币由 1960 年的 621.43 亿新台币，增加到 1986 年的 27 424.35 亿新台币③，进而增长到 1990 年的 38 942.2 亿新台币④，30 年间增长近 62 倍，台湾从 60 年代起一直保持着以高速发展的速度完成了工业化。

在台湾地区经济高速增长的同时，其社会保障凭藉良好的经济基础亦得到同样迅速的发展，并反过来对台湾地区的整个社会经济发展起稳定和促进作用。在此，我们可以用台湾地区社会保障（或称为社会福利）支出在其政府支出净额中所占比重，以及社会保障支出绝对值增长额两个指标来评估其社会保障的发展情势。

以 1950—1989 年为例，台湾地区社会保障事业发展规模从表 16—1 可窥其进程。

---

①② 李小满．“四小龙”经济发展启示录．上海：上海人民出版社，1993．61

③ 刘志庚，江泰昌．亚洲“四小龙”经济的崛起．广州：中山大学出版社，1988．4

④ 林长华．台湾社会福利制度与“台湾福利国”．台湾研究集刊．1993，2

表 16—1　　　　　1950—1990 年台湾社会保障支出表 单位：新台币百万元

年度	1950	1956	1961	1965	1969	1973	1976	1979	1982	1985	1989	1990
政府支出净额	1 954	7 551	14 068	22 391	41 869	77 853	149 831	254 711	484 631	563 729	1 313 459	1 172 725
社会福利支出	55	529	909	1 699	3 725	8 663	16 940	29 118	66 821	88 400	151 009	190 649
占政府支出比（%）	2.81	7.01	6.46	7.58	8.90	11.36	11.31	11.43	13.79	15.68	11.50	16.26

资料来源：1950—1969 年来源于李国鼎著，《台湾经济快速成长的经验》第 380 页，台湾正中书局，1980 年第三版；1973—1982 年来源于台湾《经济年鉴》；1985—1989 年来源于《中国财政统计》（1950—1991）第 360～361 页，科学出版社，1992 年版；1990 年来源于《中国统计年鉴》（1993）第 851 页，中国统计出版社，1993 年版，以上资料经过换算。

在上表资料中，有关教育等方面的福利性开支尚未包括在内，但表中数据资料已足以表明，台湾地区的社会保障发展很快。1950—1990 年的 40 年间，该地区社会保障支出占其各级政府支出净额中的比例由 2.81%上升到了 16.26%，提高了 13.45 个百分点；就绝对值而言，从 1950—1990 年，各级政府支出净额增长 600 多倍，而社会保障支出净额增长高达 3 460 多倍，这一数据表明了台湾社会保障事业的发展速度之快、规模之大确实惊人。而进入 20 世纪 90 年代以后，随着社会保险制度的改革完善和社会福利的发展，整个社会保障支出规模还在扩大。因此，发展经济是发展社会保障事业的基础，而发展社会保障事业又会反过来促进经济的发展，台湾的社会保障发展之路证明了这是一条有代表性的经验。

（二）立法配套，社会保障法律已构成独立的法律部门

台湾地区社会保障制度发展的一个重要特点，就是十分注重社会保障立法，不仅对社会保障事务立法较早，而且在发展中走向详尽而全面，使社会保障法律从过去的临时立法走向正规立法，从隶属于《工厂法》及其他有关法律走向独成体系，最终确立了社会保障法律体系在台湾地区的整个立法中占有独立而重要的地位，成为一个专门的法律部门。

例如，在社会保险方面，现行法律就有《劳工保险条例》《公务员保险法》《公务员退休法》《公务人员眷属疾病保险条例》《军人保险条例》《私立学校教职工保险条例》《退休人员保险办法》等一批法律及其实施细则；在社会救助方面，有《社会救助法》《社会救助调查办法》《紧急灾害救济办法》《私立救助设施管理规则》《奖助私立救济福利设施办法》《贫民施医办法》等一批法律、法规及其实施细则；在社会福利方面，有《儿童福利法》《少年事件处理法》《残障福利法》《老人福利法》《职工福利金条例》《矿工福利办法》《盐工福利办法》《退役军人辅导条例》《少年辅育院条例》等一批法律、法规及其实施细则，等等。

由此可见，台湾的社会保障立法相当全面，它作为一个庞大的法律家族，几乎涉及社会保障的各个方面，而且每一立法均有相应的实施细则配套。社会保障法律的配套发展和独成体系，为开办各种社会保障事业提供了有力的法律保证和具体的操作依据，从而成为台湾社会保障事业迅速发展的一个重要因素，也是一个值得大陆借鉴的经验。

（三）以社会保险为核心，社会福利与社会救助为两翼

在台湾地区的社会保障体系中，社会保险自 20 世纪 50 年代起，就覆盖了台湾地区的劳工、公务员、军人等社会主体成员。以劳工社会保险为例，开办初期的 1950 年，受保人数仅为 12.8 万人，到 1992 年，该项社会保险的受保人已增至 731 万人，仅此一项就占台湾地区总人口的 35%；应收保险费从 429 万台币增加到 80.07 亿新台币，社会保险给付金额亦从 177 万台币增加到 74.55 亿新台币，给付件数从 5 886 件增加到 973 万件，覆盖参保单位由 544 个增加到 24 万个①；如果再加上公务员社会保险受保人约 40 万人、军人社会保险受保人约 30 余万人及其他社会保险项目受保人等，社会保险制度实际上直接保障了台湾地区 40%左右的社会成员；如果再加上社会保险对象的受惠眷属，则社会保险制度已涉及台湾地区 60%以上的人口。由此可见，社会保险是台湾地区全民化的社会保障措施，是其整个社会保障体系中的核心和主体体系。同时，随着台湾地区社会经济的发展，各种社会福利自 20 世纪 50 年代尤其是 80 年代以来得到了较快的发展，其

---

① 何其幗. 台湾劳工保险制度初探. 台湾研究集刊. 1993，1

虽然不似社会保险那样给予符合条件者以强有力的保障，但对于提高社会成员的福利水准和生活质量却起了较大作用，并且正在不断发展。在社会救助方面，它作为历史上最古老的社会保障主体，在台湾地区已退居社会保障中的配角地位，以社会公共救济为例，因贫困线的界定过于苛严，使得社会救助的对象只占总人口的0.5%，约10万人左右，再加上灾害救济受益者等也只占总人口的很小比例。然而，依然不能否认其是台湾地区社会保障制度中不可或缺的重要组成部分，它对于不幸者、贫困者的救助，不仅是对社会保险、社会福利的必要补充，而且亦是台湾社会经济发展中具有规模的直接稳定机制。以社会保险为核心，以社会福利与社会救助为两翼的这种结构，决定了台湾社会保障制度的水平明显地要高于尚以社会救助为主体的大陆社会保障制度和以公共援助为主体的香港、澳门地区的社会保障制度。

（四）管理者与实施者分工，实行多头管理，多头实施的模式

台湾社会保障制度的另一个重要特点，就是管理者与实施者分工。例如，劳工社会保险由内政部主管，由独立的劳工保险局实施；公务员社会保险、退休人员社会保险等由铨叙部主管，由中央信托局实施；军人社会保险由国防部主管，由中央信托局实施；私立学校教职员工社会保险由铨叙部、教育部共管，由中央信托局实施；社会救助由内政部主管，由地方政府尤其是各地乡、镇、市、区公所或民间机构实施；社会福利由内政部主管，由各种公立或私立机构实施，但农民福利由农会办理，渔民福利由渔会办理，劳工、矿工、盐工的福利依据《工会法》等由其所在单位的职工福利委员会办理，等等。

由此可见，台湾的社会保障制度在组织上实行的是多头管理、多头实施、管理与实施分开的模式。在这种模式下，管理者不直接经办各项社会保障事务，只负拟订法规、政策、监督、管理之责，实施者则依法规政策办事。

（五）重视民间力量，奖助志愿服务

台湾社会保障制度发展中还有一个十分重要的特点，就是十分重视民间力量，在社会福利、社会救助方面坚持实行公办与民办并举的方针。政

府制定了奖助政策，对私人举办的社会福利、社会救助设施等给予支持与扶助，并配之以免税、奖励措施，极大地调动了民间参与社会保障事务的积极性。

在台湾，一大批民间团体经办着各种福利、慈善事业，许多企业、富豪热心公益事业，民办社会保障设施与志愿者的福利服务已经成为台湾地区社会保障事业发展中的一支重要力量。台湾地区发展社会保障事业的这一特点是可资大陆发展社会保障事业借鉴的重要经验。

六、台湾地区社会保障制度的问题

尽管可以肯定，台湾地区的社会保障具有较高水平，比大陆乃至香港、澳门地区均要发达，但与西方工业化国家的社会保障制度相比，仍然缺少完善性与全面性，不仅同担风险及权利平等、机会公平的原则未能在其社会保障制度中充分体现，而且还存在着其他多种缺陷。

（一）分散立法、分工而治，阻碍了社会保障制度的统一

台湾地区的社会保障立法详尽，几乎每一种社会保险、社会福利、社会救助均有专门的立法。由于这些法律是分散的、平行的立法，相互之间无统属关系，导致了社会保险、社会福利、社会救助乃至各个具体的社会保障项目自成体系，相互之间彼此分离，社会保障立法的空白即造成社会保障的空白；同时，其现行组织管理体制是分工而治，多头实施，尤其是社会保险更是从未统一实施过。虽然世界各国的军人社会保障独成体系先例甚多，公务人员社会保险与劳工社会保险分设亦见于多国，但台湾作为一个仅有2 000多万人口的地区，社会保险对象总计还只有数百万人，显然没有分工而治、多头实施的必要。

从现实情况来看，台湾地区社会保障分散立法、政出多门、多头实施的体制，不仅造成了社会保障资财的浪费和权责模糊的弊端，更重要的是影响了台湾地区社会保障制度的通盘考虑，使社会保障制度难以整体发挥作用，阻碍了社会保障制度的统一与完善。台湾的经济发展水平，能够多年跻身于世界先进国家和地区的行列，但社会保障制度却仍不如西方工业化国家完善与全面，根本原因即在于此。

（二）项目有遗缺，保障欠全面

在台湾地区现行社会保障体系中，虽然《劳工保险条例》中授权行政院筹办失业保险，但迄今仍未见建立失业保险制度，不免为一大缺陷，因为台湾地区毕竟有一部分社会成员处于失业状态，如据统计，台湾地区的失业率 1965 年为 3.3%，失业人数为 12.8 万人；1980 年分别为 1.2%和 8.2 万人；1990 年分别为 1.7%和 14 万人；1991 年分别为 1.5%和 13 万余人①。同时，有关机构雇员、自由职业者和广大的农民亦未建立起相应的、强制性的法定社会保险制度。在医疗保健方面，军人社会保险中包括了受保人及其眷属的医疗社会保险（相当于公费医疗），但公务员社会保险实施的眷属疾病保险仅止于配偶而未惠及其子女等直系亲属，而劳工的眷属的医疗保险问题更是未见开办，虽然 1994 年开始实施“全民健康保险计划”，可以弥补上述缺陷，但遗留问题甚多，资金筹措还有问题，可见，还不能说台湾已建立了统一的医疗社会保险制度。在社会福利方面，妇女福利制度尚未形成，雏妓问题无法解决，养女受虐待的现象等均已成为台湾地区较严重的社会问题；劳工福利方面，各行其是，农民福利十分欠缺，残障者福利亦存在着不周延、不具体的缺陷。在社会救助方面，没有失业救济金制度，贫困线的标准仅够维持生存条件，等等。

上述分析表明，台湾地区的社会保障制度因其实施范围多限于有稳定工作或较大单位工作的人，相当一部分社会成员往往被遗漏掉，从而离项目完备、保障全面仍有着一定的距离。

（三）未建立老年、残疾、死亡年金制，对老年人、残障者及遗属保护不力

从社会保障的原理出发，老年、残障及死亡社会保障均应是长期性的，即适宜于采用年金制。然而，根据台湾地区的现行法律，上述种类的社会保险普遍采用一次性支付保险金的方式，除军人退伍仍可以退役军人身份享受政府辅导优待外，公务员与劳工在领取并用完一次性老年保险金外不得不另谋临时职业以维持生计；残疾保险金的享受者在领取并用完保险金

① 中国统计年鉴．北京：中国统计出版社，1993．839

后亦会陷入生活困境；而公务员、劳工因故死亡，虽可领取死亡抚恤金，但对其未成年的被抚养人而言，亦明显不足以维持其长大成人。

尽管老年人、残疾人及死者的未成年遗属需要社会保障提供长期性的生活保障，而凭借台湾地区现有经济实力也完全有可能改一次性支付为年金制，台湾地区各界也早已呼吁对上述保险种类采用年金制，让受保人或其家属按月享领保险金，以使社会保险真正起到维护社会成员正常生活的作用，国民党的“十四大”政治纲领也明确表示要推动年金制的建立，但迄今仍未见具体实施。据联合国制定标准，一个国家 65 岁以上人口占其总人口比例达到 7%以上，即可称为“老年国”或“高龄化社会”，台湾地区的老年人口比已达到这一标准，台湾当局若不正视这一点，将难以向其国民交待。目前，台湾省社会处在实施其“安老计划——关怀资深国民福利措施”，1991 年投入资金 1.729 亿新台币，1992 年为 2.405 亿新台币，1993 年又有所增长①，但这一计划并不能从根本上弥补其老年保障的不足，况且残疾、遗属保障等仍未有解决之策。

（四）社会保障财务开始恶化

过去几十年来，台湾地区社会保障的财务是比较稳健的，但随着社会保障事业的发展，社会保障财务亦出现了危机。据统计，到 1991 年，有资格领取老年保险金者为 43 万人，应付老年保险金为 931.65 亿新台币，而当年劳工保险基金仅结存 591.03 亿新台币，出现短缺额 340 多亿新台币②；不仅如此，这种压力还在扩大，如台湾当局的财政部统计，自开办各种社会保险以来当局负担的保险费和补贴亏损为 2 000 多亿新台币，而依计划在 1994 年开办全民健康保险后，当年的财政负担就将达 1 200 亿新台币，1995 年将达到 1 500 亿新台币③，如此规模的支出，对日益恶化的台湾财政收支无疑是雪上加霜。造成台湾社会保障财务恶化的原因，主要有以下几方面：

1. 保障范围扩大，受保人数剧增。以劳工保险为例，1950 年受保人数仅 12.8 万人，到 1992 年增加到 731 万人，其中职业工人受保者在 1988 年

---

① 台湾新生报，1993－10－10

② 何其幅．台湾劳工保险制度初探．台湾研究集刊．1993，1

③ 台湾．工商时报，1993－02－14

还只有141万人，到1992年就增加到220万人；与此相适应，给付对象也在直线上升，社会保障的支出因受保、受益者的剧增而日趋扩大。

2. 医疗费用昂贵，浪费严重。一方面，物价的上涨及国民对健康问题的关注，使社会成员付出的医疗代价日趋昂贵；另一方面，社会保障尤其是社会保险中的政策漏洞，又使得受保人与医院方相勾结，共同谋取医疗补助，造成极大的浪费，同时增加了政府财政补亏的压力。如在劳工医疗保险金给付方面，1980年占全部劳工保险金给付的56.95％，1987年却上升到65.47％①，严重地侵蚀了劳工保险基金。

3. 投保薪资以多报少。由于劳工保险要雇主负担80％的普通事故保险费和全部职业灾害保险费，致使雇主为减轻自己的缴费负担，千方百计地压低赖以计收保险费的薪资水平，造成保险费流失严重，使政府补亏风险增大。据台湾劳工保险局的调查资料，1988年调查有雇员500～700人的单位共427人，有306个单位的投保薪资以多报少，占71.66％；1989年调查有雇员300～500人的单位306个，有227个单位的投保薪资是以多报少，占71.18％②，等等。

上述原因都是难以解决的久积的问题，若再加上全民健康保险方案的实施，社会保障的财务危机将成为制约台湾当局发展社会保障事业的关键因素。

总之，台湾地区的社会保障制度有其特定的发展过程和特征，其总体水平比大陆乃至香港、澳门地区均要高，但与西方工业化国家相比，还缺少完善性与全面性，其面临的许多问题表明，台湾地区的社会保障制度依然有着改革与发展的任务。

① 何其帼．台湾劳工保险制度初探．台湾研究集刊．1993，1

② 台湾．劳工研究．总第100期：5

跋

从研究社会保障问题到本书的完稿，实际上是一个历经十个年头的过程。1985 年，我因从事灾害保险的教研工作，开始涉及到有关社会保障问题，此后，社会保障便逐渐成为我研究工作中的一个主要方向；1988—1989 年，我应民政等部门的邀请开展了几次社会保障方面的讲学活动；1991 年，我开始受民政部委托，主持有关救灾改革与灾害社会保险问题的课题研究；1993 年，我又接受了国家社会科学基金委员会的任务，主持"社会保障法律问题研究"；从 1985—1993 年间，历经 20 余省、市、区的调查研究和各种学术会议、讲学活动，使我有机会与民政、保险、劳动、人事等部门广泛接触，这对于我的研究有很大的帮助。

写作本书的计划其实很早就列入了我研究工作中的议事日程。但在 1989 年以前，保险学教研工作的需要迫使我不得不集中精力研究商业保险问题，对社会保障的研究心得只能以个别论文的形式予以公布；1990 年，我撰写《国际社会保障问题研究》一书，当时将"中国的社会保障"列为一篇共四章，但在将书稿交给武汉大学出版社后，考虑到该书研究范围的国际性，又将这一篇内容拿下了，不过，它已为本书的写作勾画了一个总体的轮廓，有关内容也随后接连在《湖北社会科学》《中国民政》《上海保险》《经济评论》《保险研究》等学术刊物上发表。1993 年暑期，我写完《中国灾情论》一书后，即开始重新实施《中国社会保障论》的写作计划。因此，本书实际上是从零散研究到集中研究，从个别研究到系统研究，从论文发表到成书出版的产物。

在本书的成书过程中，笔者参考了海内外许多有关著述及论文中的资料与观点，并已在书中逐项注明，而本书的出版，则是湖北人民出版社给予极大关注和热情支持的结果。在此，我深表敬意和感谢！

需要指出的是，中国的社会经济正处于变革之中，中国的社会保障制度也处于变革发展之中，《中国社会保障论》作为个人的一种理论思考，必然存在着难以避免的缺陷，希望能得到有关专家、学者和读者的批评指正。

作　者

1994 年 5 月 4 日于珞珈山